미국에서
태어난 게
잘못이야

Were you born on the wrong continent?

WERE YOU BORN ON THE WRONG CONTINENT?
Copyright ⓒ 2010 by Thomas Geoghegan
All rights reserved.
Published by arrangement with The New Press, New York

Korean translation copyright ⓒ 2011 by Bookie Publishing House, Inc.
Korean translation published by arrangement with The New Press, New York
through PubHub Literary Agency, Seoul, Korea

이 책의 한국어판 저작권은 PubHub 에이전시를 통한
저작권자와의 독점 계약으로 부키(주)에 있습니다.
저작권법에 의해 한국 내에서 보호를 받는 저작물이므로 무단 전재와 무단 복제를 금합니다.

미국에서 태어난게 잘못이야

일중독 미국 변호사의 유럽 복지사회 체험기

토머스 게이건 지음 | 한상연 옮김

부·키

지은이 토머스 게이건(Thomas Geoghegan)

1949년 미국 오하이오 주 신시내티에서 태어났으며 하버드대학교와 하버드 로스쿨을 졸업한 뒤 1975년부터 변호사의 길을 걷기 시작했다. 전미광원노동조합의 변호사, 미국 에너지부의 정책 분석가로도 일했다. 1979년 시카고의 전설적인 시민운동가이자 변호사인 레온 데스프레스의 로펌에 합류한 뒤 노동자와 사회 취약 계층을 위한 공익 소송에 힘써 왔다. 『뉴욕 타임스』『하퍼스』『네이션』 등에 글을 기고했으며, 『당신은 어느 편이야?(Which Side Are You On?)』『법정에서 봅시다(See You in Court)』 등의 책을 썼다.

옮긴이 한상연

서울대 서양사학과를 졸업했으며 종합 지식을 갖춘 번역가를 지향한다. 인간을 성찰하면서 당면한 현실 문제를 담아내는 책을 기획·번역하는 데 관심이 많다. 현재 번역 그룹 '법협'에서 활동 중이다. 『꿈과 대화하다』『아버지의 탄생』『뇌내폭풍』『강철의지』 등을 우리말로 옮겼다.

미국에서 태어난 게 잘못이야

2011년 10월 19일 초판 1쇄 발행
2020년 12월 10일 초판 7쇄 발행

지은이   토머스 게이건
옮긴이   한상연
펴낸곳   부키(주)
펴낸이   박윤우
등록일   2012년 9월 27일 등록번호 제312-2012-000045호
주소   03785 서울 서대문구 신촌로3길 15 산성빌딩 6층
전화   02) 325-0846
팩스   02) 3141-4066
홈페이지   www.bookie.co.kr
이메일   webmaster@bookie.co.kr
제작진행   올인피앤비 bobys1@nate.com
ISBN   978-89-6051-181-1 03300

책값은 뒤표지에 있습니다.
잘못된 책은 구입하신 서점에서 바꿔 드립니다.

추천사

우리는 어느 모델을 선택해야 할까?

정승일(『쾌도난마 한국경제』 공저자, 복지국가소사이어티 정책위원)

내 주변에는 미국에서 유학한 사람들이 즐비하다. 그리고 우리나라의 많은 이들이 그러하듯이 나도 미국에 동생과 이모를 비롯한 친척과 지인들이 많다. 이들은 짧게는 15년, 길게는 40년째 미국에서 살고 있다.

그런데 늘 의아한 점은 그들이 도무지 고향인 한국 땅을 자주 밟지 못한다는 것이다. 그런 호사를 누리기에는 너무나 바쁘다. 한편으론 한국 기준에서 보면 저택처럼 큰 집에 살며 큰 차를 굴리고 일요일에는 시외의 자연 공원에 가서 가족과 함께 고기를 구워 먹는 그들의 인생이 부럽기도 하다. 다른 한편으로는 늘 시간에 쫓기며 주택 할부금 등 돈에 쩔쩔매는 그들의 모습에 "저렇게 사는 게 선진국인가?"라는 의문이 들곤 했다. 내가 실제로 본 한인 교포들의 팍팍한 삶은 TV에서 자주 접하는 미국인의 여유로운 삶과는 대비되었다. 그래도 "한국에 사는 동남아 이주민들을 봐라. 남의 나라에 이민 가서 사는 게 다 그렇지 않더냐!"라며, 한국 교포들의 현실을 미국 사회의 소수자인 유색 인종이 겪는 특수한 경우라고 생각해 왔다.

그런데 이 책을 읽어 보니 그게 아니었다. 할아버지 세대 때부터 미국에 살고 있는 평균적인 백인의 인생도 별 차이가 없는 것이다. 나로서는 충격이다. 물론 여러 책들을 통해, 1980년대 초반 레이건의 공화당 정권이 들어서 감세와 규제 완화 등 신자유주의 혁명이 진행된 이래로 미국에서 빈부 격차가 심해지고 중산층이 무너졌다는 것쯤은 이미 알고 있다. 그렇지만 내가 읽은 것은 모두 통계 숫자와 학자 같은 문체의 글뿐이었다.

그에 반해 이 책은 평균적인 미국인의 삶을 매우 구체적으로 묘사한다. 예컨대 미국에서 그런 대로 살 만한 상위 10퍼센트의 부유한 백인들의 생활이 얼마나 열악한지를 구체적으로 묘사하는 저자의 솜씨에는 경탄을 금치 못했다. 노동 전문 변호사로서 수많은 분쟁과 소송 사례들을 직접 접하면서 미국인의 삶을 속속들이 들여다보았기에 가능한 것 같다. 더구나 저자는 대학에서 문학을 전공했기에, 통계 수치만이 아니라 문학적 표현으로 사람들의 실제 삶을 바로 눈앞에서 연극을 보듯이 탁월하게 묘사한다.

가장 충격적인 점은, 그렇게 하여 드러난 미국인의 삶이 우리와 별반 차이가 없다는 것이다. 설마 그럴 리가? 우리는 개도국이고 미국은 선진국인데? 그렇지만 저자의 글을 읽어 보면 평균적인 미국인의 삶은 우리에 비해 별반 나아 보이지 않는다. 지난 30년간의 신자유주의가 미국인의 평균적 삶을 개발도상국 수준으로 되돌려 놓았다 해도 과언이 아니다.

그런데 가만 있자, 우리나라는 지난 20년간 미국 모델을 보수와 진보개혁 가릴 것 없이 추종해 오지 않았나? 보수 세력이 미국 공화당을 모방했다면 진보개혁 세력은 미국 민주당을 모방하지 않았나? 그렇다면 결국 우리가 추구한 '선진화'의 실체는 '개도국화'였단 말이 아닌가!

그것만이 아니다. 68세대인 저자는 이 책에서 유럽, 특히 독일을 흠모한 나머지 1997년 이래 최근에 이르기까지 여러 차례 독일을 방문하고 생활하면서 미국인의 관점에서 독일인의 평균적 삶이 미국과 얼마나 다른지를 잘 묘사한다. 유럽인의 인생은 복지와 질서, 여유와 즐거움이 넘친다. 유럽인, 특히 독일인(그리고 부분적으로 프랑스인)의 평균적인 삶은 우리가 늘 알고 있던 선진국 국민다운 윤택하고 여유로운 모습이다. 저자는 유럽인의 삶을 오늘날 미국인이 '잃어버린 낙원'으로 묘사한다. 그리고 저자의 견해에 따르면 유럽의 성공은 사회민주주의와 노동운동의 덕택이다. 이러한 유럽과 비교할 때, 미국의 진보를 대표하는 민주당과 『뉴욕타임스』, 케네디 스쿨 등은 무늬만 진보일 뿐 실제로는 공화당과 별 차이가 없는 허구적 진보에 불과하다.

그렇다면 저자의 관찰과 시각은 과연 신뢰할 만한가? 혹시 68세대인 저자가 미국인의 삶은 지나치게 부정적으로, 독일을 비롯한 유럽인의 삶은 지나치게 긍정적으로 묘사한 것은 아닐까?

나는 1990년대에 9년 남짓 독일의 베를린에서 살았다. 9년은 짧은 시간이 아니다. 더구나 그 시간의 대부분을 대여섯 명이 함께 거주하는 아파트에 살았는데, 그중 절반은 독일 친구들이었지만 나머지 절반은 프랑스, 영국, 스웨덴, 스페인, 이탈리아 등 유럽 각지에서 온 교환학생들이었다. 때론 카메룬과 알제리, 쿠르드 등 아프리카와 중동에서 온 친구들도 1, 2년씩 함께 살곤 했다. 이렇듯 다양한 국적의 친구들과 함께 지내면서 나는 유럽인의 삶과 제도의 차이에 대해 많은 것을 듣고 체험했다.

미국 변호사인 저자가 독일을 아무리 자주 방문했다 하더라도 그가 독일에서 머문 시간은 다 합쳐도 수개월에 불과하다. 그렇지만 그가 묘사하는 독일인과 유럽인의 삶은 내가 보기에도 매우 정확하다. 더구나 이 책을 읽으면서 그동안 몰랐던 독일인의 모습도 많이 알게 되었다. "아는 만큼 보인다"고, 노동법과 노동조합, 노동-복지 문제에 식견이 높은 저자의 눈에는 잘 보이는 것들이 나의 눈에는 눈에 띄지 않았던 모양이다.

자신은 결코 유럽식 사회민주주의자가 아니라고 강조하며 글을 시작하는 저자의 모습을 보면 웃음이 절로 나온다. 반공주의가 뿌리 깊은 우리 사회에서도 유럽과 독일 모델을 칭찬하는 이들에 대한 시각은 삐딱한 편인데, 미국은 우리보다 더한 모양이다. 아무튼 그럼에도 불구하고 이 책에서 저자는 사회민주주의 유럽에 대한 흠모의 정(情)을 노골적으로 밝히고 있다.

그런데 유럽의 모든 것이 사회민주주의의 성과는 아니지 않은가? 혹시 저자가 유럽에 대해 오해하고 있는 것은 아닐까? 왜냐하면 유럽의 복지국가는 사회민주주의만이 아니라 가톨릭 보수주의의 영향도 많이 받았기 때문이다. 그런데 책을 끝까지 읽어 보니 나의 걱정은 기우였다. 저자는 기독교가 복지국가의 형성에 크게 기여한 점도 충분히 인식하고 있었다.

이 책에서 잘 묘사하듯이 성스러운 기독교 국가인 미국에서는 주말에 교회에 갈 시간이 없을 정도로 사람들이 일에 지쳐 산다. 왜냐하면 주말과 휴가를 꼬박꼬박 챙길 경우 언제 정리 해고 당할지 모르기 때문이다. 이에 반해 세속적인 탈기독교 국가인 독일과 프랑스에서는 미국에 비해 몇 배나 많은 기독교 휴일을 온 국민이 챙긴다. 더구나 모든 직원과 경영자들은 연 6주에 이르는 휴가를 사용할 의무가 있다. 표준적인 경제학 이론에 따르자면 이렇듯 '게으른 유럽'은 일찌감치 파산해야 마땅하다. 그리고 2008년 이전까지만 해도 우리나라를 비롯한 전 세계에서 유럽 모델은 망해 가고 신자유주의 미국 모델이야말로 영원히 번성할 것이라는 견해가 지배적이었다.

그렇지만 2008년 가을에 시작된 글로벌 금융 위기는 신자유주의의 화신인 미국과 영국에서 시작되었다. 물론 지금은 유럽 역시 재정·금융 위기의 폭풍 속에 빠져들고 있지만, 상대적으로 독일과 스웨덴 등 잘 발달한 복지국가들은 건실한 데 반해 그리스와 이탈리아, 스페인처럼 별로 복지국가라 할 수 없는 유럽국들이 문제를 일으키고 있다. 그리하여 저자의 진단에 따르면 이번 글로벌 경제 위기를 거치면서 독일 등 사회민주주의 유럽은 비로소 그 진가를 발휘하리라는 것이다.

과연 정말로 그럴까? 이런 의심이 든다면 이 책을 펼쳐 보라. 미국과 유럽이라는 두 개의 상반된 세계를 이만큼 잘 비교한 책은 흔치 않다. 그리고 바야흐로 선진국 문턱에 이른 우리로서는 미국과 유럽이라는 두 개의 선진국 모델 중 어느 쪽을 선택하여야 할지 결정하여야 하는 시기가 되었다.

서문

나는 유럽식 사회민주주의자가 아니다

미리 말해 두겠다. 나는 결코 유럽식 사회민주주의자가 아니다.

몇 달 전 버락 오바마(Barak Obama)가 사회주의자 아니냐는 논란이 벌어진 적이 있다. 오바마 역시 조지 부시(George W. Bush)가 그랬듯이 구제금융을 통해 투자은행을 살리려고 했다는 점에서는 사회주의자라고 할 수 있다.

2009년 2월 16일 『뉴스위크(Newsweek)』는 표지에서 "이제 우리는 모두 사회주의자이다."라고 선언했다. 미국의 정부지출 비중이 유럽과 맞먹을 정도로 높다는 것이 근거였다. 국내총생산(GDP) 대비 정부지출을 비교하면 10년 전 영국을 제외한 유로존은 48.2퍼센트였고 미국은 34.3퍼센트였다. 현재는 그 비율이 유로존이 47퍼센트이고 미국은 40퍼센트 정도 된다. 격차가 꽤 줄었다.

나는 미국이 앞으로 이 격차를 더 좁혀 나갈 것이라고 생각한다. 그런데 어떤 의미에서는 정부지출을 더 늘릴수록 미국이 '사회민주주의' 국가가 될 가능성은 그만큼 더 낮아진다. 의료보험이든 교육이든 민간 시장이 공공재를 분배하고 있기 때문이다. 다시 말해서 미국인이 사회민주주의 국가가 그러하듯 늘어나는 정부지출에 대응하여 세금을 많이 납부할수록 민간 보험회사와 제약 회사, 의사의 배만 불리는 결과를 낳는다. 이렇게 세금을 납부하지만 그에 상응하는 대가를 받지 못한다는 것이 우리 시대의 위기이다.

그래도 자본주의를 유지하는 게 가치가 있을까? 당연히 있다. 그러나 유럽을 본보기로 삼는다면 자본주의를 개선하기 위해 해야 할 일이 많다. 최근 경제 위기로 인해 미국은 빚더미에 올라앉았지만 독일은 별다른 어려움을 겪지 않았다. 미국인은 경쟁력을 갖추기 위해 더 오래 일할수록 부채의 늪에 더 깊게 빠져들지만, 독일인은 연간 6주의 휴가를 누리면서도 빚지지 않고 살아간다. 그 비결은 무엇일까?

다시 한 번 말한다. 나는 결코 유럽식 사회민주주의자가 아니다. 하지만 애국의 열정만은 누구 못지않은 사람으로서 묻고 싶다.

독일 모델과 미국 모델 중 어느 쪽이 우리를 외국 채권자의 손아귀에서 벗어나게 해 줄 수 있을까? 이라크 전쟁과 2008년부터 시작된 금융 위기로 미국은 더 이상 초강대국이 아니라는 우울한 사실이 만천하에 드러났다. 그런데 이것보다 더 걱정스러운 것은 어쩌면 주권이 위태롭게 될지도 모른다는 전망이다. 어느 날 중국과 사우디아라비아, 심지어 온두라스와 같은 채권 국가가 위원회를 구성해서 미국에 국가 채무를 어떻게 할 거냐고 큰소리치는 사태가 벌어지지 않는다고 누가 보장할 수 있겠는가?

자본주의와 사회민주주의, 어느 체제를 택하든 유럽이 미국보다 잘해 나가고 있다는 사실이 내 마음을 더욱 무겁게 한다. 양쪽 모두 유럽이 미국을 앞선다는 것은 공평하지 않다.

나는 결코 유럽식 사회민주주의자가 아니다. 오히려 사회주의의 문제점을 지적했던 옛말을 되새기며 살아가는 편에 속한다. 오스카 와일드가 지적했듯이 사회주의의 가장 큰 문제점은 저녁 시간을 지나치게 빼앗는다는 것이다. 일과 후 외식하러 나가는 대신 정치 집회에 참석하여 금쪽같은 저녁 시간을 보내야 한다. 그러나 내 생활을 잣대로 보면 미국식 자본주의에서도 무수한 저녁을 사무실에서 늦게까지 일하며 보내고, 심지어 주말에도 쉴 새 없이 일에 파묻혀 지내야 한다. 유럽은 어떨까? 즐겁게 일한 후 저녁나절에는 자유롭게 시간을 보낼 수 있다. 그것이 유럽의 매력이다.

내가 인생을 다시 시작한다고 해도 부침이 심한 미국이나 유럽식 민주주의하에서 오순도순 사는 쪽, 이 두 가지 중 하나를 선택할 수밖에 없다는 게 무척 아쉽다. 두 사회의 장점을 취한 곳은 어디 없을까?

내가 앞으로 하려는 이야기는 대부분 독일에 관한 것이다. 프랑스에 대한 이야기가 별로 없는 게 심히 아쉽기는 하다.

비록 가슴을 설레게 할 만큼 매력적이지는 않겠지만, 독일 모델은 우리가 지금 살아가는 방식에 진정한 대안을 제공할 수 있으리라 생각한다. 공산주의가 붕괴한 이후 독일은 노동자가 경영에 참여하는 유일한 나라이다. 그게 내가 독일을 고른 이유이다. 어쨌거나 나는 노동 전문 변호사이니까. 하지만 동시에 내 나라의 미래도 걱정된다. 그래서 독일을 연구하면 미국을 빚더미에서 빼낼 비결을 찾아낼 수 있을 것이라고 기대를 걸어 본다.

거듭 말하거니와 나는 결코 유럽식 사회민주주의자가 아니다.

프랑스에서 한가로운 저녁 시간을 즐길 수 있었는데도 어찌 해서 미래가 암울해 보였던 독일로 건너가게 되었는지 이제부터 이야기를 시작하겠다.

2010년 1월

차례

추천사 우리는 어느 모델을 선택해야 할까? — 정승일 5
서문 나는 유럽식 사회민주주의자가 아니다 10

1부 미국이냐 유럽이냐 그것이 문제로다

1 우리는 유럽을 너무 모른다 19

취리히에서 맛본 평등과 풍요 24 | 중산층이라면 유럽을 택하라 28 | GDP의 함정 31 | 케인스가 바라던 세상 35 | 나는 왜 유럽인 친구가 없을까 39 | 첫 프랑스 여행 45 | 사회 안전망이 데이트 성공율을 높인다 50 | 프랑스인은 논증한다, 고로 존재한다 55 | 미국에서 사는 게 어떤 건지 아세요? 59 | 최초의 유럽인 친구 '디' 66

2 GDP 높은 미국이 유럽보다 못사는 까닭 73

미국의 바버라 vs 유럽의 이사벨 78 | 기반 시설이 부족해 GDP가 올라간다 80 | 최상위층 중심의 경제 구조 85 | 도박이냐 장시간 노동이냐 86 | 진짜 소비 천국은 유럽 91 | 국가가 책임지는 유럽, 개인이 책임지는 미국 95 | 유럽의 이사벨이 누리는 또 다른 혜택 97

3 그래서 나는 독일을 선택했다 117

누구를 위하여 종은 울리나 122 | 왜 독일인가 128

2부 베를린 일기

4 독일 모델은 끝났다고? 185

암울했던 1997년 186 | 우여곡절 프랑크푸르트행 190 | 이런 게 진짜 정치 토론 198 | 우울한 철학 교수와 늙은 나치 201 | 건설 업자와 신문기자의 논쟁 208 | 제조업이 우리를 먹여 살린다 211 | 독일 안의 또 다른 독일 219 | 중산층이 감소했다고? 224 | 부자 도시 함부르크는 세일 중 230 | 세계화보다 통일이 더 중요해 237 | 베를린의 '카페 경제' 240 | 진짜 교육은 학교 밖에서 이루어진다 246 | 전문 기술자를 키우는 듀얼 트랙 253 | 노동 재판을 참관하다 259 | 중산층을 보호하는 복지제도 266 | 직장평의회와 노동조합 273 | 노동운동계의 록스타 하인츠 280 | 경영계 인사를 만나다 284

5 복지 개혁을 둘러싼 논쟁 291

나흘이나 쉬면 일은 언제 해? 294 | 문명의 충돌 301 | '미션 임파서블' 305 | 변호사 시험과 숙련 노동자 313 | 미국을 닮아 가는 독일 318 | 노동절 시가행진에 참여하다 321 | 독일 노동자의 힘 329

6 금융 위기를 넘어 날아오르다 335

평온한 베를린 337 | "독일식 제도에 자부심을 느낍니다" 343 | 중소기업을 지원하는 국영 은행 슈파르카세 351 | 기민당, 믿어도 될까? 355 | 사회민주주의를 위협하는 것들 360 | 역동성이 사라진 미국 경제 367 | 독일 모델은 미국에서도 가능하다 372

후기 그들의 길이 우리의 길 377

일러두기

1. 단행본과 언론 매체는 『』, 논문과 보고서는 「」, TV 프로그램과 예술 작품은 〈〉로 표시하였다.
2. 외국 인명과 지명은 국립국어원의 외래어 표기법을 따랐다.
3. 본문 하단의 각주는 모두 옮긴이 주이다.

Were you

born on the

wrong

continent?

1부
미국이냐 유럽이냐 그것이 문제로다

1
우리는 유럽을 너무 모른다

1997년 3월, 유럽에서 2개월 동안 지낸 뒤 사무실로 돌아와서는 '이런, 가구를 전부 어디다 치웠더라?'라고 생각했다. 그러나 곧 내가 변변한 가구 하나 사 놓은 적이 없음을 깨달았다. 문을 열고 들어선 순간 사무실 한가운데에 러닝머신이 떡하니 놓여 있었다. 누군가(아마 나였을 것 같지만) 밖에 내놓으려다 깜빡 잊은 듯했다. 주인이 야반도주한 양 사무실은 어수선하기 짝이 없었다. 오랫동안 비워 놓았는데도 예상외로 달라진 게 별로 없었다. 놀랍기까지 했다.

내가 유럽으로 떠나기 전 잘 알고 지내던 한 변호사는 이렇게 물었다. "두 달이나 유럽에 간다고? 사무실은 어떡하고?" 다른 변호사도 물었다. "여행 잘해. 그건 그렇고 사무실은 어떻게 할 참이야?" 또 다른 변호사 역시 물었다. "사무실 문을 아주 닫아 버리는 거 아니야?"

"나도 몰라, 모르겠어, 모르겠단 말이야." 내가 할 수 있는 말이라곤 그것뿐이었다. 기일이 잡힌 재판, 날아온 출석요구서가 여러 건 있었다. 쌓아 놓으면 발목이나 무릎, 아니 어깨 정도까지 올라올 서류에 치이며 하루하루를 숨 가쁘게 살아가던 중이었다. 두 달 동안 유럽에 간다고? 이렇게 할 일이 태산인데 어떻게? 일단 유럽에 간다는 생각을 접어놓았다. 아무리 생각해 봐도 말이 안 되었다.

그때 변호사 친구 한 명이 전화에 음성 메시지를 남겼다. 뒤늦게 밤중에 확인해 보니 이런 말이었다. "용기를 내서 휴가 다녀와." 그 친구와는 흉금을 털어놓는 친밀한 사이여서 얼마든지 일을 맡기고 휴가를 갈 수도 있었다. "알았어, 그러지 뭐."라고 답장을 보냈다. 하지만 며칠 후 꽉 채운 두 달 동안 사무실을 비우고 유럽에 갔다 올 작정이라고 했더니 그 역시 대뜸 "사무실은 어떡하고?"라고 물었다.

변호사가 두 달이나 일을 쉰다는 것은 일반인이 2년을 통째로 쉬는 것과 맞먹는다. 업무의 성격상 사무실을 두 달 비운다는 것은 리처드 버턴(Richard Burton)* 이 나일강을 거슬러 올라가며 탐험하는 것이나 마찬가지이다. 사회과학자가 두 달 동안 연구한다는 말은 농담처럼 들릴 수도 있다. "두 달 동안 뭘 연구할 수 있겠어?" 그러나 변호사는 유럽의 상황을 파악하는 데에 두 달이면 충분했다. 아니 너무 긴 시간이었다. 아닌 말로 하룻밤 꼬박 새워서 보고서를 대충 만든 다음 제출해 버리면 그만이지 않겠는가? 물론 이 말은 농담이다. 유럽을 너무 만만하게 본다고 오해할까 봐 다시 말하지만 지금 한 말은 농담이다.

당시 나는 유럽에 가기가 무척 겁이 났다. 왜냐고? 첫째, 나는 파리에 가는 게 정말 싫었다. 그것도 혼자서 말이다. 둘째, 나는 어디에 가서 혼

---

* 영국인으로 탐험가, 번역가, 작가, 군인, 언어학자, 외교관 등의 다채로운 경력을 지녔다. 나일강의 수원을 탐험하다 탕가니카 호수를 발견했으며 『천일야화』를 영어로 옮겼다.

자 있는 것을 죽기보다 싫어한다. 파리 같은 도시에 가서 혼자 지내는 것은 어떤 의미에서는 죄를 짓는 것, 즉 집에서 가끔 듣는 예수회 설교 테이프에서 말하는 죽을죄를 짓는 일이다. 그 테이프에서 설교자는 혼자 있을 때, 달리 말해서 인간으로서 누려야 하는 모든 것으로부터 고립되어 있을 때 사람은 죄를 짓게 된다고 강조했다.

그렇게 따지면 20대 시절 파리를 여행했을 때 나는 줄곧 죄를 지으며 돌아다녔던 셈이다.

그때 나는 어느 누구와도 말 한마디 하지 못한 채 무작정 돌아다녔다. 아는 유럽인이 한 사람도 없다는 것을 깨달아 가는 과정이기도 했다. "오, 파리라고? 거기 굉장히 멋진 곳 아냐?" 맞다. 멋진 곳이다. 하지만 이틀 동안 말 한마디 못하고 지내 봐라. 나중에는 참다 못해 온갖 욕 같은 게 저절로 입 밖으로 튀어나올 지경이 된다.

나는 여러 해 동안 사무실에 파리 시내를 찍은 대형 사진을 한 장 걸어 놓았다. 루브르 박물관 쪽으로 향하면서 경적을 울리며 달리는 포드 자동차의 모델 T를 중심으로 1927년의 파리 시내 풍경이 담긴 180도 광각의 흑백 파노라마 사진이었다. 트럭운전사노동조합의 조합원 등 나를 찾아온 고객들은 그 사진과 옆에 걸린 파리 시내 지하철 노선도를 뚫어지게 바라보고는 가끔 "이야, 이거 대단한데. 파리를 무척 좋아하시나 봐요?"라고 물어보았다.

하! 매번 뭐라고 대답할 말이 없었다.

사실 그 사진은 혹시 유럽에 갈 일이 생기면 아는 사람 한 명 없는 곳에서 벙어리처럼 지내는 게 얼마나 괴로운지를 절대로 잊지 않기 위해서 걸어 놓았다. 이야기를 늘어놓다 보니 불쌍했던 대학교 친구 짐이 생각난다. 짐은 대학교 1학년 여름 『레츠고 유럽(Let's go Europe)』 책 한 권 달랑 들고 유럽 일주 배낭여행을 떠났다. 하지만 시간이 지날수록 외로움이 심해졌고 급기야 음식을 먹는 것도, 사람과 이야기하는 것도 중단했다. 스코틀랜드 글래스고에 도착했을 때는 더 이상 돌아다닐 기력을 완전히 잃고 말았다. 간신히 보스턴에 사는 어머니에게 전화해 비행기 표 살 돈을 부쳐 달라고 했다. 공항에 마중 나온 어머니는 "아니, 얘야. 이게 웬일이니!"라며 울음을 터뜨렸다. 하지만 짐은 어머니가 우는 모습을 그저 물끄러미 쳐다볼 수밖에 없었다. 2~3주 만에 처음으로 이야기를 나누게 되어 말문이 쉬 열리지 않았던 것이다.

어느 날 밤 잠자리에서 머리맡에 있던 『천로역정(The Pilgrim's Progress)』을 우연히 펼쳐 들었다. 첫 페이지에서 '전도자'가 '크리스천'에게 다가와서 빨리 여기를 떠나라고 말하는 장면이 눈에 들어왔다. 그 순간 전율을 느꼈다. 우리 조상은 자유를 찾기 위해 순례자로서 이 땅에 오지 않았나? 그런데 그 후손인 나는 전혀 자유를 누리지 못하고 있구나. 최근에 휴가를 즐긴 게 언제였던가? 기억이 가물가물했다.

비행기를 타고 유럽으로 가면 안 될 이유가 어디에 있지?

내 생각은 마구 뻗어나갔다. 그렇다. 여기 미국 땅에서도 나는 진정한 삶을 살지 못한 채 시간만 흘려보내고 있다. 유럽도 사람 사는 곳이 아닌가? 마음이 차츰 반대쪽으로 기울어졌다.

최근 몇 년 동안 나는 『뉴욕 타임스(New York Times)』에서 가장 '정치적인' 지면은 일요판의 여행면이 아닐까 하고 생각했다. "유럽에 관한 진짜 뉴스가 담겨 있습니다."라고 그들이 홍보하듯. 신문을 읽을 때면 유럽의 심각한 실업 문제, 사회민주주의의 붕괴 등에 관한 소식이 실린 1면을 훑어본 다음 곧바로 여행면을 펼친다. 거기서는 앞면에는 감히 싣지 못하는 기사, 즉 유럽은 점점 더 사람이 살 만한 곳이 되고 있다는 진짜 뉴

스를 볼 수 있다. 『뉴욕 타임스』의 '진지한' 지면들이 애써 눈감고 있는 사실, 유럽이 미국을 앞서 가고 있다는 사실을 여행면은 나지막한 소리로 웅얼거린다.

  여행면을 즐겨 읽다 보면 한 번쯤은 살아 보고 싶은 유럽의 도시를 자연스레 떠올리게 된다. 예를 들어 'B'로 시작되는 도시라면 바르셀로나, 브뤼셀, 볼로냐, 그리고 브루게가 있다. 그럼 미국에는 어떤 도시가 있더라. 아, 볼티모어, 배턴루지, 베이온이 있지. 그런데 'B'로 시작되는 이들 도시에 사는 하층 계급의 청소년들에게 'B'라는 글자는 곧 '총알'(bullet)을 상징한다. 그곳의 8세에서 20세 된 아이들은 대부분 총격전이 일상이 된 환경에서 살아간다고 해도 과언이 아니다. 내가 너무 미국을 깎아내리는 것인가? 그다음 글자 C와 D로 가 보자. 유럽에는 코펜하겐과 도빌이 있고, 미국에는 클리블랜드와 디트로이트가 있다. E와 F로 시작하는 도시는 뭐가 있더라?

이런 식으로 쭉 가다 보면 Z에 이르게 된다. Z? 어떤 도시가 생각나는가? 혹시 취리히(Zürich)가 떠오르지 않는가?

취리히에서 맛본 평등과 풍요

솔직히 말하자면 취리히를 방문한 게 계기가 되어 이 책을 쓰게 된 것인지도 모른다. 1993년 나는 격동기의 모스크바에 들렀다. 왜 갔느냐고? 음, 공산주의가 붕괴했기 때문이다. 그건 내 평생에 한 번 있을까 말까 한 세계 역사의 일대 사건이니까. 약간 늦기는 했지만 직접 가서 그 현장을 봐야 하지 않겠는가? 그래서 갔다. 그러나 사실은 그 무렵 나는 누군가와 관계가 붕괴되는 일을 겪었고, 우울한 기분에 잠겨 있던 차에 미즈(Ms.) O를 만나 모스크바에 가기로 마음을 먹었다.

그렇다. 나는 여자를 만나려고 모스크바에 갔다.

모스크바까지 가는 비행시간이 무척 길었기에 시차 적응도 겸해서 중간 기착지에서 하루 쉬기로 했다. 모스크바에 도착했을 때, 공산주의가 무너졌듯 나도 무너져 내리고 싶지는 않았다. 그러니 뚜렷한 목적이 있어서 취리히에 간 것은 아니었다.

서유럽에 들른 것은 참으로 오랜만이었다. 막연히 취리히는 지루할 것이라고 예상했다. 진정한 목적지는 모스크바였고, 그 생각만이 내 머릿속을 꽉 채우고 있었다. 취리히에서는 아무 생각 없이 잠깐 쉴 작정이었다.

미즈 O는 아마 웃을 테지. "취리히라니! 돈이라도 맡겨 놓았나 보군요." 모스크바처럼 보드카에 디프테리아균을 타 마실 것 같은 도시에서 산다면 취리히를 비웃을 자격이 있을 것이다.* 대체 취리히에서 무슨 스릴을 맛볼 수 있겠는가?

그러나 막상 거리를 돌아다니자 숨이 턱 막혔다. 세상에나! 그때까지 나는 그렇게 부유한 도시, 단순히 부유한 게 아니라 우아하고 세련되게 부유한 도시를 본 적이 없었다. 지난 10년 사이에 유럽이 이처럼 많이 변하다니! 10년 동안 GDP가 꾸준히 성장한 결과를 두 눈으로 직접 봤다! 밀라노에서 스톡홀름에 이르는 유럽의 숱한 도시가 미국의 잘 사는 도시를 바짝 뒤쫓고 있다는 것을 피부로 느꼈고, 노르웨이 같은 몇몇 나라의 1인당 GDP는 이미 미국을 앞질렀음을 실감했다.

그런데 여기서 중요한 것은 종이 위에 숫자로 표현된 1인당 GDP가 아니다. 누구나 골고루 잘 산다는 사실이 더 중요하다. 세계에서 잘 산다고 꼽히는 나라들은 대체로 좌파 성향이 강하다. 이 말은 사회민주주의 국가에서는 누구나 '돈'을 갖고 있다는 얘기다. 특별히 내세울 게 없는 오래된 도시 쾰른에서는 곳곳에서 그 이름 그대로 향수(cologne) 냄새가 났다. 반면에 미국에서는 제일 괜찮다는 도시라 해도 공원에 오줌 냄새가 진동을 한다.

몇 가지 더 비교를 해 보자. 먼저 빈곤 노인 문제를 따져 보면, 미국의 경우 노인 인구 중 24.7퍼센트가 가난에 시달린다. 하지만 스웨덴은 7.7퍼센트, 독일은 10.1퍼센트(대부분 구동독 지역)에 불과하다. 빈곤 아동 문제는 또 어떤가? 미국의 경우 전체 아동 중 21.9퍼센트가 빈곤 아동으로 분류되는 데 반해 독일은 그 비율이 9.0퍼센트에 지나지 않는다.(이 역시 대부분 구동독 지역의 아동이다). 그래프와 표가 아니라 감각을 통해 미국과 유럽

---

* 오래전에 사라졌던 질병 디프테리아가 1990년대 초 러시아에서 급속도로 창궐한 것을 비꼬는 듯하다.

을 서로 비교해 보라. 보고, 만지고, 냄새도 맡아 보라. 사회민주주의가 자리 잡은 유럽의 경우 어디를 가든 제비꽃이 만발한 강둑에서 신선한 공기를 마음껏 들이마실 수 있다.

그게 내가 숨이 턱 막힌 이유였다. 평등하고 풍요로운 나라여서 보고 맛보고 만질 게 너무 많았다. 여기저기 마음껏 돌아다녀도 전혀 위험하지 않았다. 또 질서 정연했다. 가난한 사람들로 인한 무질서가 눈곱만큼도 없는, 그런 완벽한 질서를 엿볼 수 있었다. 뭐 하나 흠잡을 구석이 없었다. 무심코 마시는 커피 한 잔, 아침에 먹는 시리얼 한 사발조차 완벽했다. 심지어 제자리를 벗어난 것도 그 나름의 방식으로 완벽하게 벗어나 있는 것처럼 보였다. 어떻게 해야 미국도 이렇게 될 수 있을까?

물론 미국도 노력하면 안 될 것은 없으리라. 하지만 빈곤층이 많아서 무질서를 없애기란 사실상 불가능하고, 이 무질서 때문에 유럽처럼 모든 게 완벽할 수 없다. 미국의 어떤 도시에서도 불가능한 일이 취리히에서는 가능한 것을 보고 정말 놀랐다. "이봐, 취리히는 원래부터 살기 좋은 도시잖아?" 물론 그렇다. 하지만 취리히 말고도 코펜하겐, 뤼베크 등 유럽에는 살기 좋은 도시가 수없이 많다는 사실을 어떻게 설명할 텐가?

그날 오후 취리히 시내를 한 블록 두 블록 거닐며 부티크, 카페, 향수 전문점, 글로벌 은행과 제비꽃이 만발한 강둑 등을 둘러보았다. 모두 나름대로 완벽했다. 빈곤하지 않으면 도시 전체가 마치 미술관처럼 보일 수도 있다는 사실을 깨달았다. 빈곤층이 상대적으로 적은 선진국에서는 사적 영역에서 흘러넘친 행복(well-being)이 공적 영역으로 흘러들고, 그 결과 누구나 봉봉사탕을 맛보듯 행복을 만끽하게 된다. 그래서 나는 종일 봉봉사탕만 먹고 아무것도 사지 않았다.

그날 늦게 향수 전문점과 부티크 사이에 있는 온통 하얀색과 노란색 페인트로 칠한 아주 작은 서점에 들어갔다. 그 안의 책들도 하얀색과 노란색뿐이어서 책 자체가 무언가 패션을 말하는 듯했다. 점원이 나왔다. 『엘르(Elle)』에서 막 튀어나온듯 하얀색 옷을 입은 젊은 여성이었다. 오, 뭐라고 말 좀 붙여 봐!(아, 아무 생각도 나지 않았다!)

"아, 저, 저, 혹시, 영어로 된 책이 이, 있나요?"

"아, 죄송합니다만 여기에는 독일어로 된 철학책밖에 없어요."

그렇군. 아무렴, 그렇지. 비틀거리듯 책방 밖으로 나오는데, 쇼펜하우어가 내 등 뒤에서 연한 향수 냄새를 풍기며 무어라 말하는 것 같았다.

아, 아쉬워! 이런 곳을 떠나 모스크바로 가야 하다니! 악몽을 꾸는 것만 같았다. 미즈 O에게 전화해서 "어쩌다 보니 지금 에덴동산에서 비틀거리고 있어."라는 말을 해야 하는 것 아닐까? 나는 결국 산 중턱의 호텔로 돌아와 테라스에 앉아 좌파가 득세하는 소도시를 내려다보았다. 사방이 조용하고 평화로웠다.

온갖 상념이 머리를 스치고 지나갔다. 이곳에 머물고 싶어. 모스크바에서는 페스트가 한창 유행일 텐데. 체르노빌은 또 어떻고? 미즈 O의 아파트에서는 이 순간에도 방사능이 나오고 있을 게 분명해. 아니야, 지금 갈 수 없어. 에덴동산의 서쪽에서 잘 지내고 있는데 왜 동쪽으로 가야 해? 여기에서 며칠 더 머물고 갈 거라고 전화해야 해, 등등.

그러나 결국 모스크바로 갔다. 생각했던 것보다 상황이 더 좋지 않았다. 옛 공산당원들이 쿠데타를 일으킨 것이다. 옐친은 군 병력을 동원해 옛 공산당원들이 농성하고 있던 의사당 건물을 에워쌌다. 공산당원들은 총을 쐈고, 옐친은 포격으로 맞대응했다. 취리히를 떠나 왜 이런 아수라장으로 왔지? 겁이 잔뜩 났다.

모스크바에서는 미즈 O를 비롯해서 내가 만난 사람 모두에게 취리히에서 보았던 것들을 틈만 나면 떠들어 댔다. "얼마나 멋진 곳인지 꼭 한 번 봐야 해요." "살면서 그렇게 놀라운 곳을 보지 못했다니까요." 그렇지만 나 말고 다른 사람들은 당연히 공산당원의 쿠데타와 옐친의 무력 진압을 이야깃거리로 삼았다. 이런 사건들 때문에 취리히가 묻힌다는 것이 나는 도무지 납득이 되지 않았다.

중산층이라면 유럽을 택하라

지금 와서 왜 새삼스럽게 유럽을 칭찬하고 나서느냐고 물을 사람이 있을 것 같다. 미국에서는 유럽이 그토록 살기 좋아졌다는 사실을 그동안 까맣게 모르고 지냈다는 말밖에는 더 할 말이 없다. 지난 몇 년 동안 『뉴욕 타임스』나 『월스트리트 저널(Wall Street Journal)』의 경제면에는 고실업, 고임금 때문에 서유럽 경제가 곧 무너질 것 같다는 기사가 툭하면 실렸고 나로서는 그것을 진실이라고 믿을 수밖에 없었던 것이다. "오래 못 가겠군. 경제 상황이 최악이야." 그게 내가 아는 전부였다. 서유럽의 경제 사정이 신문에 난 그대로였을 때도 있었으리라. 그러나 나는 이제야 비로소 밀라노에서 파리를 거치고 라인강을 건너 노르웨이 최북단에 이르는 서유럽 곳곳의 실제 모습이 어떤지 똑똑히 보았다.

유럽보다는 동아시아 지역의 경제 사정이 괜찮다고 말하는 사람들이 더러 있다. 아주 틀린 말은 아닐 것이다. 그러나 나는 아시아에 가 본 적이 없다. 내가 두 눈으로 직접 본 곳은 유럽뿐이다. 미국인이 전가의 보도처럼 들먹이는 경제 자료를 통해서는 파악하기 힘든 것을 나는 직접 보고 겪었다.

유럽이 붕괴하고 있다고? 그래, 논쟁할 생각은 없다. 직접 거기 가서 눈으로 보라. 그런 다음 돌아와서 우리 주변을 둘러보라. 그리고 내게 미국의 GDP, 혹은 1인당 GDP가 높다는 말이나 고용 사정이 괜찮다는 따위의 말은 하지 마라. 나는 그렇지 않다는 것을 두 눈으로 똑똑히 본 사람이니까. 신문의 경제면이나 여행면에 실린 유럽에 관한 기사를 곧이곧대로 믿으려고 하는가? 사진은 보되 글은 읽지 마라. 내가 취리히에 머물던 당시 인상 깊었던 것은 풍요로움이 아니라 사람들의 얼굴 표정이었다. 두세 가지 언어를 구사하는, 어딘가 교양 있어 보이는 얼굴 표정 말이다. 그걸 몰랐더라면 좋았을걸. 반면에 여기 미국에서는 연예인에 대한 생각으로 머릿속이 꽉 차 있는 아이들의 얼굴만 보게 된다.

더군다나 유럽은 물가도 싼 편이다. 통화가치의 변동은 일단 생각하지 말자. 취리히에 들렀을 때 산 중턱에 있는 리조트처럼 보이는 곳을 숙소로 정했다. 포도덩굴이 난간을 휘감은 테라스에서 취리히 시내를 내려다보며 저녁 식사를 했는데, 하룻밤에 겨우 125달러밖에 들지 않았다. 1993년은 달러화 가치가 지금처럼 높지 않았는데도 그랬다. 그때 미국에서 시내를 한눈에 볼 수 있는 정원에 앉아 웨이터를 두고 식사하려면 1000달러가량 들었다. 그렇다. 유럽에서는 나와 같은 노동 변호사도 한껏 호사를 부리며 지낼 수 있었다!

그날 밤, 미국인은 미국이 중산층을 위한 곳이라고 믿지만, 내 친구 '리(Lee)'가 말했듯 유럽이야말로 중산층, 유럽식으로 말하면 부르주아를 위한 곳이라는 사실을 깨달았다.

무슨 말이냐고? 이렇게 말하면 분명히 이해될 것이다. 미국은 월마트에서 고양이 화장실도 살 수 있고 휘발유 가격도 저렴하다. 그러나 나처럼 돈이 많지 않은 전문직에게 알맞은 곳은 아니다. 나와 리 같은 사람에게는 유럽이 훨씬 살기 좋은 곳이다.

또 노동 변호사로서 보건대, 유럽은 내 의뢰인인 노동자들을 위한 곳이기도 하다. 개인적인 이해관계를 떠나서 묻겠다. 연봉이 3만~5만 달러로 가난하지는 않지만 매달 100~200달러 정도 적자를 보는 내 노동자 의뢰인에게 어디가 정말로 살 만한 곳이겠는가? 당연히 유럽이다. 환자가 건강에 궁금한 점이 있으면 의사가 친절하게 설명해 주듯, 변호사인 나 역시 내 의뢰인에게 유럽이 왜 더 살기 좋은 곳인지 설명해 줄 수 있다. 최하위 계층의 미국인 중 3분의 2 정도는 유럽에 가면 더 잘 살 수 있을 것이다.

여기서 말하는 최하위 미국인이란 지난 40년 동안 시급이 단 한 차례도 인상되지 않은 사람들, 퇴직연금 401(k)*를 받을 자격이 없는 사람들, 의료보험에 가입할 수 없거나 2000달러 이상의 자기 부담금을 내지 못하는 사람들을 말한다. 장담하건대 이런 사람들은 유럽에 가면 더 잘 살 수 있다. 실업자라 해도 유럽에서 사는 게 더 낫다. 어디 이뿐인가? 유럽에서는 독신자도 복지 혜택을 받을 수 있다. 더구나 미국에서 듣는 바와 달리 유럽에는 미국보다 실업률이 훨씬 낮은 곳이 수두룩하다.

부르주아가 유럽에서 살기 좋은 이유 중 하나는 연간 5만 달러 이하를 버는 사람들이 잘 살 수 있기 때문이다. 돈을 많이 벌지 못하는 사람들이 잘 살기에 내 친구 리 같은, 혹은 독자 여러분 같은 부르주아들이 정치적으로 보호받을 수 있는 것이다. 이에 더해 유럽에서는 명문 사립학교를 나온 사람이나 일반 노동자나 비슷한 대우를 받는다. 그래서 리 같은 부르주아들도 종종 노동조합에 가입한다. 조합원이 되면 6주의 휴가를 얻

---

* 확정기여형 기업연금제도로서 미국의 근로자퇴직소득보장법 401조 K항에 규정돼 이런 이름이 붙었다. 노동자와 회사가 일정액을 갹출해 펀드를 만들어 노동자의 선택과 지시에 따라 자산운용사가 운용한다. 따라서 운용 실적에 따라 노동자가 적립한 금액보다 퇴직 후 받는 연금이 훨씬 적을 수도 있다.

으며 '황금 낙하산'*에 비유되는 연금도 받기 때문이다. 소득수준이 높아질수록 이런 것들의 가치는 더욱 더 커진다.

사회민주주의라고 부르든 사회주의라고 부르든, 유럽식 모델이 최상류층은 몰라도 그 바로 아래 중상류층에까지 상당히 이익이 된다는 것은 분명하다. 하지만 미국에서는 이런 사실을 알려 주는 사람이 어디에도 없다.

GDP의 함정

취리히를 둘러보고 돌아온 후 머릿속에서 다음과 같은 의구심이 싹트기 시작했다. 음, 취리히는 살기 좋은 도시임에 분명하지만, 시카고는 진작부터 망가진 도시로 낙인찍혀 있지. 미국의 1인당 GDP가 유럽보다 훨씬 높고 시카고는 그런 미국에서 가장 중요한 도시 중 하나인데, 그렇다면 GDP를 산정하는 방식에 뭔가 문제가 있는 것은 아닐까? 대충 생각해 봐도 GDP, 생산성, 실업률 등의 숫자가 거짓말을 하는 것 같지는 않았다. 하지만 어느 순간 이런 숫자들이 우리에게 더 잘 산다는 착각을 불러일으키는 듯했다.(이 대목은 다음 장에서 본격적으로 다루겠다.)

숫자만 들여다봐서는 취리히가 얼마나 살기 좋은 곳인지 모르기 십상이다. 시카고의 경우에도 링컨 공원이 얼마나 멋진지, 풀라스키 애비뉴 서쪽 편이 얼마나 우울한 동네인지, 또 26번가와 캘리포니아 애비뉴 쪽이 얼마나 강제수용소 같은지 숫자로는 짐작조차 할 수 없다. 겉모습을 봐서는 안 된다. 실제 살아가는 모습이 중요하다. 숫자상으로 나는 시카

* 기업이 다른 회사에 인수되어 임기가 끝나기 전에 CEO가 퇴직할 경우 받는 거액의 퇴직금과 스톡옵션, 보너스 등을 말한다.

고에서 괜찮은 삶을 살고 있다. 그렇지만 일정 수준 이상으로 1인당 GDP가 늘어나면 내 삶의 질이 하락할 수도 있다. 정신적인 의미에서 그렇다는 게 아니다. 냉정하고 중립적이며 소득의 측면에서 따져 볼 때 그렇다는 이야기이다.

더 이해하기 쉽게 이야기해 보자. 내가 만약 더 오래 일해서 돈을 더 많이 벌어들이면 좋을까? 그렇지 않다. 내 생활의 많은 부분이 그만큼 희생됨으로써 '기회비용'도 더 커지게 된다. 이를테면 돈을 벌 욕심에 노동시간을 늘리고 취리히 여행을 포기하는 것이다. 다른 예를 들어 보자. 임금이 올랐어도 내 생활은 더 나빠질 수 있다. 주변 사람들과 소득 차이가 더 벌어질 수 있기 때문이다. 그게 무슨 대수냐고? 내가 많은 소득을 올릴수록 상대적인 빈곤을 심화시키는 결과를 낳을지 모른다. 내가 속한 공동체를 살기 팍팍한 곳으로 만들 수도 있다.

보수파 싱크탱크인 카토연구소(Cato Institute)의 연구원들은 "미국에서 못살겠다고 하는 사람도 1인당 GDP상으로는 그렇지 않다. 뭐가 문제인가?"라며 입에 침 튀기며 떠들어 댈 것이다. 그러도록 내버려 둬라. 논쟁을 해서 이길 생각은 없다. 하지만 그들이 다 떠들고 나면 밖에 데리고 나가서 주변을 한번 둘러보게 할 참이다.

돈을 더 많이 벌려고 애쓸수록 우리의 삶의 질은 하락한다. 유럽의 연평균 노동시간은 1500시간 정도이다. 이에 비해 미국의 연평균 노동시간은 1800시간이다. 하지만 실상을 따져 보면 대부분의 노동자들이 2300시간 이상을 일한다. 이렇게 2300시간 이상을 일해서 1인당 GDP가 상승하고 나면 다음과 같은 상황에 맞닥뜨리게 된다.

6주의 휴가가 없다. 사무실 이외의 장소에서 커피 한잔 마음 놓고 마실 시간 여유가 없다. 제비꽃이 만발한 강둑을 거닐면서 한가롭게 맑은 공기를 마실 수 있는 도시가 없다.

다음의 표를 보고 나는 GDP상으로는 미국이 다른 나라보다 한참 앞서 있다는 사실에 경탄했다.

각국 1인당 GDP(구매력 기준) (단위: 달러)

	1989년	2000년	2007년
미국	33,477	41,236	45,604
독일	26,365	31,159	33,880
덴마크	26,830	33,742	37,185
프랑스	25,768	30,430	32,906
네덜란드	26,519	35,221	38,118
스위스	33,684	36,097	38,842

출처: 경제정책연구소(EPI) 통계부

겉으로 드러난 것만 보면 미국은 엄청난 선진국처럼 보인다. 그러나 좋아하지 마라. GDP 증가분의 3분의 2 이상이 부자에게 돌아갔다. 예를 들어 2005년 미국 생산직 노동자의 시간당 실질임금은 1973년에 비해 약 8퍼센트 하락한 반면 시간당 산출량은 55퍼센트 상승했다. 따라서 1989년 이후 미국인 대부분의 실질구매력이 단 한 푼이라도 늘었는지 모르겠다. 미국의 1인당 GDP가 유럽보다 높다 해도 실제로는 속빈 강정에 지나지 않는 것이다.

반면에 유럽 각국의 경우 미국보다 1인당 GDP 수준이 낮지만 '중산층'은 교육, 의료보험, 제비꽃이 만발한 도시 등 공공재를 무료로 향유할 수 있다. 이런 것까지 집어넣어 순구매력 기준 1인당 GDP를 따져 보면 어떻게 될까? 실질적으로 유럽이 미국보다 높다고 해도 반박할 사람이 없을 것이다.

다음의 표를 본 다음에는 절망적인 기분이 들었다. 유럽인은 발 하나를 묶어 놓고도 두 발로 뛰는 미국을 거의 따라잡은 셈이 아닌가?

각국의 연간 평균노동시간
(단위: 시간)

	2000년	2007년
미국	1,841	1,804
독일	1,473	1,436
덴마크	1,554	1,577
프랑스	1,591	1,564
네덜란드	1,372	1,391
스위스	1,685	-

출처: EPI, 경제협력개발기구(OECD) 2007년 자료

잊지 마라. 여기에 실린 수치는 통계 자료를 순서대로 놓았을 때 가운데 있는 중앙값이 아니라 '평균'이라는 사실을. 미국에는 노동시간이 천차만별이기 때문에 이 '평균'에 담긴 의미를 주의해서 생각해야 한다. 나 같은 변호사나 맥도널드 매장에서 3교대로 일하는 청소년 등 빠듯하게 살아가는 미국인들은 사실 '평균'보다 훨씬 더 오래 일한다. 또 평균 이하로 일하면서 천문학적인 돈을 버는 사람들도 부지기수이다. 솔직히 말해서 미국에 널려 있는 수많은 '사장님'의 힘이 어디에서 나오겠는가? 1년에 2300시간 가까이 죽도록 일하는 사람들에게서 나오는 것 아닌가?

유럽은 어떨까? 결코 이런 일이 있을 수 없다. 노동조합이 장시간 노동을 가만히 내버려 두지 않기 때문이다.

논란의 여지를 줄이기 위해 평균값 대신에 중앙값을 기준으로 미국과 유럽을 비교해 보자. 먼저 유럽인이 누리는 6주 휴가의 가치를 금액으로 환산할 경우 유럽인의 1인당 GDP는 대폭 올라가기 마련이다. 이러면

굳이 공공재 혜택까지 계산에 넣지 않아도 유럽인이 미국인보다 '물질적으로도' 더 잘 산다고 할 수 있다.

한편 유럽에는 눈에 보이지 않아 계산하기 힘든 GDP도 있다. 예컨대 미국 모델에서 미국인은 2300시간(중앙값 기준)을 일해야 하지만 유럽 모델에서 유럽인은 1600시간(중앙값 기준)만 일하면 된다. 유럽인은 연간 700시간 이상을 다양하게 활용할 수가 있다. 다른 언어를 하나 더 익히거나 스리랑카를 여행할 수도 있고 독서를 할 수도 있다. 지금의 GDP로는 측정할 수 없는 여가의 가치를 마음껏 누리며 삶의 질을 향상시킬 수 있는 것이다. 이 때문에 현재 몇몇 경제학자들 사이에서는 1인당 GDP에 대한 회의론이 일면서 삶의 질을 비교하는 더 나은 방법을 모색할 필요성이 제기되는 중이다.

케인스가 바라던 세상

이와 관련하여 경제학자 존 메이너드 케인스(John Maynard Keynes)가 시사점을 던져 줄 수 있을 것이다.

그는 「우리 손자 세대의 경제적 가능성(Economic Possibilities for Our Grandchildren)」이라는 에세이에서 자기 손자 세대에 가면 경제가 고도로 발달해서 일을 많이 할 필요가 없는 세상, 적어도 옛날식으로 무턱대고 일할 필요가 없는 세상이 오게 될 것이라고 썼다. 케인스의 예측대로라면 그의 손자들은 오전에만 잠깐 일하고 집에 와서는 담배 한 대 입에 물고 한가롭게 소설책을 읽거나 글을 쓰면서 긴 오후 나절을 보내게 될 것이다. 이 에세이는 그의 전기 작가에게조차 "어리석은 예측"이라고 혹평을 받았다. 그렇지만 과연 그가 어리석었는가?

나는 케인스의 손자 세대에 속한다. 당연히 우리는 일을 해야 한다! 또 일을 하고 싶다. 내가 여기서 말하는 일이란 우리의 몸과 마음을 지치게 하는 그런 일이 아니다. 소설책을 읽거나 글을 쓰는 것처럼 하고 싶어서 하는 일을 말한다. 케인스가 속했던 블룸즈버리 그룹(Bloomsbury Group)* 회원들이 주로 어떤 직업을 가졌나 생각해 보면 내가 원하는 일이 무엇인지 짐작될 것이다.

케인스는 자기의 손자 세대가 거칠고 힘든 일이 아니라 교사나 예술가, 또는 이보다 더 부드러운 일에 종사하기를 희망했다. 사회민주주의가 실현된 유럽의 경우 이런 케인스의 예측과 부합되는 면이 약간은 있다. 사회 안전망이 잘 갖춰진 덕분에 하고 싶은 일을 하며 느긋하게 살아갈 가능성이 열려 있는 것이다. 반면 미국에서는 사회 안전망이 계속 축소되기 때문에 지쳐서 나가떨어질 때까지 일을 해야 한다. 왜 미국에서는 안전망이 계속 축소될까? 민주당이 집권하는 주와 공화당이 집권하는 주의 사회 안전망 차이가 크기 때문이다. 역설적이게도 그로 인해 의견 일치를 이루지 못해 케인스가 약속했던 것보다 더 나은 수준의 복지를 실현하지 못하는 것이다.

내가 잘못된 나라에 태어난 것 아닌가? 그럴 수도 있고 아닐 수도 있다. 솔직히 잘 모르겠다. 이 생각이 계속 머릿속을 맴돈다. 물론 유럽에서 태어났다면 나는 아마 벌써 죽었을 것이다. 미국에서 누리는 그 많은 자유와 선택을 생각해 보라. 미국에는 유럽보다 더 크고 좋은 슈퍼마켓들이 있다. 홀푸즈(Whole Foods)나 트레이더 조(Trader Joe's)에서 살 수 있

---

* 1906년에서 1930년경까지 활동한 영국의 작가, 철학자, 예술가 집단. 케인스를 비롯하여 작가 버지니아 울프와 리튼 스트레이치, 미술 평론가 로저 프라이 등이 회원이었다. 이들은 자유로운 이성, 미와 우정의 존중을 신조로 삼으면서 형식주의를 타파하려고 했다.

는 다양한 물건을 떠올려 보라.

"이봐, 우리가 내다 버린 저 쓰레기 더미를 보라고." 누군가는 이렇게 말하겠지. 물론 덜 소비하면 더 행복해질 수도 있다. 더 건강해지고 지구를 살리는 데도 기여할 수 있을 것이다.

그럼에도 나는 기름 값을 더 내는 게 싫다. 그리고 미국인으로서 가질 수 있는 다른 것들, 이를테면 홀푸즈에서 단돈 11.99달러에 파는 프렌치 로스트 커피 1파운드 같은 많은 것들을 포기하기가 싫다. 만약 내가 이것들을 다 포기하고 유럽으로 가면 무엇을 얻게 될까?

최소한의 생활을 유지시켜 주는 공적 연금을 받는다. 2004년 OECD의 발표에 따르면 상위 20개 선진국의 평균 공적 연금은 평균 소득의 67퍼센트이다. 반면 미국은 39퍼센트이다. 그리고 나 정도의 소득을 올리는 사람들이 받는 공적 연금은 그보다 적다.

내가 나이를 더 먹으면 어디서 사는 게 안전할까? 2000년 기준 빈곤선 이하(소득이 중앙값의 50퍼센트 이하) 노인의 비율을 보라.

2000년 빈곤선 이하 노인의 비율 (단위: 퍼센트)

미국	독일	덴마크	프랑스	네덜란드
24.7	10.1	6.6	9.8	2.4

출처: EPI

잠깐. 2009년 하원 연두 연설에서 버락 오바마는 사회보장을 '강화할' 필요성을 언급한 바 있다. 이 말을 그대로 받아들여도 될까? 정치인들은 겉으로는 사회보장의 '강화'를 외치면서 속으로는 축소를 원한다. 물론 민주당이 집권하는 한 무언가 강화되는 게 있을 수 있다. 하지만 공화당이 집권할 경우에는 그런 기대를 접어야 한다. 단적으로 말해서 조지 부시가 대통령이던 시절 사회보장제도가 뿌리째 뽑힐 뻔하지 않았는가? 2008년 금융 시장이 붕괴하기 직전까지도 사회보장제도를 민영화하려고 안간힘을 썼으니 말이다.

음, 카토연구소에서는 이렇게 말할지도 모른다. "유럽은 연금에 막대한 돈을 투입하기 때문에 청년층에 소홀한 편이다."

젊은이의 부담을 덜어 주기 위해 유럽인이 연금 지급액을 줄인 것은 사실이다. 그러나 젊은층의 연금 납부액을 줄이지 않았더라도 유럽 청년들이 미국 청년들보다 삶의 질이 더 높다. 2000년 기준 빈곤선 이하(소득이 중앙값의 50퍼센트 이하) 아동의 비율을 보라.

2000년 빈곤선 이하 아동의 비율 (단위: 퍼센트)

미국	독일	덴마크	프랑스	네덜란드
21.9	9.0	8.7	7.9	9.8

출처: EPI, 룩셈부르크 소득 연구

이것만이 아니다. 유럽에서는 대학 학자금 때문에 빚을 지지 않는다. 독일의 몇몇 주에서는 대학 등록금이 무료이다. 등록금을 부과하는 주라 해도 연간 수백 유로 정도로, 미국 사립학교의 하루치 수업료 수준이다.

좋아, 그러면 유럽이 미국보다 세율이 더 높은 것은 어떻게 설명할 거냐고 물을 사람이 있을 것이다. 음, 이상하게 들릴 수도 있지만 나는 유럽이 '조세 피난처(tax haven)'라고 생각한다. 미국인은 유럽인이 내는 세금의 5분의 4 정도를 세금으로 내지만, 되돌려 받는 것은 유럽 복지국가의 5분의 4에 미치지 못하기 때문이다. 바꿔 말하면 미국인은 세금을 덜 낸 것에 훨씬 못 미치는 혜택을 받지만, 유럽인은 세금을 더 낸 것 이상의 복지 혜택을 돌려받는다.

나는 왜 유럽인 친구가 없을까

과연 내가 행복하게 살 수 있는 곳이 어디인지 누군가 설명해 주기를 몇 년 동안 기다렸다. 유럽과 미국의 삶을 비교하고 어디에서 더 잘 살 수 있는지를 알려 주는 책이 있어야 한다고 생각했다. "왜 그런 책이 한 권도 없는 거지?"라고 묻자, 한 친구가 "아마도 그런 책을 쓴다는 것이 불가능하기 때문이겠지."라고 대답했다. 분명히 말해 두지만, 나는 실존적인 이유 때문에라도 꼭 알고 싶다. 어디서 살다 죽는 게 더 행복할까?

  인상 깊은 취리히 방문을 마치고 돌아온 후 실망감에 휩싸였다. 유럽에 관한 뉴스가 별로 없었다. 이유가 무엇일까? 시카고가 있는 중서부 지역이 활력을 잃고 지나치게 가라앉았다는 게 첫 번째 이유일 것이다. 미 대륙 한복판에서도 한복판인지라 중력이 매우 강력해서 오헤어 공항에서 비행기가 뜨는 게 신통해 보일 정도이니까. 두 번째 이유로는 미국 사람들이 지난 수십 년 동안 유럽식 모델이 실패할 것이라는 말을 귀에 못이 박히도록 들어서 이제는 유럽에 아무런 호기심도 느끼지 못한다는 점을 들 수 있다.

  대학교에 입학한 이후 나는 유럽식 모델이 실패할 것이다, 또는 미국 모델을 닮아 가고 있다는 이야기를 무수히 읽고 들었다. 유럽 각국의 선거에서 우파가 승리하면 유럽이 미국처럼 돼 간다는 것을 증명하는 것이라고 말한다. 사회민주주의 좌파가 승리하면 그 역시 유럽이 미국을 닮아 간다는 것을 증명하는 것이라고 말한다. 왜 그럴까?

  게르하르트 슈뢰더가 독일 총리가 되자 다음과 같은 추론이 나온 적이 있었다.

  슈뢰더는 토니 블레어와 매우 비슷하다. 토니 블레어는 클린턴과 매우 비슷하다. 클린턴은 아버지 부시와 매우 비슷하다. 그리고 아버지 부시는 레이건과 매우 비슷하다. 따라서 슈뢰더가 총리가 되자 처음에는 레이건과 비슷한 정책을 펼치리라고 예상한 사람들이 꽤 있었다.

그때 "잠깐, 슈뢰더는 사회민주주의자 아냐?"라고 하면 "그래. 그들은 모두 사회민주주의자야. 그래서 유럽이 망해 가는 거야!"라고 이야기가 이어졌다.

노동 변호사로서 나는 사회민주주의가 성공하기를 바란다. 취리히 방문 때 마음 한구석에 똬리를 틀기 시작한 이 생각은 진작부터 무의식에서 싹트던 것이었는지도 모른다. 내가 사회민주주의가 성공하기를 은밀하게 원하는 것이 비웃음을 살 일은 아니지 않은가. 따라서 솔직히 인정하겠다. 나는 유럽 각국 총리들의 이름을 알고 있다. 『이코노미스트(Economist)』같은 영국 잡지도 자주 본다.

그런데 취리히를 방문하고 돌아와서는 유럽인이 주변에 없다는 게 몹시 아쉬웠다. 거기다 1990년대는 전 유럽이 실업 문제 때문에 몸살을 앓고 있던 때라 어떤 모임 같은 데 가서 유럽이 더 낫다고 주장할 상황이 아니었다. 그때 내가 할 수 있는 일이라고는 『뉴욕 타임스』의 여행면을 뒤적거리는 것뿐이었다.

1990년대 수년간 나는 암울했고, 자신에게 화가 났다. 젊었을 때 여기저기 여행하며 견문을 넓혔어야 했는데 로스쿨에 진학했다는 것. 또 불어나 독일어 회화를 배웠어야 했는데 라틴어만 배웠다는 것 때문이었다. 최악은 아는 유럽 사람이 하나도 없다는 사실이었다. 나는 베이비붐 세대여서 유럽인을 제대로 이해할 기회가 거의 없었다. 그 이유를 정리하면 대략 이렇다.

유럽은 2차 대전 후 역사의 무대에서 비켜나 있었다

대학생 시절, 비슷한 또래의 유럽 청년에게 안쓰러운 감정을 느꼈던 것이 기억난다. 내 눈에는 그들이 불쌍하게도 작은 찻집이나 관광지에서 태어나는 것처럼 보였다. 그들에게는 그게 다였다. 그들이 역사에 무슨 역할을 했겠는가. 아무것도 없다. 역사의 주인공 역할은 오직 우리 미국의 것이었다. 그래서 나 같은 오하이오 아이에게는 프랑스처럼 다른 나라에서 다시 태어나느니 차라리 인디애나 주에서 태어나는 게 더 나았다. 인디애나 주에서 자라는 아이는 최소한 야구공과 방망이를 갖고 놀며 장차 야구선수가 될 꿈이라도 꾸니까. 하지만 파리에서 자라는 아이가 대체 무슨 꿈을 꿀 수 있겠는가!

유럽은 미국보다 한참 뒤처져 있었다

한참, 한참, 한참 뒤처져 있었다. 내가 어렸을 때 유럽에 갔다 온 아이가 이런 이야기를 들려주었다. "유럽에서는 차들의 매연 때문에 목이 아팠어. 어떤 곳에서는 아직도 손으로 돌리는 전화기를 쓴대." 나이를 좀 더 먹어 〈남자, 여자〉, 〈400번의 구타〉, 〈네 멋대로 해라〉 등 프랑스의 누벨바그 영화를 볼 때도 미국이 유럽보다 한참 앞선 나라임을 알 수 있었다.

오, 물론 나는 유럽인이 대단히 세련되고 멋지다고 생각했다. 하지만 맙소사, 그들은 너무 가난했다. 흐릿한 데다가 화질 나쁜 흑백영화만을 봤으니 그런 생각이 더욱 강해졌을 것이다. 에릭 로메르 감독의 영화 〈클레르의 무릎(Claire's Knee)〉을 봤을 때는 극적인 사건 하나 없고, 한없이 느리기만 한 식사 장면이나 테니스 치는 장면, 클레르나 그녀의 무릎을 둘러싼 이야기 등에 경악했다. 너무나 지겨웠고, 주인공 모두 빈둥거리며 살아가는 것으로만 보였다.

당시 나는 정신이 없었다. 미국인이니까 할 일이 무척 많았다. 무엇보다도 로스쿨에 진학할 예정이었다. 1960년대였는데, 아니 1960년대였으므로 내 또래들은 노닥거릴 수가 없었다. 해외에 나간다고? 그건 놀다가 오는 것처럼 보였다. 누군가에게 들었던 다음 이야기가 당시의 분위기를 짐작하는 데 도움이 될 것이다. 옥스퍼드대학교에서 로즈 장학금을 받으며 2년 동안 공부한 남자가 미국에 돌아와서 로스쿨에 다녔다. 그가 뉴욕의 유명한 로펌에 취직하려고 지원하자 담당 변호사가 이력서를 죽 훑어보다 로즈 장학금 부분에서 멈추더니 이렇게 말했다. "이 2년 동안의 공백을 어떻게 메울 겁니까?"

전반적인 분위기가 이랬지만, 나는 그래도 시간이 난다면 유럽에 가서 지내 보고 싶었다. 무려 5000만 명의 직간접 피해자를 낳은 20세기 최대의 전쟁인 제2차 세계대전의 흔적이 남아 있는 바로 그곳 말이다!

말하기가 좀 이상하지만 그런 비극이 있었기에 영화에 나온 흑백의 유럽에 더욱 끌렸는지도 모른다. 풍경의 아름다움보다는 장엄함에 매료되었고 그 역사의 어두운 면을 보면서 공포와 함께 연민을 느꼈다.

지금도 잊지 못한다. 영화에서 요란한 사이렌 소리를 내며 경찰차가 달리는 장면이나 자갈길 위를 하이힐 신은 발이 딸깍딸깍 귀에 거슬리는 소리를 내며 걷는 장면이 나올 때 온몸에 스쳤던 전율을. 또 2차 대전이 시작된 1939년 9월 1일처럼 어느 순간 머리 위로 비행기가 날아갈지 모르는 장면이 나올 때마다 마음 졸이며 느꼈던 긴장을.

아! 최소한 1년 정도는 유럽에 가서 지냈어야 했으나 대신 나는 로스쿨에 진학했다. 이후 짧게 파리를 몇 번 여행한 것으로 중년 시절이 다 지나가 버렸고 아는 유럽인은 한 명도 없다. 이상하지 않은가? 미국에서 배울 만큼 배웠다는 사람이라면 알고 지내는 유럽인이나 유럽인 친구가 몇 명쯤은 있는 법이다. 홈스(Oliver Wendell Holmes) 대법관 옆에는 래스키(Harold Joseph Laski)가 있었고, 프랭클린 델러노 루스벨트(Franklin Delano Roosevelt) 옆에는 처칠(Winston Churchill)이 있었다. 하다못해 서부 시대의 무법자 빌리 더 키드(Billy the Kid)조차 프랑스인 펜팔이 두어 명 있었다고 널리 알려져 있다.

2차 대전 전에는 그랬던 것 같지만 그 이후에는 달라졌다. 어렸을 때의 기억을 되살려 봐도 내가 아는 사람 중에 유럽인 친구를 둔 사람은 아무도 없었다. 미국은 그때 이미 유럽을 부러워하는 나라가 아니었다. 별 볼 일 없는 유럽이나 유럽인 친구는 필요 없었다. 우리는 미국인이니까. 유럽 쪽에서 친구를 하자고 찾아오는 게 당연한 일이었다. 물론 최근에는 상황이 바뀌었다. 유럽을 오가는 게 훨씬 더 쉬워졌고 세계 경제는 하나가 되었다. 하지만 그래도 우리 세대에는 유럽인 친구를 둔 사람이 드물다. 사업상 유럽을 제집 드나들듯 하는 대학교 때 룸메이트 피터에게 물어보았다.

"거기서 친구 많이 사귀었어?"

"아니."

"왜?"

"왜냐고? 회의하러 비행기 타고 유럽으로 간다고 해 봐. 잠을 제대로 못자서 눈이 벌겋게 되기 일쑤야. 그쪽 사람들이 싫어할 수밖에 없지. 게다가 네가 새벽 6시에 도착하면 그 사람들은 자다 말고 너를 마중 나와야 하잖아. 너도 잠을 못 자고 그 사람들도 잠을 못 자고. 그러니 서로 싫지. 다들 빨리 다시 잠자리에 들기만을 바랄 뿐이야."

역사적으로 미국과 제일 가깝다고 하는 영국이 이렇다.

내가 보기에 이렇게 된 가장 큰 이유는 미국 대학교에서 외국어를 공부할 기회가 없기 때문이다. 하버드, 예일, 미시건, 노스웨스턴 등 명문 대학교도 사정은 마찬가지이다. 이들 대학교 졸업생 30명 중 한 명이라도 외국어를 구사할 수 있는지 심히 의심스럽다.

나야말로 외국어 필수 학점을 못 딴 것 아니냐고? 물론 나도 학점을 따고 졸업했다. 사실 외국어를 두 과목이나 이수했다. 라틴어(예수회 교회에서 배웠다)와 독일어(만약 징집이 될 경우 베트남 파병을 피하기 위한 최후의 카드로 활용할 속셈이었다). 고작 두 개라고? 물론 마음만 먹었다면 프랑스어, 이탈리아어, 중국어, 타갈로그어 등 10개든 20개든 얼마든지 학점은 땄을 것이다. 하지만 시험을 치고 나면 말은 단 한마디도 못했다. 아, 생각해 보니 "내 이름은 토머스입니다.", "어떤 게 당신 것입니까?" 정도는 할 수 있는 것 같다.

몇 년 전 『헨리 애덤스의 교육(The Education of Henry Adams)』을 읽고는 충격을 받았다. 헨리 애덤스(Henry Adams)는 자기의 부족한 교육 수준을 한탄하며 스페인어, 프랑스어, 독일어, 수학, 이 네 가지를 반드시 배워야 한다고 꼽았다. 최근 101세의 나이로 세상을 뜬 내 로펌 파트너 레온 데스프레스(Leon Despres) 선생은 1차 세계대전 전에 파리에서 자랐는데, 한번은 내가 헨리 애덤스 이야기를 했더니 별로 대단한 일이 아니라는 듯 "아, 난 그 네 가지 모두 할 줄 알아."라며 어깨를 으쓱했다. 그러나 그 말고는 이 네 가지를 모두 할 줄 아는 미국인은 지금까지 본 적이 없다.

다시 말하기 창피하지만 대학교 졸업할 때까지 나는 이 네 가지 중 단 하나도 익히지 못했다. 그런데도 프랑스에 갔다.

첫 프랑스 여행

1977년 5월 일주일 동안 짐과 함께 난생처음 프랑스로 여행을 갔다. 혼자 외롭게 배낭여행을 하다 글래스고에서 포기하고 어머니가 공항에 마중 나왔던 그 짐 말이다. 그렇게 생고생을 했는데 짐은 왜 또다시 유럽 여행을 떠났느냐고? 나와 함께 있었기 때문이다. 그래서 외롭지 않을 거라고 생각했다. 우리는 같은 밧줄에 묶인 산악 등반가였다. 함께 다니면 공항으로 각자의 어머니가 마중 나오는 불상사는 막을 수 있을 듯했다.

하지만 파리 여행 첫날에 짐은 어떤 여자를 만난 뒤 나를 팽개쳤다. 지금도 그애가 눈에 선하다. 미국인이고 출판사 집안의 딸이었으며 무언극을 공부하러 그해 여름 파리로 왔다고 했다. 무언극을 배우는 게 프랑스어를 공부해야 하는 부담감에서 벗어나는 그녀만의 방법이 아니었을까.

결국 나는 혼자가 되었다. 그러나 신문기자로 파리에서 일하고 있던 고등학교 동창생 크레이그와 연락이 닿았다. 짐과 헤어진 후 크레이그를 만나 개선문 주변을 차로 돌고 또 돌았다. 크레이그는 비치 보이스(Beach Boys)의 노래에 푹 빠져 있었는데, 특히 〈바버라 앤(Barbara Ann)〉을 크게 틀어 놓곤 했다. 차를 몰고 노트르담 사원을 비롯한 파리 시내를 돌아다니면서 비치 보이스 노래를 크게 틀어 놓고 신나게 따라 불렀다.

바 바 바 바 바버라 앤(Ba ba ba ba Barbara Ann)

바 바 바 바 바버라 앤

바 바 바 바 바버라 앤

야 야 야 야 야만인(Ba ba ba ba barbarian)* 같은 짓이었다. 그때만 해도

---

* 바버라 앤(Barbara Ann)과 바바리안(barbarian)의 발음이 비슷한 것을 이용한 말장난이다.

세상이 만만하게 보일 때였다.

세상 물정에 밝던 크레이그는 어떤 친구와 함께 파리에서 영어 주간지를 발행하던 중이었다. 『빌리지 보이스(Village Voice)』, 『시카고 리더(Chicago Reader)』, 『보스턴 피닉스(Boston Phoenix)』 등과 유사한 대안 언론을 표방하는 잡지였다.

"기삿거리가 아주 많겠는데." 내가 말했다.

"아니, 파리에는 기사로 실을 만한 게 별로 없어."

"왜?" 내가 물었다.

"여기서는 록 음악계 같은 게 없어. 아마 세인트루이스에서 열리는 공연이 더 많을 거야."

"세인트루이스보다 공연이 더 적다고? 믿기 힘든데."

그러나 거기 살고 있는 사람이 그렇게 말하는데야…. 창문 밖을 내다보았다. 프랑스 여자들이 차를 몰고 지나가는데 하나같이 차 안의 등을 밝게 켜 놓고 있었다.

"왜 저렇게 차 안의 등을 켜 놓고 있는 거야?" 내가 물었다.

"응, 그건 자기들이 창녀라는 뜻이야."

"아, 그래?"

여자들이 차를 몰아 개선문 주변을 돌고 또 도는 광경을 바라보았다. 세인트루이스에서 이런 광경을 볼 수 없으리란 건 확실했다.

"그러면 파리에서는 밤에 뭘 하지?"

"그냥 밖에 나가서 식사하는 거지, 뭐."

지금이라면 그런 게 좋다고 생각하지만, 그때만 해도 철없는 젊은이였기에 밤에는 세인트루이스처럼 요란한 게 좋은 줄 알았다. "알겠어. 기사로 실을 만한 건 별로 없겠네." 나는 애써 밝은 목소리로 말했다. "하긴

파리는 그런 게 필요 없을 것 같아. 파리 자체가 기삿거리지, 뭐."

아무튼 크레이그의 주간지는 히트를 쳤다. 그의 말을 곧이곧대로 믿는다면 정치에 관심이 있는 사람들이라면 모두 읽어 봤을 거라고 했다.

"영어로 쓰여 있는데도 그렇게 많이 읽는다고?"

"정말이라니까, 프랑스 대통령 지스카르 데스탱(Giscard d'Estaing)도 이발소에 가면 꼭 들춰 봐."

영어로 쓰여 있기 때문에 점잖은 신사들이 이발소 같은 데서 마음 놓고 읽는 것이라고 설명했다.

나는 재차 프랑스 대통령까지 읽게 만드는 비결이 뭐냐고 물었다.

"여기서 탐사 보도 전문 주간지는 우리가 유일해. 유럽에는 이런 신문이 드문 편이야."

"여기도 신문이 있잖아. 종류도 가지가지일 텐데."

"그렇지. 하지만 여기 신문들은 모두 정당과 긴밀하게 연계되어 있어. 『르몽드(Le Monde)』, 『르피가로(Le Figaro)』는 물론이고 『리베라시옹(Liberation)』도 따지고 보면 마오주의자들과 연관이 있어."

달리 말해서 미국인이 워터게이트 사건을 연일 파헤치는 동안 프랑스 신문은 거리에서 투쟁하는 노동자의 뒤만 쫓아다니는 모양이었다. 궁금했다. 어떤 게 더 중요한 이야기일까?

결국 크레이그의 주간지는 살아남지 못했다. 파리는 아마도 야심만만한 젊은 미국인 기자에게는 적합하지 않았던 모양이다. 젊고 능력 있는 기자들은 1980년대에는 남아프리카공화국의 프리토리아에서 근무하기를 원했고, 1990년대에는 모스크바를 원했다. 최근에는 중동이 그 자리를 차지하고 있다. 파리는 어떨까? 물론 파리에서는 우리 시대의 뛰어난 성과라고 할 만한 일이 진행되고 있다. 즉 생활수준이 향상하고, 인간 역사의 그 어떤 시대보다 더 사람들이 존엄성을 유지하며 장수를 누리게 되었다. 그러나 이런 것은 기사거리가 되지 못한다. 그림물감이 마르는 과정을 지켜보는 것과 같다. 설령 그 그림이 루브르 박물관에 전시된다고 해도 누가 마를 때까지 지켜보겠는가?

그건 그렇고 탐사 전문 기자인 크레이그가 내 탐사, 그러니까 누군가, 음 여자를 어떻게 만날 수 있을까 하는 문제도 혹시 도와주지 않을까 기대하며 넌지시 물어보았다.

"세인트루이스만큼 재미있지는 않더라도 여기도 어딘가 놀 만한 데가 있지 않아?"

"이브 생로랑이 얼마 전 클럽을 열었다지." 그가 대답했다.

뭐라고, 빨리 말해 봐. 하지만 크레이그는 어디까지나 진지했다.

"거기서 노래하는 여자가 한 명 있어. 너 혹시 파스빈더라고 알아?"

독일 영화감독 라이너 베르너 파스빈더(Rainer Werner Fassbinder)를 말하는 것이었다.

"음, 글쎄…."

"그 감독의 영화에 단골로 출연하는 여자야."

한나 쉬굴라(Hanna Schygulla)는 아니었지만, 금발이고 마를레네 디트리히(Marlene Dietrich)의 분위기를 풍긴다고 했다. 다음 날 저녁 7시 30분경, 아직 해가 남아 있었지만 나는 입장권을 들고 밖에서 서성거렸다. 쇼가 시작되기에는 아직 이른 시각이었다. 읽을 책을 갖고 온 게 다행이었다. 잠시 후 클럽 안에 들어가 스카치위스키 한 잔을 주문했는데 '7달러'였다. 지금 시세로 따지면 35달러 정도이다. 홀짝홀짝 아껴 마셨다. 마를레네 디트리히를 닮은 여자가 이제나저제나 출연할까 기다리며 아주, 아주 천천히 마셨다. 여기는 유럽이야. 긴장 풀자. 여자는 언제 나오는 거지? 그런데 주변을 둘러봐도 어째 프랑스인이 하나도 보이지 않았다. 그 뒤에 느지막이, 아주 느지막이 파스빈더 감독의 영화에 단골로 출연한다는 금발의 여자가 하얀 피부를 드러내며 무대로 비틀비틀 나왔다. 그녀는 노래를 부르려고 했다. 그러나 곧 중단했다. 그러더니 갑자기 깔깔거리며 웃기 시작했다. 마치 발작이라도 하는 양 웃고 또 웃었다. 그것이 전부였다. 쇼는 끝났다.

다음 날 아침 크레이그에게 전화해서 불평을 늘어놓았다.

"그랬어? 아마 마약에 취해서 그랬을 거야."

크레이그의 말을 듣고 나도 모르게 얼굴이 빨개졌고 "그, 그래."라며 통화를 끝냈다. 마약에 취했다고? 그럴 줄 알았어. 스카치위스키 한 잔을

7달러씩이나 내고 마시다니, 내가 미쳤지! 더 창피한 것은 그녀가 미친 듯이 웃을 때 그 자리에 있던 사람이 나 혼자였다는 사실이다. 더군다나 장소에 어울리지 않게 손에 책까지 들고서.

파리에서 나는 혼자였다. 코카인에 취해 무대 위에서 미친 듯 웃어 대던 독일인 여자와 함께. 나는 그 일을 앞으로 독일인과 상대할 때 좀 더 잘할 수 있다는 신호로 생각했다.

사회 안전망이 데이트 성공율을 높인다

미국인에게 유럽인 친구라면 모르되 프랑스인 친구가 있으리라곤 생각지 않는다. 이렇게 볼 때 헤밍웨이(Ernest Hemingway)와 피츠제럴드(F. Scott Fitzgerald)의 소설 중에 파리를 배경으로 한 게 있다는 것은 불가사의한 일이 아닐 수 없다. 그 소설 속의 어느 누구도 결코, 결코, 아무튼 결코, 프랑스인을 단 한 명도 알고 지낸 것처럼 보이지 않았다.

아, 프랑스인 가정부나 바텐더 등은 있었다. 다른 프랑스인들은? 그들은 대체로 한 번 나오고 마는 역할에 그쳤다.

불쌍한 헤밍웨이. 그가 파리에서 보낸 젊은 시절을 회상한 에세이인 『이동하는 축제(A Moveable Feast)』를 보면 그도 별로 운이 없었던 것 같다. 파리에 머물며 소설의 소재를 얻기 위해서 애쓴 헤밍웨이와 피츠제럴드 조차 프랑스 친구를 사귀지 못했는데, 겨우 일주일 남짓 파리에 머물렀던 내게 무슨 기회가 있었겠는가? 그러나 나는 시기상의 문제였다고 생각한다.

1929년에는 당연히 프랑스인과 사귈 수가 없었다. 내가 태어나기 전이니까. 1968년에도 68혁명에 뛰어들지 않는 한 기회가 없기는 마찬가지였다. 기회가 있었다 해도 채 스무 살이 안 됐기 때문에 시위에 참가해 돌을 던지지는 못했을 것이다.

1977년은? 언어와 1인당 GDP의 측면에서 프랑스인과 사귈 기회가 있었다. 먼저 드디어 영어를 구사하는 프랑스인이 늘었다.(이발관에서 영어 주간지를 읽던 지스카르 데스탱을 떠올려 보라.) 또 1인당 GDP의 면에서도 빠른 속도로 미국의 뒤를 바짝 따라붙고 있었다.

물론 1977년까지만 해도 프랑스는 미국에 여전히 뒤처져 있었다. 기억을 되살려 보자. 1977년 미국에는 동전을 넣으면 바로 이용하는 공중전화가 널리 보급되어 있었다. 내가 태어났을 무렵 TV가 없었듯이, 아직 휴대폰은 없었지만 말이다. 하지만 파리에서는 제통(jeton)이라는 모양도 이상한 칩을 전화기에 넣어야 겨우 통화가 가능했다. 파리에 온 첫날 짐과 나는 비를 맞으며 지나가는 프랑스인에게 제통을 구걸했다. 식당으로 달려 들어가 아무나 붙잡고 "실 부 플레, 아베-부 엥 제통(죄송하지만 제통 하나 빌려 주세요)."이라고 머리를 조아리기도 했다. 그날 밤 내 눈에 비친 파리는 거대한 슬럼가였다. 그 이후 눈 깜짝할 사이 세월이 흘러 지금은 파리 시민의 절반 이상이 휴대폰으로 수다를 떤다. 또 그중 절반은 영어로 대화를 나눌 수 있다.

헤밍웨이는 이런 광경을 보지 못하고 죽었다. 나도 무척 아쉬움이 남는다. 내가 만약 지금 스물일곱이라면 프랑스인을 사귈 수 있을 텐데. 프랑스에 간다 해도 대화에서 소외되지는 않을 텐데. 하지만 이제 나는 너무 늦었다. 아! 27세로 되돌아가 다시 파리에 갈 수 있다면! 프랑스인을 만날 기회가 한 번만 더 있다면! 혼자 밖에 나가 『이동하는 축제』의 페이지를 획획 넘기며 "파리는 항상 나와 함께할 거야."라고 중얼거리지 않을 텐데. 아무튼 헤밍웨이도 그렇고 나도 그렇고 프랑스인을 사귀지 못했다.

한편 파리만큼 여성의 우위가 강하게 느껴지는 도시도 없는 것 같다. 가판대의 패션 잡지도 어떤 면에서는 정치적 색채를 띤다. 미국 여성들이 얘기해 줬는데, 프랑스어판 『엘르』는 진짜 정치 에세이와 논평을 싣는단다. 사회민주주의는 남성뿐만 아니라 여성에게 더 좋을 수도 있다. 사실 처음에는 여성이 기를 펴지 못한다는 인상을 받았다. 지나칠 정도로 여성적인 모습이 눈에 띄었기 때문이다. 『엘르』가 펼쳐져 있는 가판대, 지하철 안에서도 스커트 차림 일색인 풍경, 그랜드피아노처럼 생긴 흑백 건물 등등.

하지만 최소한 미국하고만 비교해 보더라도 여성의 지위가 그렇게 낮지 않다. 먼저 프랑스 여성의 상대적인 급여가 미국보다 많은 편이다. 둘째, 여성이라고 해서 직업이나 임금에서 차별을 받지 않는다.

남성 임금을 100으로 봤을 때 여성 임금의 비율 (2007년)

프랑스	미국
88	80

출처: 캐나다컨퍼런스보드(Conference Board of Canada)

마지막으로 프랑스 여성은 일을 하면 사회민주주의 성격의 각종 수당을 풍부하게 받는 덕에 출산율이 미국 여성보다 아주 약간 낮은 정도이다. 사회민주주의 탓에 출산율이 하락한다는 투덜대는 소리가 들리기도 하지만 프랑스에서만큼은 전혀 사실이 아니다.

2008년 기준 여성 1인당 출산율

프랑스	미국
1.96명	2.10명

출처: 세계은행의 세계 발전 지표

최근에만 그런 게 아니라 과거 수십 년 전부터 프랑스는 자녀가 있는 여성에게 상당히 많은 수당을 지급했다. 프랑스만큼 오랫동안 자녀 수당을 지급한 나라는 없다. 이 덕분에 프랑스 여성은 아무 걱정 없이 자식을 낳을 수 있고 프랑스는 유럽 대륙에서 인구 증가율이 가장 높은 나라가 되었다. 전체 인구수도 독일 다음이다.

독일 역시 앙겔라 메르켈(Angela Merkel)이 총리가 되면서 달라지기는 했지만 그 전까지만 해도 프랑스처럼 자녀 수당의 지급액과 종류를 늘려 나갔다. 그 결과 2007년과 2008년 출산율이 크게 상승했다. 현재 유럽 전역에서는 노령연금 수급자가 해마다 늘어나고 있다. 이들을 부양할 노동력을 유지하려면 온 유럽의 여성이 프랑스 여성만큼 자식을 많이 낳아야 한다.

그렇다면 프랑스 여성은 자녀 수당을 얼마나 받을까? 먼저 26주의 유급 출산휴가를 얻는다. 여성만큼은 아니지만 남성도 유급 출산휴가를 누릴 수 있다. 또 자녀 보육비가 무료이다. 보모를 둘 때 들어가는 비용을 정부가 전액 지원한다.

유럽은 노동력을 더 늘릴 필요가 있는데 여성, 특히 프랑스 여성의 수명이 길기 때문이다. 2050년쯤에 프랑스 여성의 평균 기대 수명이 백 살 가까이 될 거라는 통계 수치는 일말의 전율마저 느끼게 한다. 미국 여성은 앞으로 한 세기가 지나야 겨우 평균 기대 수명이 백 살에 이른다는 전망을 염두에 두면 프랑스 여성이 얼마나 오래 사는지 실감이 날 것이다. 누군가는 프랑스 여성이 장수하는 요인으로 사회민주주의 말고 다른 것을 꼽을지도 모르겠다. 프랑스인들이 치즈와 푸와그라를 먹는 데다 1인분의 양이 적어 소식을 한다고 말이다.

그러나 거위의 간을 먹건, 치즈를 먹건 간에 프랑스 여성은 시몬 드 보부아르(Simone de Beauvoir)처럼 담배를 뻑뻑 피워 대는데도 오래 산다. 회를 즐겨 먹는 일본 여성만이 프랑스 여성보다 더 오래 사는 편이다.

자, 어디서 여성이 더 잘 살 수 있을까?

당연히 유럽 아니겠는가? 유럽에서 여성은 100년 가까이 살면서 여성 중심의 세상을 만들어 나갈 수 있을 것이다.

그러면 남성은 어떤가? 결혼이라는 잣대로 판단하면 돈이 없는 부르주아인 우리에게는 유럽이 훨씬 더 나을 수 있다. 결혼을 고민하는 여성이라면 상대 남성의 소득을 묻는 게 보통이지만, 사회 안전망이 잘 갖춰진 유럽 여성은 굳이 그럴 필요가 없다는 게 내 생각이다.

어느 날 저녁 시카고의 한 맥주 전문점에서 록 음악 평론가와 이런저런 대화를 나눴다. 맥주를 두 잔째 먹을 무렵 그는 프랑스 여자가 어떤 점에서 좋으냐고 자꾸 물었다. 이유를 묻자 그는 이렇게 말했다. "아시겠지만, 미국 여자가 남자를 만나면 가장 먼저 하는 일이 '돈을 얼마나 잘 버는지' 확인하는 거예요. 만약 돈을 잘 번다고 하면 옆에 있지만, 못 번다고 하면 그 자리에서 바로 일어나요."

"이봐요. 그럼 유럽 여자들은 돈 문제에 신경을 안 쓸 것 같아요?"

"아, 그건 아니고요. 최소한 첫 번째로 물어보지는 않을 것 같아서요."

사실 미국 여자들만 나무랄 일은 아니다. 이들이 중산층 남성 또는 맥주 전문점에서 노는 노동 계층 남성에게 얼마를 버느냐고 묻는 것은 상당히 일리가 있다.

어떻게 해야 자식을 더 많이 낳을 수 있는가? 어디에서 자식을 더 안전하게 키울 수 있을까? 나는 다른 누구보다 미국의 프리랜서 록 음악 평론가나 노동조합 대표에게 이런 질문을 던지고 싶었다.

그렇다. 이건 다윈의 적자생존 논리에 따르는 잔인한 일이다. 하지만 미국에서는 누구든 사회 안전망이 충분하지 않는다는 것을 너무나 잘 알고 있다. 다원주의자라면 이렇게 주장할 것이다. "미국의 경우 가난한 사람이 많으므로, 결혼을 고민하는 여자라면 남자의 소득을 물어봐야 한다. 자식을 굶기지 않으려면 그렇게 해야 한다. 전체 아동 중 빈곤 아동의 수가 4분의 1 가까이 되는 현실에서는 그러는 게 정상이 아닌가?"

그러나 정부에 가정을 꾸리는 본능(nesting instinct)을 충족시켜 달라고 당당하게 요구할 수 있는 프랑스 여성은 미래의 남편이 돈을 얼마나 버는지 신경을 곤두세울 필요가 별로 없다. 최소한 록 음악 평론가와 만나 데이트를 할 여유는 있다. 왜냐고? 자녀 양육비를 지원받을 수 있으니까. 보육 시설도 더 좋으니까. 교육비? 당연히 무료니까.

그 덕분에 '안전한 성관계'라는 말이 완전히 새로운 의미를 갖게 된다.

만약 내가 혼자서 파리를 여행했다면 파리 여자를 만나 결혼했거나 최소한 한 아이의 부모가 되어 있을까? 모르겠다.

나는 프랑스어를 못하니까 어떤 여자와 사귄다 해도 그 여자에게는 상당히 부담이 될 것이다. 그러나 프랑스는 공공부문이 방대하기 때문에 나와 사귀는 여자는 아무리 못해도 내가 공무원은 될 것이라고 기대할지도 모른다. 프랑스 공무원 시험에 합격하는 건 둘째치고 말이다.

그래서 나는 사람들이 다들 말리는 짓을 했다. 혼자 파리에 간 것이다.

프랑스인은 논증한다, 고로 존재한다

나쁘지 않으리라 생각했다. 가이드북에 강력 추천으로 표시된 중급 호텔을 골랐다. 헤밍웨이가 옛날에 묵었던 곳이란다. 종업원이 내 가방을 받아 주었다. 객실 문 앞에 이르렀을 때 나는 "아마 헤밍웨이도 여기에 묵었지요?"라고 물었다. 그는 "헤밍웨이는 2인실에서 묵었습니다."라고 말한 다음 잠시 뜸을 들이더니 "손님은 1인실입니다."라고 덧붙였다. 어찌나 눈치가 빠르던지.

얼마 후 혼자 밖에 나갔다. 목요일이라 화랑이 밤에도 열려 있었다. 변호사들이 에페수스산(產) 양탄자나 『광세』 초판본 등을 사는 화랑을 지나갔다. 아, 화랑 구경을 하면 되겠구나. 하지만 아는 사람이 하나도 없었다. 『르몽드』나 좌파의 시각이 담긴 신문, 잡지도 불어를 몰라서 읽을 수가 없었고, 오로지 유럽에 관한 온갖 허위 정보로 가득 찬 『이코노미스트』만 읽을 수 있었다.("유럽은 붕괴하고 있다." 기타 등등.)

문득 에페수스산 양탄자를 사는 프랑스 은행가나 변호사에게 말을 건다면 사회민주주의의 비밀을 들을 수도 있겠다는 생각이 들었다. 잠시 서서 적당한 사람을 물색하려고 했으나 막상 하려니까 겁부터 나서 여자는 둘째 치고 남자에게도 다가갈 수 없었다.

결국 포기한 채 화랑을 빠져나왔다. 나는 서점 창문 안을 들여다보았다. 무슨 제목인지조차 알 수 없어서 소외된 기분이 들었다. 하지만 서점 안 금전등록기 옆에 놓인 책들을 보고는 깜짝 놀랐다. 어디서나 베스트셀러가 놓이기 마련인 자리에 에세이, 불어로는 에세(essai)가 잔뜩 쌓여 있었던 것이다.

이 광경을 몇 년 후 파리에 사는 미국인 친구 리에게 말했더니, 그녀는 그게 정상이라고 설명했다. "프랑스에서도 베스트셀러를 눈에 잘 띄는 곳에 전시해 놓는데, 에세이가 그 자리에 있을 때가 많아." 그러면서 에세이를 잘 쓰는 사람은 나중에 명사의 반열에 오르게 된다고 했다. 또 정치인들이 몽테뉴를 흉내 내며 에세이를 쓴다는 이야기도 들려주었다.

상상해 보라. 소설책이 아니다. 그들의 에세이에는 우리가 생각하는 말랑말랑한 이야기가 없다. 리는 또 "지금 당장 서점에 가서 봐. 이슬람에 관한 책을 보고 싶어? 묵직한 논평이 담긴 신간이 아마 28권쯤 있을걸."이라고 말했다. "왜 사람들이 에세이를 즐겨 읽지?"라고 묻자 리는 "학교 교육 때문이야."라고 대답했다.

자기 딸은 아일랜드인 수녀가 운영하는 학교에 다니는데, 거기는 프랑스식 교육을 하지 않고 수녀들이 너그러운 편이라고 했다. "프랑스식 교육은 아이들을 너무 힘들게 하는 것 같아. 엄청 중압감에 시달리게 한다니까." 프랑스에서는 아이들의 능력에 따라 진학하는 학교가 다르다. 미국에도 사립학교가 있고 학교마다 수준차가 나지만, 주로 부모의 소득에 따라 학교가 결정되기 때문에 아이들이 받는 중압감은 덜한 편이다. 아이들이 어렸을 때부터 좋은 성적을 받아야 한다는 것, 이게 유럽식 사회민주주의의 한 가지 단점일 듯하다. 유럽은 미국에 비해 엘리트의 폐쇄성이 훨씬 더 강하다. 리는 프랑스에 처음 왔을 때 대단히 놀랐다고 한다. "논리적으로 말하고 글 쓰는 훈련을 어렸을 때부터 시키더라고. 논증해야 하는 명제, 반명제, 그게 바로 프랑스식 시스템이야."

한숨 돌린 다음 그녀는 프랑스에서 음식 말고 또 한 가지 싫은 게 바로 프랑스식 교육이라고 했다. "당신이 만약 프랑스에서 태어났다면 엄청난 부담감에 시달렸을 거야."

나는 생각한다, 고로 나는 부담감에 시달린다.

이런 방식으로 프랑스인은 논리력을 기르며 자란다. 서점에서 파는 노트를 보라. 미국의 노트처럼 가로로 긴 줄이 그어져 있지 않다. 데카르트의 좌표계를 그린 것처럼 모눈종이가 그려져 있다. 어디 이뿐인가? 프랑스인은 중년이 되어도 서점에 들르면 에세이를 주로 찾는다.

리는 파리에 파견된 실리콘밸리 출신 컨설턴트인 자기 친구한테 들은 이야기를 해 주었다. 그 친구는 오라클, 구글, 애플 등에서 일했다고 한다. 사람들이 편한 복장으로 자유분방하게 일하는 곳 말이다. 거기에 프랑스인들이 왔다. 그들은 일렬로 앉더니 가방에서 필통, 아마 중고등학교 시절부터 갖고 다닌 게 분명한 필통을 꺼냈다. 그러고는 필통을 열고 연필을 집어 들었다. "회의를 시작할까요?"

파리 지하철을 타고 엄마에게 얼굴을 비벼 대며 응석 부리는 어린애를 보라. 이 모습에서 모눈종이 노트에 또박또박 글을 쓰는 광경을 연상시키기란 쉽지 않다.

프랑스어로 쓰인 책에는 도무지 익숙해지지 않아서 나는 영어 책을 파는 서점에 갔다. 최소한 제목은 읽을 수 있었다. 그러다 점원이 나무 상자를 뜯고 그 안의 책을 대여섯 권씩 꺼내는 장면을 목격했다. 상자 안에는 책이 가득했는데 모두 같은 책, 잭 케루악(Jack Kerouac)의 『길 위에서(On the Road)』가 들어 있었다. 표지에는 마치 선거에 출마한 사람인 양 환하게 웃는 케루악의 사진이 크게 실려 있었다. '이 책을 사세요!'라고 간절히 애원하는 듯했다.

『길 위에서』를 한 권 산 다음 길을 건너 '라 팔레트(La Palette)'라는 술집으로 갔다. 거기서 프랑스와 유럽 등에 대해 곰곰이 생각해 봤다. 프랑스인으로 산다는 것, 옛날부터 사용하던 필통을 들고 다니는 것은 괜찮아 보일 수도 있지만 너무 천편일률적이고 딱딱한 인상을 준다. 미국인 같은 자유분방함과 개성을 찾아보기 어렵다. 아, 또 하나 있다. 모두 잭 케루악의 『길 위에서』를 읽는다는 것.

이런 게 유럽의 문제이다. 녹색당은 이걸 알아야 한다. 여기 사람들은 좀 더 유연하고 느슨해질 필요가 있다. 미국처럼 자유롭고 자발적인 참여를 강조해야 한다. 물론 좁은 땅덩어리에서 많은 사람들이 부대끼며 살아가야 하는 유럽에서는 쉽지 않을 것이다. 아마도 그래서 유럽이 서로를 존중하는 제도와 이념을 강조하는 것 같다. 달리 말하자면 사회민주주의를 실시하는 것 외에는 대안이 없다는 생각이 들기도 한다. 그러나 규칙과 중앙계획, 규제를 지나치게 강조하게 되기 십상이다. 결국 어떻게 해야 미국인처럼 자유분방하면서도 동시에 자발적으로 참여하게 만들 수 있는가라는 과제는 계속 남는다.

문득 시카고에 있을 때 파리에서 온 프랑스인 커플과 나눈 대화가 떠올랐다. "음, 파리에서는 밤에 뭘 하며 지내나요?" 내가 물었다.

그들은 어리둥절한 표정을 짓더니 이렇게 대답했다. "파리에서 뭘 하느냐고요? 파리잖아요. 술집이나 카페에 가서 먹고 마시고 이야기해요! 세 시간씩 이야기하는데 주로 철학적인 이야기를 나눈답니다! 물론 우리 프랑스인들은 다 염세주의자예요. 하지만 파리잖아요. 멋진 곳이지요."

술집에서 내 주변엔 죄다 염세주의자 프랑스인 커플들이었는데 다들 얼마나 행복해 보이던지!

미국에서 사는 게 어떤 건지 아세요?

술을 다 마신 후 거리로 나갔다. 화랑 개관 행사를 구경하려고 했다. 문득 15년 전에 크레이그가 한 말이 생각났다. "파리에서는 밤에 할 일이 전혀 없어."

그 말은 지금도 맞는 것 같았다. 그러나 오늘만큼은 각종 상점, 부티크, 화랑이 사람들로 북적였다. 자포자기한 심정으로 어느 레스토랑 앞에 선 줄의 맨 끝에 섰다. 이러다 날 새겠군. 몸을 돌려 줄에서 빠져나오려는 순간 옆줄에 있던 여자가 영어로 대화를 나누고 있음을 알았다. 나는 동작을 멈추고 드디어 인간을 향해 유의미한 소리를 냈다.

"영어 참 잘하시네요."

여자는 일행에게서 몸을 돌려 나를 바라보았다. "그럴 수밖에요. 미국인이거든요."

"아! 그러세요. 그렇겠네요."(내가 무슨 말을 할 수 있겠는가?)

그녀와 함께 있던 남자 친구는 알고 보니 남편이었다. 그는 프랑스인이었다. 록 음악 평론가는 아니었다. 밴드의 드럼 연주자였다. 그의 여동생도 함께 있었다. 그가 여동생과 이야기를 나누었기 때문에 나는 미국 여자와 이야기를 나눌 수 있었다. 우리 네 사람은 합석하기로 했다. 하느님, 감사합니다! 해냈어요! 드디어 인간과 이야기를 나누게 되었습니다! 이제 어머니는 나를 데리러 공항으로 나오시지 않아도 되리라.

미국인 여성은 직업을 화가라고 밝혔다. "옆의 화랑 개관 행사 현장에 있었지요? 우리도 그랬어요. 굉장히 '파리'스러웠어요. 안 그래요?"

"무슨 뜻입니까?" 내가 물었다.

"아, 여기 사람들의 방식 말이에요. 아주 거창하죠. 이 사람들은 꼼짝 않는 데다 돌이 된 것 같아요. 움직이는 걸 아주 두려워하죠. 나는 이런 게 신물이 나요. 다 지긋지긋해요. 프랑스인 말예요."

그녀가 이런 투로 프랑스인을 비난하는 게 썩 마음에 들었다. 하지만 아내의 말에 아무 반응을 보이지 않는 남편의 얼굴이 눈에 들어왔다. 나는 "그러면 왜 프랑스인하고 결혼했어요?"라고 묻고 싶었다.

내가 정말로 그렇게 묻기라도 한 것처럼 그녀는 나를 똑바로 쳐다보더니 "파리가 정말 싫어요."라고 말했다. 나는 고개를 끄덕였다.

"파리는 물론 프랑스도 싫어요. 프랑스인도 싫고요. 여기를 벗어났으면 좋겠어요." 그녀의 목소리가 점점 커졌다. 남편을 보았으나 그는 웃고

있었다. 행복해 보였다. '음, 이 사람도 염세주의자임에 틀림없어.'

우리 넷은 테이블 하나를 차지하고 앉았다. 그녀는 계속해서 프랑스의 모든 것에 맹공을 가했다. "정말, 프랑스는 글렀어요. 처음에는 아주 좋은 곳으로 생각했지요. 그러나 지금은… 함정에 빠진 것만 같아요. 빨리 빠져나가면 더 바랄 게 없겠어요."

나도 결혼해서 파리에 살고 있었다면 오늘밤 이런 식으로 말할 것이라고 생각하니 온몸이 오싹해졌다.

"하느님, 제발 여기서 벗어나게 해 주세요. 아, 파리는 아무 죄가 없어요. 문제는 프랑스인이에요. 이 사람들은 자기도취에 젖어 있어요. 자기밖에 모른다니까요." 그녀는 잠시 말을 멈췄다. "남자들이 더 그래요."

나는 그녀의 로커 남편에게 시선을 고정시켰다. 그는 행복감뿐만 아니라 일말의 희열마저 느낀다는 야릇한 표정을 짓고 있었다. 아내가 하는 말을 들었을까? 혹시 드러머라서 귀가 먼 것은 아닐까? 그렇지는 않았다. 그는 무슨 말인지 다 알아듣는 듯했다. 하지만 줄곧 웃음을 머금고 있었다. 솟구치는 기쁨을 못 이기겠다는 듯 우리를 향해 그저 환하게 웃고 있었다.

음, 드디어 유럽인 친구, 아니 유럽에 사는 미국인 친구를 한 명 사귀게 되었구나. 사실 내가 파리에 살았다고 해도 미국인만 사귀었을 것이다.

남편과 그의 여동생이 자리에서 일어서자 나와 미국인 여자도 몸을 일으켜 함께 나갔다. 나는 이들이 "당신의 유럽인 일행은 어디 있나요?"라고 묻지 말기를 바랐다. 솔직히 이 여자, '유럽 친구'에게 약간 부끄러웠다. 하지만 마음 한구석에서는 궁금증이 일었다. 만약 이 여자가 정말로 미국으로 돌아가면 적응해서 살아가기가 만만치 않을 텐데.

무엇보다 그녀는 일자리부터 구해야 한다. 미국에서는 예술 분야 종사자에게 보조금을 주지 않는다. 그러니 대형 할인 마트 같은 곳에서 계산원으로 일할 가능성이 높다. 당연히 휴가는 없을 것이다.(내 이발사 H도 "최소한 1년에 닷새라도 휴가가 있으면 좋을 텐데."라고 하소연한다.) 의료보험도 없다. 둘째, 유급 출산휴가가 없다. 자식을 낳아도 보조금을 기대하기 힘들다. 셋째, 자식을 공립학교에 내던져 놓을 생각이 아니고 제대로 교육시키고 싶다면 학비를 부담해야 한다. 넷째, 육아 보조도 전혀 없다. 보모를 둘 경우 그 인건비를 몽땅 부담해야 한다. 다섯째, 그녀의 로커 남편도 일을 해야 할 것이다. 이런 이야기를 다 들려주면 어떻게 될까? 남편의 웃는 얼굴이 금방 딱딱하게 굳지 않을까?

"미국으로 되돌아가 사는 게 어떤 건지 정말 아세요?"라고 묻고 싶었다. 그녀는 여태껏 유럽에서 남 밑에서 일하면서도 해고될 걱정 없이 지냈을 것이다. 사슴 동산에서 엄마의 보살핌을 받는 아기 사슴 밤비처럼 룰루랄라 신나게 노래하면서 말이다. 그러나 미국으로 건너간 뒤에는 사냥꾼에게 쫓기는 밤비의 엄마처럼 될 공산이 높다. 고용주가 총을 들고 설치는 사냥꾼이나 다름없기 때문이다.

그런데도 어떤 사람들은 세상이 달라지고 있다고 주장한다. 최근에 여러 범대서양주의 학자들이 미국과 유럽이 얼마나 비슷해지고 있는지 분석해 놓은 글을 읽었다. "대서양을 사이에 두고 두 대륙은 닮아 가고 있다." 많은 연구소들이 이런 주장을 주요 상품으로 판다. 예컨대 유럽에서도 정부의 재정 지원 혜택(government-provided benefits)을 삭감하는 중이라고 떠들어 댄다.

내 생각에 그들은 완전히 틀렸다. 그래, 최근 몇 년 동안 유럽 각국 정부가 각종 재정 지원 수당을 삭감한 것은 맞다. 일정 기간을 따로 떼어 놓고 보면 독일이나 네덜란드에서는 엄밀한 의미에서 삭감이 이루어졌다고 할 수 있다. 그러나 1980년에서 2000년, 혹은 1990년에서 2000년, 이런 식으로 10년, 20년 단위로 살펴보면 프랑스를 비롯한 유럽 각국의 정부는 재정 지원 항목을 꾸준히 늘려 왔고, 기존 항목에 대한 지원 역시 확장시켜 왔음을 알 수 있다.

"미국과 유럽은 점점 더 닮아 가고 있다." 정말 터무니없는 말이다. 오히려 정반대이다. 재정 지원 혜택이 비록 한 방향으로 쭉 상승한 것은 아니지만 어쨌든 상승하는 추세에 있는 것만은 사실이다. 1990년 이후 서로 다른 시기에 추가되거나 확대된 유럽식 재정 지원 혜택 몇 가지를 정리해 보았다(64쪽 참조).

유럽이 통합되어 있다는 사실을 일부러 고려하지 않았다. 이것까지 고려하면 다양한 명목의 휴가와 병가까지 포함될 테고 법으로 보장된 재정

2009년 정부의 재정 지원 혜택

	스웨덴	프랑스	독일	미국
유급 출산휴가(여성)	○	○	○	×
유급 출산휴가(남성)	○	○	○	×
휴일 확대	○	○	○	×
노동시간 단축	○	○	○	×
노인 부양 수당	○	○	○	×

출처: EPI

지원 혜택은 더욱 늘어날 것이다. 자, 이래도 양 대륙이 닮아 가고 있는가?

이제 이런 혜택을 받기 위해 유럽인은 허리가 휠 정도로 무거운 세금에 시달려야 한다는 문제를 생각해 보자. 유럽인은 분명히 미국인보다 세금을 더 많이 낸다. 그러나 그만큼 되돌려 받는 것도 많다. 따라서 자신을 위해 쓰인다면 일정한 소득수준이 될 때까지는 세금을 납부하는 게 훨씬 더 합리적일 수 있다.

미국에서는 우리가 낸 세금의 일부만이 되돌아온다. 그 대부분은 민간 부문으로 흘러간다. 사악한 민간 보험회사와 제약 회사, 그리고 응급 병원의 의사와 경영진의 수중에 들어가는 것이다. 이들은 모두 공공재가 되어야 하는 것을 중간에서 가로채 폭리를 취한다. 유럽인은 단순히 돈을 더 쓰는 게 아니다. 미국인과 달리 그들은 효과적으로 돈 쓰는 방법을 안다. 비효율적이라고 평가받는 독일의 의료보험도 관련 총비용이 GDP에서 차지하는 비중은 11퍼센트에 지나지 않는다. 반면에 미국의 의료보험 관련 총비용은 GDP의 17퍼센트나 되지만 보험에 가입하지 않은 사람은 물론 보험에 가입한 중산층도 종종 혜택을 받지 못한다.

유럽의 시스템을 사회민주주의라고 부르는 것은 이처럼 공공재를 효율적으로 분배하기 때문이다.

미국의 좌파 진영에는 유럽과 미국의 복지 차이를 미국의 과도한 군사비 지출 때문이라고 설명하는 사람도 있다. 사실 어떤 윤리적 명분을 내세워 군사비 지출을 정당화해도 미국인이 내는 것과 받는 것 사이의 격차는 해소되지 않는다. 하지만 정부가 지출하는 군사비에 의존해서 먹고 사는 사람들에게는 그것이 유럽의 의료보험이나 연금과도 같다. 게다가 이런 말을 하게 되어 유감스럽지만, 정신 나간 군사비 지출이 없으면 해외 수출도 크게 줄어든다. 그렇다. 군대가 없으면 무역 적자가 한층 더 심각해질 것이다. 어디 이뿐인가? 중산층의 일자리가 줄어들고 유럽보다 경쟁력도 약화될 것이다. 사실 미국의 군사비 예산은 GDP의 약 4~5퍼센트 수준이고 유럽도 국방에 상당한 예산을 쏟는다. 하지만 앞에서 말했듯 미국 GDP의 17퍼센트 이상을 차지하는 의료보험 관련 예산에 비하면 군산복합체로 흘러들어가는 돈은 왜소해 보일 지경이다. 거듭 말하거니와 미국의 복지 혜택이 유럽에 뒤처지는 것은 민간 부문을 중심으로 제도가 운영되기 때문이다.

물론 유럽에서도 과도한 세금 부담 탓에 국가 경쟁력이 약화될 우려가 있으면 세율을 탄력적으로 낮추기도 한다. 한데 그렇더라도 전체 복지 혜택은 줄지 않는다. 예를 들어 유럽 어느 한 나라의 정부가 재정 지원 혜택에서 한 가지 항목을 삭감하면 이 소식은 즉시 전 세계로 퍼진다. 그러나 얼마 안 가 그 정부는 슬며시 다른 유형의 재정 지원 혜택을 내놓는다. 거기다 기존의 혜택이 더 늘기도 한다. 이처럼 미국인의 눈에는 거기서 거기여도 복지의 총량, 즉 사회민주주의 국가의 사람들이 누리는 전체 혜택은 날로 늘어난다.

프랑스에서 만난 미국인 여자와 대화를 나눌 때에는 이런 내용이 떠오르지 않았다. 그녀는 프랑스에서 무척 답답해했다. 만약 그녀가 미국으로 되돌아가면 어떻게 될까? 죽도록 일만 해야 할 것이다.

그날 저녁 그녀는 참 안쓰러워 보였다. 하지만 드럼 연주자인 남편은 지극히 행복해 보였다.

최초의 유럽인 친구 '디'

첫 번째 프랑스 여행에서 나는 '유럽인 친구'를 사귈 뻔했다. 아! 정말로 그럴 뻔했다.

1977년 여행 당시 짐과 나는 제통을 어렵게 구해 어떤 여자(앞에서 말했듯이 짐이 사귀게 된 여자)에게 전화를 했다. 통화가 이루어졌고 그녀의 오빠가 칸 영화제에 가 있다는 말을 들었다. 빈 집을 봐 주자는 아이디어가 떠올랐다. 결국 그녀에게 열쇠를 받아 오빠의 집으로 갔다. 그런데 그녀는 자기 오빠에게 룸메이트가 있다는 사실을 깜박 잊고 말해 주지 않았다.

짐과 나는 계단을 올라 문 앞에 도착했다. 짐이 열쇠를 돌렸다. 우리는 편안히 쉴 수 있다는 기대에 부풀었다. 문이 딸깍 하고 열렸다. 집 안에서는 어떤 남자의 팔이 여자의 목을 감싸 안고 있었다.

남자는 숨을 멈췄다.

여자도 숨을 멈췄다.

우리도 숨을 멈췄다.

하지만 남자는 우리를 노려보지 않았다. 발작을 일으키지도 않았다. 웃었다!(나라면 그렇게 하지 못했을 것이다.) 드럼 연주자에게서 보았던 그 미소였다. 우리는 악수를 했다. 귀찮아한다는 느낌은 들지 않았다.

혹시 미국인을 싫어하는 것은 아닐까? 아니었다. 그는 미국인을 잘 알고 있었다. 며칠 동안 같이 지내면서 나는 두 사람에게 호감을 느끼게 되었다. 그의 여자 친구는 대단히 똑똑했고 성격도 밝고 친절했다. 이 두 사람 덕에 첫 번째 프랑스 여행을 뜻깊게 보낼 수 있었다.

고백하건대 그 여행에서는 나이트클럽에서처럼 기분이 썩 좋지 않았던 순간도 있었지만 대체로 즐거웠다. 왜냐고? 난생처음으로 '유럽인 친구'를 사귀었으니까.

처음 만나 몇 마디 이야기를 나누지 않았는데도 '디(Di)' 와 나는 두 가지의 공통점이 있음을 깨달았다. 우리 둘 다 에세이를 좋아했다. 그리고 프랑스 혁명을 대단히 좋아했다. 함께 지낸 첫째 날 밤 내가 "그래, 물론 나도 조르주 르페브르(Georges Lefebvre)의 『프랑스 혁명의 도래(The Coming of the French Revolution)』를 읽은 적이 있어."라고 말했을 때 그는 대단히 반갑다는 표정을 지으며 나를 거의 얼싸안았다.

"정말로 읽었단 말이지?"

"그럼, 당연하지."

몇 년 후 짐은 내게 "너 그때 사실 책 제목을 잘못 말했어. 디의 얼굴에 스쳤던 표정을 지금도 잊을 수 없어!"라고 말했다. 하지만 짐, 나는 그때 그런 줄 전혀 몰랐다고!

아무튼 그다음 날 디는 아침 일찍 우리를 깨웠고 큰 컵에 아주 진한 블랙커피를 타 주었다. 나는 프랑스 혁명에 대해 자세히 알고 싶다고 말했다. 그는 흔쾌히 내 부탁을 받아 주며 자세히 설명해 주었다.

1789년의 첫 번째 혁명.

이어 1848년과 1871년 등 여러 차례 혁명이 있었다.

1968년 5월의 혁명에는 디 자신도 참여했다.

그리고 마지막으로 프랑스 혁명은 여전히 진행 중이다.

그는 이틀 동안 파리 시내 곳곳을 구경시켜 주었다. 미국인 여행자로서는 가 보기 힘든 곳도 여러 군데 갔다. 파리에 대한 그의 해박한 지식에 찬탄을 금할 수 없었다. 이럴 수가, 이 친구는 파리를 위해 존재하는 것 같아! 더구나 그는 시간도 무척 많았다. 시간이라! 대학원생은 다 그렇지 않냐고? 아니다. 나는 그렇지 않았다. 내가 기억하는 한 로스쿨에서는 "시간이 없어!"라고 한탄하는 게 정상이었다. 하지만 프랑스의 대학원생 디는 시간이 남아돌았다. 그는 유럽의 고전 질서(classical order)에 질려서 그런지 새롭고 전위적인 것에 나보다 더 관심을 보였다.

우리는 '1789년 7월'보다는 '1968년 5월'에 대해 더 많이 이야기했다. 1968년 5월 당시 학생들이 파헤쳐 낸 벽돌을 보러 여러 거리를 돌아다녔다. 첫날 그가 이 거리, 저 거리를 돌아다니면서 이렇게 말했던 게 아직도 기억에 생생하다. "이곳은 예전에 홍등가였어."

다른 거리에서는 이렇게 말했다. "여기가 경찰이 우리를 쫓던 곳이야."

파리 시민인 디 덕분에 우리는 노트르담 성당 대신에 성 외스타슈 성당을 찾아갔고, 프랑스 국립도서관 대신에 비프랑스어권 출신자는 출입이 금지된 마자랭 도서관에 몰래 들어가기도 했다. 만약 거기 직원이 내가 미국인이라는 사실을 알았다면 비상벨을 눌렀을 것이다. 디의 뒤를 졸졸 따라다니면서 이런 생각을 했다. 야, 이 사람처럼 살았으면 좋겠다! 나도 안다. 당시 내가 자신이 모나코의 그레이스 왕비가 될 것이라고 믿는 신 시내티의 열두 살 소녀 같았다는 것을.

디에 대해 좀 더 자세히 말하자면, 그는 나와 나이가 엇비슷했는데 그때 이미 책을 한 권 썼다. 1830년대와 1840년대의 프랑스 노동계급의 사진을 모아 정리한 사진집이었다. 1968년 5월 혁명에 참여한 디는 나와 만난 지 얼마 후에 대학교수가 되었다. 그는 한마디로 고전 질서에 둘러싸인 사람이었다. 그의 친구들은 에세이를 읽었고, 그의 생활 속에는 논리,

논증, 역사가 있었다. 디는 68세대답게 이런 모든 지적 토대를 중시하고 유지함과 동시에 자유로운 정신을 마음껏 표현하려면 어떻게 해야 하는가라는 문제를 고민했다.

그는 젊은 시절의 다니엘 콩방디(Daniel Cohn-Bendit)* 처럼 원조 녹색당원이자 좌파였고, 언젠가는 늙은 콩방디처럼 될 것 같았다. 나이를 먹은 뒤에도 여전히 좌파이지만 노동자 중심의 당에 얽매이기에는 정신이 너무 자유로운 그 콩방디 말이다.

당시 나는 콩방디를 본받을 만한 인물로 생각했다. 사실 노동 변호사가 된 후에도 나는 유럽 녹색당의 동향에 늘 귀를 기울였다. 또 디처럼 되고 싶기도 했다. 그는 에세이를 쓰고 프랑스 한림원 같은 데 관심이 많았고 마자랭 도서관을 열심히 드나들었다.

디는 대중문화로부터 전위 문화가 나온다면서 대중문화에도 깊은 관심을 기울였다. 예를 들면 나는 힙합이 담고 있는 헤겔주의적 의미에 대해 미국인보다 프랑스의 평범한 사람이 더 깊게 생각한다고 확신한다. 이런 점이 미국과 프랑스의 차이다. 물론 예일대학교나 프린스턴대학교를 나온 미국의 엘리트 중에도 대중문화에 관심 있는 사람들이 있다. 그러나 미국의 엘리트는 고급문화와 대중문화를 통합하려고 시도할 만큼 대담하지 않다. 아니 미국인은 힙합에는 관심이 많아도 헤겔 철학에는 관심이 없다고 하는 게 더 정확한 표현일 수도 있다. 헤겔 철학으로 무엇을 해야 하는지 모르는 탓이다. 이것은 영어를 말하는 것과 비슷하다. 우리는 언어를 사용한다. 그러나 오로지 영어 하나밖에는 모른다.

디 덕분에 유럽의 법률 문화도 꽤 알게 되었다. 디는 나를 법원에 데리

---

* 68혁명 당시 학생운동을 이끌었으며 이후 유럽 녹색당의 간판 정치인이 되었다. 2012년 프랑스 대선을 앞두고 녹색당과 사회당의 이른바 '적녹 연대'를 주장해 눈길을 끌었다.

고 가서는 젊은 좌파 변호사가 강제 추방의 위기에 처한 튀니지와 알제리 어린이를 변호하는 모습을 보게 해 주었다. 그때 인간이라면 당연히 느껴야 하는 분노를 표출하며 프랑스 대혁명의 인권선언 정신에 따라 변론을 하던 변호사들, 그들의 열정에 나는 매료되었다. 미국으로 돌아와서도 틈만 나면 주변 친구들에게 그 이야기를 들려줄 정도였다.

디의 기준으로 구분한다면 나는 시카고에서 온건한 자유주의자에 속한다. 내가 좋아하는 신문이 『파이낸셜 타임스(Financial Times)』라는 게 그런 판단의 근거 중 하나일 것이다. 하지만 프랑스에 좀 더 오래 있었다면 『리베라시옹』을 읽고 진한 블랙커피를 마셨을지 모른다. 아, 프랑스인과 진한 블랙커피를 생각하니까 떠오르는 이야기가 하나 있다. 내 친구 빌이 커피에 우유를 타 달라고 요구하자 프랑스인 웨이터가 이렇게 말했단다. "선생님, 어머니가 그리우십니까?"

아! 내가 만약 프랑스에서 살았다면, 아니 꼭 살지는 않아도 유럽인 친구가 있어서 빈번하게 오갔다면 어떤 일이 벌어졌을까? 아마 『리베라시옹』을 읽고 휴일을 꼬박꼬박 찾아 썼을 것이다. 여유를 누리면서 한결 느긋하게 살았을 것이다. 디처럼 책을 쓰는 데 열중했을지도 모른다. 또 일에 매달려 허우적대기보다는 일할 때와 일하지 않을 때를 가리는 법을 익혔을 수도 있다. 아무튼 파리에서 살았다면 나의 시간 개념은 지금과 상당히 달랐을 것이다. 헤겔과 힙합에 대해서도 깊게 따져 보았을 테고.

아! 하지만 이런 일은 일어나지 않았다. 그때만 해도 내가 파리를 자주 드나들 것으로 믿어 의심치 않았다. 파리는 내 인생 최초의 유럽인 친구를 사귀었던 곳이니까. 그러나 그때 이후로 두 번 다시 디를 만나지 못했다. 디는 한동안 파리를 떠났다가 다시 돌아갔다. 그런 이름으로 구글에서 검색해서 알게 된 사실이다. 하지만 그게 진짜 디였을까? 모르겠다.

내가 두 번째로 파리에 갔을 때 그의 이름은 전화번호부에 없었다. 그 다음에 갔을 때는? 그때에도 없었다. 그렇게 세월이 흘러갔다. 이따금 디가 캔사스에 있을 것이라는 생각이 들기도 한다. 맞다. 미국의 캔사스 주 말이다. 내가 파리를 떠나기 직전 그는 안식년을 맞으면 로렌스의 캔사스대학교로 갈 생각이라고 얘기했다.

"캔사스라고? 왜 거기 가려고 해?" 나는 그렇게 물었다.

그는 아마 미국에 왔을 것이다. 어떤 캔사스 여자와 사랑에 빠졌을지도 모른다. 지금은 거의 미국 사람이 다 되어 프랑스로 되돌아가서는 살지 못할 수도 있다. 혹시 아는가? 어린이 야구팀을 지도하는 데 단단히 맛을 들였을지도.

만에 하나 그럴 리가 없겠지만, 디는 어느 날 문득 잠에서 깨어나 유럽에서 태어난 게 잘못이라고 생각할지도 모른다. 아, 『리베라시옹』를 읽고 블랙커피를 진하게 타 마시던 디, 바로 그 디가 말이다. 그는 지금 이 순간 극우주의자 러시 림보(Rush Limbaugh)의 토크쇼를 듣고 있을지도 모른다. 누가 알겠는가? 사람의 생각은 자주 바뀌는 법이니까.

언젠가 시카고 독일 영사관의 만찬에 참석해 독일인 예술가를 만난 적이 있다. 어떤 점에서 그는 파리 사람이나 마찬가지였다. 젊었을 적에 친구들과 모이면 새벽 2시까지 술을 마시다 갑자기 발동이 걸려 "좋아, 파리로 가서 아침 식사를 하자."라고 말했단다. 파리와 거리상으로나 정서적으로 가까웠던 것이다. "서너 시간 차를 몰고 간 뒤 6시쯤 되어 해가 뜨는 모습을 보곤 했습니다." 지금 그는 당연히 그런 무절제한 생활을 접었다. 파리를 포기하고 시카고를 선택했다. "여러 곳에서 살아봤지만 지금 살고 있는 데가 제일 좋은 것 같아요."

"어디서 사는데요?" 내가 물었다.

"아처 앤드 할스테드요." 그가 대답했다.

"아처 앤드 할스테드라고? 거기는 버스 차고지가 널려 있는 곳 아닌가요? 사람이 별로 없을 텐데요." 위험해서 가기가 꺼려지는 곳이라는 말은 차마 할 수 없었다.

"말씀하신 그대로예요! 사람이 없더라고요. 당신은 미국인이니까 유럽의 상황이 어떤지 잘 모를 거예요. 집들은 작은 데다 사람은 정말 많아요. 누군가 잠깐 들르기라도 하면 서로 포개져서 자야 할 때도 있어요. 노크도 하지 않고 남의 방을 수시로 들락거리는 일도 흔하고요."

"설마…."

"진짜예요. 그런데 지금 살고 있는 아처 앤드 할스테드 근처에는 아무도 없어요. 노크를 하지 않고 내 방에 함부로 들어올 사람이 없는 거지요."

누군가 총을 쏴서 문짝을 부수는 것으로 노크를 대신하지 않을까 심히 걱정되었다.

그가 아처 앤드 할스테드에 대한 칭찬을 마구 늘어놓는 동안 나는 유럽에 가면 얼마나 즐거울지를 생각하다 눈물이 날 뻔했다. 파리나 유럽 어디에 가도 두 달이나 석 달 동안 즐겁게 지낼 수 있을 거야. 하지만 그게 얼마나 갈지 자신이 없었다. 아마 한밤중에 잠에서 깨겠지. 창문 밖을 지나는 사람들의 발자국 소리나 신경을 거슬리게 하는 하이힐 소리를 들을 테고 말이야. 아니면 머리 위를 날아가는 비행기의 굉음을 듣든지…. 그렇게 생각하는데 머릿속에서 이런 외침이 들렸다.

"자그마치 두 달, 두 달이라고! 변호사 사무실은 어떻게 할 거야?"

2
GDP 높은 미국이 유럽보다 못사는 까닭

독자들 중에는 "어디가 더 잘 사는지 알아보기 위해 당신이 여행한 이야기를 다 들어야 하는 거야?"라고 불평하거나 책장을 덮고 말 사람도 있을 것이다. 아니면 "당신은 그래서 미국인이 되기 싫다는 거야?"라고 의구심을 품은 사람이 있을지도 모르겠다.

결코 아니다. 오해를 피하기 위해 이 자리에서 말해 두겠다. 나더러 어디서 살지 선택하라고 하면 언제나, 아니 영원토록 미국을 선택하겠다. 무엇보다도 나는 변호사이다. 로스쿨에 다닐 때부터 제대로 된 나라에서 태어났음을 알고 있었다.

더군다나 미국인은 아주 착하고 친절하다는 소리를 듣는다! 워싱턴 D.C.에서 독일 금속노동조합(IG Metall)을 위해 소규모 프로젝트를 수행하던 독일인 여성을 만난 적이 있다. 독일 금속노동조합은 전미자동차노동조합(United Auto Workers)과 성격이 비슷한 산별 노동조합이다. 하지만 규모 면에서는 견줄 바가 못 된다. 독일 금속노동조합에 비하면 전미자동차노동조합은 거인 앞의 난쟁이다.

"혹시 유럽식 사회민주주의 노선을 지지하지 않나요?" 내가 물었다.

"그런데요." 그녀가 대답했다.

"그럼 왜 미국에 사세요?"

뜬금없는 질문에 그녀는 약간 당황한 듯 말을 더듬다가 대답했다. "아, 음… 여기 사람들은 아주 착하고 친절하니까요."

그녀는 버지니아에서 살고 있었다. 그래서 "버지니아 사람들도 그런가요?"라고 물었다.

"예." 그녀는 잠시 멈칫했다. "제 말은 '정상적이고 올바른' 사람들을 사귀면 그렇다는 거예요."

맞는 말이다. '정상적이고 올바른' 사람들을 사귀어야 한다. 미국은 땅이 넓으니까 아무 곳이나 골라서 올바른 사람들과 사귀며 살아갈 수 있다. 그리고 교외로 나가면 '비정상적이고 막돼 먹은' 사람들이 이웃에 살더라도 얼굴을 마주치지 않을 만큼 잔디밭이 넓다.

유럽에서는 사람들이 서로 부대끼며 살아간다. 이웃이 간섭하려 드는 것, 바로 이게 사회민주주의의 문제일 수 있다. 미국에서는 감사하게도 그럴 필요가 없다. 문을 닫아걸면 그만이다.

그런 의미에서 미국인은 이동성을 더 누린다. 여기서 이동성이란 사회과학에서 말하는 소득 이동성이나 '수직적' 이동성이 아니라 수평적 이동성이다. 독일, 프랑스, 덴마크는 소득 이동성이 높아 지금의 어린아이가 성인이 된 후에 계층이 상승할 여지가 많다. 반면에 미국은 '수평적' 이동성이 더 나은 편이다. 미국에는 도로가 많다. 마음에 들지 않는 사람이 있으면 도로를 사이에 두고 떨어져 있으면 된다.

자, 지금까지 한 말이 과연 맞을까? 프랑스 파리에서 벨기에 브뤼셀까지는 80분이면 갈 수 있다. 그러나 시카고에서는 같은 행정구역에 있는데도 우리 집에서 오헤어 공항까지 90분이나 걸린다. 애디슨 스트리트까지 버스를 타고 35분 간 다음 파란색 지상 전철 엘(El)로 갈아탄다. 하지만 엘은 툭하면 고장 나기 일쑤인 데다 제시간에 온다 해도 감속 구간에서는 시속 16킬로미터로 달린다. 우리 집에서 역마차 타고 덜커덩거리며 오헤어 공항으로 가서 비행기를 탄 후에는 바람처럼 날아서 브뤼셀로 가는 셈이다.

그래도 나는 운이 좋은 사람 축에 낀다. 미국인 중 5퍼센트만이 대중교통을 이용한다. 나머지 95퍼센트는 신경안정제인 자낙스(Xanax)를 먹지 않으면 운전하다 분통이 터져 무슨 일을 저지를지 모른다. 2009년 미국 토목학회(American Society of Civil Engineers)에서는 각종 사회 기반 시설의 안전도를 평가해 보고서를 작성했는데 결과는 이렇다. 항공 D, 교량 C(미니애폴리스에서 붕괴한 교량은 F 등급을 받았다), 수자원 D⁻, 철도 C⁻, 도로 D⁻, 학교 D(이것은 건물이 붕괴될 수도 있음을 의미한다). 1988년에도 미국의 사회 기반 시설은 낙제점을 받았는데 20년 사이에 더 나빠진 것이다.

헨리 클레이(Henry Clay)* 나 청년 링컨이 속했던 휘그당이 부활해 이 나라를 확 뜯어고쳤으면 좋겠다. 유럽은 어떤가? 클레이가 주창한 이른바 "국내 개량 사업(internal improvements)" 덕분에 유럽은 통합되는 중이다. 여기에는 유럽의 대표적 저가 항공사인 아일랜드의 라이언에어(Ryanair)와 값싼 유레일패스도 한몫한다. 20년 전부터는 유로스타까지 등장해 런던에서 파리까지 단 두 시간이면 갈 수 있다. 이것은 유럽의 통합과 관련

---

* 미국 연방 하원의원 및 상원의원과 국무장관을 지냈다. 보호관세와 제조업 육성 등 '미국식 시스템'을 주창했다.

하여 EU 헌법을 채택하느냐 마느냐보다 더 중요한 문제이다. EU 헌법은 난항을 겪다가 겨우 채택되었지만 저가 항공, 이메일, 휴대폰 덕분에 EU는 단일한 나라뿐 아니라 단일한 시장이 되고 있다. 스페인 청년 사업가는 더블린에서 창업을 할 수 있고 아일랜드 청년은 마드리드에서 결혼식을 올릴 수 있다.

유럽이 '헌법적으로' 통합되고 값싸고 편리한 교통수단 덕분에 자유롭게 왕래하는 반면, 미국은 '헌법적으로' 해체되는 중이다. 어느 도시건 교통 체증에 시달리지 않는 곳이 없다. 국가의 힘이 약해지고 구체적인 토지 이용 계획 같은 게 없으면 마치 바스티유 감옥에 갇힌 것처럼 답답하기 짝이 없는 미국인의 삶은 더욱 악화되기 마련이다. 시카고에는 저 멀리 미시시피강 상류 끝자락에서부터 출퇴근하는 사람들도 있다. 매일 시카고 순환도로까지 편도 2시간 30분이 걸리는 길을 운전한다. 왜 그럴까? "아이들을 위해서지요."

이것은 미국의 사회 기반 시설이 붕괴되었음을 보여 주는 징표이다. 시카고 도심에서 가까운 교외 지역, 특히 시카고 남부와 서부의 공립학교는 한마디로 난장판이다. 부모로서는 먼 곳으로 이사할 수밖에 없다. 자녀들이 대학에 가서 대출을 받기라도 하면 더 먼 곳으로 이사한다. 시카고에서 미시시피강까지는 정말로 먼 거리 아닌가? 노스다코타 주나 사우스 다코다 주에서 시카고로 출퇴근하는 것과는 비교가 되지 않는다. 미국은 말로만 이동하기 편한 나라이다. '차를 몰고 움직이는 횟수가 늘어날수록' 교통 체증은 더욱 더 심해진다.

내가 대학교에 다니던 1960년대 무렵만 해도 미국에서 산다는 게 이렇지는 않았다. 그때는 잘 살았다. 나는 트뤼포와 고다르가 묘사한 유럽을 보고 무척 황량한 곳으로 생각했고, 미국처럼 다민족 문화가 없다는 이

유로 비웃기까지 했다. 그 시절에 한 아일랜드 여성이 이런 말을 했던 게 기억난다. "영국의 문제는 영국인이 너무 많다는 거예요. 프랑스의 문제도 프랑스인이 너무 많이 산다는 거고, 독일도 똑같아요."

미국에서는 모든 민족이 한데 어울려 살았다. 미국은 위대한 나라였다! 아니 다양한 민족이 어울려 산다는 관점에서 보면 여전히 위대하거나 점점 더 위대해지고 있다. 2050년 혹은 그 이전에 라틴계 이민자가 급격히 증가해 미국은 더 이상 앵글로색슨 백인이 주류가 아닌 나라가 될 것이다. 그렇다. 유럽에서는 불가능한 일이 이 땅에서 벌어질 수 있다. 시카고 순환선을 타면 내가 아는 사람 몇을 제외하고는 흑인은 손에 꼽을 정도인 날이 올지도 모른다. 하지만 감옥에 갇혀 있거나 빈민가에서 생활하는 흑인 남성의 눈에도 미국이 '다양한' 나라로 보일지는 모르겠다.

다양성 면에서 미국은 유럽을 얼마나 앞섰을까? 지금 유럽 각국을 뜯어보면 적어도 도시에서는 단일 문화를 벗어나 다양한 문화가 공존하는 쪽으로 나아가고 있는 것 같다. 이렇게 유럽에서 다양한 문명이 새롭게 뒤섞이면서(부분적으로는 라이언에어 덕에) 다문화, 다언어의 색깔이 강해짐에 따라 덤으로 유라시아 대륙의 나머지 지역에 대한 유럽의 영향력도 확산되고 있다. 사실 유럽 인구 중 무슬림 인구의 비율은 여전히 4퍼센트 선이다. 무슬림의 출산율이 약간 하락한다 해도 앞으로 유럽 인구의 10퍼센트를 넘지 않을 전망이다.(인구학자들의 견해가 그렇다.)

내가 말하려는 요점은 이런 것이다. 현재 유럽에서는 나라 하나하나가 전체 유럽의 축소판이다. 영국인은 파리에서, 그리고 프랑스인은 베를린에서 왕성하게 활동하고 있다. 한 나라에서 다른 나라로 언제든지 이동할 수 있다는 점에서 유럽인의 눈에는 세계가 하나로 보인다. 세계 유수의 기업에서도 홍콩이나 아프리카, 또는 라틴아메리카 여러 나라를 돌아다니며 근무할 가능성이 높은 직원은 유럽인일 것이다. 더구나 미국과 달리 유럽은 수출을 얼마나 하느냐에 따라 밥줄이 왔다 갔다 한다. 따라서 유럽인은 스리랑카처럼 위험하거나 말리 공화국의 팀북투처럼 특이한 곳도 거리낌 없이 왕래할 것이다. 더 쉽게 말하자면, 어떤 벨기에인이 내게 말했듯이 유럽에서는 모든 사람이 태어날 때부터 각기 다른 언어를 사용한다는 사실을 알고 있다. 『파이낸셜 타임스』와 『월스트리트 저널』의 독자를 비교해 보라. 어느 신문의 독자가 단일한 영어 문명권의 판에 박힌 생활에서 벗어나지 못할 가능성이 높겠는가?

미국의 바버라 vs 유럽의 이사벨

자, 지금부터는 본격적으로 미국과 유럽 중 어느 곳에서 물질적으로 더 잘 살 수 있는지를 이야기하겠다.

'바버라'와 '이사벨'이라는 두 여자의 생활을 상상해 보자. 바버라는 시카고에 살면서 노스웨스턴대학교를 졸업한 후 직장에서 한 부서의 관리자로 일하고 있는 미국인이다. 이사벨도 자기 직장 내에서 책임 있는 지위에 있다. 단 국적은 부여하지 않겠다. 독일인이라고 하면 독일이 미워하는 사람들이 싫어할 테고 프랑스인이라고 하면 프랑스를 좋아하지 않는 사람들이 싫어할 게 분명하다. 그냥 유럽인이라고만 하자.

둘 중 누가 더 행복하다고 속단하지 않겠다. 유럽과 미국 중 어디서 사는 게 더 행복한지는 아직까지 아무도 모른다고 가정하자. 하지만 이 두 여성이 어떤 조건에서 살아가느냐에 따라 대답이 완전히 달라질 수 있다. 다른 것은 모두 차치하고 바버라와 이사벨이 물질적으로 더 여유 있게 살 가능성이 높은 곳은 어디인가, 이것 하나만 이야기하겠다.

미국에서 소득 기준 하위 50퍼센트에 드는 사람들은 유럽식 사회민주주의 사회에서 사는 게 훨씬 더 낫다. 내가 노동 변호사이기에 과감하게 딱 잘라 말할 수 있다. 그러나 이렇게 말한들 미국인은 대부분 미국 모델에 결함이 있다는 생각조차 하지 않는다. 미국인의 4분의 3이 유럽에 가면 훨씬 더 잘 살 수 있다면 어떨까? 어떤 사람들은 그래도 여전히 "지나치게 비판적인 거 아냐?"라는 식으로 토 달뿐, 귀 기울여 듣지 않는다. 그래? 그렇다면 소득이 상위 10퍼센트 수준에 드는 바버라도 미국보다 유럽에서 한층 여유 있게 살 수 있다는 말을 해야겠다. 아! 이렇게 하니까 반응이 오기 시작한다. 하지만 "좋아, 당신 말이 옳다고 쳐. 그러면 미국의 1인당 GDP가 유럽보다 훨씬 더 높은 것은 어떻게 설명할 거야?"라고 코웃음 치며 반문하는 사람도 있을 것이다.

자, 다음의 표를 보라.

2006년 1인당 GDP (단위: 달러)

미국	독일	덴마크	프랑스	네덜란드
44,155	35,270	40,702	36,546	40,167

출처: OECD

1인당 GDP는 바버라가 이사벨보다 적어도 4000달러 정도 더 많다. 이사벨이 구동독 지역에서 산다고 하면 이 격차는 더욱 벌어질 것이다. 하지만 이사벨이 프랑스나 구서독에서 산다고 가정한다면 GDP의 격차만 가지고 어디가 더 잘 사는지 따지는 것은 무의미하다. 예컨대 미국이 한 명의 빌 게이츠와 인도 출신의 굶주린 거지 여섯 명으로 이루어져 있다고 가정해 보자. 이때 1인당 GDP만 놓고 보면 여섯 명의 거지는 덴마크의 토목 기술자보다 '더 잘 사는' 것이 되고 만다. 미국 사회의 불평등이 지금처럼 폭발하기 훨씬 이전부터 이런 식의 통계적 착시 현상에 대해서는 말이 많았다.

기반 시설이 부족해 GDP가 올라간다

이제 본론으로 들어가서 미국의 1인당 GDP의 허실을 파헤쳐 보자. 먼저 바버라의 GDP에 잔뜩 끼어 있는 '기름기'부터 짜내기로 하자.

일단 비정치적인 문제인 날씨를 예로 들어 살펴보겠다. 노스웨스턴대학교 교수이자 저명한 경제학자인 로버트 고든(Robert Gordon)은 미국의 극단적인 기후가 GDP를 끌어올리는 데 한몫한다고 주장한다. 미국인은 윌리엄 셔먼(William Sherman) 장군이 이끌던 북군처럼 따뜻한 남쪽 지방으로 우르르 몰려간다. 또 몰몬교도처럼 마실 물조차 찾기 힘든 깊은 사막 지대인 서부로 향하기도 한다. 그런 곳에서 냉방과 난방을 유지하느라 미국은 석유와 석탄, 물 등을 어느 나라보다 더 많이 소비하는데 그것이 고스란히 GDP에 반영된다. 고든은 이렇게 묻는다. 날씨가 극단적인 지역으로 가는 게 GDP 상승에 일조한다면, 늘 에어컨을 켜야 하는 지역에 사는 사람이 진짜로 부유한 것일까? 암스테르담은 섭씨 30~40도를 오르내리는 지역이 아니라서 미국보다 못사는 것이 아닐까?

이제 정치적, 제도적 차이, 즉 미국에는 토지 활용 계획이 없다는 문제를 이야기하겠다. 현재의 미국 모델은 시가지가 외곽으로 무한히 팽창해야만 존속할 수 있다. 미국인이 효율적이었다면 경제는 진작 무너졌을 것이다. 미국인은 마구잡이로 개발하고, 무한정 이동하며, 대형 쇼핑몰에서 낭비하는 삶을 살고 있다. 사람들은 점점 더 외곽으로 나간다. 왜냐고? "자식을 위해서예요. 좋은 학교에 보내려고요." 다른 한편 "거기까지도 시가지가 뻗어 있어서 모기지론으로 집을 샀습니다."라고 말할 사람도 있을 법하다. 모든 게 이런 식이니 비효율이 증가하지 않으면 미국 경제는 정체 상태에 빠지고 말 것이다. 교통 체증 때문에 내가 차 안에 갇혀 있는 시간이 점점 늘어날수록 미국의 GDP는 그만큼 늘어난다. 교통 체증이 없다면 미국의 GDP는 프랑스를 앞지를 수 없을 것이다.

이 같은 혼란과 비효율이 없다면 미국의 GDP는 지금보다 한참 떨어질 게 분명하다. GDP가 올라가면 돈을 더 버는 것 아니냐고? 그럴지도 모른다. 하지만 미국인 대다수는 실질 생활수준이 하락하는 것도 모자라 빚의 구렁텅이에 빠져 있다. 약한 정부, 낮은 세율에서 비롯되는 낭비와 비효율이 '성장'을 촉진하고 있으니 이런 점에서는 신보수주의자(네오콘)들이 옳았다고도 볼 수 있다.

도시계획과 사회 기반 시설이 부족한 탓에 미국인은 낭비하고 또 낭비한다. 바버라는 자가용으로 출퇴근하는 데 매일 두 시간을 꼬박 바친다. 왜냐고? 세금을 덜 내는 탓이다. 세금을 덜 낼수록 학교가 사라진다. 그래서 더 멀리까지 오가야 한다. 그곳의 학교마저 문을 닫으면 더더욱 멀리 오가야 한다. 낮은 세금 때문에 미국인은 계획이 사라진 혼돈의 삶에 빠져들지만 그 대신에 GDP는 마냥 올라간다. 겨우 아스피린 한 알을 사러 쇼핑몰에 갈 때에도 서행과 정지를 한없이 반복하다 접촉 사고가 나서 운전자끼리 으르렁거리며 싸우는 일이 한두 번이 아니다. 교통 정체로 인해 GDP가 상승할수록 바버라의 삶은 열악해지지만 명목상의 1인당 GDP는 이사벨보다 높아진다.

도시계획이 좀 더 효율적이라면 미국의 GDP는 하락할 것이다. 그러나 지금처럼 낮은 세율이 계속 유지된다면 '악성 GDP'는 더욱 더 늘어나고 '양성 GDP'는 줄어들 것이다. 그래서 도시 외곽의 산과 들을 자유롭게 오가며 여가 생활을 즐긴다는 것은 꿈조차 꿀 수 없는 일이 된다. 세금을 적게 낼수록 대중교통, 각종 교육 시설 등의 사회 기반 시설은 열악해진다. 꽉 막힌 도로에 차를 세워 놓은 채 도로가 뚫리기만을 하염없이 기다리며 스트레스 받는 일이 다반사가 된다. 바버라가 열악한 생활 조건을 견디다 못해 제2형 당뇨병과 고혈압에 걸려도 1인당 GDP는 솟구치기만 한다.

지금까지 말한 것 이외에도 미국이 세계 최상위권의 1인당 GDP를 유지하는 비결은 많다. 그 중 하나가 각 소득수준별로 따져 볼 때 미국인은 유럽인에 견주어 환자가 많다는 점이다. 다시 말해서 아픈 사람이 늘어날수록 그에 비례해서 관련 일자리가 늘어나는 악순환 구조 역시 1인당 GDP의 추가 상승에 일조를 한다. 물론 이마저도 의료보험 가입자에게만 해당하는 이야기이다. 혹자는 장시간 노동이 우리의 생명을 야금야금 갉아먹는 주범이라고 말한다. 하지만 이것은 진실의 반쪽에 지나지 않는다. 진정한 주범은 허약한 정부와 도시계획의 부재라고 해야 한다. 어쨌거나 미국인의 1인당 GDP가 상승할수록 혈압도 따라서 올라간다.

세금을 적게 거둬 국가가 제 할 일을 제대로 못하는 것은 공공의 건강을 해치는 데서 끝나지 않는다. 살아가는 재미마저 앗아간다. 바버라는 퇴근 후 꽉 막힌 길을 뚫고 운전해서 집으로 돌아오면 녹초가 되고 만다. 밤에는 어디 나가지도 못한다. 지친 몸을 달래느라 TV를 붙잡고 늘어질 뿐이다. 애인을 만나기는커녕 온라인으로나 데이트하는 데 만족해야 한다. 시카고 같은 대도시에서는 이렇게 살아가는 사람을 흔히 볼 수 있다. 황량하고 피폐한 삶이라는 말 외에는 더 할 말이 없다.

그러면 이사벨은 어떤가? 세금을 더 많이 내기 때문에 파티에 가는 게 더 쉽다고 할 수 있다. 이것저것 다 차치한다 해도 이사벨은 외출만큼은

마음대로 할 수 있다. 잘 짜인 도시계획, 효율적인 동선, EU 차원에서 규제하는 노동시간 등의 혜택을 마음껏 누린다. 오후 6시 전에 퇴근해서 집에 들어와 휴식을 취하거나 화장을 다듬은 다음 가볍게 차려입고 시내의 주점으로 놀러 나갈 수 있다. 이사벨은 바버라에 비하면 1인당 GDP가 낮다. 하지만 바버라보다 훨씬 더 신나고 즐겁게 사회생활을 하며 살 수 있다.

여기서 한 가지 의문이 떠오를지 모른다. 우리가 집에 처박혀 있으면 1인당 GDP가 하락할까? 그럴 수도 있고 그렇지 않을 수도 있다. 바버라가 집에 틀어박혀 있으면서 돈을 한 푼도 쓰지 않으면 1인당 GDP가 상승할 동력은 줄어든다. 하지만 언제까지 그럴 수는 없을 것이다. 바버라는 더 큰 집을 사서 근사한 홈 엔터테인먼트 설비를 갖출지도 모른다. 집

안에 틀어박혀 있어도 1인당 GDP는 끌어올릴 수 있는 것이다. 아무튼 바버라는 퇴근한 후에 외출 한번 제대로 못한 채 집을 꾸미는 데 돈을 쏟아붓는다. 반면 암스테르담에 살든 베를린에 살든 이사벨은 퇴근 후 기분이 내키는 대로 외출해서 마음껏 즐거운 시간을 갖기 때문에 집을 단장하느라 돈을 쓰지 않는다. 밖에서 돌아다니는 게 훨씬 더 재미있는데, 힘들여 번 돈을 그런 데다 퍼부을 필요가 있겠는가?

결국 1인당 GDP가 늘어날수록 바버라의 삶은 악화된다. 겉으로는 1인당 GDP가 늘어나는 사이 속으로는 빈곤과 불평등이 곪아 터지고 있는 셈이다.

미국이 실질적으로 '상비군'을 유지하는 것도 1인당 GDP의 상승에 공헌한다. 여기서의 상비군이란 이라크에 파병된 군인이 아니라 총기를 소유한 일반 시민을 말한다. 미국인 100명당 90정꼴로 각종 총기가 보급되어 있으니 가히 상비군이라 할 만하지 않은가? 총기 소유의 자유만 없어도 경찰의 상당수를 줄일 수 있다. 그 많은 보안관, 보안관보, 사설 경호원, 공공 교도소 경비원, 사설 교도소 경비원은 물론 검사, 공익 변호사, 건물 관리인, 교도소 급식을 제공하는 식당 노동자, 죄수 이감용 열차 등은 필요하지 않다. 총기를 사고파는 비용부터 총기와 관련된 범죄를 예방하고 처리하는 모든 비용 일체가 GDP 계산에 포함되는 덕에 1인당 GDP 경쟁에서 바버라는 이사벨을 근소한 차이로 따돌릴 수 있다. 어디 이뿐인가? 사실상의 상비군 때문에 바버라로서는 마음 편히 살 만한 곳이 별로 없다. 총기 범죄를 피해 안전한 곳으로 멀리 이사를 가야 한다. 결국 한마디로 말해서 1인당 GDP를 상승시키는 동력이 삶을 즐기는 데서 나오는 것이 아니라, 생명을 부지하기 위해 안간힘을 쓰는 데서 나온다고 할 수 있다.

최상위층 중심의 경제 구조

미국의 경제적, 사회적 불평등이 심각하다는 것은 어제 오늘의 일이 아니지만 바버라에게 불평등은 다른 방식으로 부과되는 세금과도 같다. 무엇보다 바버라에게 '가장 이득이 되는 상품'이 거래되는 시장을 위축시킨다. 누구든 자기와 소득수준이 비슷한 사람들이 많을수록 구매 조건이 더 유리해지는 법이다.

예컨대 유럽에서는 미국보다 이용료가 저렴하면서도 시설이 뒤처지지 않는 세련된 호텔을 찾기가 쉽다. 바버라처럼 교육 수준이 높고 먹고살 만한 사람들이 두터운 수요층을 이루고 있기 때문이다. 사실 유럽에는 하룻밤에 500달러나 쓸 수 있는 부자가 별로 없지만, 단돈 5달러도 아까워서 벌벌 떠는 밑바닥 계층도 찾아보기 힘들다. 유럽이 어느 면을 보든 미국보다 더 낫다고 하는 이유도 바로 여기에 있다. 단적으로 말해서 유럽 제품을 보라. 조잡한 게 있는가? 유럽에는 이사벨처럼 품질을 앞세우는 사람들이 많기 때문에 제품 수준이 높다.

그러나 바버라가 이사벨처럼 자기 취향을 살리며 미국 땅에서 살아가려면 돈이 훨씬 더 많이 든다. 왜 그런가? 미국은 유럽과 달리 최상위 부자(hyper rich) 중심으로 생산 및 소비구조가 짜여 있다. 바버라가 자기 취향에 어울리는 부르주아적 생활 방식을 추구하려면 그들을 따라할 수밖에 없다. 규모의 경제를 실현하기 어려워 가격 대비 품질이 뛰어난 제품이 시장에 나오지 않기 때문이다. 이뿐이 아니다. 최상위 부자들은 자기들보다 못사는 사람들의 자식이 다니는 것을 막으려 유명 사립고등학교나 사립대학교의 수업료가 치솟게 만든다. 그래서 바버라가 자녀를 좋은 학교에 보내려면 엄청난 학비를 부담해야 한다.

미국 모델에서 빈곤층은 물론 바버라와 같은 최상위 부자 밑의 계층이 감수해야 하는 손해는 이것만이 아니다. 최상위 부자는 부유하기에 알게 모르게 누리는 혜택이 많고 자기들만의 다양한 모임에서 양질의 정보를 주고받을 수 있다. 결국 그들이 돈 벌 기회를 독점하게 되는데, 그 피해는 고스란히 바버라 같은 그 밑의 계층이 떠안는다. 전문직에 종사하는 바버라 역시 나름대로는 상류층에 속하나 시간이 지날수록 최상위 부자와는 멀어진다. 불평등이 심화되는 것이다. 이런 식의 불평등은 미국 모델에서 우연히 나타나는 측면이 아니라 본질적인 측면이다. 미국 모델에서는 바버라와 같은 엘리트도 온갖 불이익을 감수해야 한다. 바버라의 1인당 GDP 수준이 높다고 하지만 황폐해지는 사회 기반 시설, 교도소 경비원, 경찰관, 민간 경호원처럼 곳곳에 널린 상비군, 점차 심해지는 빈부격차 등에서 기인하는 '악성 GDP'가 그녀의 삶에 장애물로 작용한다. 악화가 양화를 구축(驅逐)하듯이 바버라가 미국에서 쌓아올린 '악성 GDP'는 이사벨이 사회민주주의 사회에서 누리는 '양성 GDP' 또는 '즐거운 GDP'를 구축한다.

도박이냐 장시간 노동이냐

더 안 좋은 것은 미국의 GDP가 월스트리트의 다양한 금융업, 각종 투기업 등의 도박에서 창출되고 있다는 점이다. 부동산은 물론 주식, 원자재, 파생 상품 등의 시장에서 어떤 일이 벌어지는지 잠시 생각해 보면 충분히 짐작이 갈 것이다.

시카고나 뉴욕 같은 대도시조차 사실상 지역 경제라고 할 게 없다. 금융이라는 그럴듯한 이름으로 돈 놓고 돈 먹기 하는 도박이 벌어질 뿐이다. 설상가상으로 구제금융 덕분에 이런 도박은 오히려 판이 더 커졌다. 사실 미국의 은행은 '실물' 경제에 자금을 수혈하는 일보다 서로 돈을 주고받으며 이자 수익을 올리는 일에 힘을 더 쏟는다. 시카고와 뉴욕이라는 미국 최대의 두 도시는 GDP 산출이라는 면에서 볼 때 기본적으로 한탕 크게 벌려 많은 돈을 벌기 위해서만 존재한다. 50년 전 미국에서 거대한 투전판이 벌어지는 곳은 뉴욕뿐이었다. 그러나 메이저리그에서 조 디마지오(Joe DiMaggio)가 활약하던 그때에도 지역 경제가 아직 남아 있어서 금융업 이외에도 뉴욕에서 할 수 있는 일이 많았다.

이렇게 도박이 판치는 현실이 미국 사회의 도덕성에 미치는 영향은 여기서 생각하지 않겠다. 그건 도박 지향적이고 부패한 정치인을 지지하는 기독교 우파에게 맡기면 될 일이다. 문제는 이런 현실이 바버라에게 어떤 영향을 미치는가이다. 바버라는 도박판 한가운데 있지만 도박에 끼어들 밑천도 그리고 싶은 생각도 전혀 없을 수 있다. 그렇다면 그녀가 도박 말고 돈을 벌기 위해 할 수 있는 일은 무엇일까? 더 오래 일하는 것밖에는 뾰족한 수가 없다. 장시간 노동은 도박 다음으로 미국인의 1인당 GDP를 끌어올리는 공신이다. 그러다 보니 미국의 산업은 생산성의 우위를 상실하고 말았다. 생산성이나 노동시간당 GDP를 보면 미국과 유럽 각국은 대체로 엇비슷한 수준이다.

2007년 노동시간당 GDP

미국	독일	덴마크	프랑스	네덜란드
100	95	85	99	100

출처: EPI/OECD

그러나 나는 실제로는 이 표에 실린 유럽 4개국보다 미국의 노동시간당 GDP가 더 높다고 단언할 수 있다. 전문가도 잘 모르는 사실을 어떻게 그렇게 잘 아느냐고? 간단하다. 내가 노동 변호사이기 때문이다. 미국에는 하는 일 없이 시간만 때우는 '월급 도둑'도 있지만, 월마트 같은 곳에서 잔업을 밥 먹듯 하며 일하는 사람들이 많아 노동시간이 누적적으로 과소 계산되고 있는 현실을 그 어떤 전문가보다 줄줄 꿰고 있다. 위의 표에는 미국의 현실이 제대로 반영되어 있지 않다.

반면에 독일 등 유럽 각국의 현실 역시 정반대의 의미에서 제대로 반영되어 있지 않다. 예컨대 독일인들은 일찍 일을 마친다. 따라서 이 표에는 노동시간이 과대 계산되어 있는 셈이다. 설령 내가 틀렸다 해도 이 표는 바버라의 1인당 GDP가 장시간 노동 덕분에 올라간다는 사실, 그녀가 농노와도 같은 삶을 살아간다는 사실을 여실히 보여 준다는 데에는 변함이 없다. 적어도 2008년 금융 위기 전까지는 그랬을 것이다.

현 오바마 행정부에서 일하는 민간 부문 경제학자가 얼마 전 내게 이런 말을 했다. "지금도 미국의 전년도 동월 대비 평균 소득이 상승했다는 식의 이야기를 들으면 화가 나서 참을 수가 없어요. 왜냐하면 2년쯤 지나 그 수치의 흐름을 보면 모두 소득 상위 1퍼센트 계층에게나 해당될 게 분명하니까요." 그의 말은 옳았다. 워싱턴 D.C.의 경제정책연구소(EPI, Economic Policy Institute)가 주기적으로 업데이트하는 「미국의 노동 현황(State of Working America)」을 연도별로 쭉 훑어보면 미국에서도 가족 전체 소득은 상승했다. 분명히 그렇다! 하지만 시간당 소득이 상승해서 이런 결과가 나온 것이 아니다. 일하는 시간이 늘었거나 일하는 가족의 수가 늘어난 데서 그 원인을 찾을 수 있다.

최악의 상황을 가정해서 바버라가 싱글맘이라고 해 보자. 그녀는 자식과 함께 먹고살기 위해 더 오래 일하느냐 아니면 도박에 가까운 주식 투자에 뛰어드느냐, 둘 중 하나를 선택할 수밖에 없다.

물론 다른 요인 때문에도 바버라는 더 오랜 시간을 일에 매달려야 한다. 노동시간에 관한 사회계약이 존재하지 않는 현실에서 연장 노동을 거부하면 언제 해고의 칼날이 닥칠지 모른다. 린다 벨(Linda Bell)이나 리처드 프리먼(Richard Freeman) 등의 노동경제학자는 「열심히 일하도록 만드는 유인(The Incentive for Working Hard)」(컨퍼런스보드, 2001년 5월)에서 이런 사실을 바탕으로 유럽인과 달리 미국인이 장시간 노동을 '선택'하는 이유를 설명한다.

바버라는 연장 노동을 하지 않으면 곧바로 일자리를 잃을 것이다. 아무리 긴 연장 노동도 마다하지 않는 사람들이 곳곳에 널려 있기 때문이다. 누가 맥도널드 지점에서 힘이 셀까? 일하는 시간을 배분하는 사람이다. 대기업도 사정은 마찬가지이다. 전기톱 앨(Chainsaw Al)*이 주변을 어슬렁거리지 않아도 언제나 그의 존재가 느껴진다. 실험실의 생쥐처럼 언제 그 톱날에 잘려 나갈지 모른다. 이사벨도 고생고생하며 일자리를 찾기는 마찬가지이지만 속수무책으로 해고될 위험은 적다. 그러나 바버라는 늘 해고되지 않을까 하는 불안에 떨며 살아가야 한다.

이 대목에서 현실의 바버라라고 할 내 의뢰인 조앤(Joan)이 생각난다. 지금은 47세 정도 되었을 그녀는 중간 관리자로 일하다 인정사정없는 '인력 감축', 혹은 '구조 조정' 때문에 무려 네 차례나 해고되는 불우한 일을 겪었다. 해고당할 때마다 장시간 노동을 하지 않으면 무자비한 해고의 칼날 앞에 목을 내밀어야 한다는 것을 절실히 깨달았다. 조앤은 결국 직장 생활을 단념하고 시카고 남부 어딘가에서 농사를 지으며 살아간다.

"정해진 시간보다 몇 시간만 더 하면 몸은 힘들어도 마음은 편하겠지,

---

* 미국의 기업 구조 조정 전문가인 앨 던랩의 별명이다. 던랩은 1994년 스코트제지의 CEO로 취임해 2년 동안 1만1000명의 근로자를 해고하는 등 대대적인 구조 조정을 단행했다.

뭐." 바버라 같은 수백만 명의 사람들이 이런 식으로 조금씩 시간을 늘려 일하다 보면 괜한 경쟁심만 불붙어 결국에는 한 사람도 예외 없이 노동시간이 늘게 된다. 지금은 연간 노동시간이 2300시간이지만 언제 2400시간이 될지 모른다. 그러나 이것을 사회적으로 중단시킬 방법이 없다.

반면 유럽에서는 노동시간이 단체교섭이나 노사협의회를 통해 집단적으로 결정된다. 이사벨도 인원 감축 대상자에 포함될 수 있다. 그러나 세 번 네 번 반복되지는 않는다. 게다가 좋든 싫든 간에 노동시간을 실질적으로 제한하는 노동계약법의 적용을 받는다. 이사벨에게는 연장 노동을 할 이유가 전혀 없다. 나아가 바버라는 비슷한 처지의 사람들을 따라 일확천금을 노리며 주식 투자 등에 뛰어들 가능성이 높지만 이사벨은 그럴 필요가 전혀 없다. 주식시장은 기업을 인원 감축의 길로 내몬다. 50년 전만 해도 있을 수 없는 일이었지만 이제는 금융업에 종사하는 사람들이 생산을 책임진 사람들의 목줄을 쥐고 흔든다. 그러나 유럽에는 이사벨 같은 사람들을 보호하는 노동운동이 존재할뿐더러 특정 기업 내에도 실질적인 힘의 균형이 존재한다. 노동자 대 금융인, 경영자 대 주주, 옛날식으로 말하면 시카고 대 뉴욕 등 뭐라고 부르든 간에.

미국은 어떤가? 뉴욕 일색이다. 시카고조차 뉴욕의 아류라고 할 정도이다. 금융인은 시장에서 단기 실적을 높이려는 욕심으로 끊임없이 비용 절감을 추구한다. 이는 바버라 같은 사람들이 장시간 노동을 해 봤자 일종의 '거짓' 생산성만 높일 뿐 실질적인 생산성에는 아무런 득이 되지 않음을 의미한다. 다시 말해서 장시간 노동은 겉보기에는 기업의 생산성을 높이는 것 같지만, 반대로 산출물의 질적 하락을 초래해서 안 하느니만 못한 결과를 낳는다.

신문 산업을 예로 들자면, 나름대로 적시의 적절한 정리 해고로 생산성을 높이려고 했지만 기사의 양과 질 역시 떨어져 곤욕을 치른 신문사가 적지 않았다. 『뉴욕 타임스』 경제 전문 기자인 루이스 우치텔(Louis Uchitelle)이 『처분 가능한 미국인(The Disposable American)』에서 밝혔듯이 이런 제 살 파먹기 식 정리 해고는 기업이 망하는 날까지 계속된다. 기업이 텅 비어 갈수록 바빠도 텅 비어 간다. 물론 빠져나갈 길은 있다. 새벽 5시에 일어나서 출근 준비를 하기 전까지 열심히 데이 트레이딩을 하면 된다.

진짜 소비 천국은 유럽

붉행히도 미국의 경우 노동시간이 늘어날수록 GDP도 가파르게 상승하는 경향을 보인다. 왜냐고? 요리할 시간을 낼 수 없으니까 외식을 해야 하고, 화장실 청소할 짬을 낼 수 없어서 청소 도우미를 불러야 한다. 고장 나면 수리할 여유가 없는 탓에 얼마 쓰지 않은 물건도 그냥 버려야 한다.

유럽인의 눈에는 주말 밤에 미국인 가족이 맥도널드에서 외식하는 광경이 그야말로 충격으로 비친다. 호경기 시절 식구 네 명 중 세 명이 1년에 2300시간 일하는 집은 운이 좋다고 동네방네 자랑하고 다녔을 것이다. 하지만 그로 인해 쇼핑, 요리, 청소조차 제대로 하기 힘들다. 맥도널드에서 햄버거 한 조각 사 먹을 여유도 없다. 이제 사람들은 주유소에서 주유하는 동안에 끼니를 때운다. 콜라를 더 많이 마실수록 1인당 GDP는 콜라의 거품처럼 부풀어 오른다. 돈 쓸 시간은 줄어들었는데도 나가는 돈은 눈덩이처럼 불어난다.

이런 것은 '소비' 욕구라기보다는 '생산' 욕구에 가깝다. 집에서 일하기 위해, 즉 늦은 밤이나 주말에도 쉴 새 없이 일하려고 컴퓨터를 산다. 오래 일하려면 체력이 따라야 하므로 집에 운동기구를 들여놓는다. 일하는 동안 어린 자식을 돌봐 줄 보모를 부른다. 이런 것은 모두 더 오랜 시간 일하려는 '욕구'의 충족에 초점이 맞춰져 있다. 바버라는 물건을 살 때마다 "이것이 일하는 데 얼마나 도움이 될까?"라고 스스로 물을 것이다. 물론 이사벨 역시 열심히 일해야 한다. 하지만 1년에 400시간씩 연장 노동을 할 필요는 없다. '전기톱 앨'의 무자비한 인력 감축의 톱날로부터도 안전하다. 자기 관리를 위해 돈을 퍼붓지 않아도 된다.

나이를 먹는 것이 이사벨에게는 자연스러운 일로 여겨지지만, 바버라에게는 노동 가치의 하락으로 받아들여진다. '인적 자본'이라는 말을 놓고 볼 때 이사벨은 '인간'이라는 측면이 강하지만 바버라는 '자본'이라는 측면이 강하다.

무엇보다 미국인이 진짜 열심히 투자하는 것은 자기 몸이다. 성형수술로 콧날을 세우거나 보톡스 주사를 맞는 주요 목적은 외모를 젊거나 섹시해 보이게 만들어 이성을 유혹하는 데 있기보다는 구조 조정 대상자에서 빠지는 데 있다. 비웃을 이도 있을 테지만 의외로 효과가 있다. 그래서 바버라도 남모르게 성형수술을 잡아놓았다. 『동물농장(Animal Farm)』의 복서(Boxer)처럼 우직하고 성실하게 일했으나 쓸모없다는 이유로 버려지기를 바라는 사람은 없을 것이다. 홀푸즈에서 유기농 귀리를 우적우적 씹어 먹는 사람들을 볼 때면 왜 『동물농장』이 생각나는 걸까?

어찌 보면 미국은 유럽과 달리 소비 천국이 아니다.

"말도 안 돼. 미국인의 문제는 지나치게 많이 소비한다는 것 아냐?"

맞는 말이기는 하다. 하지만 더 중요한 문제는 소비자로서의 선택이다. 바버라는 고작해야 홀푸즈 같은 곳에 가서 이것저것 물건을 고른다. 이에 비해 바다 건너 유럽의 이사벨은 더 넓은 차원에서 더 많은 것을 선택할 수 있다.

첫째, 이사벨은 정부 보조금을 받는 콘서트나 수영장 등 공공재나 집합재를 더 많이 선택한다.

둘째, 이사벨은 소비하지 않는 것도 선택할 수 있다. 이것은 미국에서는 아무도 누리지 못하는 자유라고 할 수 있다. 예를 들어 바버라와 달리 이사벨은 이사를 계속 다니거나 새집에 돈을 쏟지 않아도 된다.

셋째, 이사벨에게는 소비할 시간이 있다. 소비를 하려면 어느 정도 한가한 시간이 있어야 한다. 그런 의미에서 미국인은 유럽인에 비해 무기력하기 짝이 없다. 사유재를 원하기는 하지만 '완전히' 소비할 시간이 없는 것이다. 미국인 가운데는 보트를 사 놓고 부두에 처박아 놓는 사람이 부지기수이다. 기껏 스페인의 휴양지 마요르카까지 가서는 이틀만 있다 오는 일도 흔하다. 뭔가를 시작하지만 시간이 없어 끝까지 못한다. 이럴 때마다 자신에게 화를 내며 뭔가를 또 잔뜩 산다. 물론 이렇게 시간이 없어 소비하지 못하는 것도 모두 GDP에 꼬박꼬박 계산된다.

여담이지만 나는 책을 읽을 정신적, 시간적 여유가 없을 때면 일부러라도 두툼한 책을 사는 게 더 합리적이라고 생각한다. 90쪽짜리 책을 사서 읽지 않고 내버려 둘 바에야, 영국의 역사학자 토니 주트(Tony Judt)의 900쪽짜리 두툼한 책 『포스트워 1945~2005(Postwar)』를 사 놓고 내버려 두는 게 낫지 않은가? 어떤 책도 마음 편히 읽을 여유가 없기 때문에 차라리 GDP를 더 많이 상승시키는 책을 사는 게 낫다고 생각하는 것이다. 아무것도, 심지어 책조차 제대로 소비할 수 없다는 무력감이 강해질수록 나는 차라리 힘이 더 들더라도 책을 쓰고 싶은 마음이 든다. 적어도 그 시간에는 정말로 일하고 있다고 자신을 달랠 수 있으니까.

소비라는 면에서 보면 이사벨은 바버라보다 훨씬 처지가 낫다. 바버라에 비해 생산 욕구는 강하지 않지만 소비 욕구를 달래 줄 시간은 충분하다. 바버라는 홀푸즈에 장보러 가면 살 만한 게 널려 있다.(이사벨은 유럽의 유명한 노천 시장에서 장을 볼 수도 있다.) 하지만 솔직히 말해서 살 만한 게 너무 많다는 것만큼 지치게 하는 일도 없다. 65개의 유기농 주스가 과연 무슨 소용이 있을까? 정해진 몇 개 중에서 고르는 게 차라리 더 마음 편하지 않을까? 더구나 미국인은 장시간 노동에 시달리느라 시간에 쫓기므로 고를 게 많다 해도 그림의 떡에 지나지 않는다. 정신 차리기 힘들 정도로 선택할 게 많고 복잡해지면 선택의 즐거움은 반감되고 만다. 마치 미국 경제가 우리를 놀리는 듯하다. "창문 안쪽을 들여다봐. 얼마나 살 게 많아?" 하지만 안에 들어갈 시간적 여유가 있는 사람이 얼마나 되겠는가?

유럽의 이사벨은 시간 여유가 충분하다. 무엇을 사든 애정을 갖고 따져 가며 사기 때문에 그 가치가 배가된다. 바버라의 1인당 GDP와 이사벨의 1인당 GDP를 나란히 그래프로 그려 보자. 이사벨의 1인당 GDP에 여가나 자유의 가치를 덧붙이면 어떻게 될까?

내가 말하고자 하는 핵심은 이렇다. 물질적 욕구가 충족되면 자유롭게 활용 가능한 시간의 가치는 더 커지기 마련이다. 반면에 물질적 욕구가 충족되지 못하면 자유는 아무런 가치가 없다. 바버라는 빚더미 위에 올라 있다. 따라서 여가를 즐기는 금쪽같은 일분일초는 모두 기회비용을 발생시킨다. 그 시간에 빚을 갚기 위해 돈을 벌어야 하기 때문이다. 하지만 이사벨은 전혀 그렇지 않다. 사회민주주의에서는 연금, 의료보험, 교육 등 모든 기본적인 물질적 욕구가 충족된다. 당연히 일정 수준 이상의 연장 노동은 삶의 질을 낮추는 것으로 간주된다. 결국 바버라의 1인당 GDP가 높은 것이 도리어 바버라의 삶의 질이 이사벨에 견주면 얼마나 낮은가를 보여 주는 척도가 될 수도 있다.

자유나 여가는 매우 중요하지만 밀턴 프리드먼(Milton Friedman) 같은 경제학자가 우리의 눈과 귀를 가리는 탓에 그 가치가 제대로 인식되지 못하고 있어 안타까울 따름이다.

프리드먼 자신은 『선택할 자유(Free to choose)』 같은 자유지상주의를 강조하는 논문을 집필할 당시에 벌써 바버라와 이사벨 중 누가 더 잘 사는지 절반쯤은 알고 있었을 것이다. 사실 그의 개인적인 삶과 사상은 정반대이다. 그는 종신직 교수로서 바버라가 아닌 이사벨과 비슷한 삶을 살았다. 평생 교수 자리를 보장받으며 1년에 3개월씩 휴가를 즐겼고 교직원 연금도 받았다. 이사벨의 기준에 비춰 보더라도 참으로 안락한 삶이었다. 소리 높여 '선택할 자유'를 외친 사람답게 프리드먼은 사회민주주의 국가의 유럽인처럼 살아가는 것을 선택했던 셈이다. 미국인 모두가 프리드먼처럼 여유와 자유를 누리며 살아가면 얼마나 좋겠는가?

프리드먼은 자유로웠다. 정부로부터는 물론 학계로부터도 자유로웠고 생계 걱정으로부터도 자유로웠다. 시장의 횡포에서 안전했던 그는 불쌍한 바버라로서는 도저히 꿈꾸지 못할 자유를 한껏 누리며 살아갔다.

국가가 책임지는 유럽, 개인이 책임지는 미국

이사벨은 바버라보다 소비자로서 더 나은 삶을 사는데 그 이유를 정리하면 이렇다. 첫째, 세금을 많이 낸다. 둘째, 국가가 그녀의 지출을 관리해 준다. 이사벨은 바버라보다 세금을 더 많이 내기 때문에 돈을 더 아낄 수 있다. 역설적으로 들리겠지만 사실이다. 유럽식 사회민주주의는 일정한 방식으로 개인의 소비지출 방향을 안내한다. 국가는 이사벨에게서 세금을 거둬들인 후 그녀가 정말로 필요한 것을 제공하는 데 사용한다. 국가는 이사벨을 위해 무엇을 '구입'해 줄까?

퇴직연금

의료보험

교육

대중교통

보육

국가는 이사벨에게 이런 공공재를 대량으로, 그리고 대단히 효율적인 방식으로 구입해 준다. 세금을 내면 상당 부분 걱정이 덜어지므로, 이사벨은 남은 돈을 여유 있게 쓸 수 있다.

이와 대조적으로 바버라는 이것들을 자기 돈으로 직접 사야 한다. 국가가 이사벨에게 싼값에 효율적으로 구입해 주는 것을 바버라는 혼자 힘으로 구입해야 하는 것이다. 그녀는 다른 선택의 여지가 없으니 싼값으로 구입하려고 시도할 것이다. 하지만 그게 어디 쉬운 일이겠는가? 정말로 공공재다운 공공재를 구입하려면 추가 지출을 부담해야 한다. 게다가 구매 지침도 없으므로 실수해서 엉뚱한 곳에 돈을 쓸 수도 있다. 그러다 마침내 공공재 구입에 지출할 돈이 충분하지 않다는 사실을 깨닫고는 밖으로 뛰쳐나가 자신을 위로하기 위해 그다지 필요하지 않은 최신 도요타 자동차를 구입할 수도 있다. 그래서 부채 상태는 점점 더 악화된다. 그녀는 이렇게 생각할지도 모른다. "지금 가진 돈으로는 어머니의 요양 보험료를 도저히 감당할 수 없을 것 같아. 그러면 차라리 집을 한 층 더 올리는 게 낫지 않을까?"

현재 미국의 상황은 존 케네스 갤브레이스(John Kenneth Galbraith)가 말했던 것과는 사뭇 다른 방향으로 전개되는 중이다. 그는 1950년대에 높은 세율을 옹호했는데 '민간' 부문의 풍요와 '공공' 부문의 빈곤을 목격했기 때문이다. 예컨대 개인 집 안마당은 잘 가꿔져 있지만, 공원은 온갖 쓰레기로 뒤덮여 있기 일쑤였다. 갤브레이스는 이런 격차를 메우려면 세금을 더 걷어야 한다고 믿었다.

이것은 지금도 맞는 말이다. 최상류층 언저리에 있는 사람들마저 스스로 풍요롭지 못하다고 느끼는 지금 '민간' 부문이 진짜로 풍요로워지기 위해서는 세금을 더 걷어야 한다. 또 바버라와 비슷한 처지의 사람들이 공통으로 느끼는 공공 부문에 대한 지출 부담을 덜어 주기 위해서도 세율을 높여야 한다. 세율이 올라가고 세금이 더 걷히면 어떻게 될까? 합리적인 수준의 교육비로 자식을 좋은 학교에 보낼 수 있다. 의료보험의 전면적인 시행도 가능하다. 보육 문제도 해결할 수 있다. 갤브레이스로 대표되는 1950년대의 뉴딜주의자들이 당연한 정책 목표로 생각했던 많은 것들이 실현될 것이다.

세율을 높여 공공재의 생산과 소비를 확대시키는 경우에도 문제는 있다. 유럽 여러 나라가 그러듯 GDP가 떨어질 수 있다는 것이다. 공공재를 싼값에 이용할 수 있게 되면 사유재에 대한 선호도가 급속도로 감소하기 때문이다. 다른 대학이 모두 수업료를 무료로 한다면 베닝턴대학교만 연간 5만 달러에 달하는 등록금을 고집할 수는 없다. 부모 역시 자식을 대학교에 보내기 위해 장시간 노동에 시달릴 필요가 없을 것이다.

유럽의 이사벨이 누리는 또 다른 혜택

지금까지 사회민주주의 국가의 이사벨은 저축하며 여유롭게 살아가는데, 미국의 바버라는 명목상의 1인당 GDP만 높을 뿐 늘 빚더미에 깔려 허덕이는 이유에 대해서 이야기했다. 이사벨이 실질적으로 더 잘 사는 이유는 이 밖에도 더 있다.

일자리

이사벨과 바버라처럼 최상류층 근처에 있는 사람들을 보자. 이사벨은 대졸자로서 학력에 걸맞은 일자리를 일단 얻기만 하면 해고되어 실업자가 될 가능성이 아무래도 바버라보다 적다.

물론 다음 표에 나오듯 2008년 금융 위기 이전에는 미국 대학교 졸업자의 실업률이 명목상으로는 세계 평균을 약간 밑돌았다.

2006년 대졸자 실업률
(단위: 퍼센트)

미국	독일	덴마크	프랑스	네덜란드
2.5	5.5	3.7	7.0	2.8

출처: 국제노동기구(ILO)

금융 위기 이후에는 이런 근소한 우위조차 유럽에 빼앗겼을 듯하다. 독일 등 유럽의 대졸자 실업률이 더 떨어졌을 것으로 전망되기 때문이다. 그런데 이 표만으로는 미국과 유럽의 대학교 졸업자가 어떤 유형의 일자리를 더 선호하고 덜 선호하기에 이런 수치가 나왔는지 알 수 없다. 자발적 실업자도 무시할 수 없기 때문이다.

1994년에 미국 노동부는 미국 대학교 졸업자가 과연 학력 수준에 어울리는 일자리를 갖고 있는지 조사했다.(첫, 이 조사는 두 번 다시 실시되지 않았다.) 지금도 온라인으로 확인할 수 있는 이 조사 결과는 미국 모델의 감추고 싶은 비밀을 노출시켰다. 다시 말해서 미국 4년제 대학 졸업자의 '실질' 실업률이 적어도 20퍼센트에 달한다는 사실이 드러난 것이다. 이것은 4년제 대학교 졸업자 다섯 명 중 한 명꼴로 노동부가 말하는 '고등학교 졸업자 수준의 직업'에 종사하고 있음을 의미한다. 이를테면 도서관학 석사학위를 취득해 사서가 되고 싶어 했던 매리언은 헬스클럽에서 스포츠 마사지사로 일하고 있다. 제기랄! 내 주변의 20대 청년 가운데 이런 사람은 쌔고 쌨다. 근 20년 동안 후속 조사가 이루어지지 않은 데서 알 수 있듯이 미국 대학교 졸업자의 실질 실업률은 은폐되고 있다. 노동부로서는 조사해 봤자 긁어 부스럼 아니겠는가?

게다가 노동부는 자동차 펜더 수리 비용을 계산하는 '저급 손해사정인'을 '대학교 졸업자가 할 만한 일'의 목록에 올려놓았다. 겨우 이런 일자리나 얻으라고 대학생을 학자금 대출의 늪에 몰아넣는 것은 일종의 사기라는 생각밖에 들지 않는다.

그렇다면 유럽의 대졸자가 저급 손해사정인이나 스포츠 마사지사를 하지 않는다는 보장이 있는가? 적어도 독일에서는 대학교 졸업자가 크레인 운전기사나 일용직 철공 등 블루칼라 직업에 종사하지 않는다. 뒤에서 자세히 이야기하겠지만 어릴 때부터 직업 교육과 진학 교육을 분리시키는 듀얼 트랙 시스템 덕분이다. 하지만 미국에서는 대학교 졸업자라 해도 그런 일을 하는 사람을 얼마든지 찾을 수 있다. 굳이 노동부의 1994년 조사 결과를 들여다보지 않더라도 대학교 졸업장을 가진 일용직 노동자를 나는 숱하게 만났다.

결국 미국의 학사 학위 소유자에게 어울리는 일자리를 짝짓는다면 그들의 '진짜' 실업률은 앞에 나온 표의 2.5퍼센트가 아니라 22.5퍼센트가 되거나 이보다 훨씬 더 높아야 마땅하다.

내가 너무 미국 모델을 폄하하는 것은 아닌가?

"그래. 당신은 너무 미국 모델을 깎아내리는 것 같아. 유럽인의 대학 진학률은 미국인에 비하면 한참 낮으니까 이사벨이 일자리를 얻기가 쉬운 것 아니겠어?"

우드스탁 페스티벌이 열렸던 1969년경에는 이런 말이 그럴듯하게 들렸을지 모르지만 지금은 전혀 그렇지 않다.

25세~34세 성인의 2년제 이상 대학 학위 보유자 비율 (단위: 퍼센트)

미국	독일	덴마크	프랑스	네덜란드
39	22	41	41	36

출처: OECD

  학사 학위가 없어도 최첨단 기술을 배울 수 있는 듀얼 트랙 시스템이 강력하게 유지되는 독일만 직업 전선에 뛰어드는 연령대의 성인 중 학사 학위 보유자 비율이 예외적으로 낮을 뿐이다. 대부분의 유럽 나라는 미국과 학사 학위 보유자 비율이 비슷하며 프랑스나 덴마크 등은 미국보다 더 높다.

  여기서 하나 더 생각해 봐야 할 게 있다. 널리 알려진 대로 프랑스의 실업률은 약간 높다. 이것은 어찌 보면 이사벨이 사회민주주의의 안전망을 믿고 일자리를 까다롭게 고른다는 사실을 보여 준다. 앞에서 블룸즈버리 유형이라고 말한 직업에 안착할 때까지 그녀는 취업을 미룰 수 있다. 케인스가 말한 "손자 세대의 경제적 가능성"이 실현될 때 보통 사람도 갖게 될 그런 직업 말이다. 앞에서도 말했지만 케인스는 「우리 손자 세대의 경제적 가능성」이라는 에세이에서 그 당시의 속도로 자본 투자가 지속되면 50년쯤 후에는 "우리" 중 어느 누구도 일할 필요가 없게 될 것이라고 주장했다. 블룸즈버리 그룹의 일원이던 리튼 스트레이치(Lytton Strachey)나 버지니아 울프(Virginia Woolf)처럼 누구나 월요일 오후 나절에 한가롭게 담배를 피우며 『미들마치(Middlemarch)』를 읽으며 생활하게 되리라고 전망했다.

  케인스는 글로벌 금융 위기와 함께 다시 주목을 받는 것 같지만, 이 에세이는 여전히 혹평을 면치 못하고 있다. 하지만 나는 케인스를 변호하고 싶다. 그가 정말 바랐던 것은 우리가 작가나 비평가 같은 고도의 지적 능력이 요구되는 직업을 갖는 것이었지, 스트레이치나 울프처럼 돈 걱정 없이 유유자적하게 사는 것이 아니었다고 생각한다. 케인스는 워싱턴 D.C.의 독일 대사관에 근무하는 노동 주재관이 시카고를 방문해서 연설한 내용을 자기 책에 인용했다. "일의 양은 점점 더 줄이되 그 내용은 점점 더 알차게 만드는 것이 우리의 목표입니다." 언젠가는 향과 맛을 음미하며 보르도 와인을 마시듯이 보람과 재미를 누리며 일할 날이 올 수도 있을 것이다.

자, 바버라나 이사벨 중 누가 더 삶의 질이 높을까? 유럽과 미국 중 블룸즈버리 유형의 직업을 얻기 쉬운 곳은 어디일까? 이런 물음이 시험 문제로 나온다면 당연히 유럽의 사회민주주의 국가가 정답이다. 그 근거를 몇 가지 살펴보자.

공공 부문 종사자 | 미국에서 공무원은 놀림감이다. 게다가 월스트리트발 금융 위기 이후 공공 부문의 안정성은 날로 추락하고 있다. 공공 부문에서 일상적으로 벌어지는 해고 사태의 파급 효과로 수많은 민간 부문의 일자리까지 사라졌다. 그러나 유럽, 그중에서도 프랑스처럼 중앙정부가 강력한 사회민주주의 국가에서 공무원은 인기 있는 직업이다. 학력이 높고 똑똑한 젊은이들이 공무원이 되려고 안달한다.

그 이유로는 첫째, 유럽의 공공 부문 종사자는 최소한 연금이 보장된다는 것이다. 미국의 경우에는 연금의 앞날이 불확실하다.

둘째, 유럽에서는 이 순간에도 '재미와 보람을 함께 느낄' 갖가지 공공 부문의 일자리가 창출되고 있다. EU에 어떤 고급 일자리가 생겼는지 한

번 유심히 보라. 기존 중앙정부를 위한 일자리와 더불어 28개 회원국이 모인 EU의 업무를 처리할 일자리가 신설되는 중이다 따라서 이사벨은 바버라에 비해 외교, 행정, 사법 등의 분야에서 일자리를 얻을 기회가 더 많다. 한 가지만 보자. EU에 가입하면 나라의 규모와 상관없이 회원국끼리는 서로 대사나 영사, 외교 직원을 파견해야 한다. 이사벨이 덴마크처럼 규모가 작은 나라에 태어났다면 주중 덴마크 대사가 될 가능성이 바버라보다 높지 않겠는가? 덴마크 정부는 누군가를 베이징에 보내야 하는 만큼 이사벨이 뽑히지 말란 법이 어디 있겠는가?

미국에도 50개 주가 있다. 따라서 바버라는 노스다코타 주나 알래스카 주 상원의원이 될 수도 있고 운이 좋다면 주지사도 될 수 있다. 하지만 어떻게 따지든 이사벨은 상수도나 하수도 담당자로 일할 기회보다는 중국 대사가 될 기회가 바버라보다 더 많다. 불공평해 보일 수도 있으나, 미국과 달리 국가의 힘이 강한 곳에서는 공공 부문에 블룸즈버리 유형의 일자리가 더 풍부한 것이 사실이다.

뭐, 미국에도 공공 부문 일자리가 아주 없는 것은 아니다. 이를테면 교도소 경비원 자리 같은 것은 미국이 유럽보다 월등히 많다. 그러나 유럽인은 문화의 영역, 특히 고급문화의 영역에서 일자리를 얻을 가능성이 높다. 나이지리아의 라고스가 아니라 조지아 주 애틀랜타의 괴테협회에서 일하는 독일인을 생각해 보라. 가끔 이곳 시카고까지 파견 근무를 나오는 독일 공무원이 생각난다. 그들은 시카고 시내의 근사한 식당에서 화이트 와인을 곁들인 점심 식사를 하고, 밤이면 블루스를 감상하러 돌아다닌다.

이것이 사회계약이고 유럽식 거래이다. 이사벨처럼 부유한 사람들은 공적 연금, 무료 의료보험이 원활히 굴러갈 수 있도록 많은 세금을 납부하고 그 아래 계층의 다수의 유럽인은 이사벨이 오페라를 관람하는 비용을 얼마간 보조해 준다.

말하자면 이런 논리이다. "당신이 여가를 즐겁게 보내게 해 줄 테니 당신도 우리가 여가를 즐겁게 보낼 수 있게 해 줘." 독일 금속노동조합의 조합원은 오페라를 관람하고 사회 엘리트층은 헤비메탈이나 록 음악 공연을 감상하는 데에도 다 논리적 근거가 있다. 유럽에서는 결국 사회 구성원 모두 자기가 원하는 유형의 사회정의를 누리는 셈이다.

경제사학자 니얼 퍼거슨(Niall Ferguson)은 이렇게 묻는다. "사람들은 왜 자기가 하고 싶은 것에 자기 돈을 쓰는 대신 서로 교차 보조하는 것일까?" 이론적으로 볼 때 이 스코틀랜드 경제사학자에게 교차 보조란 말이 안 되는 일이다. 그러나 그것은 일종의 방위조약과 같이 사람들을 하나로 결속한다.

 미국인은 세금을 적게 내기 때문에 창의적이고 보람 있는 일자리에 굶주려 있다. 물론 민간 부문에서 많은 지원을 받지만 최소한 이곳 시카고에서는 일회성 행사나 미술관 증축 같은 데 기부금이 주로 쓰이는 바람에 지속적인 일자리 창출에 별 보탬이 되지 않는다.

 괴테협회에서 독일어를 가르치던 금발의 젊은 여자 선생이 생각난다. 그녀는 디자인 계통의 직업이 있었고 돈을 꽤 잘 벌었으나 밤에 독일어를 가르쳤다. 강좌가 절반 정도 진행된 후 왜 굳이 독일어를 가르치는지 이유를 알았다. 그녀는 과거에 베를린에서 교사였다. 이제는 미국인과 결혼하여 시카고에 정착했는데, 차츰 경험을 더 쌓으면 공립학교 교사가 될 수 있으리라 생각했던 것이다. 하지만 실상을 알아보고는 기겁했단다. "첫 연봉이 겨우 2만 7000달러밖에 안 되더라고요!" 그때가 1990년이었다. 공산주의 사회에서 성장한 그녀도 미국에서 교사는 박봉과 격무에 시달리는 일임을 절실히 깨달은 것이다. 결국 그녀는 아쉽지만 교사가 되기를 포기하고 지금도 괴테협회에서 독일어를 가르치고 있다.

예술가 | 유럽에서 예술가는 일종의 '공무원'이라고 말할 수 있다. 좀 더 자세히 따져 보자. 유럽인은 예술을 공공재로 여기면서 미국인에 비해 훨씬 더 효율적으로 즐긴다. 어디서나 각종 예술이 넘쳐 나고 규모의 경제도 존재한다. 예를 들어 베를린에서는 매일 밤 평균 세 편의 오페라가 공연된다. 다니엘 바렌보임(Daniel Barenboim)이 지휘하는 오페라 공연도 10유로(약 13달러)면 충분하다. 미국에서는 거의 80달러가 될 것이다.

 베를린에서 지내던 어느 날 밤 록밴드를 이끄는 독일인에게 웃으며 이런 말을 했다. "여기서 정부 보조금을 받지 못하는 건 록밴드밖에 없군요."

그는 놀라서 나를 빤히 쳐다보았다. "아니, 그렇지 않은데요."

자기가 이끄는 록밴드도 꾸준히 정부 보조금을 받는다고 했다. "공식적으로 보조금을 받는 것은 아니지만 다른 명목으로 지원금을 받지요. 이를테면 매년 베를린 시 당국은 상금을 내건 록밴드 경연 대회를 후원합니다. 그리고 참가팀 모두가 상을 받아요." 정확히 말하면 보조금이 아니라 상금이지만, 어쨌든 독일의 록밴드는 이 돈으로 생계를 꾸려 간다. 미국으로 따지면 포드재단에서 나오는 돈과 비슷하다.

사회민주주의 사회에서는 록 음악을 하는 예술가조차 사회 안전망 안에서 안심하고 활동할 수 있는 것이다.

대기업 근무자 | 파리에 사는 내 친구 리는 이렇게 말했다. "여기서는 전기공이나 가스공으로 일한다고 해서 기가 죽거나 하지 않아. 하지만 내가 아는 미국인 중에는 자기 직업을 부끄러워하는 사람들이 꽤 있어."

사실 이 말은 옛말이다. 금융 위기를 겪고 난 지금은 미국인도 직업을 가리지 않을 테니. 어쨌거나 그녀가 한 말의 요점은 프랑스에서는 직업의 귀천을 따지지 않는다는 것이다. 프린스턴대학교 졸업생의 절반이 골드만삭스에 입사할 필요는 없지 않은가.

믿기지 않지만 지금도 유럽의 몇몇 '대기업'은 국가가 소유한다. 그래서 이사벨은 구조 조정을 크게 걱정하지 않는다. 강력한 노동조합이 있기 때문이다.

"잠깐, 무슨 말이야? 민영화를 걱정하지 않는다고?" 그렇다. 프랑스 노동자가 거리에서 자주 시위하는 한 관리직인 이사벨도 해고될 위험이 없다.

물론 미국 대기업은 유럽보다 연봉이 더 높다. 엄청나게 더 높을 수도 있다. 그러나 그 높은 연봉 때문에 근육 이상, 신경 장애, 췌장암에 걸려

수명이 단축될 위험도 높다. 1년에 200만 달러를 벌려고 욕심내다 건강을 해칠 수 있음을 생각해 보라.

대기업에서 일하는 한 친구가 내게 이렇게 말한 적이 있다. "내가 연봉으로 200만 달러를 받는다고 해 보자고. 그 연봉을 받으려고 나는 그야말로 온몸이 부서져라 악착같이 일할 거야. 그런데 만약에 500만 달러를 줄 테니 그보다 더 열심히 일하라고 하면 그렇게는 못할 것 같아. 연봉 500만 달러를 받는 사람을 이해할 수 없다니까."

미국의 대기업은 스트레스를 덜 받는다고 하는데 어떤 면에서는 사실이다. 대형 은행을 보라. 이제는 정부의 지원을 받고 있지 않은가?

"사실 옛날식의 진정한 자본주의가 존재하는 곳은 프랑스 같은 사회민주주의 국가라고 해도 과언이 아닙니다."라고 말하는 유럽인도 있다. 유럽의 중앙은행과 납세자는 미국처럼 대규모 구제금융으로 은행가를 살리는 짓 따위는 하지 않는다는 말이다. 하지만 각종 안전망 덕분에 은행이 망할 우려는 약간 덜었다 해도 어마어마한 액수의 연봉 값은 해야 하므로 미국의 은행가들이 받는 스트레스는 여전할 것이다.

진정한 사회민주주의 사회에서는 1년에 500만 달러를 벌 수 없기 때문에 최상류층의 삶도 미국보다 더 건강하다.

자영업자 | 미국에서는 바보나 멍청이 아니면 소기업을 창업하지 않는다. 그래서 통념과는 반대로 미국인은 유럽인에 비해 자영업자나 소상공인이 될 확률이 훨씬 낮다.

"말도 안 돼! 미국인은 기업가 정신이 투철하잖아."

"첨단 산업의 벤처 창업은 어떻게 설명할 거요?"

이렇게 반박할 사람도 분명 있을 것이다. 그러나 경제정책연구센터

(CEPR, Center for Economic and Policy Research)가 2009년 OECD 국가의 자료를 비교해 작성한 보고서에 따르면 미국은 첨단 산업을 비롯한 모든 산업 영역에서 자영업자 비율이 하위권이었다.

2009년 기준 성인 자영업자 비율 (단위: 퍼센트)

미국	독일	덴마크	프랑스	네덜란드
7.2	9.0	8.9	12.0	12.4

출처: CEPR, OECD

이 보고서를 담당한 경제학자 존 슈미트(John Schmitt)와 네이선 레인(Nathan Lane)에 따르면, 미국의 제조업 부문 소기업의 고용 분담률은 최하 수준에 가깝다. 제조업에서 20명 이상의 직원을 고용한 기업은 겨우

11퍼센트에 불과하다. 유럽의 중심 국가들은 제조업 부문 소기업의 고용 분담률이 이보다 더 높다. 독일은 13퍼센트 수준이고 프랑스는 18퍼센트 수준에 달한다. 미국의 많은 기업이 공장을 운영하기 위해 일용 노동자를 고용한다는 사실을 생각하면 이런 통계 수치는 놀라운 것일 수 있다.

나 역시 소기업을 운영하는 '기업가' 중의 한 사람이다. 내 로펌에는 직원이 6명 있다. 이런 규모로 기업을 운영하면 의료보험료가 얼마나 나오는지 아는가? 아마 사무실을 유럽으로 옮기면 부담이 한결 줄 것이다.

사정을 모르는 사람들은 내게 이렇게 말한다. "자기 회사를 운영한다고요? 대단하군요." 그럴 때면 영화 〈카사블랑카(Casablanca)〉가 보고 싶다. 이 영화에서 릭 역의 험프리 보가트(Humphrey Bogart)가 카페를 팔고 경찰서장과 함께 떠나는 장면을 볼 때마다 마음 한구석이 짠해진다. 자유프랑스여단과 함께 싸우러 떠나서가 아니다. 카페를 팔아서이다! 이제 그는 의료보험료를 잊을 수 있겠구나, 월급명세서를 작성할 필요가 없게 되었구나, 하는 생각에 감정이 북받치는 것이다.

나는 그렇다 치고 이사벨은 어떤가? 유럽에는 소기업을 위한 안전망이 촘촘해서 이사벨이 망하지 않고 살아남을 가능성이 좀 더 높다. 그러나 미국에서는 릭처럼 별 손해 없이 사업을 접는 사람이 극히 드물다. 내가 확인한 바로는 2005년 한 해에 미국에서 57만 3000여 개의 소기업이 창업하고 58만 6000여 개의 소기업이 문을 닫았다. 2005년만 해도 경제 사정이 나쁘지 않을 때였다.

소기업 창업이 자살과도 같은데 창업 행렬에 뛰어드는 미국인은 왜 그렇게 많은 것일까? 이유는 간단하다. 대기업 사정이 더 좋지 못한 탓에 사람들이 어쩔 수 없이 소기업 창업의 문을 두드리는 것이다.

그렇다면 유럽의 일자리 사정이 미국보다 훨씬 나은데도 왜 유럽의 똑똑한 젊은이들이 맨해튼은 물론 캠브리지와 팰러앨토에 몰려올까?

위험을 무릅쓰기 좋아하는 알파형 인간은 미국 사회의 고위험 고수익에 매력을 느끼기 때문이다. 미국은 유럽에서 살아가는 게 따분하다고 생각하는 저돌적이고 출세 지향적인 사람들을 빨아들이는 마력 같은 게 있다. 달리 말해서 부와 욕망을 추구하기에 안성맞춤인 곳이다. 미국은 재벌을 꿈꾸는 사람들과 그들의 BMW를 실은 화물차를 얼마든지 받아들일 수 있다. 전 세계의 부 사냥꾼을 빨아들이는 것이다. 그와 동시에 그 먹잇감이 되기에 딱 좋은 사람들도 빨아들인다.

하지만 바로 이런 현상 덕분에 이사벨의 삶의 질이 더 나아질 수 있다. 부 사냥꾼이 미국으로 몰려드는 한 독일과 프랑스는 유화적이고 관대한 삶의 방식이 지배하는 나라가 된다. 이사벨이 더 안전하게 잘 살 수 있는 이유를 알겠는가?

퇴직

우리는 이미 퇴직이라는 개념을 퇴직시켰다. 1950년대의 확정급여형 퇴직연금제도, 즉 고용주가 전액을 부담하는 퇴직연금제도는 이미 사라진 지 오래이다. 이 제도는 미국의 노동조합이 사라지면서 같이 없어졌다. 401(k)나 자발적인 기여형 퇴직연금제도는 누더기 상태이다. 2008년 피델리티 인베스트먼트 사가 운용한 401(k) 퇴직연금보험은 투자액의 28퍼센트를 잃었다. 4분의 1 이상이 사라지고 만 것이다. 이것은 많은 미국인이 전체 퇴직연금의 30~50퍼센트를 허공에 날려 버렸음을 의미한다. 55세 이상의 인구 중 절반은 온갖 퇴직보험에 평균 5만 달러 가까이 넣어 놓고 있었는데, 그중 2만 달러가량이 사라진 것이다.

이제 미국인에게 남은 것은 근로소득의 39퍼센트를 보장해 주는 공적 연금에 바탕을 둔 사회보장제도이다.(이 '평균' 수치는 논란의 여지가 있지만, 41퍼센트를 넘지 않는다.) 2005년 OECD가 조사한 바에 따르면, 공적 연금 가입자의 평균 수급액은 근로소득의 약 67퍼센트였다. 이것은 미국의 평균 수급액 비율 37퍼센트를 포함한 수치이다. 미국을 조사 대상에서 제외했다면 OECD 평균 수급액은 67퍼센트보다 훨씬 높았을 것이다.

미국의 사회보장제도를 굳이 옹호한다면 약간 진보적인 면도 없잖아 있다. 저소득층 노인의 수급액 비율이 더 높을 수 있어서 그렇다. 하지만 401(k)가 망가지는 바람에 사회보장제도에 더욱 의존할 수밖에 없는 바버라와 같은 상위 중산층에게는 반갑지 않은 이야기이다. 자기 몫이 줄어드는데 누가 좋아하겠는가.

"좋아, 하지만 유럽도 사회보장제도를 축소했잖아?" 이렇게 물을 사람이 있을 것이다.

공적 연금 수급액이 근로소득의 50퍼센트를 상회하는 독일을 예로 들자면, 대부분의 독일인은 단체교섭을 통해 복지의 상당 부분을 보완하고 있다. 더구나 빚더미에 올라앉은 미국인과는 달리 독일인은 저축률이 높아 주식시장의 상황에 상관없이 자기 계좌에 꼬박꼬박 저축을 한다. 얼리셔 먼넬(Alicia Munnell) 등 여러 경제학자의 분석이 옳다면 미국인은 퇴직 이후에 근로소득의 67퍼센트를 확보해야 그럭저럭 살아갈 수 있다. 독일에서는 그게 가능하다. 유럽 전역을 둘러봐도 그렇다. 그러나 401(k)에 평균 5만 달러 정도를 넣고 있으면서 공적 연금을 통해 근로소득의 40퍼센트를 보장받는다 해도 이 비율에 다가설 미국인은 찾기 힘들다.

그리고 또 하나, 유럽과 달리 미국에서는 많은 사람들이 빚을 짊어진 채 퇴직을 향해 걸음을 내딛고 있다는 사실을 잊지 말아야 한다. 바버라는 평생 소득의 5분의 1을 은행 빚을 갚는 데 써야 한다. 2007년만 보더라도 미국의 주택 소유자는 세후 가처분소득의 5분의 1을 금융기관에 진 빚의 원금과 이자를 갚는 데 썼다.

반면 이사벨은 빚을 갚느라 허덕일 필요가 없다. 생각이 여기에 미치자 몹시 궁금해졌다. 도대체 유럽인은 퇴직 후 어떻게 살아갈까?

유럽 대부분의 나라도 미국과 마찬가지로 정년퇴직 연령을 몇 년씩 상향 조정했다. 하지만 어쨌거나 유럽인은 최소한 정년에 퇴직할 수 있다. 사실 그들은 공식적인 퇴직 연령이 되기 전에 퇴직하여 '실업수당'을 받으려고 한다. 그렇다. 내 나이 정도 되면 누구나 일을 그만두고 상당한 금액의 실업수당을 받으며 1, 2년쯤 지내다가 연금 생활자가 된다. 게다가 동유럽인은 몰라도 서유럽인의 평균 수명은 미국인에 비해 2년가량 더 높으므로 미국인과 형평을 맞추려면 퇴직 연령을 2년 더 상향 조정하는 게 자연스럽다. 퇴직 연령의 측면에서만 유럽인이 유리한 게 아니다. 리처드 윌킨슨(Richard Wilkinson)의 『건강불평등, 사회는 어떻게 죽이는가?』(Unhealthy Societies: The Afflictions of Inequality)』에서 잘 보여 주는 바와 같이 유럽인은 미국인보다 더 오래 산다. 더구나 퇴직 이후의 삶을 볼 때 미국보다 유럽이 더 안락하다는 점도 유럽인의 평균 수명이 더 높은 이유 중의 하나로 꼽을 수 있을 것이다.

대학 등록금

앞으로 미국에서는 자식을 대학에 보낼 때 다음과 같은 두 가지 방법이 각광받을 날이 올지도 모른다. 군대에 보내거나 대학 등록금이 무료인 유럽으로 유학을 보내는 것이다. 그렇다. 어느 날 바버라는 마치 봉헌물이라도 되는 양 자식을 EU의 대문 앞에 데려다 놔야 할지도 모른다.

"제발 내 아들을 교육시켜 주세요."

농담이다. 무엇보다 EU가 미국 학생을 받아줄지 의문이다. 그러면 군대에 보내는 방법이 남는다. 그리고 국립대학교는 아직까지 등록금이 싼 편이다. 현실적으로 연간 1만 달러라는 등록금은 거저나 다름없다. 하지만 미국 모델에서는 자식을 소득 상위 10퍼센트 안에 들게 하는 것이 궁극적인 목표라는 사실을 잊어서는 안 된다. 그러려면 유명 대학, 즉 등록금을 연간 5만 달러 정도 내는 사립대학에 보내는 문제를 진지하게 생각해야 한다. 이것은 소득수준이 최상위 20퍼센트 안에 들지 않으면 감당하기 힘든 금액이다.

여기서 바버라와 이사벨이 자식에게 쏟아부어야 하는 비용을 살펴보자. 시카고에 사는 바버라의 경우를 따져 보면 이렇다.

사립고등학교(세인트 이그나티우스 고등학교): 4년 동안 4만 7200달러

사립대학교(뉴욕대학교): 4년 동안 16만 달러

로스쿨(뉴욕대학교 로스쿨): 3년 동안 13만 5000달러

바버라가 부담해야 할 비용 총액은 대략 34만 달러 정도 된다. 그 밖의 여행 비용, 대학 입학시험 과외 비용, 로스쿨 입학시험 과외 비용, 미적분 가정교사 과외 비용, 여름학교 비용 등 초중고등학교 12년 동안 만만찮게 들어가는 각종 비용도 감안해야 한다. 이 밖에도 상위 10~20퍼센트 수준의 사립학교에 들어갈 준비를 하려면 별도로 드는 비용이 더 있다.

이사벨은 얼마나 들까? 이런 비용 부담이 없다. 그래서 이사벨의 자식은 밀라노의 대학에서 음악을 전공하여 박사 학위까지 딸 수도 있다.

이것은 사회민주주의 국가에서는 프랑스 리옹의 보조 파티시에나 시카고의 여자 청소원보다 바버라 같은 상류층이 현금에 상응하는 혜택을 더 많이 얻는다는 것을 보여 준다. 즉 '무료 조지타운대학교' 또는 '무료 뉴욕대학교' 등이 가능하다는 점에서 사회민주주의는 노년에 괜찮은 액수

의 연금을 받으면 그뿐인 보조 파티시에가 아니라 상류층에게 물질적으로 더 유리하다.

보육

유럽에서 온 부부에게 시카고에 와서 살면서 어떤 비용이 제일 부담되었냐고 물어보라. 열이면 열, 보모에게 아이를 맡기는 비용이라고 말할 것이다.

베를린의 기자인 S는 이런 기사를 썼다. "우리는 시카고에서 꽤 괜찮은 전일제 보육 시스템에 아이들을 보내고 있다." 그녀의 두 아이들은 시카고대학교 부설 랩스쿨(lab school)[*]에 다녔다. 보육 비용으로 얼마나 지출했을까?

만약 베를린에 있었다면 한 달에 500유로(약 680달러)면 충분했을 것이다. 세 번째 아이를 낳는다면 보육 비용은 더 줄어든다.

그러면 미국의 랩스쿨 비용은 어느 정도였을까? 두 아이를 보내는 데 1년 기준 1만 5000달러를 냈다. 그게 5년 전의 일이었으니 그동안 격차는 더욱 벌어졌을 게 분명하다. 간단히 말해서 S는 미국에 살면서 베를린에 살 때보다 보육 비용으로 두세 배나 더 지출한 것이다. 아 참, 랩스쿨이 끝나고 돌봐 주는 보모도 있었는데 1년에 2만 5000달러였다. 사정이 이러니 유럽에서 온 젊은 부부들은 기겁을 한다.

하지만 프랑스와 독일은 전혀 다르다. 아이를 기르는 환경이 점점 더 좋아지고 있다. 프랑스에서는 보육 비용을 전액 지원할뿐더러 만약 지역 보육원에 자리가 없으면 별도의 수당을 준다. 무엇보다도 부러운 것은

---

[*] laboratory school의 줄임말로 대학교나 사범대학 등에서 운영하는 실험적인 초중등학교를 말한다. 시카고대학의 랩스쿨은 실용주의 철학자 존 듀이가 세운 것으로 유명하며 많은 부모가 자식을 보내고 싶어한다.

셋째 아이를 낳으면 매달 500유로를 또 지급한다는 점이다. 그래서 프랑스에서는 아이가 셋인 집이 흔하다.

　이야기를 하다 보니 어제 전철에서 본 프랑스인 가족이 생각난다. '아이가 둘뿐이군.' 언뜻 보고 이렇게 생각했다. 귀찮았지만 정말 그런지 확인을 해 보고 싶었다. 바로 그때 아빠 뒤에서 셋째 아이가 살짝 모습을 드러냈다.

부모 부양

유럽에서는 자식을 기르는 비용은 물론이고 노부모를 돌보는 비용도 적게 든다. 유럽 각국의 정부는 노인에게 양로원 혜택을 제공한다.

　이사벨은 부모를 위해 보험을 더 들거나 기존의 보험에 추가 불입금을 넣지 않아도 된다. 바버라와는 완전히 정반대이다. 이와 함께 독일인일 수도 있고 프랑스인일 수도 있는 이사벨의 어머니는 식사 때마다 레드와인을 곁들여 마실 테니 건강을 유지할 가능성도 높다.

　독일에서는 어머니와 함께 살면 정부로부터 수당을 받을 수 있다는 이야기를 내가 했던가? 그렇다. 유럽의 몇몇 나라는 셋째 아이를 낳으면 보조금을 주는 것도 모자라 부모를 모시고 살아도 보조금을 준다.

　시카고 독일 영사관의 한 영사대리가 어머니와 함께 살면서 매달 일정액의 수당을 받는다는 말을 듣고 나는 놀라움과 감탄을 금치 못했다.

　"잠깐, 독일에 복지 혜택이 새로 생긴 건가요? 어떻게 그 비용을 부담하나요?"

　"어떻게 부담하냐고요? 유급 휴일을 하루 줄이고 있습니다."

　이 부모 부양 수당은 헬무트 콜(Helmut Kohl) 총리가 집권하던 당시에 도입되었다. 보수당인 기독교민주당(기민당) 집권 시절에 이런 대단한 제도가 도입되었다는 게 독일의 특징이다. 노동 변호사인 나로서는 기민당을 전적으로 신뢰하지 않지만 그들도 가끔은 이렇게 기특한 일을 한다.

유럽의 복지 혜택은 일부 축소되는 것도 있지만 전체적으로 보면 늘어나는 추세에 있다. 사회민주주의의 문제점을 해결하기 위해서는 각종 복지 혜택을 줄일 게 아니라 오히려 더 늘려야 한다는 게 유럽인의 전반적인 생각인 듯하다.

마지막으로 유럽의 연금 이야기를 잠깐 하고 넘어가자. 황금 낙하산에 비견될 연금 제도를 유지하려면 유럽인은 아이를 더 낳아야 한다. 그러려면 어떻게 해야 할까?

자식을 많이 낳는 어머니에게 황금 낙하산을 더 안겨 주면 된다.

민주주의의 문제를 해결하는 방법이 민주주의를 더 실시하는 것이듯 사회민주주의의 문제를 해결하는 방법 역시 사회민주주의를 대폭 확산시키는 데 있다. 이사벨이 유럽에서 더 나은 삶을 사는 비결이 바로 거기에 있다.

한 가지만 묻겠다. 『뉴욕 타임스』가 주장하는 대로 미국인은 GDP의 41퍼센트를 국가에 내고, 유럽인은 48퍼센트를 낸다고 하자. 미국인은 유럽인이 받는 것의 41퍼센트 혹은 48퍼센트라도 국가로부터 받고 있는가?

하지만 미국인은 사회 안전망에 별반 관심이 없다. 바버라나 이사벨 중 누가 더 행복한지에 대해서는 아무 생각이 없다. 왜 그럴까? 경쟁에서 이기는 데에만 온 신경이 쏠려 있기 때문이다.

나도 미국이 경쟁에서 이겼으면 좋겠다. 미국의 경쟁력이 더 강해지기 바란다. 나라고 해서 왜 미국이 일등 국가가 되는 것을 바라지 않겠는가? 그러나 경쟁력의 관점에서 보더라도 나는 유럽식 모델이 더 낫다고 생각한다. 노동자가 높은 임금을 받고 노동조합이 왕성하게 활동하는 나라라 해도 세계 경제 무대에서 얼마든지 막강한 경쟁력을 발휘할 수 있다.

아니 이렇게 말하고 싶다. 노동자가 높은 임금을 받고 노동조합이 왕성하게 활동하는 나라만이 세계 무대에서 승리할 수 있다고.

어떤 사람에게는 기분 나쁠지도 모르는 이야기를 한 가지 들려주겠다. 주위의 반대에도 불구하고 나는 미국이 지향해야 할 모델로 독일을 점찍었다. 왜 프랑스를 모델로 점찍지 않았을까? 덴마크도 후보에 올려놓아야 하지 않을까?

그렇다. 실수였다. 우리는 이제 빛의 도시 파리를 거쳐 유럽 한가운데로 향할 것이다. 독일을 모델로 선택해서 정말 미안하다!

3

그래서 나는 독일을 선택했다

　　　　　　　　　독일을 모델로 선택해서 정말 미안하다. 그러나 나는 그렇게 할 수밖에 없었다. 지난 10년간 실수했다는 생각에 자주 시달렸다. 몇 년간 모아 놓은 메모를 들춰 보니 독일에 대한 기대를 접으려던 순간이 있었음을 알게 되었다. 2004년 8월에는 이렇게 적어 놓았다. "『파이낸셜 타임스』를 볼 것. 구동독 지역에서 가두시위를 벌이는 수많은 실업자에 관한 기사가 실려 있음."

　당시 메르켈은 총선 승리를 목전에 둔 상황에서 독일의 마거릿 대처가 되리라는 기대를 한 몸에 받고 있었다. 독일 모델을 없앨 것이라는 전망도 우세했다. 실업률이 12.7퍼센트까지 치솟고 실업자가 수가 500만 명에 육박했으니 충분히 그럴 만했다. 그러나 메르켈은 예상을 깨고 좌파 정당인 사회민주당(사민당)과 연정을 했다. 그후 독일 경제도 차츰 되살아나기 시작했다. 2008년에 이르러 실업률이 6.7퍼센트로 하락하고 실업자 수도 600만 명 이하로 줄어들었다. 미국과 비교해 볼 때 이 정도의 실업률은 한참 낮은 편이다. 지난 몇 년 동안 미국의 실업률은 줄곧 10퍼센트를 웃도는 수준을 유지했다. 이래도 내가 독일을 모델로 선택한 게 실수였다고 해야 하는가?

사실 처음 방문한 1997년 이래로 독일에 무척 실망했다. 나라 전체가 억지로 밥을 먹는 어린아이처럼 활기찬 구석이 하나도 없고, 케인스가 말한 "야성적 충동(animal spirits)"*도 보이지 않았다. 무엇이 문제였을까?

독일의 전반적인 경제 상황이 열악했던 1997년으로 거슬러 올라가 보자. 당시 내가 독일 모델의 장점을 말하면 황당한 소리를 한다고 사람들이 성내기 일쑤였다. 미국의 엘리트들은 독일식 사회민주주의를 극도로 혐오했다. 1997년 3월 성 패트릭의 날 파티에서 있었던 일이 생각난다. 나를 비롯한 참석자들은 아일랜드계 가톨릭교도 변호사였고 대부분 대형 로펌에 소속되어 있었다. 독일에서 귀국한 지 얼마 되지 않은 나를 우파 변호사 한 명이 슬슬 건드리며 성질을 돋우기 시작했다.

"독일은 망해 가고 있지?"

"그렇지 않은데."

"당신은 노동조합 관련자만 만나고 와서 잘못 아는지 몰라도 독일은 경쟁력을 잃었어."

"글쎄, 독일은 여전히 무역 흑자를 기록하고 있는데. 이 점만 보더라도 미국보다 낫지." 내가 말했다.

"겨우 무역 흑자 하나 갖고 독일이 망하지 않는다고 말하는 거야? 톰, 독일 기업은 지금 주식을 처분하기 바쁘다고."

---

* 경제를 움직이는 인간의 비이성적 본성을 일컫는다.

이 변호사의 이름을 '패트'라고 하자.

"잠깐, 패트, 설비나 장비 같은 것을 팔아 치우고 있다는 뜻이야?"

"내 말은 '진정한' 흑자가 아니라는 거야."

"그 사실을 직접 확인해서 알게 된 거야? 아니면 단순히 『월스트리트 저널』을 읽어서 알게 된 거야?"라고 묻고 싶었지만 참았다.

"이봐." 그가 말을 이었다. "독일에서는 투자 철수가 유행처럼 번지고 있어." 나를 비웃는 듯했다. "그게 모두 당신네들의 노동조합 때문이지."

"도대체 무슨 소리를 하는 건지 모르는군." 내가 말했다.

"당신이야말로 대단한 착각에 빠져 있는 것 같은데." 그도 응수했다.

우리는 기네스 맥주가 담긴 잔을 내려놓고 서로 노려보았다. 주변에 있던 기업 전문 변호사들이 끼어들었다. 그들은 당연히 내 편이 아니라 패트 편을 들었다. "독일은 이미 경쟁력을 상실했어." "독일 경제는 망해 가는 중이라니까."

누군가 말했다. "독일의 문제가 뭔지 알아? 노동 윤리가 더 이상 존재하지 않는다는 거야."

"그래." "그렇다니까." 다른 사람들도 한 마디씩 거들었다.

결국 나는 분통을 터뜨리고 말았다. "독일인이 일하기 싫어한다는 말 같지도 않은 말을 들으려고 성 패트릭의 날에 내가 여기 온 줄 알아? 자, 잠깐 숨 좀 돌리자고."

"독일인은 일하기를 원하지 않아." 패트가 말했다. 나는 패트를 향해 고개를 돌리고 이렇게 말했다.

"패트, 내가 무슨 생각하는지 알아? 당신은 독일인이나 유럽인이 아무 걱정 없이 잘 사니까 싫어하는 것 아냐? 미국이 불평등한 사회라는 게 오히려 좋지? 여기 있는 사람들 모두 그럴걸. 귀찮은 일은 다 남에게 시키면서 편하게 살잖아."(아차, 이 말은 하지 말았어야 했다.)

"내 말의 순수한 동기에 시비 걸고 싶으신 건가?"

"그래. 어떤 생각으로 그렇게 말하는지 의심스러워." 내가 말했다.

"당신이 늘어놓는 주장의 동기도 의심스러운데." 패트가 반박했다. "평등을 추구한다는 명목으로 모든 사람의 삶의 수준을 낮추자는 것 아냐?"

모두 패트를 응원했는데 하나같이 민주당원이었다.

나는 분통을 터트리며 차를 몰고 집으로 돌아왔다. 내 동기를 의심하다니! 당연히 나야 그의 동기를 의심할 수 있지만. 내가 유치하게 굴었나? 아냐, 나는 옳았어.

그날 밤에 있었던 일을 떠올리면서 가끔 유럽인에게 이렇게 말한다. "당신들도 알다시피 미국 사람들은 독일 이야기만 나오면 화를 내요." 그들 중 몇몇은 따지듯 대꾸한다. "독일만이 아니에요. 프랑스에 대해서도 그래요." 아니다. 그건 세라 페일린(Sarah Palin)* 이고.

내가 말하는 '사람들'은 다른 사람들이다. 헤지펀드를 운영하는 사람들, 2007년 한창 잘나가던 시절 컨설팅이나 금융 서비스 분야에 뛰어든 하버드대학교 졸업생 중 47퍼센트를 가리킨다. 물론 이들은 민주당원이고 좌파이지만 틈만 나면 '다른 쪽'의 이야기를 듣는다는 명분하에 『월스트리트 저널』을 꼭 읽는다. 그리고 덴마크나 프랑스에는 그러지 않으면서 독일 이야기만 나왔다 하면 열을 낸다. 독일이 강해지는 데 대해 위협을 느끼기 때문일 것이다. 독일이 덴마크나 프랑스에 비해 '자본주의적이지 않은' 나라라는 인식도 한몫하는 듯하다. 사실 노동자 대표가 기업 이사회의 이사 자리를 절반 가까이 차지한다는 이유만으로도 독일은 유

---

* 미국의 보수파 여성 정치인. 알래스카 주지사를 역임했고 2008년 대통령 선거에서 공화당 존 매케인 대통령 후보의 러닝메이트로 출마했다.

럽식 자본주의의 '맨 왼쪽'에 놓인다. 소련의 붕괴 이후 독일은 현장 노동자의 경영 참여가 최고 수준으로 이루어지는 나라가 되었다. 현재로는 중국과 쿠바 정도가 독일과 어깨를 나란히 할 만하다. 누가 뭐래도 독일은 기업 내에서 노동자가 특별한 지위를 누리는 나라임에는 틀림없다. 이런 방식 외의 노동자의 경영 참여 사례로는 1917년 러시아 혁명 직후의 노동자평의회였던 '소비에트'가 있다.

그런데 아무리 기억을 더듬어 봐도 냉전 기간에 구소련을 놓고 논쟁을 벌인 적은 없는 것 같다. 늘 유럽, 특히 독일에만 시비를 걸었다. 왜 그랬을까? 구소련 모델은 그 누구에게도 위협이 되지 않았기 때문이다. 하지만 왼쪽에 치우친 독일 모델은 행여나 미국 모델의 대안이 되지 않을까 두려워 미국인은 독일을 깎아내리기 바쁜 것이리라.

그렇다고 해도 미국인은 대부분 독일에 관심이 없다. 시카고 교외에 거주하는 돈 많은 기업 변호사가 독일에 열광한다는 이유로 독일에 관심을 기울일 사람은 아무도 없을 것이다. 골드만삭스에서 일하거나 장차 독일에서 살 계획이 있는 사람이 아닌 한 대부분 독일을 잘 모른다. 『파이낸셜 타임스』에 독일 관련 기사가 대문짝만하게 실려도 볼 생각조차 않는다. 그러니 나에 대해서 이렇게 생각하는 사람이 있을지도 모르겠다. "분명 어머니 쪽이 독일계라서 이런 책을 썼을 거야. 장담해."

정말 그렇게 생각하는가?

유럽인도 아니고 유럽계 혈통도 아니라면 프랑스도 아닌 독일에 관한 책을 읽는 것이 중요하다고 생각할 사람이 누가 있겠는가? 아무리 독일 빵과 소시지를 맛있게 먹는다 해도 말이다. 이 책을 읽는 독자 중에는 만성 소화장애로 빵이라면 입에도 갖다 대지 못하는 이가 있을지도 모르고, 반대로 빵 없이는 하루도 못 사는 이가 있을지도 모른다. 누구든 간에 미국에서 사는 데 지쳤을 수도 있고, 경쟁에서 이기고 싶지만 동시에 행복하게 살고 싶을 수도 있다. 아마 나처럼 '종소리'를 듣고 싶을 것이다.

누구를 위하여 종은 울리나

지금도 토요일 밤에 책상 앞에 앉아 있노라면 내가 프랑크푸르트에서 맞이했던 토요일 밤, 처음 '종소리'를 들었던 그 황홀한 밤이 자꾸 생각난다.

당시 나는 프랑크푸르트에 막 도착하여 두 달간의 여정을 시작하려던 참이었다. 토요일 저녁 6시 석탄재를 깔아 다진 트랙에서 조깅을 하고 있었다. 돌연 프랑크푸르트 대성당의 종소리가 대~앵 대~앵 울려 퍼졌다.(샤를마뉴 대제가 대관식이라도 거행하는 양 종소리는 자정에도 또 한 번 울렸다.) 대~앵! 조깅을 멈춰야 했다. 대~앵! 내가 뛰는 소리도 들리지 않았다. 대성당뿐 아니라 사방에서 울리는 것 같았고, 유럽 모든 가게의 불빛이 꺼져 가는 것처럼 느껴졌다. 종소리는 이렇게 말하는 것 같았다.

멈춰라!
달리기를 중단하라!
경쟁을 그만하라!
사고파는 것을 중단하라!
모두 휴식을 취하라!

지금의 자본주의를 당장 그만두라는 일종의 중세 시대의 공습 경보였다. 오싹한 기분이 느껴져 반바지를 입은 채 그 자리에 가만히 서 있었다. 주변의 가게들은 문을 닫고 있었는데 내가 살아 있는 동안에는 다시 열리지 않을 것 같았다. 최소한 월요일 아침까지는 문이 닫혀 있을 터였다. 이제 나는 하루 이상 누구와도 경쟁하지 않고 지낼 수 있게 되었다.

시차 탓에 몸이 축 늘어졌으나 종일 쉴 여유는 없었다. 거기다 바로 이곳에서 적어도 하루는 자본주의가 멈출 것이라고 생각하니 기분이 묘했다. 뭐니 뭐니 해도 프랑크푸르트는 자본주의의 발상지가 아니던가?

맞다. 나는 '영미식 자본주의'와 대비되는 의미에서 경제학자들이 '라인 자본주의(Rhine capitalism)'*라고 부르는 자본주의의 고향에 와 있었다. 근대 자본주의, 최소한 오늘날까지 전해져 내려오는 자본주의의 한 갈래가 바로 여기서 시작되지 않았는가!

그렇다. 자본주의는 내가 조깅을 하던 프랑크푸르트 시내의 강가 작은 길에서 시작되었다. 서기 1000년경부터 중세인은 마인 강변의 이 작은 길에서 통행세가 면제된 소형 거룻배를 띄워 남북으로 흐르는 유럽의 큰 강까지 갔을 것이다. 재러드 다이아몬드(Jared Diamond), 노먼 데이비스(Norman Davies) 등은 굽이쳐 흐르는 작은 강들이 있었기에 서유럽의 자본주의가 싹을 틔울 수 있었다고 주장한다. 아, 종소리를 들었을 때 이유 모를 전율을 느꼈던 것처럼 강 위를 떠가는 노 젓는 배를 봤을 때에도 자본주의의 뿌리가 생각나 나도 모르게 몸이 부르르 떨렸다. 배가 얼마나 느릿느릿 움직이던지 강가를 따라 달리자 금방 앞지를 수 있었다. 아무튼 그곳은 서기 1000년경 유럽의 자본주의가 싹튼 곳이다. 그리고 서기 2000년에는 새로운 자본주의가 태어난 곳이기도 하다.

1997년 1월 4일 밤 나는 갓 등장한 유럽연합이 어떻게 될지 보기 위해 독일의 프랑크푸르트를 처음 방문했다. 독일 서쪽 지방, 프랑크푸르트

---

* 라인강을 따라 위치한 독일과 프랑스, 북유럽 일부 국가의 자본주의 형태를 일컫는 말로 프랑스 경제학자이자 금융그룹 AGF 회장을 역임한 미셸 알베르가 1991년에 자신의 책에서 처음 썼다. 알베르는 주식시장보다는 은행의 힘이 더 크고, 은행과 기업의 관계가 밀접하며, 주주와 경영자의 힘의 균형이 이루어지고, 노동자들의 충성도가 높으며, 무엇보다 평등과 연대라는 가치를 시민들이 공유하는 것을 라인 자본주의의 특징으로 꼽았다.

인근 지역은 독일의 일부이기는 하지만 독일보다는 프랑스의 색채가 강한 곳이다. 두 나라의 색채가 공존하는 것은 옛날 프랑크 왕국의 영토였기 때문이다. 라인 자본주의도 마찬가지이다. 프랑스와 독일의 특성이 섞여 있다. 현재 미국식 자본주의에 도전장을 내민 서구의 유일한 자본주의의 고향은 비스마르크가 생각한 유럽이나 애덤 스미스가 생각한 유럽이 아니다. 프랑스의 일부이자 독일의 일부이고 전체로 보면 장 모네(Jean Monnet)*가 꿈꿨던 유럽, 또는 프랑크 왕국에 역사적 뿌리를 둔 유럽이다.

라인 자본주의에는 가톨릭적인 요소, 연대 정신, 사회정의의 이념이 담겨 있다. 내가 들었던 종소리에 담겨 있던 것도 바로 그것이었다. 중세 시대에 대성당의 종소리가 울려 퍼졌을 때 중세인은 아마 이렇게 들리지 않았을까?

대~앵, 한 주가 끝났다.

대~앵, 봉건제도가 종말을 고했다.

대~앵, 치고받고 싸우기를 멈춰라.

대~앵, 안식일이 막 시작되었다.

지금 성당 안에서 미사를 드리는 사람이 있는지 모르겠지만, 나무꾼이 숲에서 새소리를 벗 삼아 일하듯 이 부근 사람들은 종소리를 벗 삼아 살아간다. 종소리가 울린다. 하던 일을 멈추라고.

대~앵, 한 주가 끝났다.

대~앵, 자본주의가 끝났다.

대~앵, 치고받고 싸우는 것을 멈춰라.

---

* 프랑스의 경제학자이자 외교관. 두 차례에 걸친 세계대전 후 프랑스 재건을 위해 막후에서 중요한 역할을 수행했다. 샤를 드골의 민족주의적 경향에 맞서 세계주의자로서의 역할을 자처했으며 '유럽연합의 아버지'로 불린다.

대~앵, 그리고 클럽으로 향하라.

종소리는 치열한 경쟁 속에서 언제 어디로 흘러가는지 모르는 우리의 또 다른 삶을 일깨워 준다. 무의미한 삶을 되돌아보라고 말하는 듯하다. 나는 유럽에 올 때면 반드시 프랑크푸르트부터 간다. 내가 보기에 프랑크푸르트는 세계에서 제일 신비로우면서도 흥미로운 도시이다.

"하필이면 프랑크푸르트라고?"

"나는 거기 싫어해."

"프랑크푸르트라, 참 따분한 곳이지."

"거기는 미국과 다를 바 없는 곳이야. 비즈니스 도시지. 거기는 왜?"

주변에서는 이런 말들을 해 댄다.

음, 내가 프랑크푸르트를 좋아하는 데에는 두 가지 이유가 있다. 첫째, 자본주의가 최초로 등장한 곳이자 아마도 사회민주주의가 역사 무대에 처음 등장한 곳이라는 점이다. 그리고 약간 부차적이기는 하지만(두 번째 이유는 아니다), 서로 대비되는 두 기관의 본부가 있는 곳이라는 점도 빼놓을 수 없다. 독일에서 제일 힘 있는 노동조합인 독일 금속노동조합과 함께 유럽중앙은행이 프랑크푸르트에 자리 잡고 있다. 어떤 이는 자본비용을 결정하는 유럽중앙은행과 노동비용을 결정하는 독일 금속노동조합이라는 유럽 자본주의의 양대 기둥이 버티고 있다고 말한다. 두 기관은 주중에는 매일 서로를 견제하느라 숨 가쁘게 지낸다. 그리고 주말이 되면 누군가가 치는 대성당의 종소리를 들으며 휴전한다.

아무튼 이게 내가 사람들에게 "프랑크푸르트에 꼭 한번 가 봐야 해."라며 신신당부하는 중요한 이유이다. EU를 이해하고 싶다면, 또 미국식 자본주의의 라이벌인 라인 자본주의를 이해하고 싶다면 그 탄생지인 프랑크푸르트에 들러 볼 필요가 있다. 여기에는 이론적인 근거도 있다. 지암

바티스타 비코(Giambattista Vico)는 『새로운 과학(The New Science)』에서 어떤 국가, 혹은 EU와 같은 초국가를 이해하려면 그것이 처음 시작된 곳에 가야 한다고 했다.

둘째 이유는 프랑크푸르트는 미국과 달리 따분하기 짝이 없는 곳이라는 점이다. 내 눈에는 바로 이 점이 매력으로 보인다. 한마디로 프랑크푸르트는 티베트와 같은 곳이라고 할 수 있다.

프랑크푸르트에 있다 보면 제임스 힐튼(James Hilton)의 『잃어버린 지평선(Lost Horizon)』의 한 장면 속을 거니는 것 같은 착각이 든다. 1930년대를 배경으로 하는 이 책에서 티베트에 불시착한 주인공은 한 무리의 승려와 만난다. 가장 놀라운 대목은 주인공이 승려들의 비밀스러운 삶을 목격하는 장면이다. 어떤 마술(혹은 '기적')을 부렸는지 몰라도 이 승려들은

60~70년 동안 젊음을 유지하는 등 한번 태어나면 수백 년을 거뜬히 살았다. 겉모습은 보통 사람과 다를 바 없었으나 두 배, 세 배 더 오래 살았다. 사람들은 "무슨 소리야, 프랑크푸르트에는 은행원들만 득실거리잖아. 티베트와 비슷하기는 뭐가 비슷해?"라고 말할 것이다. 맞다. 프랑크푸르트는 금융의 중심지답게 우리 미국인과 다를 바 없이 바쁠 것만 같은 은행원들이 바글거린다. 그러나 그들이 생활하는 모습을 직접 보고 나서는 오싹한 기분마저 들었다. 『잃어버린 지평선』에 나오는 승려들처럼, 그들은 시간 감각부터 미국인과 다르다. 숨을 고르고 싶으면 언제든지 일을 멈춰도 직장 생활에 별 문제가 없기 때문에 프랑크푸르트 은행원의 시간은 천천히 흘러간다. "시간이 없어!"라는 말을 입버릇처럼 내뱉으며 연간 2300시간을 죽도록 일하지 않으면 언제 해고당할지 모르는 미국인의 삶과는 너무 다르다.

내 옆에 있는 은행원이 1년에 6주 동안 네팔 혹은 노르웨이의 통나무집에서 티베트의 승려마냥 시간 가는 줄 모르고 느긋하게 지낸다고 생각해 보라. 놀라우면서도 부럽지 않은가?

프랑크푸르트에 가면 나는 대성당 카페를 즐겨 찾는다. 왜냐고? 은행원의 모습을 볼 수 있어서이다. 젊은 은행원들은 커다란 공동 테이블에 삼삼오오 짝지어 앉아 있다. 종업원들은 모두 댄스킨 운동복 같은 검은 유니폼을 입고 담배를 피운다. 먼 곳을 돌아다니다 온듯 여행 배낭을 짊어진 은행원 몇몇이 보인다. 그들을 바라보며 어디를 다녀왔을까 상상하는 사이 종소리가 들린다. 대성당 바로 옆이라 더욱 크게 들린다.

대~앵

대~앵

대~앵

은은한 불교 사원의 종소리이다. 은행원이 입고 있는 옷이 승려의 가사처럼 보인다. 카페에 있던 한 사람이 내 쪽으로 몸을 기울이더니 말을 건다. "늘 바쁘기만 한 미국인께서 대성당 카페에서 뭐하고 계시는 겁니까? 이곳을 어떻게 알고 찾아왔나요?"

"이봐요! 여기는 대성당 바로 옆이고, 프랑크푸르트 제일의 관광지잖아요."라고 말하려고 했다. 그러나….

그가 놀라는 것이 당연하다. 나는 히말라야 산맥 어디쯤에 불시착한 것이다.

왜 독일인가

프랑스나 스웨덴, 그리고 유럽의 여러 작은 나라들은 잊어라. 내가 왜 독일을 선택했는지 그 이유는 이렇다.

독일은 대국이다

독일이야말로 진정한 유럽이다. 미국인에게 '크기'는 대단히 중요하다. 이런 까닭에 미국인은 북유럽 나라들이나 네덜란드의 위상을 높게 보지 않는다. 앞에서도 말했듯이 출산율이 상승 추세인 프랑스의 인구가 계속 늘고는 있지만 8300만 명의 인구를 거느린 독일이 현재로서는 유럽에서 가장 큰 나라인 것이 분명하다. 그래서 독일이 진짜 유럽이라고 할 수 있다. 그렇다. 브뤼셀 동쪽의 독일은 유럽의 또 다른 이름이다. 화려하지 않고 소박한 유럽을 대표한다. 속속들이 들여다보면 독일은 유럽에서 제일 크고 기업 친화적이며 재미 없어 보이는 나라이다. 성인을 위한 유럽, 사람들이 간과하는 유럽이다.

확실히 프랑스만큼 섹시하고 재미있지는 않지만 유럽식 모델의 정수를 보여 주는 것은 바로 이곳, 유럽의 중심인 독일이다. 게다가 동독과 서독이 통일을 이루면서 독일은 유럽 통합의 전형적인 예가 되었다. 독일이 상대적으로 대국이라서 그랬던 측면도 분명히 있다. 독일은 통일될수록 점점 더 유럽에 가까워지고, 동시에 유럽은 통합될수록 점점 더 독일을 닮아 간다.

여기서 염두에 두어야 할 것은 독일의 통일이 오랜 역사적 뿌리를 갖고 있다는 점이다. 서기 1000년경 신성로마제국이 해체된 이래로 독일을 한 나라로 통일하려는 노력은 계속되어 왔다. 유럽 역시 서기 1000년경부터 통합 노력을 기울여 이제 EU로 그 결실을 맺었다. 유럽의 통합 역사는 독일의 통합 역사와 그 궤를 같이해 왔다. 독일이 통일되면서 유럽 통합이 이루어진 것은 결코 우연이 아니다. 유럽의 통합이 다른 식으로 이루어졌으리라고는 상상하기 힘들다. 하나의 통합은 또 다른 통합을 부르기 마련이다.

1500년 이상의 긴 세월 동안 독일은 유럽의 일부가 되는 길을 모색해 왔다. 프랑크 왕국의 일부였던 적도 있고 신성로마제국의 일부였던 적도 있었다. 서쪽으로 눈을 돌려 카롤링거 제국을 통해 유럽에 들어가려던 시대가 있었고, 그게 좌절되자 서쪽으로 눈을 돌려 프로이센 제국을 통해 유럽을 호령하던 시대도 있었다. 한 세기에는 프랑크푸르트를 중심으로, 또 다른 세기에는 빈을 중심으로 무대에 등장했다. 그 뒤 프리드리히 대왕 치하의 프로이센으로 역사를 장식했다. 시간이 흐른 뒤 통일의 움직임은 비스마르크 주도하의 독일제국 건설로 이어졌고, 제1차 세계대전을 거쳐 히틀러의 제3제국이 나타났다.

지난 세월을 되돌아보면 유럽인은 독일이 지나치게 강해지지 않을까 끊임없이 우려했던 것 같다. 독일 황제 하인리히 4세와 교황 그레고리오 7세의 대결, 비스마르크와 나폴레옹 3세의 대결, 삼국동맹(독일, 오스트리아, 이탈리아)과 삼국협상(영국, 프랑스, 러시아)의 대결, 그리고 추축국(독일, 이탈리아, 일본)과 연합국(미국, 영국, 소련)의 대결 등. 전쟁을 불사할 정도의 격렬한 방식이 아니고 온건한 방식이기는 하지만 이런 대결은 지금도 계속되고 있다. 독일 모델에 바탕을 둔 사회민주주의의 확산을 둘러싸고 헬무트 콜 총리와 존 메이저(John Major) 영국 총리가 마스트리흐트에서 벌인 논쟁이 그 단적인 예라 할 수 있다.

유럽식 모델에 관한 글을 쓰면서 EU에 관해서 언급을 하지 않으니 뭔가 이상해 보일 수도 있다. 하지만 이 책은 유럽식 모델의 미래는 독일 모델, 독일식 사회민주주의의 성공 여부에 좌우된다는 것을 전제로 한다. 미국 모델과 경쟁할 수 있는가, 또는 미국 모델을 극복할 수 있는가라는 문제에 초점을 맞춘 유럽식 모델의 열쇠는 독일이 쥐고 있다고 보는 것이다. 하나로 '통합된' 새로운 유럽, 새로운 EU의 탄생이 중요한 이야기이기는 하나, 이중의 통합이 진행 중이라는 더 중요한 이야기의 초점이 흐려질 우려가 있어서 이 자리에서는 일단 제쳐 놓기로 한다.

독일의 통일은 두 가지 유형으로 진행 중이다. 구서독과 구동독이 하나의 국민국가가 되는 수평적 통일, 그리고 여러 지방정부가 좀 더 강력한 '연방' 정부로 합쳐지는 수직적 통일, 이렇게 두 가지이다. 베를린의 중앙정부는 지방정부가 교육과 조세 분야에서 누렸던 강력한 권한을 환수하고 있다. 다만 면적이 가장 넓은 바이에른 주는 엄밀히 따지면 현행 독일 헌법에 서명한 상태가 아니다. 그래서 지방정부의 권한을 환수하는 작업은 지방 영주나 교황에게 휘둘려 독일제국이 해체되었던 과거 역사를 재현할지도 모르는 민감한 일이기에 조심스럽게 진행되고 있다.

독일에서 이중의 통일 작업이 동시에 진행되고, 또 유럽 역사에서 천년 이상 해묵은 과제가 해결의 전기를 맞이하던 1997년 무렵, 나는 현지에서 어떤 상황이 전개되고 있는지 무척 알고 싶었다.

사회민주주의의 존속을 위해 독일에서, 그리고 유럽에서 현재 진행 중인 통합은 지극히 중요하다. 독일의 사회민주주의는 민간 기업을 국유화할 수 있을 정도로 힘이 센 중앙집권 국가에 뿌리를 두고 있지 않다. 오히려 국가의 힘이 상대적으로 약하기 때문에 시민이 사회민주주의를 토대로 자기의 삶을 스스로 관리한다. 그 결과 사회주의보다는 자본주의에 더 치우치는 듯한 모습을 보이지만, 그렇다 해도 전 세계 사회민주주의의 시금석 역할을 하는 나라로서 독일을 눈여겨보지 않으면 안 된다.

독일은 제조업 강국이다

그렇다. 독일은 두말할 필요 없이 세계를 이끌어 가는 제조업 국가이다. 중국도 제조업 국가이지만 환경 친화적이라는 면에서는 독일보다 한참 아래이다. 잠깐, 서양은 정말 쇠퇴하고 있는가? 미국 땅에 가만히 앉아서 일부 엘리트들처럼 중국의 부상을 우울한 눈으로 바라보고 있으면 그런 생각이 절로 든다. 하지만 독일을 보라.

2003년부터 2008년까지 수출 총액에서 세계 선두를 달린 것은 중국이 아니라 '유럽 사회민주주의를 떠받치는' 기둥인 독일이었다.(두 나라의 수출 총액은 각각 연간 1조2000억 달러 정도 된다.) 독일은 순채권국이다. 힘 빠진 미국처럼 순채무국이 아니다. 2009년 12월 『파이낸셜 타임스』에 따르면 미국은 대략 3조 달러 이상의 순대외부채를 지고 있다. 더 큰 문제는 이런 위험한 순대외부채가 해마다 1조 달러씩 늘어난다는 것이다. 미국은 대외부채의 늪에 빠져서 옴짝달싹 못하는 처지이지만, 독일은 대외부채로부터 완전히 자유롭다. 수출 총액이 세계 제일을 다투는 나라라서 그렇다.

물론 2009년 말을 기준으로 할 때 수출 총액에서 중국이 독일을 근소한 차이로 따돌렸다. 하지만 이것은 전 세계적인 불황과 아울러 유로화의 가치가 크게 상승한 데 따른 일시적인 결과에 지나지 않는다. EU 전체를 보면, 또는 사회민주주의를 주도하는 독일과 프랑스 두 나라를 함께 놓고 보면 수출 총액이 중국을 한참 앞선다. 달러화 가치의 하락에 힘입어 미국의 수출 총액이 늘어날 것으로 예상되지만, 그래 봤자 독일과 중국에 뒤이은 세계 제3위 수준밖에 되지 않는다. 최근 몇 년을 되돌아보면 13억의 인구를 가진 중국이나 3억의 인구를 거느린 미국이 아니라 인구가 고작 8300만에 지나지 않는 독일이 세계의 수출을 선도해 왔다고 할 수 있다. 중국인과 미국인은 휴가고 뭐고 생각할 겨를 없이 지쳐 나가떨어질 때까지 일만 해야 한다. 하지만 독일인은 1년에 6주의 휴가를 누린다. 발 하나를 묶은 상태에서 미국이나 중국과 경쟁하는데도 선두를 달리는 형국이다.

놀랍지 않은가? 각종 경제·경영 관련 책에 따르면 이런 일은 도저히 있을 수 없다. 토머스 프리드먼(Thomas Friedman)의 『세계는 평평하다(The World Is Flat)』에 따르면 우리는 모두 서로 경쟁하는데, 무엇보다 비용 절감을 위해 노력한다. 그래서 모든 사람이 "노동시장이 유연해져야 한다."고 말한다. 하지만 적어도 미국의 기준으로 볼 때 독일의 노동시장은 결코 유연하지 않다. 대기업조차 감독이사회의 절반은 노동자 몫이다. 그런데도 독일은 막강한 경쟁력을 발휘한다. 더구나 미국의 달러화나 중국의 위안화와 달리 유로화는 수출 경쟁력을 높이기 위해 환율을 조정할 여지가 거의 없으므로 독일의 조건이 한층 더 열악하다고 할 수 있다. 또 수출 경쟁력을 늘리기 위해 동원할 수 있는 관세 역시 경제학자 딘 베이

커(Dean Baker) 등에 따르면 미국과 큰 차이가 나지 않는다. 이 말은 내가 직접 들은 말이다.

독일은 어떻게 승승장구하는 것일까?

대답은 간단하다. 사회민주주의 덕택이다.

아무도 말하고 싶지 않았을 테지만, 특히 최근 10년간 독일 모델은 번영을 거듭했다. 최근에 거둔 성과야말로 진정한 '라인강의 기적'이라고 할 수 있을 것이다.

역사가들이 말하는 '라인강의 기적'이란 경제학자 출신 루트비히 에르하르트(Ludwig Erhard) 총리의 지휘 아래 독일 경제가 제2차 세계대전 패전의 아픔을 딛고 되살아난 일을 가리킨다. 당시 독일은 '독일 주식회사'로 불릴 정도였다. 어떤 면에서 그때의 기적은 얼마든지 합리적으로 설명할 수 있다. 솔직히 말해서 당시의 기적은 진정한 기적과는 거리가 멀었다. 전후 독일 경제는 전쟁 중의 극심한 폭격을 이겨 낸 산업 시설이 상당했고, 미국이 경제 복구를 위해 엄청나게 원조를 해 준 덕분에 단기간에 부흥할 수 있었다. 무엇 하나 기적으로 볼 만한 요인은 없었다.

하지만 고비용 구조인 오늘날의 독일이 어떻게 국제적으로 경쟁력 있는 제품을 그렇게 많이 생산할 수 있는 것일까? 노동비용 절감 경쟁이 치열하게 벌어지는 '평평한 세계'에서 독일 경제는 왜 전보다 더 잘나가는 것일까?

혹자는 이렇게 말한다. "아냐, 적어도 최근에는 독일도 노동비용 절감 경쟁에 뛰어들었어. 임금이 인상되지 않고 제자리에 머무르고 있거든." 정말? 건강 수당 등의 비임금성 비용이 꾸준히 상승하고 있다는 사실은 제쳐 두자. 독일은 여전히 세계 최고 수준의 임금을 자랑한다.

독일 모델의 음울한 미래를 줄기차게 예언해 온 『파이낸셜 타임스』와

『이코노미스트』에서는 이런 변명을 내놓는다. "우리가 지적했듯이 얼마 전까지만 해도 독일은 노동 개혁에 전혀 손을 대지 않았다. 그러나 지금은 노동 개혁이 진행 중이다. 바로 이게 독일 경제가 잘나가는 이유이다. 드디어 임금이 동결되기 시작했다."

임금 동결은 분명 경쟁력을 높이는 데 도움이 될 수 있다. 그러나 이것은 반쪽의 진실만 담고 있다. 독일이 경쟁력을 유지하는 이유를 임금 동결만으로 설명할 수는 없다. 구체적으로 말해 주겠다.

우선 설비가 자동화된 덕에 완제품의 제조 비용에서 임금이 차지하는 비중이 점점 줄어들고 있다. 임금 동결이라고? 그건 인상률이 4퍼센트냐 2퍼센트냐의 차이일 뿐이다. 결코 중요한 문제가 아니다.

둘째, 유로화의 가치 상승을 감안한다면 독일의 경쟁력을 임금 동결에서 찾는 설명은 더욱 설득력이 떨어진다. 특히 유로화, 달러화, 위안화가 각축을 벌이는 유로존 밖에서는 더더욱 그렇다. 독일의 노동조합이 임금을 둘러싸고 한 치의 양보도 하지 않던 기간에도 유로화의 가치는 올랐다. 달러화는 물론이고 위안화, 엔화 등에 비해서도 크게 올랐다. 독일 기업이 임금 동결로 약간의 경쟁력 우위를 확보했다 쳐도 유로화가 줄기차게 상승하는 바람에 아무 소용이 없었다.

다시 한 번 묻겠다. 독일 경제가 경쟁력을 유지하는 비결은 무엇인가?

독일 기업은 미국 기업과 달리 비용 경쟁에서 이기겠다는 헛된 생각을 품고 있지 않았기에 경쟁력을 더 높일 수 있었다.(그래서 유로화가 상승해도 버틸 수 있다.) 또 미국식으로 노동조합을 분쇄해야 중국 등과의 경쟁에서 이길 수 있다는 생각을 하지 않았다. 스웨덴, 프랑스, 독일 등 고임금 구조를 유지하는 사회민주주의 국가가 미국이나 영국보다 산업 경쟁력이 더 앞선 것은 결코 우연이 아니다. 영국과 미국, 신자유주의자, 그리고 『이코노미스트』 등 대부분의 언론은 1970년대에서 90년대에 이르는 동안 유럽의 사회민주주의자들을 조롱했다. "노동조합을 파괴하는 게 좋을 거야. 그래야 산업을 살릴 수 있으니까." 미국과 영국이 바로 그렇게 했다. 비용 면에서 경쟁력을 지녀야 한다면서 노동조합을 파괴했다. 그 결과 어떻게 됐냐고? 단기간 내에 산업 기반이 완전히 무너지고 말았다.

그러나 독일, 스웨덴, 프랑스는 그들의 충고를 귀담아 듣지 않았다. 노동조합을 무력화하지도 않았다. 대신에 높은 노동비용의 부담을 이겨내기 위해 '고부가가치' 제품 중심으로 산업구조를 재편해 나갔다. 독일은 어느 부문에서 경쟁력이 있을까? 최고 수준의 기술을 보유한 기술자가 만드는 첨단 정밀기계 제품에 강점이 있다. 미국인은 독일 이야기가 나오면 "실업률이 어떻지?"라고 묻는다. 아무도 "노동력이 얼마나 부족하지?"라고 묻지 않는다. 사실 2008년 금융 위기가 시작될 시점에도 '세계화'의 열풍에 힘입어 독일은 고숙련, 고임금 일자리를 채울 유능한 엔지니어가 심각할 정도로 부족했다. 이와는 정반대로 미국에서는 제아무리 실력 있는 엔지니어도 일자리를 찾지 못해 아우성치다가 결국에는 영업직 일자리에 뛰어들고 만다. 노동조합이 없는데다 저비용만을 추구하는 탓에 엔지니어가 마음 놓고 일할 일자리를 창출해 낼 능력이 없다.

그 때문에 역설적인 상황이 벌어지고 있다. 노동비용이 높은 독일은 제조업 경쟁력이 더 강화되는 반면 노동비용이 너무 낮은 영국과 미국은 제조업을 버리고 말았다. 나는 오랫동안 워키컨과 밀워키 부근 공장들을 꾸준히 지켜보았다. 이들 공장 중 어떤 곳은 숙련 노동자에게 시간당 26달러의 임금을 지급하다가 조지아 주나 노스캐롤라이나 주로 이전해서는 미숙련 노동자를 고용해 시간당 8달러의 임금을 지급했다. 공장 이전과 해고에 반대하는 기존 노동자들의 투쟁까지 무릅쓰면서 비용 절감을 추진했다. 하지만 2년 후에는 파산하고 말았다. 재고로 쌓여 있던 제품은 쓰레기가 되었다. 노동자에게 높은 임금을 줄 때에는 잘나가던 기업이 임금을 줄인 뒤 망한 것이다. 이런 사실에 비추어 볼 때 과거 고용주들이 부담했던 노동비용은 그렇게 과도한 것이 아니었던 셈이다.

물론 노동비용이 파괴적인 기능을 할 때도 있다. 예를 들어 독일 기업이 부담하는 의료보험료의 두 배를 미국 기업이 갑자기 부담하게 되면 경쟁력이 약화될 것이다. 실제로 그런 일이 벌어질 가능성은 전혀 없지만 말이다. 내 말의 핵심은 몸에 좋은 콜레스테롤이 있고 몸에 나쁜 콜레스테롤이 있듯이 노동비용 역시 약이 될 때도 있고 독이 될 때도 있다는 것이다.

미국인은 라이벌 하면 흔히 중국을 떠올린다. 그러나 독일을 더욱 강력한 라이벌로 여겨야 한다는 게 내 지론이다. 언뜻 들으면 말도 안 되는 소리로 들릴 것이다. 미국이 독일과의 무역에서 발생하는 적자 규모는 중국이나 다른 아시아 국가와의 무역에서 발생하는 적자 규모에 훨씬 못 미치기 때문이다. 하지만 독일은 미국이 놓쳐서는 안 되는 중국을 비롯한 여러 신흥국 시장을 맹렬한 기세로 잠식하는 중이다. 고품질 정밀 제품을 만들지 못한다는 미국의 '숨은 결함'을 집요하게 파고들면서 미국의 잠재 시장을 야금야금 빼앗아 가고 있다. "개발도상국의 수요가 늘면서 독일이 성장하고 있다. 개발도상국은 자국 기업의 힘으로는 만들 수 없는 독일제 최고급 제품을 원한다. 누가 이 시장을 장악하겠는가?"

그 때문에 미국에서는 고급 기술이 필요한 일자리가 사라지고, 독일 같은 사회민주주의 국가에서는 그런 일자리가 너무 많아서 사람이 부족한 것이다. 바로 이런 점에서 독일이야말로 미국의 진정한 라이벌이다.

미국인은 젊은이들에게 "중국과 경쟁해야 한다."고 입에 침을 튀기며 떠들어 댄다. 그렇지만 그들의 임금, 의료보험, 연금을 줄이면 줄일수록 경쟁력이 약화된다는 진실은 입도 벙긋 하지 않는다. 젊은이들에게 독일에 관한 책을 읽어 보라고 말하고 싶다. 사회민주주의가 어떻게 생산력을 높여 고숙련 일자리를 만들어 내는지, 기업이 그런 일자리에 대한 투자를 회수하지 못하게 어떻게 막아 내는지를 알아 보라고 말이다.

미국에서는 공장 문을 닫고 사업을 접기가 무척 쉽다. 그러나 사회민주주의 국가에서는 공장 문을 닫으려면 엄청난 손실을 각오해야 한다. 경영자는 직원의 생계 보장 계획, 해고 수당 지급 계획 등이 담긴 폐쇄 계획서를 제출해야 한다. 결국 공장 문을 닫으려고 했던 고용주도 까다로운 절차를 밟느니 차라리 공장을 유지하는 게 훨씬 낫다고 마음을 고쳐 먹게 된다. 이 덕분에 대서양 저편에서는 많은 제조업이 살아남았다. 반대로 이곳 미국에서는 제조업이 사라진 지 오래이다.

달리 말해서 미국과 영국은 노동비용이 매우 낮아서 제조업을 버리고 말았다. 노동비용 위주로 경쟁하는 아주 편한 길을 택했다. 이 두 나라에서는 경쟁에서 밀리면 공장 문을 닫아 버리는 게 최선의 선택이 될 수밖에 없다.

사회민주주의 국가에서 제조업을 유지하는 중요한 이유가 있다. 높은 수준의 공공지출이 민간의 소비지출을 억누르는 경향을 보이기 때문이다. 폴 볼커(Paul Volker)가 얼마 전 말했듯이 때때로 소비지출이 과도할 수 있다. 이와 관련하여 로널드 매키넌(Ronald Mckinnon) 등 여러 경제학자가 한 말로 바꾸어 표현해 보면 이렇다. 만약 미국인이 소비만 하고 저축을 하지 않으면, 혹은 생산하는 것 이상으로 소비를 하면 그 부족분을 미국 밖 어딘가에서 들여와 메워야 한다. 그런데 이 부족분은 어떤 형태를 띠는가? 피부관리실에서 제공하는 무료 선탠이나 만주의 요가 수업

같은 형태가 아니라, 값싼 플라스틱 제품과 같은 수입 가능한 제품의 형태를 취한다. 즉 제조된 상품의 형태를 띤다는 말이다. 따라서 미국의 무역 적자가 늘어날수록 만들 수 있는 제품도 줄어든다.

미국은 현재 독일을 비롯한 유럽의 사회민주주의 국가에 "무역 흑자 폭을 제발 줄여라. 미국산 제품도 사 달라."며 애원하는 실정이다. 이들 나라가 과연 그러겠는가? 설령 그런다고 해도 미국에는 별 도움이 안 된다. 많은 공장이 오랫동안 문을 닫은 상태였기 때문에 제때 물건을 만들어 수출한다는 게 말처럼 쉽지 않다. 달러화 가치가 크게 떨어진다 해도 달라질 것은 없다.

그리고 무엇보다 결정적인 것은 미국 제품의 수입은 중산층의 소비에 해를 끼칠 가능성이 높아 유럽의 어떤 사회민주주의 국가에서도 허락하지 않을 것이라는 점이다. 유럽의 중산층은 비자카드를 긁어 대며 쓸데없이 소비하지 않으므로 가계 사정이 건전한 편이다. 소비지출이 '올바르게 관리되고' 있다는 이야기이다. 달리 말해서 높은 세율로 거둔 세금을 바탕으로 공공재를 효율적으로 배분하는 덕에 유럽인은 불필요한 소비지출을 하지 않는다. 어느 국가가 괜히 미국산 제품을 수입해서 이런 건전한 소비구조를 흔들려고 하겠는가?

누군가는 이렇게 말할 것이다. "그건 그래. 하지만 유럽이 앞서가는 것은 금방 끝나고 말 거야. 언젠가는 중국이 독일은 물론 프랑스, 스웨덴 등의 사회민주주의 국가를 따라잡을 테니까. 그때 우리 모두 당신을 비웃게 될걸."

그래 맞다. 중국은 새로운 성공 신화를 써 나가는 중이다. 하지만 머지않아 60년 전의 일본이나 100년 전의 독일처럼 낡은 신화가 되지 않을까? 중국은 현재로는 가장 빠르게 성장하는 것이 분명하지만 이런 성장

열기가 언제 식어 버릴지 모른다. 인구의 노령화가 유럽만큼 빠른 속도로 진행되고 있으므로 앞으로도 줄곧 경제 활력을 유지하기는 어려울 것이다. 게다가 독일은 중국이 도저히 따라잡기 힘든 고부가가치 제품이나 기계 제품을 수출한다. 중국이 현재의 시스템을 그대로 유지하는 가운데 고부가가치 항공기 제작 산업 등에서 독일과 대등하게 경쟁할 수 있다는 증거는 아직까지 어디서도 발견되지 않았다. 또 아시아, 아프리카, 라틴 아메리카 등지의 제조업에 힘쓰는 나라들은 향후 50년 동안 중국이 현재 독일에서 수입하는 것과 유사한 제품을 수입하고자 나설 것이다. 어느 면으로 보나 독일의 우위는 더 오래 지속될 것으로 전망된다.

물론 세계화의 물결이 제조업 강국이라는 독일의 지위를 흔들고 있다. 과거 독일인은 평생 단 한 곳의 직장에서만 일했다. 앞으로는 두 곳, 혹은 세 곳의 직장을 옮겨 다니며 일할지도 모른다. 부분적으로는 '아시아의 부상'을 의미하는 '세계화'로 인해 밑바닥 계층 사람들의 일자리가 사라지고 있다. 이것이 독일이 맞은 위기이다. 이런 사람들은 어떻게 될까? 다음 장부터 이 문제를 진지하게 다뤄 보겠다.

하지만 세계화의 물결이 아무리 거세게 몰아친다 해도 독일 중산층에게는 위기가 되지 못한다. 독일식 삶의 방식은 살아남을 것이다. 과거에 미국과 영국의 신자유주의자들이 독일은 살아남지 못할 것이라고 헛소리를 할 때도 독일 주식회사는 굳건히 버텼듯이 앞으로도 그럴 것으로 본다. 최소한 독일에서는 직업훈련을 시키고 숙련도를 높이는 데 의미를 두어 건전한 일자리가 많다는 것이 내 낙관적인 믿음의 근거이다. 그리고 바로 그 부분에서 미국과 더욱 대비가 된다. 미국에는 화장실 청소나 주차 관리 등 숙련도가 필요 없는 일자리만 넘쳐서 직업훈련이 필요 없다.

제조업과 관련하여 이런 미국의 상황이 지속되면 곤란한 문제가 생기지 않을까 걱정된다. 간단히 말해서 나는 제조업 기반이 사라져 버리면 민주주의도 사멸한다고 본다. 제조업이 발달하면 노동운동을 조직화하는 일이 한결 쉬워진다. 그리고 노동운동이 활성화될수록 각계각층의 이해관계를 조정하는 가운데 사회민주주의를 유지하기가 한층 용이해진다. 제조업의 토대가 무너진 미국과 영국의 투표율을 조사해 보라. 그런 다음 제조업의 토대가 튼튼한 프랑스와 독일의 투표율과 비교해 보라. 제조업의 토대가 탄탄할수록 전문 기술자도 늘어날 수밖에 없다. 이들은 말은 물론 '숫자'에도 능하다. 숫자에 능하다는 게 왜 민주주의에 좋은가? 숫자에 익숙해지면 사람들은 지켜야 할 실제 자산이나 지분을 갖게 된다. 어떤 면에서 그들은 자부심을 가진 '전문가'이다. 그래서 빠지지 않고 투표에 참여한다. 게다가 제조업의 토대가 탄탄하게 유지되는 한 최소한 노동운동이 존재하기 때문에 노동자들은 사회 활동에 참여하게 된다.

  제조업에 신경 쓰기 싫다고? 뭐, 괜찮다. 노동운동도 생각하기 귀찮다고? 이해할 수 있다. 하지만 앞으로 '국민성'이 어떻게 변화할지 심각하게 생각해 보라. 제조업과 노동운동의 존재 여부에 따라 국민성이 달라질 수도 있다. 미국인은 숙련된 제조업 노동자처럼 독립적이고 기술 지향적이 될까? 아니면 대학교를 졸업하고 갓 취직한 신입 사원처럼 서비스 지향적이고 의존적이 될까? "안녕하세요. 저는 존입니다. 오늘 저녁 여러분을 정성껏 모시겠습니다." 이런 말로 굽실대면서 비굴한 웃음이나 짓고 사람을 유혹하는 데 힘쓸 뿐 투표 따위는 안중에도 없는 사람이 되지 않을까? 제조업은 한 나라의 운명을 좌우한다. 어떤 식으로든 국민성에 영향을 미친다. 여기서 자연스럽게 다음 이야기로 이어진다.

독일은 사회민주주의 국가이다

독일의 사회민주주의는 우리 아버지, 할아버지 세대의 사회주의, 즉 국가사회주의가 아니다. 프랑스의 사회민주주의와도 약간 다르다. 독일의 사회민주주의는 밖에서는 미국인이 분통을 터뜨리는 대상일망정 안에서는 독일 주식회사가 시계의 톱니바퀴처럼 서로 맞물려 돌아갈 수 있게 해 주는 운영 원리이다. 독일이 탄탄한 경쟁력을 유지하는 것은 사회민주주의 덕분이다. 사회민주주의하에서는 중대한 경영상의 결정을 내리는 회의에 참석할 수 있으며, 경영자를 감시하고 견제할 대표자를 선출할 수 있다. 숙련 기술자로서 독자적인 영향력을 발휘하고 고유의 문화를 유지할 토대를 갖고 있는 것이다.

역설적인 것은 독일에 사회민주주의가 자리 잡는 데 미국이 일조했다는 점이다. 물론 직장평의회, 노동자의 경영 참여라는 개념의 싹은 바이마르 공화국 시절에 이미 존재했다. 하지만 1945년 미국, 영국, 프랑스가 서독 지역을 점령했을 때 미국의 뉴딜주의자와 영국의 노동당이 오늘날의 '유럽 사회민주주의'의 독일식 형태가 탄생하는 데 산파 역할을 했다. 당시 미국 점령군 장성들은 노동자를 경영에 참여시키는 정책을 적극 지원했다. 오죽했으면 기민당 지도자 콘라트 아데나워(Konrad Adenauer)가 독일에 도입된 것은 '정상적인 자본주의'가 아니라고 투덜댔겠는가?

아데나워의 말이 옳다. 독일의 사회민주주의는 미국식 자본주의의 라이벌이며, 독일이 아직도 제조업 기반을 유지하는 데 도움이 되었다.

여기서 독일의 사회민주주의를 떠받치는 세 개의 기둥에 대해 설명하겠다. 직장평의회, 노사공동결정, 지역별임금결정제도 등이 그것이다.

직장평의회제도는 이론상으로는 간단하지만 미국인이 이해하기에는 어렵다. 일단 독자 여러분이 시카고의 반스 앤드 노블(Barnes And Noble)

서점에서 일한다고 해 보자. 여러분은 단순한 사원에 불과하므로 당연히 책 판매원이 되는 직무 훈련은 받지 않는다.(독일이라면 책 판매원 자격증을 따야 하지만 미국에서는 그럴 필요가 없다.) 하지만 여러분도 자기 지점의 직장평의회 위원으로 선출될 수 있다. 이 사실은 여러분이 서점 경영에 어떤 식으로든 관여하고 보탬이 된다는 것을 의미한다. 일시 휴업을 비롯한 여러 문제에 관하여 경영자는 직장평의회와 합의를 해야 한다. 이를테면 여러분은 직장평의회 위원으로서 매장 문을 언제 열고 닫는지에 관한 의사 결정에 한몫할 수가 있다. 노동자의 근무 교대에 관한 결정에서도 일정한 역할을 맡을 수 있고 나아가 누군가를 해고하는 결정에도 참여할 수 있다.(농담하는 게 아니다.) 한스-뵈클러재단(Hans-Böckler Foundation)의 한 간부는 "어떤 제도든 합의를 원칙으로 합니다."라고 설명했다.(이 재단은 '독일 모델'을 널리 알리기 위해 세금으로 운영된다.)

그러면 여러분은 어떻게 공동 경영자 내지는 사업 파트너가 되었을까? 동료 노동자가 여러분을 직장평의회 위원으로 선출했기 때문이다. 반스 앤드 노블의 경영자는 그 과정에 개입할 여지가 전혀 없다. 여러분은 직장평의회 위원 선거에 출마하여 "저를 뽑아 주세요!"라며 선거운동을 펼쳤을 것이다. 직장평의회 위원으로 선출되면 사실상 버락 오바마나 힐러리 클린턴처럼 공직을 맡고 있다고 해도 과언이 아니다.

간단하게 정리한다면 반스 앤드 노블의 직장평의회 위원인 여러분은 현재 아니면 그 몇 년 전에 '선출직 공직자', 또는 공직 종사자, 권한 행사자로 선출된 적이 있는 무수한 일반 사원, 기술자, 버스 운전기사 중의 한 사람으로서 직장 동료의 복지를 실질적으로 책임지고 있는 것이다. 경영자는 여러분과 합의를 이루지 못하면 원활한 경영이 불가능하다. 여러분은 기업 경영의 한 축을 담당한다. 만약 규모가 큰 기업이라면 여러분은 고등학교밖에 나오지 않았더라도 정치 지도자와 엇비슷한 반열에까지 오를 수 있다. 여기에 사회민주주의의 매력이 있다. 여러분은 냄비 안에 있는 닭을 꺼내 먹을 수 있음은 물론 더 중요하게는 냄비 안에 무엇이 있는지 뒤적일 수 있는 권리까지 갖고 있는 것이다.

미국은 어떤가? 독일과는 대조적으로 대학 졸업자들과 골드만삭스에 근무하는 사람들만이 냄비를 뒤적일 수 있다.

다음으로 노사공동결정제도는 무엇인가? 이것은 이론적으로 더 복잡해서 미국인으로서는 도무지 이해하기 힘든 제도이다.

이제 시카고 지점을 떠나 전 세계에 지점을 둔 반스 앤드 노블이라는 회사 전체를 생각해 보자. 이 회사의 최상층부에 있는 이사회의 절반은 노동자 중에서 선출된 대표가 차지하는데, 여러분도 그 일원으로 참석해서 워런 버핏(Warren Buffett)이나 로버트 루빈(Robert Rubin) 전 재무장관과 마주 앉아 언쟁을 벌일 수 있다. 그렇다. 5분의 1도 아니고 3분의 1도 아니고 딱 절반이다. 이사회의 이사는 주주와 헤지펀드 쪽에서 절반을 뽑고 사원 쪽에서 그 나머지 절반을 뽑아 동등한 투표권을 행사한다. 일부 독자는 화를 벌컥 낼 것이다. "이런, 순 엉터리 같으니라고! 회사 경영을 책임진 이사회 투표권의 절반을 노동자가 차지한다는 게 말이 돼?"

내가 없는 이야기를 지어냈다고? 결코 그렇지 않다.

물론 노동자에게 좋기만 한 것은 아니다. 독일의 공동결정법에 따르면 노동자가 선출한 이사와 주주가 선출한 이사의 의견이 팽팽히 맞서 투표에서 50 대 50이라는 결과가 나오면 이사회 의장은 '찬반동수 상황을 해결하기 위해' 2차 투표 혹은 중복 투표에 부칠 수 있다. 그 의장 자리는 누가 차지할까?

주주 쪽에서 차지한다. 2차 투표에서도 찬반동수가 나오면 의장이 최종결정권을 행사한다. 따라서 '자본주의'가 승리하는 일이 다반사이다. 그렇다. 결국에는 투자자인 주주와 은행, 골드만삭스가 똘똘 뭉치기만 하면 '승리'하는 것이다. 이제 다른 독자가 분통을 터뜨린다. "에이, 이게 뭐야. 사회민주주의라고 했잖아! 결국에는 다 똑같다는 소리네." 맞다. 내가 약간 과장했다.

하지만 그 외에도 노동자가 영향력을 행사하는 부분은 많다. 예컨대 차기 CEO로 A라는 사람을 뽑을지, 아니면 B라는 사람을 뽑을지를 놓고 주주들의 의견이 갈린다면 노동자 이사가 최종결정권을 행사할 수 있다. 그래서 A가 CEO가 될 경우 그는 노동자들에게 일정한 빚을 지게 된다. 노동자는 회사 주식을 한 주도 소유하지 않았지만 이런 권한을 행사한다! 사회민주주의 모델에서는 어떤 노동자든 '노동자'로서의 이해관계에 따라 행동하면 그만이다.

여기서의 이사회는 '감독이사회(supervisory board)'이고, 그 밑에는 규모가 작은 '집행이사회(executive board)'가 존재할 수도 있다. 미국이나 영국에서 흔히 말하는 이사회가 여기에 해당된다. 독일의 노사공동결정법은 2000명 이상의 임직원을 거느린 대기업에만 적용된다. 그러므로 규모가 작은 기업들에서는 노동자가 이런 영향력을 가질 수 없다.

어쨌거나 독일에서는 기업 내의 모든 대소사를 노사가 논의하므로 CEO 한 사람이 안하무인식으로 모든 직원의 생사를 좌우하지 못한다.

물론 한계도 있다. 노동자가 노사공동결정제도를 통해 예컨대 아웃소싱을 전면 중단시키는 등의 일을 하기는 어렵다. 그러나 노동자는 이사회에 참석함으로써 노동자의 이해관계를 심각하게 침해할지도 모르는 각종 경영 계획에 대해 입장을 충분히 설명할 수 있으며, 때에 따라서는

수정하게 만들 수도 있다.

　노사공동결정제도가 세계화를 막을 수는 없다. '단지 이런저런 장애물만을 설치하는' 데에 그칠 수도 있다. 그러나 현실은 매우 다양하고 그 안에서 상황을 헤쳐 나갈 여지는 얼마든지 있는 것이다. 미국에서는 경영자가 중무장한 경호원을 대동하고 공장 문을 들어설 때까지 현장 노동자는 공장 폐쇄 계획이 있다는 것을 전혀 알 수 없다. 하지만 독일에서는 노동자가 고대 로마 시대에 카이사르에 맞서 공화정을 수호하고자 했던 소(小) 카토(Cato)처럼 공장의 수호자 역할을 할 수 있다. 현장 노동자도 노사공동결정제도 덕분에 기업 경영과 관련된 각종 자료를 쉽게 입수해서 줄줄이 꿰고 있어서 그렇다. 경영자는 노동자가 동의해 주지 않으면 경영의 어려움이 가중될 수 있다는 것을 잘 알고 있으므로 함부로 행동하지 못한다. 노동자가 기업의 매각을 저지하기는 힘들겠지만 새로운 경영자나 소유주를 압박하여 운영 자금을 더 내도록 만들 수는 있다. 또 각종 문제를 제기하고 공론화할 수 있다. "중국에서 수입하시겠다고요? 그에 따른 막대한 비용을 각오해야 할 겁니다." 이렇게 말이다.

　자, 지금까지 직장평의회와 노사공동결정제도에 대해서 알아보았다. 그러면 노동조합은 무슨 일을 하는가? 노동조합은 각종 '노동자 연합 단체'와 함께 '거시적인' 수준에서 임금과 연금을 놓고 단체교섭을 벌인다. 예컨대 반스 앤드 노블, 보더스(Borders) 등의 대형 서점 노동자로 구성된 노동조합은 1평방마일(1.6제곱킬로미터) 이내에 있는 동일 업종 노동자의 임금을 일괄적으로 정하는 단체교섭에 나선다. 1940년대와 1950년대에 미국에서도 이런 식의 임금 협상이 이루어졌지만 지금은 사라진 지 오래이다. 사실 미국의 수많은 노동자 중 '단체' 교섭이라는 말을 들어 본 사람이 몇 명이나 될지 모르겠다.

 독일의 노동조합은 기업이나 산업 전반에 걸쳐 될 수 있으면 많은 노동자의 임금을 동일한 수준에서 정하려고 노력한다. 일정 지역 내의 모든 반스 앤드 노블 노동자, 보더스 노동자는 직무나 노동의 유형이 동일하면 동일한 임금을 받게 된다. 미국처럼 사업장별, 기업별, 또는 도시별로 임금이 달라지지 않는다. 어디서나 동일 노동 동일 임금의 원칙이 최대한 적용되도록 한다. 이게 바로 지역별임금결정제도이다.

 그리고 그 방식은 철저하게 공개적이고 '투명'하다. 미국을 보라. 시카고의 반스 앤드 노블 노동자의 임금이 얼마이고 졸리엣의 보더스 노동자의 임금이 얼마인지, 또는 동일한 기업에서도 각 지점의 누가 얼마를 받는지 투명하게 공개된 적이 있는가? 독일 모델이 아무리 변했다 한들 이 부분만큼은 크게 변하지 않았다. 누구나 동일 업종 노동자의 임금 수준을 꿰고 있다. 서점 산업만이 아니라 나라 전체를 봐도 투명하다. 독일 금속노동조합 소속 티센크루프(Thyssen Krupp) 지부 노동자의 임금이 3퍼센트 상승했다면 서점 노동자의 임금도 3퍼센트 상승하면 안 되는가? 정확히 평가하면 독일 사회민주주의를 떠받치는 세 개의 기둥 중에서 지역별임금결정제도가 가장 취약하다. 하지만 독일은 최소한 노력하고 있다.

 지역별임금결정제도의 핵심은 어떤 기업도 임금을 놓고 다른 기업과 경쟁해서는 안 된다는 것이다. 누구나 다른 사람과 똑같은 세상에서 살 수 있게 하는 진정한 사회민주주의 제도이다. 이 제도가 있기에 전 세계적으로 불평등이 심화되는 와중에도 (지금까지) 독일이 상대적으로 평등한 것이다. 독일의 좌파는 루프트한자(Lufthansa) 항공사의 조종사노동조합이 기내청소원노동조합과 연대하여 단체교섭에 나서지 않는다고 실망할지도 모른다. 그러나 조종사노동조합은 최소한 단체교섭의 적용 범위를 넓히려고 애쓰고 있다.

나는 독일의 지역별임금결정제도가 최대한 유지되기를 간절히 희망한다. 사실 임금이 기업 바깥에 있는 노동조합 상급 조직 차원에서 결정되면 기업 내에서 노동자의 힘이 더 강해질 수 있다. 직장평의회 위원이나 노동자 이사가 경영자에게 임금 인상을 요구할 필요가 없기 때문에 운신의 폭이 넓어진다.

그러나 이런 상황이 바뀌고 있지 않은가?

그렇기도 하고 아니기도 하다. 독일의 다른 것들이 다 그렇듯, 경영자의 입맛에 맞게 변하는 것도 있고, 노동자의 입맛에 맞게 변하는 것도 있다. 우리는 "임금 교섭력이 약해지고 있다."는 등 경영자에게 유리한 이야기를 주로 듣는다. 예컨대 "최근 10년 동안 직장평의회는 꾸준히 확산되었다."는 등의 노동자에게 유리한 이야기를 듣기란 쉽지 않다. 대신 어젠다 2010[*]으로 알려진 복지 축소 정책으로 인해 독일식 복지국가의 토대가 약화되었다는 이야기를 들었을 것이다. 그러나 최저임금이 오르고 과거에 비해 복지 수혜자가 늘어났다는 얘기는 듣지 못했을 것이다. 복지국가가 뒤로 물러선 것 같지만 자세히 따져 보면 전보다 한층 더 강화되었다고 할 수 있다. 미국에 있으면 세상이 어느 한 방향으로 흘러가는 것 같은 이야기만 들린다. 그러나 세상은 그렇게 단순하지 않다! 오른쪽으로 변화할 수도 있고 왼쪽으로 변화할 수도 있는 것이다.

어떤 사람들은 독일이 어떻게 해서 이렇게 낯선 형태의 자본주의, 달리 말해서 미국식 자본주의와는 경쟁 관계에 있는 자본주의를 취하게 되었

---

[*] 2003년 3월 슈뢰더 총리가 이끄는 사민당-녹색당의 연립정부에서 발표한 사회·경제 개혁 정책. 국가 경쟁력 회복과 경제 회생을 위해 복지 혜택을 줄이고 노동 유연성을 강화하는 내용을 담았다.

는지 궁금할 수도 있다. 내가 잘 아는 몇 가지 설명을 소개한다.

미국이 그렇게 했다 | 그렇다. 미국이 오늘날의 독일 모델을 있게 했다. 제2차 세계대전 이후 점령국으로 독일에 진주한 미군은, 히틀러를 지지했던 독일 기업을 누가 지속적으로 감시해야 하는가라는 문제를 두고 고민했다. 이것을 해결하기 위한 방법 중의 하나가 노사공동결정제도의 도입이었다.(직장평의회는 나중에 등장했다.)

제2차 세계대전을 치르는 동안 미국의 주도 세력이었던 뉴딜주의자들은 노사 간의 대타협을 추진하곤 했는데 독일에도 이를 도입했다. 어떤 점에서 오늘날의 독일은 뉴딜 정책이 여전히 살아 숨 쉬는 곳이라고 할 만하다.

영국 노동당이 그렇게 했다 | 독일 점령 당국에는 뉴딜주의자뿐 아니라 영국 노동당의 사회민주주의자도 있었다. 계급 간의 전쟁을 우려한 젊은 좌파들은 노동자와 경영자가 서로 협력하면서 계급 전쟁을 줄일 방법을 추구했다. 그들은 독일 노동자에게 "우리와 같은 실수를 저지르지 마라."고 충고했다.

예수회 교단이 그렇게 했다 | 바이마르 공화국 시절 폰 넬브로이닝(Oswald von Nell-Breuning) 신부는 여러 권의 책을 써서 직장평의회제도를 적극 옹호했다. 1931년에는 교황 비오 11세가 발표한 노동에 관한 회칙 『40주년(Quadragesimo Anno)』을 대필하여 자기의 생각대로 정리했다. 넬브로이닝 신부의 머릿속에 있던 직장평의회제도는 허약하기 그지없던 바이마르 공화국 시대에는 빛을 보지 못했지만, 가톨릭 신자가 많던 서독에서

는 1945년 이후 사회민주주의 회칙에 포함되었고 뮌헨의 가톨릭 우파의 지지를 받는 데에도 성공했다.

독일 노동자가 그렇게 했다 | 그런데 이 과정이 순탄하지만은 않았다. 좌파 노동조합은 처음에 직장평의회를 의심의 눈초리로 바라보았고 적대적으로 대하기까지 했다. 노동조합을 약화시키기 위한 무기로 활용될 우려가 있다는 게 이유였다. "아, 그러다 우리는 마지못해 직장평의회를 만드는 데 동의했어요." 독일 노동조합 관계자는 그렇게 설명했다. 적어도 대기업에서는 직장평의회가 당초 우려했던 것과 다른 모습을 보였다. 노동조합이 경영자에게 영향력을 더 많이 발휘하는 통로로 직장평의회를 이용했던 것이다. 걱정했던 것과 달리 노동의 분화에 따른 노동자의 '분열'은 초래되지 않았다. 직장평의회 덕분에 노동조합은 임금에서 이득을 보았고 노동자는 노동 규칙에서 이득을 보았다.

더구나 '경영자를 위한 정당'인 기민당도 직장평의회에 어느 정도 우호적인 태도를 보였다. 미국인이 제일 이해하기 힘든 것이 바로 가톨릭에 뿌리를 둔 이 기민당의 존재이다. 1906년 벨기에인 청년 변호사가 노동자의 단결권을 지지하는 교황 레오 13세의 「노동헌장(Rerum Novarum)」을 읽고 토론하는 '독서회'를 연이어 조직했다. 이 모임은 점차 전 유럽으로 확산되어 순수 기독교 운동으로 발전했는데 유럽 각국의 기민당은 그 후예이다. 딕 체니(Dick Cheney)의 공화당이 1906년 교황의 노동 회칙을 읽고 토론하는 모임에서 시작되었다고 상상하면 이해가 빠를 것이다.(배경 설명을 더 하자면 레오 13세는 노동조합에 우호적인 태도를 취했다. 볼티모어 출신의 추기경 제임스 기본스가 석탄 광산에서 일하는 가톨릭교도의 권익을 보호하기 위해서 전개한 로비 활동이 주효한 덕분이었다. 이런 점에서 미군 이외의 미국인도 유럽식 모델이 탄생하는 데 지대한 공헌을 했다고 볼 수 있다.)

나치의 패배와 독일의 분단으로 마무리된 제2차 세계대전 이후 친가톨릭 기민당은 서유럽에서 우파 기업 진영의 지지를 받는 정당으로 기본적인 입지를 굳혀 나갔다. 레오 13세의 「노동헌장」의 영향이 남아 있었지만, 나치와 연대하지 않은 친기업 세력이 당내의 주류를 차지했다. 한편 전쟁 중에 남성이 많이 사망한 탓에 1950년대 독일에는 여성이 유권자의 대다수였는데, 이들은 교회가 지지한다는 이유로 기민당을 적극 밀어주었다. 당시 여성들이 노동력의 주축을 이루고 있었던 탓에 기민당으로서는 여성의 지지를 얻기 위해 일정 부분 친노동자 성향을 띠어야 했다. 일반적으로 여성은 친노동자적인 우파 정당을 지지하고 남성은 친노동자적인 좌파 정당을 지지하는 구도가 그때 형성된 것이다.

결론적으로 말해서 독일의 '친기업' 정당은 미국의 공화당과 같은 친기업 정당이 아니다. 오늘날에도 메르켈을 지지하는 독일인 중 일부는 자유시장 자본주의를 비웃음 어린 눈으로 바라보는 경향이 있다. 기민당 내에 친기업 세력이 강하기는 하지만, 노동자와 날카로운 대립각을 세우지는 않는다. '독일 자본주의'를 색다르게 만드는 요인 중 하나가 바로 이처럼 가톨릭의 영향을 깊게 받고 있다는 점이다. 사실 기민당이 없었다면 내가 지금까지 이야기한 독일식 사회민주주의가 단시일 내에 자리 잡기 힘들었을 것이다.

독일 모델의 독특함은 과대평가되기도 쉽고, 또 과소평가되기도 쉽다. 내부의 모습을 자세히 이해해야 하지만 독일인의 입을 통해 직접 듣기는 쉽지 않다. 일단은 내 이야기를 귀담아 듣기 바란다. 나는 독일에 갈 때마다 노동운동 관계자에게 전화해서 현지의 상황이 어떻게 돌아가나 물어봐야 한다는 강박관념 비슷한 것에 시달렸다. 일례로 2004년 연말에 베를린에 갔을 때의 일을 이야기하겠다.

독일 금속노동조합 홍보부서에서 일하는 여성에게 전화를 걸어 인터뷰를 요청했다. 독일 모델을 다시 한 번 철저하게 살펴보기 위해서였다. 그녀는 독일 모델이 무너지기 일보 직전이고, 독일의 상황은 그저 엄혹하기만 하다면서 뒤늦게 찾아온 내게 유감을 표한 뒤 "IT 산업의 직장평의회에 조언을 해 주는 분이 있어요."라며 한 사람을 소개해 주었다. 그는 하이테크 기업의 CEO였는데 지금은 독일 금속노동조합의 전업 활동가로 일한다고 했다.

"뭐라고요? 빌 게이츠처럼 잘나가는 CEO였다가 지금은 노동조합 조직가로 활동하는 사람이 있다고요?"

그녀의 말은 사실이었다. 그 사람의 이름은 비간트(Wigand)였다. 백발 머리의 그는 롤링 스톤즈의 드럼 연주자처럼 보였다. 아니 유보트 선장처럼 보이기도 했다. 청바지를 입은 데다 잠수함에서 허용되는 것보다 담배를 더 많이 태운다는 점을 빼고는.

그와 악수한 후 호기심을 못 이겨 기어코 물어봤다. "정말로 하이테크 기업의 CEO였나요?"

그는 알아차리기 힘든 미소, 유보트 선장에게서 볼 수 있는 그런 미소를 짓더니 "예, 하지만 그건 벌써 몇 년 전 일인데요, 뭘."이라고 말했다. CEO와 노동조합 활동가라는 극과 극을 오간 사람이 내 눈앞에 있었다. 아무리 독일이라 해도 이런 사람은 보기 드물다. 그는 담배를 입에 물더니 웃음 띤 얼굴로 "오래 이야기할 시간이 없어요. 아들 녀석을 축구장에 데리고 가야 합니다."라고 말했다.

"아, 그러세요? 간략하게 직장평의회가 어떤 일을 하는지 말씀해 주세요. 저도 물론 웬만큼 알고는 있지만….″ 나는 잠깐 말을 멈추고 숨을 고른 다음 뒷말을 이어갔다. "자꾸 까먹어서요."

"이 책 읽어 보셨나요?" 이렇게 말하면서 그는 내게 독일 금속노동조합에서 발간한 영어로 된 책 한 권을 건네주었다. 『고용과 법(Employment and Law)』이라는 책이었다. 비간트의 설명에 따라 2분여 동안 책 이곳저곳을 들춰 보았다. 그러다 문득 고개를 들어 그의 얼굴을 보니 머리는 온통 하얗고, 입에서는 담배 연기가 쉴 새 없이 뿜어져 나왔다. 그러고 보니 20달러 지폐에 그려진 미국 7대 대통령 앤드루 잭슨(Andrew Jackson)과 생김새가 닮은 것도 같았다. 우리는 그 책에 나열된 직장평의회가 할 수 있는 일 몇 가지를 함께 살펴보았다. 이를테면 이런 것이었다. "직장평의회는 출근 시간을 정할 수 있나요?" "그렇습니다." "퇴근 시간도 정하나요?" "예, 그렇습니다."(직장평의회 위원으로 활동하던 어떤 기자의 말이 생각난다. "우리는 극장에 가서 각종 공연을 볼 수 있도록 퇴근 시간을 정하고 있습니다.") 이 책에 따르면 정리 해고 계획이 있을 때 직장평의회는 누가 해당자이고 누가 해당자가 아닌지를 알려 준다. 또 휴가도 정할 수 있다. 임금도 정할 수 있다. 단, 노동조합이 정한 수준 이상으로 올리는 것만 가능하다. 41쪽에는 "직장평의회 위원은 어떤 명령을 내릴 수 있나?"라는 제목 아래 여러 가지 권한에 대한 상세한 설명이 나와 있었다. 내가 평소에 궁금해 하던 것이었다.

비간트에게 직장평의회 위원은 무엇이든 다 할 수 있느냐고 물었다. 그는 빙그레 웃으며 말했다. "예, 그렇습니다. 권리가 많아요. 그렇다고 주어진 권리를 함부로 행사하기는 힘들어요. 위원이 자기 권리를 남용하지 않도록 늘 견제를 해야 합니다." 그는 직장평의회 위원을 교육시킬 때면 '이 책'에 규정되어 있지 않은 권리도 이야기해 준다고 덧붙였다.

"예를 들면 무엇이 있습니까?"

"음, 1년에 네 번, 또는 매분기별로 직장평의회는 전일(全日) 회의를 소집할 권리가 있어요." 이때에는 사업장 문을 닫고서 어젠다 2010, 또는 그보다 더 심각한 정치 문제에 대해서 토론을 벌인다고 한다.

"예전에 제가 다니던 회사에서는 이라크 전을 주제로 종일 토론을 한 적이 있습니다." 놀라서 입이 벌어진 내 모습을 보았는지 그는 허허 웃으며 말했다. "그렇게 놀랄 만큼 대단한 것은 아니에요. 이라크 전이 우리 회사와도 어느 정도 관련이 있어서 그랬습니다. 미군과 계약을 맺고 진행하는 사업이 있었거든요."

"경영자 쪽에서도 그런 문제가 있으면 회의를 소집할 수 있나요?"

"아니에요. 그러지 못해요. 이건 노동자만의 고유한 권리랍니다. 반파시즘 운동의 유산이지요."

옛날에는 미군이 노사공동결정제도 도입에 힘을 실어 주었는데 지금은 독일 노동자가 미군이 외국에 주둔하는 문제를 놓고 토론을 벌인다고 생각하니 기분이 묘했다. 어쨌거나 경영자에게는 공평하지 않은 것 같았다.

"물론 기업 입장에서 보면 1년에 나흘씩이나 일을 하지 않는다는 것은 비용이 많이 드는 일이지요. 어떤 기업이 네 군데의 도시에 총 3000명의 직원이 일하는 사업장을 두고 있다고 해 봅시다. 우리는 이렇게 요구할 수 있습니다. '올해는 총회를 열지 않을 방침이다. 그러니 노동자 기금에 300만 유로를 적립시켜 다오.'라고 말이에요." 기업 입장에서는 노동자 기금을 적립시키는 게 더 이익일 것이다. 이것은 그가 IT 산업의 직장평의회 활동에 참여하는 젊은 노동자에게 알려 주는 일종의 요령이었다. 기본적으로 그가 하는 일은 '딜버트(Dilbert)'[*]와 같은 평범한 노동자를 조직하여 직장평의회 위원으로 활동하게 만드는 것이었다. 다시 말해서 직장평의회가 독일 금속노동조합에서 독립되어 있어도 회사와 협상할 수 있도록 노동자를 훈련시키는 게 그의 주요 임무였다.

그러면 왜 독일 금속노동조합 등 다양한 노동조합은 노동자를 훈련시키는 데 열심인가? 현장 활동가를 양성하는 데 도움이 되기 때문이다. 그런 훈련을 통해 노동조합의 사상을 주입하는 것이다. 게다가 이런 훈련 비용은 회사가 부담한다.

"잠깐만요." 내가 말을 끊고서 물었다. "회사가 당신 같은 사람에게 훈련 비용을 직접 지급한다는 말입니까?"

비간트는 어이가 없다는 표정을 지으며 대답했다. "당연히 저한테 직접 주지는 않아요. 직장평의회에 주지요."

어떤 식으로 훈련 비용이 지급되든 그는 무수한 딜버트들의 기를 살려 직장평의회 위원으로서 의무를 다하도록 훈련시킨다. 다음과 같은 점을 생각해 보자. 직장평의회 위원은 '선출직'으로서 직장 내의 각종 규칙을 만드는 일에 관여한다. 독일 전역에서 평범한 시민들이 미국에서는 누릴 수 없는 지도자가 될 기회를 누린다. 말 그대로 직장 내의 규칙을 스스로 만들면서 진정한 자치를 실현하는 것이다. 미처 묻지 못한 게 문득 떠올라 비간트에게 물어보았다. "지금 직장평의회 위원으로 선출되어 활동하는 사람들 수는 어느 정도나 되나요?"

잠시 생각하는 듯하다 그가 대답했다. "글쎄요. 한 50만 명쯤 될걸요."

헉, 50만 명이라! 한 번 선출되면 평생 하는 것은 아닐 테니까 그 후임자까지 감안하면 근 100만 명에 달하는 사람이 직장평의회 위원직을 경험하는 셈이다. 독일의 전체 인구는 8300만 명 정도이다. 이 중 100만

* 신문 연재 만화 〈딜버트〉의 주인공인 대기업 엔지니어로, 만화에는 딜버트가 직장 생활에서 겪는 여러 이야기가 담겨 있다.

명이라니! 거실에서 TV만 보는 '소극적인 방관자'와 '적극적인 활동가'의 비율이 어떻게 바뀔지 생각해 보라. 독일 주식회사는 지구가 아닌 다른 별에 있는 나라라는 말이 옳다는 것을 절실하게 깨달았다.

부러움이 역력한 내 표정을 보고 미안했던지 비간트는 이런 말을 던졌다. "그런데 직장평의회가 어디에나 있는 것은 아니에요. 노동자 수가 1000명 이상인 기업에만 있습니다. 자동차 기업에는 모두 직장평의회가 있지만 IT 관련 기업에는 겨우 3분의 1에만 존재해요."

"3분의 1이라고? 내가 보기에는 그 정도도 대단한 숫자입니다."

"자동차 기업은 전통적으로 연대 의식이 끈끈합니다. 그러나 IT 산업에는 갓 군대를 제대하고 입사한 젊은이들이 많아서 그런지 연대 의식이 그리 강하지 않아요." 사춘기를 갓 벗어난 아이들, 사장에게 끽 소리도 못하는 애송이들이 노동자의 주축을 이룬다는 이야기였다. 그러나 세상물정을 알든 모르든 그중 3분의 1이 직장평의회에 가입해서 투표를 한다.

가만히 듣고 보니 군대를 갓 제대하고 취직했다는 말도 쉽게 이해되지 않았다. "아, 그거요. 남자는 의무적으로 9개월간 군복무를 해야 해요."* 그가 내 의문을 풀어 주었다. "그러면 젊은이들 모두 소총 같은 무기를 만지나요?" 이렇게 물었더니 그는 "아, 꼭 그런 것은 아닙니다. 입대자 중 약 60퍼센트가 군인으로 현역 복무를 하고 나머지 40퍼센트는 대체 복무를 하지요. 사회봉사 시설에서 노인을 돌보거나 아니면 미국으로 건너가 노숙자 보호소 같은 곳에서 봉사 활동을 합니다."라고 자세히 설명을 해 주었다.

나는 다시 이야기의 주제로 돌아갔다.

---

* 2010년 7월 1일부터 독일 연방군의 의무 복무 기간이 6개월로 단축됐으며, 2011년 7월 1일부터는 징병제가 폐지되고 지원병제로 전환됐다.

"그러면 당신이 역점을 두고 교육하는 것은 무엇인가요?"

"어떤 일이든 회사가 직장평의회와 협의하는 구조를 만들어 놓으라고 강조합니다. 직장평의회는 회사에 협의를 요구할 강력한 권리가 있습니다." 그가 말했다.

"강력한 권리라고요?"(미국에서도 노동자의 권리가 이 정도로 '강력'하다면 얼마나 좋겠는가?)

"회사는 직장평의회와 협의해서 모든 일을 처리해 나가야 합니다." 그는 경영자가 누구를 임원으로 임명할지의 문제도 노사 협의 대상에 포함된다고 말했다. "어떤 회사에서 있었던 일이 생각나네요. 경영자가 우파를 임원으로 승진시키려고 했어요. 하지만 노동자 측에서 반대했지요."

"우파라면 어떤 우파 말인가요?"

"정치적 견해가 극우적인 사람 말이에요. 그 사람은 정치적으로 올바르지 않았어요."

"단지 정치적 견해 때문에 반대했다는 말입니까?"

그는 재를 털었다. "예, 우리는 그렇게 했습니다. 못할 게 뭐 있나요?"

정말 대단하다는 생각이 들었다.

비간트는 그때까지 말하는 내내 웅크리고 있었는데 이제 몸을 꼿꼿이 폈다. "잘 아시겠지만 우리는 회사에 당당하게 협의를 요구할 권리가 있어요. 신제품을 내놓을 계획이 있으면 회사는 노동자에게 반드시 알려주어야 합니다." 그렇다. 독일 노동자는 경영 계획에 관한 정보도 얼마든지 입수할 수 있다. 미국에서는 노동자가 제기한 소송을 대리하는 나 같은 변호사가 회사에 서류 제출을 요구할 수 있지만, 경영 계획까지 요구하지는 못한다. 하지만 비간트가 말한 대로라면 독일에서는 노동자가 어떤 문서든 샅샅이 볼 수 있다.

"경영자도 노동자가 어떤 문서를 중점적으로 살펴보는지 알겠네요?"

"그럼요. 심지어 복잡한 인수 합병 계획서까지 달라고 요구한 후 변호사에게 검토하라고 넘길 수 있습니다."

"그러면 변호사 비용은 누가 부담하는데요?"

"물론 회사이지요."

한편 노동조합과 직장평의회가 대립하는 믿기 힘든 경우도 있다. 직장평의회가 임금 수준을 놓고 회사와 협상에 나설 때 간혹 그런 일이 있다고 했다. 한 시간 동안의 대화 도중 바로 이 대목에서 비간트가 모는 유보트가 크게 출렁거렸다. 그는 '강하게' 분통을 터뜨렸다.

노동조합은 노동조합대로, 직장평의회는 직장평의회대로 제각각 맡은 역할이 있는 법이다. "각자 서로를 존중해야 합니다. 명확한 경계선이 있어야 해요." 그는 말을 잠시 멈췄다. "노동조합이 임금 총액의 규모를 결정하면 직장평의회는 그 지급 방법을 결정하는 식으로 역할을 분담해야 합니다. 예를 들어 노동조합이 10억 유로를 경영자에게 받아 낸 후 임금과 연금의 비율을 8 대 2로 나눴다면 직장평의회는 '아, 그러지 말고 7 대 3으로 합시다.'라는 의견을 제시할 수 있습니다. 노동조합이 찬성하면 일이 원만하게 해결되는 거죠."

여기서 중요한 것은 직장평의회가 다른 근로조건의 향상을 위해 임금 총액 자체를 줄일 수는 없다는 것이다. 그럴 경우 노동조합의 존립 근거가 무너지기 때문이다. 그게 비간트가 가장 크게 우려하는 점이었다. 예를 들면 '국제적인' 반스 앤드 노블 본사는 3000명 규모의 노동조합이 아니라 겨우 30명 규모의 직장평의회와 협상하려고 할 게 뻔하다. 그러면 노동조합은 무너질 것이다. 가끔 『파이낸셜 타임스』에 '모범적인 직장평의회'를 찬양하는 글이 올라온다. 그 속내는 무엇일까? 직장평의회가 저렇게 잘 굴러가니 임금을 결정할 권한을 주어야 한다는 것이리라. 노동조합을 무력화시킨 다음에는 유럽에서 사회민주주의를 제거할 테고.

독일의 사회민주주의는 구동독식의 국가사회주의와는 다르다. 하지만 베를린에는 그 잔재가 아직도 남아 있다. 포츠담 수영장을 예로 들 수 있다. 비간트와 대화를 나눈 후 피부에 달라붙은 것 같은 담배 연기를 씻어내고 싶어 구동독 시절에 소련식으로 세워진 포츠담의 수영장을 찾아갔다. 베를린에서 포츠담까지 가는 열차는 로켓처럼 빨랐다. 이제 포츠담 시는 매우 세련된 도시이다. 포츠담 중앙역에 내린 나는 쇼핑몰을 지나가면서 코코넛처럼 생긴 소형 상점에서 CD를 사는 청년들을 보았다. 전자 기기만을 옆에 끼고 살 뿐 타인과의 의사소통에는 서툰 메릴랜드 주 세비 체이스의 청년들과 별반 달라 보이지 않았다. 하지만 잠시 후 소련식으로 지어진 수영장에서 그들이 단체로 물놀이하는 광경을 보고는 깜짝 놀랐다.

구동독 시절에 지어진 낡은 국영 수영장은 포츠담 중앙역 쇼핑몰 맞은편 언덕에 있었는데, 1월인데도 희미한 파란 전등 하나만이 켜져 있었다. 독일에서 1월은 오후 4시면 벌써 어둑어둑해지는 때라 수영장은 귀신이 나오는 집 같았다. 페인트가 벗겨지지 않았는데도 꼭 벗겨지는 것처럼 보였다. 수영장은 규모가 대단히 크고 사방이 탁 트여 있어서 그 안에 들어선 나는 한없는 위축감을 느꼈다. 수영복으로 갈아입으려고 라커룸으로 들어갔다. 라커 앞에서 막 옷을 벗으려고 하는데 얼마 떨어지지 않은 곳에서 두 여자가 수다를 떠는 모습이 눈에 들어왔다.(그들은 나를 보지 못했을 것이다.)

어찌 된 일이지? 음, 당연해. 유럽인들은 도덕관념이 없으니까. 내 머리에 맨 처음 떠오른 생각은 그랬다. 하지만 곧 나 자신이 무언가 실수를 하고 있음을 깨달았다. 술집에서 흔히 볼 수 있는 자그마한 반자동식 탈의실 문이 있었고 그 문 뒤로 가서 수영복으로 갈아입어야 했던 것이다. 제기랄, 왜 라커룸을 남녀 공용으로 만들어 놨담? 돈을 아끼기 위해서? 망신 주기 위해서? 아니면 감시하기 편하라고? 이런 것들이 다 이유가 될 수 있겠지.

그러나 문제는 라커룸만이 아니었다. 수영장 자체가 쓸데없이 너무 크고 확 트여서 사람들이 정말 개미만 하게 보였다. 처음 봤을 때는 숨이 턱 막혔다. 이 망할 놈의 수영장은 구소련 군대인 적군(赤軍)의 야외 화장실보다 더 컸다. 게다가 수영장 이쪽 끝에서 저쪽 끝까지 1킬로미터도 넘는 듯했다. 이쪽이 러시아라면 저쪽은 프랑스 칼레였다. 나는 마치 한 덩어리가 된 것처럼 보이는 사람들 주변에서 수영을 했다. 남자들은 죄다 물을 첨벙 튀기며 다이빙을 했고 여자들은 죄다 원 모양으로 개구리헤엄을 쳤다.

아까 쇼핑몰에서 마주쳤던 청년들도 있었을 테지만 머리밖에는 보이지 않아 구분할 수가 없었다. 머리를 위아래로 움직이며 열심히 물살을 가르는 그들을 보니 문득 마오쩌둥 생각이 났다. 자신이 건재하다는 것을 과시하기 위해 양쯔 강을 헤엄치던 모습이. 나도 풍덩 물에 뛰어들어 물살을 헤치기 시작했다. 철벅, 철벅, 철벅…. 이런, 도저히 맞은편까지 갈 수가 없었다.

왜 수영장을 이렇게 크게 지어 놨을까? 하버드대학교의 경제사학자 알렉산더 거센크론(Alexander Gerschenkron)에 따르면, 사회주의 국가의 중앙 계획 시스템에서 계획가는 단 하나의 초대형 수영장만을 원한다. 생활 편의 시설은 단 하나만 있어도 충분하다고 보기 때문이다. 그래서 과거

국가사회주의하에서는 단 하나의 초대형 수영장, 단 하나의 초대형 백화점이 존재했다. 1993년 모스크바를 방문했을 당시에도 맥도널드 지점이 모스크바에 오직 한 군데 있었다. 매장이 여섯 개 층에 달하는 세계에서 가장 큰 지점이었다.

꽤 오래 전인 1989년에 모스크바의 내 친구 잉가(Inga)는 이런 말을 한 적이 있다. "러시아에서는 모든 게 초대형이야. 정부도 그렇고 백화점도 그렇고 하다못해 맥도널드 매장도 그래. 뭐든지 다 크지."

그녀는 잠시 말을 멈췄다. "아파트를 빼고는."

또 다시 멈췄다. "월급도 빼고."

말을 계속 했다면 그녀는 필시 "사람을 제외하고는"이라는 말도 덧붙였을 것이다. '구' 국가사회주의, 또는 이른바 '제2의 길'은 초대형 공공재를 제공하는 수법으로 일반 시민이 스스로를 왜소하게 느끼도록 만들었다. 나는 그런 게 참 싫다. 검소하게 사는 것은 좋지만 자신을 초라하고 왜소하게 느끼게 만들어서야 되겠는가.

'구' 사회주의는 비간트가 담배를 뻑뻑 피며 그토록 열심히 설명했던 독일 노동자가 꿈꾸는 세상과 과연 비슷했을까? 초대형 수영장에서 수영을 하는 동안 구동독과 같은 '사회주의 사회'는 사회학자 로버트 퍼트넘(Robert Putnam)이 말한 "사회적 신뢰(civic trust)"가 전혀 없었을 것이라는 생각이 머리에서 맴돌았다. 사실 그 시절 누구도 서로를 신뢰하지 않았다. 그게 바로 가족들이 서로를 비밀 경찰 슈타지(Stasi)에 밀고한 이유이며 유일한 초대형 수영장, 유일한 초대형 맥도널드 지점, 유일한 초대형 남녀 공용 라커룸 등이 있었던 이유이다. 그 속에서 모든 사람이 국가의 감시를 받았을 것이다.

구동독의 사회주의는 신뢰를 배척했지만, 비간트가 일하는 직장평의회는 굳건한 신뢰를 바탕으로 해야 한다. 그 이유를 살펴보자. 첫째, 독일 곳곳의 노동 현장에서는 매일 선거가 치러진다. 이것은 노동자라면 누구라도 선거에 출마할 용기가 있어야 한다는 뜻이다. 둘째, 그다음 단계에서는 완전히 낯선 사람과 함께 평의회에서 일해야 한다. 그리고 경영자가 좋아하지 않는 규칙도 정해야 하며, 동료가 나를 속일지라도 그러지 않으리라고 믿어야 한다. 마지막으로, CEO를 위시한 경영진 역시 노동자들이 '선출'을 통해 얻는 권력을 공정하게 행사할 것이라고 믿어야 한다. 비간트와 같은 노동조합 활동가도 평의회 위원이 노동자에게 이익이 되는 방향으로 활동할 것이라고 믿어야 한다.

바꿔 말한다면 독일에서는 구소련의 잉가처럼 한없는 왜소함과 무력감을 느낄 필요가 없다. 또 수많은 미국인처럼 언제 직장에서 쫓겨날지 몰라 불안에 떨고 겁을 먹을 필요도 없다. 노동자는 어떤 상황에서도 발언할 수 있고, 어떤 발언을 해도 안전하다고 느껴야 한다.

그것이 현재의 독일식 사회민주주의와 과거 사회주의의 다른 점이다. 구사회주의에서는 모든 일이 신뢰 없이 굴러갔다. 반면에 독일식 사회민주주의는 서로에 대한 신뢰에 바탕을 두고 있다. 신뢰가 없다면 모든 게 무너질 것이다.

독일식 사회민주주의는 미국식 자본주의와도 다르다. 미국 젊은이는 어렸을 때부터 브리트니 스피어스(Britney Spears)의 음악을 끼고 산다. 아마 죽는 순간까지 그럴지도 모른다. 그러나 독일의 전자 제품 상점에서 내가 봤던 젊은이들은 일정 시점이 되면 귀에 썼던 헤드폰을 벗는다. 전자 기기를 이용한 소통의 틀을 벗어나 사람들과 서로 부대끼면서 소통해야 한다. 안 그러면 모든 게 무너질 테니까. 이들은 단순히 소비하거나 소비될 수 없다. 서로에게 책임과 신뢰를 가져야 한다.

유럽식 모델, 최소한 독일 모델 덕분에 미국인과 전혀 다른 삶을 사는 사람들이 존재한다. 어느 순간이든 50만 명의 독일인은 서로 돌아가며 공직에 앉게 되므로 '사회적 신뢰'는 나날이 강화될 수밖에 없다. 이런 신뢰가 밑바탕에 깔려 있기에 독일인이나 유럽인은 세율 인상을 주장하는 정당에 마음 놓고 한 표를 던진다고 생각한다. 이사벨은 바버라와 달리 자기가 낸 세금을 돌려받을 수 있다고 굳게 믿는다. 사회민주주의가 외국 이주민에 개방적이지 않은 이유도 바로 여기에 있다고 본다. 내가 말하고 싶은 것은 사회민주주의 국가의 유럽인은 외국인 혐오주의자는 아니지만 외국인을 신뢰하지 않을 수 있다는 점이다. 이것은 신뢰를 중시하는 사회민주주의의 부정적인 면이다.

구소련식 사회주의와 비간트가 말한 사회민주주의의 차이점을 극명하게 보여 주는 이야기를 하나 더 해 볼까? 규모는 작지만 떠오르는 글로벌 은행에서 일하는 젊은 독일인에게 들은 이야기이다.

"그 은행에도 노사공동결정 이사회가 있나요?" 내가 물었다.

"예, 있어요." 그가 대답했다.

"운영이 잘되나요?"

그가 씩 웃으며 말했다. "몇 가지 문제가 있어요."

"어떤 문제가 있는데요?"

"정원사가 노동자 이사로 선출되었어요. 은행에서는 보통 영어를 사용하는데 그 사람은 영어를 못해요. 결국 이사회 회의에서는 모두 독일어를 사용해야 합니다. 어떤 내용이 논의되는지 노동자 이사가 알아야 하니까요."

아! 세계화에 이런 방식으로 대항할 수 있겠구나! 정원사를 노동자 이사로 앉혀 영리하고 똑똑한 경영자 쪽 이사가 그에게 천천히, 그리고 독일어로 설명하게 만든다. 감시 모델에는 두 가지 유형이 있다. 먼저 "빅 브라더가 너를 지켜보고 있다."는 식의 옛 국가사회주의 방식의 감시 모델이 있다. 그리고 비간트식 모델도 가능하다. 이 모델의 감시자는 물통을 들고 다니며 회사 로비의 꽃에 물을 주는 사람이다.

정원사를 노동자 이사로 선출함으로써 노동자들은 경영자 측에 어떤 메시지를 보낸 것일까? 영어를 사용하며 진행되는 세계화라는 숨가쁜 경주에서 벗어나 무슨 일이 벌어지고 있는지 노동자들에게 설명하라는 무언의 메시지를 보낸 것이리라.

미국에서는 이런 일이 일어나기 힘들다는 것을 나도 안다.

누군가는 이렇게 비웃을지 모른다. "당신은 노사공동결정제도에 대해서 말하고 있는데 독일의 노동자가 모두 그 대상인 것은 아니잖아." 그렇다. 노동조합이 없는 회사가 더 많다. 모든 노동자가 직장평의회에 가입해 있는 것도 아니다. 사실 독일 노동자의 약 40퍼센트만이 노동조합이나 직장평의회가 있는 기업에서 일하고 있다. 그러나 그게 뭐 어떻단 말인가? 미국의 민주주의가 한창 활기를 띠었던 앤드루 잭슨 대통령 시절이나 뉴딜 시대에도 모든 미국인이 그 혜택을 만끽했던 것은 아니다. 역사가 숀 윌렌츠(Sean Wilentz)가 주장했듯이 어떤 민주주의라 해도 경계선은 존재하기 마련이다. 앤드루 잭슨 대통령 시절에도 흑인과 여성 등은 소외되었고, 뉴딜 시대에도 미국 남부는 뚜렷한 혜택을 누리지 못했다. 하지만 이때만큼 민주주의의 열기가 크게 달아오르고 평범한 시민의 정치적 힘이 컸던 때는 없었다. 이렇게 민주주의의 기세가 고양될 때에도 경계선이 늘 있었다는 사실을 감안하면 문제는 이런 경계선이 줄어드는가, 혹은 늘어나는가라는 게 윌렌츠가 우리에게 던지는 물음이다.

이 문제의 명확한 답은 없다고 생각한다. 하지만 독일의 상황을 낙관할 이유가 적어도 두 가지는 있다. 먼저 1991년 이후로 독일 기업 내의 직장평의회 수가 늘어났다. 1998년에서 2005년 사이에 정권을 잡았던 사민당과 녹색당은 법을 제정해 직장평의회를 설치하는 기업의 범위를 확대했다. 그 덕분에 중대한 의사 결정에 참여하는 일반 노동자의 숫자가 증가했다. 노동조합이 과거처럼 활발하게 활동하지 못하고 있는 것은 분명 사실이다. 임금 협상 하나만 봐도 노동조합의 힘은 전보다 약화되었고, 독일 금속노동조합은 개별 노동조합에 우선하여 해고 반대 투쟁을 벌일 권리를 포기했다. 하지만 사민당과 녹색당의 연정하에서 제정된 법령에 따라 노동조합의 경계선은 확장되고 있다.

이런 경계선은 독일 이외의 지역에서도 확장되는 중이다. EU는 독일 모델, 또는 최소한 직장평의회를 적극 권장한다. 네덜란드에는 직장평의회가 이미 뿌리를 내렸고 프랑스에서도 더러 눈에 띈다. 언젠가는 판매원, 청소원, 배선공, 그리고 정원사가 냄비를 휘저어 먹고 싶은 것을 꺼내 먹을 기회가 오지 않을까?

이제 노동조합과 관련된 이야기는 그만 접고, 미국인이 들으면 진짜 분통을 터뜨릴 다른 이야기를 해 보겠다.

독일은 신문의 나라이다

혹은 책의 나라라고 해야겠다. 서양에서 독서 문화가 과연 살아남을 수 있을지는 독일에 의해 결정될 것이다. 내가 너무 과장한다고?

프랑크푸르트에서 온몸에 소름이 돋을 정도로 감탄했던 때가 있다. 종소리를 들었을 때도 아니고 마인강을 오르내리는 작은 배를 봤을 때도 아니다. 유럽에 온 첫날, 프랑크푸르트 중앙역에서 기차를 탔을 때였다.

그곳에서 기차를 타고 서쪽으로 네 시간을 달리면 파리와 암스테르담에 갈 수 있고 북쪽으로 네 시간을 달리면 베를린에 갈 수 있다. 쾰른은 한 시간만 달리면 된다. 어느 날은 수많은 행선지명을 보면서 죽기 전에 그곳들을 모두 가 보고 싶다는 욕심이 들기도 했다. 오, 주여. 그날까지 살게 해 주소서.

그런데 역사 안의 서점에 쌓인 각종 신문을 본 순간 또 한 번 전율을 느꼈다. 1면에 사진은 별로 없고 글자만 빼곡한 『프랑크푸르터 알게마이네 차이퉁(Frankfurter Allgemeine Zeitung)』, 『쥐트도이체 차이퉁(Süddeutsche Zeitung)』, 『베를리너 모르겐포스트(Berliner Morgenpost)』 등 산더미처럼 쌓인 판형이 크고 두툼한 일간지들. 과연 누가 읽을까 싶은 이 신문들을 사람들은 부리나케 집어갔다.

다음으로 선반에 쌓인 책이 눈에 들어왔다. 변화의 기미가 약간 느껴지기는 했지만 책의 표지에는 마치 약속이나 한 듯 아무런 사진이나 그림이 없었다. 독일인은 내용을 보고 책을 고른다는 반증이 아니겠는가? 온통 글자, 글자, 글자뿐이었고 그림이나 사진은 눈을 씻고 봐도 없었다! 그림이나 사진이 별로 없는 두툼한 신문, 온통 글자뿐인 책이 이토록 널려 있다는 사실은 유럽이 TV의 영향을 상대적으로 덜 받는다는 사실을 보여 주는 것이 아닐까?

물론 독일인도 TV를 많이 본다. 최근에는 미국식의 현란한 프로그램도 늘어나기 시작했다. 하지만 아무리 그렇다 해도 미국과 유럽의 간극은 더욱 벌어지는 중이다. 하루 평균 TV 시청 시간을 보면 미국인은 4.6시간이지만, 독일인은 3.5시간, 좌파의 성향이 더 강한 스웨덴인은 2.7시간에 지나지 않는다. TV 시청 시간의 증감 추세를 봐도 독일인은 감소하는 편이지만 미국인은 증가하는 편이다. 한 시간가량의 TV 시청 시간 차이가 활자 문화를 살려 놓는다고 할 수 있다. 또 독일인은 기차를 타고 프랑크푸르트를 오가면서 늘 신문이나 책을 읽을 수 있지만, 미국인은 자동차로 고속도로를 달리면서 고작해야 가족이나 친구에게 문자 메시지를 보낼 수 있을 뿐이다.

아! 국민 모두가 글 읽기 좋아하는 나라에 산다는 게 어떤 것인지 여태껏 잊고 있었다! 주저앉아 울고 싶은 심정이었다.

지금은 독일에서도 신문을 둘러싸고 여러 가지 말이 오간다. "발행 부수가 감소하는 중이다." "눈을 즐겁게 해 주는 게 하나도 없어서 신문을 읽는 사람의 수가 나날이 줄어들고 있다." "인터넷을 뒤지면 신문에 실린 기사를 다 볼 수 있다." 즉 독일의 실정도 미국과 다를 바 없다는 말이다.

책과 관련해서도 어떤 설왕설래가 있는지 잘 안다. "더 이상 책을 읽는 사람이 없어. 반스 앤드 노블에 가 봐. 팔리지 못한 책이 산더미처럼 쌓여 있어. 그런데도 어떻게 독일이 독서 문화가 마지막까지 살아남을 곳이라고 말할 수 있지?"

내 대답은 이렇다. 프랑스나 영국과 마찬가지로 독일에서도 신문의 유료 발행 부수가 감소 추세에 있는 것만은 사실이다. 하지만 『프랑크푸르터 알게마이네 차이퉁』과 같은 몇몇 주요 일간지에 실린 기사는 지금도 일주일 내내 화제가 될 정도로 막강한 영향력을 발휘한다. 독일 일간지에는 보통 4~5개의 섹션이 있는데, 그 하나하나가 종일 독자의 시선을 붙잡아 둘 수 있다. 그러니 책을 서로 돌려보듯 독일인이 이들 주요 일간지를 돌려보는 것은 충분히 납득이 가는 일이다. 반면에 겉만 그럴싸할 뿐 아무 알맹이가 없는 미국의 신문은 길거리 노숙자에게 깔고 앉으라고 주기조차 미안할 정도이다.

더불어 유럽에는 각양각색의 무가지가 널리 배포되고 있다. 그래서인지 파리에 본부를 둔 세계신문협회 대변인은 디지털 시대가 도래했으나 당초 우려와 달리 "여러 선진국의 신문 산업은 결코 쇠퇴하고 있지 않으며 기존 방식으로 발행되는 종이 신문의 판매 부수는 큰 변화가 없다."는 논평을 2007년에 내놓기도 했다. 무료 일간지까지 계산에 넣으면 신문 구독률은 상승하는 중이다. 독일 정부의 공식 간행물인 『독일에 관한 여러 사실(Facts About Germany)』을 보면 독일인의 78퍼센트가 매일 28분 동안 신문을 읽는다. 그리고 신문 유료 발행 부수를 놓고 볼 때 독일은 약간 감소한 데 그쳤지만 미국은 말 그대로 밑바닥으로 곤두박질쳤다. 현재 독일의 유료 발행 부수는 2300만 부인데 인구가 네 배 가까이 더 많은 미국은 3400만 부이다. 기사의 질은 말할 것도 없다. 미국 신문은 대부분 슈퍼마켓 체인인 세이프웨이(Safeway)나 쥬얼 오스코(Jewel Osco)에서 볼 수 있는 고객 유인용 전단지 수준의 기사를 담고 있다. 이런 극명한 대비는 아인슈타인의 상대성 원리를 떠오르게 한다. 독일과 미국 모두 주요 일간지의 발행 부수가 감소하고 있지만, 미국에서 더 빠르게 감소하는 것처럼 느껴진다. 그래서 미국인이 순간이동을 통해 프랑크푸르트 중앙역에 와서 관찰한다면 독일인이 그 어느 때보다 신문을 많이 읽는 것처럼 느끼게 된다.

 책과 신문을 둘러싼 전반적인 상황은 각 나라의 제조업 상황과 유사하다는 생각이 들기도 한다. 미국에 비하면 그 정도가 심하지 않았지만 독일 역시 제조업의 규모 축소 혹은 구조 조정을 겪었다. 또 그와 비슷하게 시민들의 사회 참여가 위축되는 것도 경험했다. 고용 규모가 가장 컸던 제조업 부문의 노동자 수도 감소하는 추세이다. 하지만 그래도 독일 노동자는 비간트가 말했던 경영 참여의 권리를 충분히 누린다. 이들에게는 세상 돌아가는 일에 관심을 가지면서 신문을 읽을 이유가 충분하다.

미국과 영국, 그리고 EU의 몇몇 나라에서는 제조업 부문이 이미 쇠퇴해서 노동자들이 자기들의 기술을 보호하기 위해 집단행동에 나설 이유가 없다. 희망이 없기 때문이다. 최신 뉴스를 따라잡아도 얻을 수 있는 정치적 이득이 아무것도 없으니 귀찮게 신문을 읽을 이유가 있겠는가?

그러나 독일의 경우 기본적인 복지 제도가 온전히 유지되고 있고 대부분의 시민은 집단행동이 꽤 쓸 만한 투자임을 알고 있다. 급격하고 광범위하게 시민의 참여가 쇠퇴하는 것을 막을 브레이크가 시민 사회 안에 존재하는 셈이다.

미국과 영국에서는 유명 인사의 사진이 실렸을 때를 제외하고는 신문을 읽는 사람의 수는 문자 그대로 자유낙하하고 있다. 구글에서 스타의 동정을 살피는 것 외에는 신문이든 뭐든 간에 글을 읽어야 아무 이득이 없다. 그래서 모든 것을 시각 이미지로 표현하는 사례가 늘고 있다. 청소년들은 인터넷을 통해 각종 사진을 서로 돌려본다. 뇌를 빨아들일 것 같은 헤드폰을 머리에 끼고 산다. 어떤 친구가 이런 말을 한 적이 있다. "이런! TV 시청률이 떨어지기 시작했어." 그렇다. 조사 결과가 어떻게 나오든 TV를 전보다 덜 보는 것은 사실이다. 아마도 〈그레이스 아나토미(Grey's Anatomy)〉 같은 드라마 시리즈를 처음부터 끝까지 볼 정도의 집중력조차 없기 때문일 것이다.

프랑크푸르트, 함부르크, 뮌헨, 베를린을 돌아다니다 보면 마치 다른 행성에 와 있는 것 같은 착각이 든다. 독일에서는 열차, 버스, 카페, 식당 어디서든 간에 사람들이 신문을 읽는 모습을 볼 수 있다. 그들은 미국인 못지않게 젊고 세련되었지만 신문, 특히 종이 신문을 열심히 읽는다.

미국에서는 뉴욕과 워싱턴 D.C.의 몇몇 지역을 제외하고는 사람들이 신문을 읽는 광경을 본 적이 없다. 뉴욕의 지하철 1호선을 타고 맨해튼을 가는 동안에는 베를린에서 지상철 에스반(S-Bahn)을 타고 갈 때처럼 사람들이 신문을 읽는 광경을 보기 힘들다. 오죽하면 뉴욕의 지하철 1호선이나 워싱턴 D.C.의 레드 라인(Red Line)에서 신문을 읽는 사람을 볼 때마다 혹시 유럽인이 아닌지 꼭 훑어보겠는가? 시카고, 신시내티, 밀워키 등 미국 중서부 지방은 어떨까? 나는 시카고의 전철이나 버스 안에서 신문을 읽는 사람을 한 번도 보지 못했다.

혹시 시카고에서 전철을 타고 30분을 가면서도 아무것도 읽지 않는 사람들은 내 눈에 띄지 않는 곳에서 신문을 열심히 읽는 것은 아닐까?(그들이 대학 졸업자인지, 대학원 졸업자인지는 따지지 말자.) 인터넷 신문을 하도 읽어서 피로해진 눈을 달래고자 전철 안에서 멍하니 있는 것은 아닐까?

어쩌면 내가 지나치게 고리타분한 것일 수도 있다. 그러기에 프랑크푸르트에 간다. 그저 열차 안에서 사람들이 신문 읽는 모습을 보러.

독일인이 미국인에 비해 신문을 더 열심히 읽는 이유를 뭐라고 딱 부러지게 증명할 수는 없지만 내 나름대로 정리한 이론이 있다.

첫째, 미국에는 사회민주주의가 없다. 독일은 평범한 시민에게 부분적으로나마 실질적인 권력을 부여하고 있지만 미국은 전혀 그렇지 않다. 그래서 어떤 결과가 나왔는가? 지식인들조차 신문을 읽기 어려운 풍토가 조성되고 말았다. 소득수준에 상관없이 누구나 두툼한 신문을 꺼내 열심히 읽는다면 최상위 계층의 사람들은 경쟁력을 유지하기 위해서라도 전보다 더 열심히, 그리고 더 많이 신문을 읽는 법이다. 이러다 보면 나라 전체의 수준도 곧바로 향상될 것이다. 고등학교 졸업자나 중퇴자가 정치에 관심을 갖고 신문을 읽기 시작하면 대학교 졸업자나 대학원 졸업자도 아이패드를 내려놓고 『타임스(Times)』를 읽을 것이다. 시민의 의무를 다하기 위한 일종의 경쟁이 벌어질 것이다.

 게다가 임금이나 휴가 등 경제 문제에 관한 의사 결정이 투명한 방식으로 전체의 의견을 반영해 이루어진다면 어떤 상황이 전개되는지를 알아보기 위해서라도 신문을 읽지 않고는 못 배길 것이다. 노동조합은 올해의 임금 인상률을 몇 퍼센트로 결정할까? 연금에 문제가 생기는 것은 아니겠지? 올해의 휴가 일수는 며칠이나 될까? 독일에서는 언제 어느 때 직장평의회 위원으로 선출되어 '공직'에 몸담게 될지 모르는 만큼 신문을 열심히 읽어 이런 것들을 반드시 알고 있어야 한다. "나는 지금은 정원사이지만 내년에는 글로벌 은행의 노동자 이사가 될 수도 있어. 이렇게 생각하니 바레인의 최근 뉴스가 저절로 눈에 들어오더군."
 가끔 유럽을 무시하는 미국의 경제학자도 있다. "미국인은 유럽인보다 인적 자본에 더 많이 투자한다. 대학 진학률만 보더라도 미국이 유럽보

다 더 높지 않은가?" 이 말은 엄밀히 따지면 맞기도 하고 틀리기도 하다. 미국 대학이 유럽 대학보다 더 뛰어날 수 있다. 하지만 미국의 '공식' 교육은 25세 무렵에 영원히 끝나고 만다. 이와 달리 유럽에서는 고등학교 졸업자도 평생 신문을 손에서 놓지 않는다. 대부분의 사람들이 신문조차 읽지 않는 미국에서 평생교육이 이루어진다고 말하기란 참 쑥스럽다.

둘째, 유럽인은 TV를 시청할 시간이 없다. 앞서 2장에서 바버라와 이사벨 이야기를 하면서 지적했듯이 이사벨이 집 안에만 틀어박혀 있을 가능성은 별로 없다. 사회 기반 시설이 잘 갖춰져 외출하기가 한결 편해지면 사람들은 하다못해 클럽으로 향하는 전철 안에서도 신문이나 책을 읽을 마음의 여유를 느끼게 되는 법이다.

셋째, 독일 신문은 온라인으로 읽기가 정말 힘들다. 인터넷으로 무엇을 읽다 보면 눈앞에서 섬광이 번뜩이는 것처럼 느껴지고 눈이 쉬 피로해지는 법인데, 여기다 독일어 특유의 투박하게 발음되는 철자가 긴 추상적 단어까지 난무하면 잠깐만 집중해서 봐도 정신이 어지러워져 시선을 다른 데로 돌리고 싶은 마음이 든다. 누구든 인터넷에 올라 있는 독일어로 된 글을 모니터를 통해 읽다가 서너 개의 추상명사가 길게 이어진 복잡한 단어가 눈에 자주 띄면 아예 종이로 인쇄해서 차분하게 들여다보는 게 낫다는 생각이 절로 들 것이다.

어쨌거나 독일에 갈 때마다 인터넷에 비하면 더 지루하고 딱딱할 수도 있는 종이 신문을 들고 다니며 읽는 사람들이 더 많이 눈에 띈다. 종이 신문의 시대가 갔다는 소리가 워낙 요란해서 더 그렇게 보이는지도 모른다. 또 종이는 빛을 흡수하는 만큼 모니터로 읽을 때처럼 눈이 부시지 않아서 다시 종이 신문으로 돌아온 사람들도 있을 것이다. 아마도 종이 신문을 읽으면 문장을 찬찬히 들여다보면서 좀 더 오래 생각할 수 있다는 점도 무시할 수 없을 것이다. 나 역시 미국에서 보지 못했던 분량이 많고 고심해서 봐야 하는 정치 대담 기사를 독일에서 보면서 인터넷으로 읽는 것보다는 종이 신문으로 내용을 곱씹으며 읽을 때 생각이 깊어진다는 것을 실감한다. 나는 분명히 말할 수 있다. 미국에서도 종이 신문을 읽으며 더 깊게 생각할 수 있다. 하지만 1시간 15분이나 더 긴 TV 시청 시간을 확 줄이지 않는 한 불가능하다.

2004년 독일에 간 첫날에 있었던 일이다. 시차를 이겨 내려고 커피를 많이 마신 나는 프랑크푸르트에 도착하자마자 늘 그렇듯 기차 안의 풍경을 보러 중앙역으로 향했다.

이때에도 기차를 탄 모든 사람이 신문을 들고 있었고, 나 또한 전과 다름없는 전율을 느꼈다. 하지만 당시 기차는 사람들로 꽉 차 있었던지라 당초 기대했던 '유럽인의 수준 높은 대화'를 들을 기회는 없었다. 유일하게 비어 있던 자리에 앉았는데, 옆에는 미국의 여느 젊은이처럼 비디오 게임에 나올 법한 티셔츠를 입고 헤드폰을 낀 채 음악을 듣는 젊은이가 앉아 있었다. 한 시간 반 정도 잠들었다가 깨어나니 그 젊은이는 숙제라도 하는지 책을 펴들고 뭔가 끼적이는 중이었다. 어깨 너머로 책을 훔쳐보았다. 술술 읽혔다. '와, 내 독일어 실력이 엄청 좋아졌군.' 그렇게 생각하는 찰나 그 이유를 깨달았다. 독일어 책이 아닌 영어 책이었던 것이다. 젊은이는 에드워드 기번(Edward Gibbon)이 쓴 『로마제국 쇠망사(The Decline and Fall of Roman Empire)』 475쪽을 읽고 있었다.(얼마나 인상이 깊었던지 그 쪽수도 정확하게 기억한다.) 예상치 못한 광경에 놀란 나머지 무심코 이렇게 물었다. "학교 공부 때문에 읽는 건가요?"

스무 살 남짓 되었을 것 같은 그 젊은이는 내 얼굴을 흘깃 바라보더니

"아, 아니에요. 저는 공학을 전공하고 있습니다. 그저 로마제국의 역사를 알아야 할 것 같아서요."라고 대답했다. 이름이 뭐였냐고? "톰이에요. 토머스가 아닌 톰이요." 톰이 다니는 공과대학은 훔볼트대학이나 베를린자유대학 같은 명문 대학보다는 약간 처지는 곳인 듯했다.

나는 유럽에 관한 책을 쓰려는 중이라고 말했다. "무엇보다 독일인과 교육제도에 관심이 많아요."

톰은 씩 웃었다. "왜 하필이면 독일에 관한 책을 쓰세요? 프랑스에 관해서 쓰시지."

"그건 좀 곤란한데."

"왜요?"

"〈새터데이 나이트 라이브(Saturday Night Live)〉라는 미국 프로그램 들어본 적 있지요? 거기에 외계인 '콘헤드'가 나오는 시리즈가 있었어요. 콘헤드에게 '너희들 어디서 왔어?'라고 물으니까 '아, 우리는 프랑스에서 왔지.'라고 답해요. 그걸 보면 미국인이 프랑스인을 어떻게 생각하는지 알 수 있겠죠? 괜히 프랑스에 관한 글을 썼다가는 콘헤드에 관한 글을 썼다는 소리를 듣기 십상이에요. 프랑스는 인종이 같은 이웃 나라가 있는 것도 아니고. 그들이 누군지 알아요? 나는 프랑스인이 누구인지는 아무도 모른다는 의견에 동의해요."

"무슨 말인지 알겠어요. 하지만 왜 미국인이 프랑스인에게 그렇게 적대적인지 이해가 안 가네요. 하지만…." 톰은 잠시 말을 멈추었다가 이어갔다. "프랑스인은 독일인보다 읽기 능력이 더 나은 것 같습니다. 혹시 피사(PISA)라고 들어 보셨어요?"

피사는 15년째 유럽에서 열리는 국제 경시대회이고 핀란드 학생들이 늘 1등을 차지한다는 사실, 그리고 2005년도 시험에서 독일의 읽기 능력 점수가 크게 곤두박질쳐 한바탕 난리가 벌어졌다는 사실 등을 어느 정도 알고 있었다.

"지금 독일인들은 무척 속상해하지요?" 내가 말했다.

그가 싱긋 웃으며 "예, 그래요. 우리 독일인은 완벽한 것을 좋아하고 1등 하기를 원하니까요."라고 말했다.

"그러고 보니 영국이 그 시험에서 더 잘해서 사람들이 그렇게 영국을 싫어하는 거군요. 한마디로 말해서 영국이야말로 진짜 라이벌 아닌가요?"

그가 고개를 주억거렸다. "옛날부터 그랬지요."

"그럼 영국인은 독일인의 '적'인가요?"

그는 웃으며 손을 휘저었다. "아니에요. 적이라뇨. 독일인은 어떤 '적'도 만들기를 원치 않습니다! 우리는 그렇게 배웠어요!"

"음. 독일에 관해서 미국인에게 알렸으면 하는 게 있으면 말해 봐요."

그는 한참을 생각하더니 이렇게 말했다. "이 점을 강조해 주셨으면 좋겠어요. 독일은 하나가 아니라 둘이라는 점 말이에요."

"동독과 서독?"

"아, 그게 아니고요. 메르세데스와 BMW요!" 그가 살며시 미소 지으며 말했다. "슈투트가르트의 메르세데스, 뮌헨의 BMW. 그게 독일에 대해 진짜 알아야 할 것들이에요."

"그럼 함부르크나 베를린은?"

"그런 도시들의 차이는 별것 아니에요."

우리는 근 한 시간 동안 독일의 정치와 문학에 대해서 많은 이야기를 나누었다. 독일은 환경보호를 최우선으로 여긴다는 이야기도 들었다. 톰을 만나지 못했다면 당시 독일의 상황이 어떤지 파악하기 어려웠을 것이다. 우리는 직장평의회, 연금, 사회민주주의의 미래에 대해서도 대화를

3 그래서 나는 독일을 선택했다 175

나누었다. 화제가 독일인의 민족성에 이르자 톰은 내게 하이네(Heinrich Heine)의 시를 읽어 본 적이 있느냐고 물었다.

"1840년대에 시를 쓴 사람이잖아요!"

"그래요. 하지만 그때나 지금이나 독일인의 민족성은 달라진 게 없어요."

컴퓨터광이나 입을 듯한 티셔츠, 뽀족하게 솟구친 머리카락을 보고 처음에는 그를 삼류 대학에 다니는 학생 정도로 생각했다. 창피함을 무릅쓰고 그 생각을 톰에게 털어놓으면서 '미국에서라면 이런 젊은이가 나올 수 있을까?' 하고 궁금증이 일었다. 나는 독일의 공과대학에 대해서도 물어보았다.

"이런 우스갯소리가 있는 것을 아세요?" 톰이 들려준 이야기는 이랬다. 누군가 훔볼트대학교 학생과 일반 공과대학 학생에게 "고무란 무엇인가?"라는 질문을 던졌다. 훔볼트대학교 학생은 장장 45분에 걸쳐 고무의 역사, 화학 성분, 제조 과정을 장황하게 설명했다. 일반 공과대학 학생 순서가 되자 이 학생은 질문을 던진 사람에게 다가가더니 고무 한 조각을 꺼내 질문자의 손에 올려놓았다. "여기 있습니다."

톰은 고무 조각을 올려 놓는 모습을 그대로 흉내 냈다. "여기 있습니다."

그는 우스갯소리에 나오는 공과대학생과 자신을 동일시했다. 톰과 이야기하면서 그의 박학다식함에 놀랐다. 에드워드 기번의 그 두꺼운 영어 책을 읽고 정치, 자동차, 심지어 하이네를 읽으라는 얘기까지 나에게 해 주었다. 아니나 다를까, 짐작했던 대로 그는 어렸을 때부터 신문을 쭉 읽었다고 했다. 마침내 나는 꾹 참았던 말을 꺼냈다.

"정말 대단하군요. 그런데 미국에 대해 궁금한 게 있을 텐데, 그렇죠?"

"예, 그렇습니다. 두 가지가 있어요."

"말해 봐요."

"부통령으로 있는 딕 체니라는 사람 말이에요. 핼리버튼 사와 끈끈한 관계를 맺고 있었는데도 어떻게 부통령 자리에까지 오를 수 있었죠?"

"그게 궁금했어요?"

"예."

"다른 건 뭔데요?"

"시카고 불스 농구팀 있잖아요. 정말로 궁금한데 시카고 시민들은 시카고 불스를 여전히 열렬히 응원하나요?"

"음, 마이클 조던이 은퇴했는데도 응원을 하는지가 궁금하다는 거죠?"

"네."

"예전 같지 않아요."

그의 얼굴에 안타깝다는 표정이 스쳐 지나갔다. "유감이네요."

기차에서 내릴 때 톰은 기숙사에서 열린 파티에서 우연히 만났던 플로리다 출신 여학생을 빼면 미국인을 만난 것은 내가 처음이라고 했다. 나는 "네가 나와 대화를 나누게 된 것은 때마침 에드워드 기번을 읽고 있었기 때문이야."라고 혼잣말을 했다.

아무튼 독일은 신문과 책의 나라임에는 틀림없다. 거듭 말했듯이 독일에 오면 내 주변에 있는 모든 사람이 신문을 읽는 모습을 볼 수 있다. 미국식의 작은 신문이 아닌 크고 두툼한 독일 신문을.

더 놀라운 것은 만약 OECD 순위가 옳다면 내 앞에서 두툼한 신문을 펼쳐 들고 열심히 읽는 사람들은 대부분 대학교 졸업자가 아니라는 점이다. 미국이라면 학사 학위 취득 후 곧바로 멈췄을 평생교육을 이들은 꾸준히 실천하는 중이다. 따라서 읽고 쓰는 능력을 키우려면 학사 학위를 남발하는 것보다 사회민주주의를 도입하는 게 더 중요하다.

독일은 환경의 나라이다

독일은 기계장치 수출을 놓고 중국과 선두를 다투면서도 삼림을 보존하고 이산화탄소 배출을 억제하는 데 전력을 다하는, 전 세계에서 둘째가라면 서러워할 환경 친화적인 나라이다. 녹색당이 정치 무대에서 주요 역할을 하는 나라가 독일 말고 또 어디 있는가? 더구나 기민당과 사민당 역시 녹색당만큼 환경 문제에 적극적이다. 앨 고어(Al Gore)의 〈불편한 진실(An Inconvenient Truth)〉 DVD를 구입해 학교에서 상영하도록 예산을 지원한 나라는 전 세계에서 오직 독일뿐이다. 바로 이런 점 덕분에 "독일은 환경의 나라"라고 주장해도 큰 부담이 없다.

그러나 내가 보기에는 독일이 환경을 우선시하는 것에 대해 전 세계가 내놓고 뭐라고 하지는 못하고 속으로만 얄미워하는 것 같다. 독일이 환경 친화적인 나라라고 선뜻 말하는 대신에 화를 내며 이렇게 말한다. "경제가 성장하지 않아." "소비 수요가 위축되고 있어." "정부가 지출을 늘리지 않으면 실업 문제 해결은 요원해." 때로는 "유럽의 병자 나라인 주제에 환경은 무슨…."이라고 혀를 차는 소리까지 들린다.

그래서인지 나는 "독일은 환경의 나라"라고 말할 때마다 거의 전투를 치르는 기분이 든다. 어쩌면 독일은 노벨 문학상 수상자인 소설가 귄터 그라스(Günter Grass)의 유명한 소설 『양철북』에 등장하는 북 치는 소년과도 같다. 이 소설의 주인공인 어린 소년은 북만 치며 돌아다닐 뿐 성장하기를 원하지 않는다. 독일이 지금 하는 일을 보면 그 어린 소년과 같다고 해야 하지 않을까? 세계 최대의 제조업 국가인 독일이 경제성장에 힘을 쏟지 않는 것 같다. 지구 온난화가 가속되고 유독성 폐기물은 나날이 쌓이며 석유 자원의 고갈을 목전에 둔 현실에서 독일인은 소비를 늘려 GDP를 성장시키려고 하지 않는다. 전 세계 사람들의 경각심을 일깨워 주려고 작은 북을 두드리고 있는 것이리라.

　나는 노동 변호사로서 독일을 눈여겨보라고 주장하고 다닌다. 독일이 '사회민주주의 국가'이기 때문이다. 나는 또 지구에서 살아가는 한 사람으로서 독일을 주시하라고 떠들고 다닌다. 독일은 '환경 친화적인 나라'이기 때문이다. 사회민주주의와 환경주의는 밀접히 연관되어 있다. 미국의 환경 운동가들은 이 점을 이해하지 못한다. 독일은 높은 조세 부담률을 자랑하는 사회민주주의 국가이기에 미국식의 무분별한 소비지출을 억제하는 가운데 환경 문제의 해결에 중점을 두고 예산을 효과적으로 편성할 수 있다. 사회민주주의가 정착하지 않았다면 소비지출의 한계를 정하기가 무척 어려울 것이다. 그렇다. 독일은 세금을 많이 거둬들이는 사회민주주의 국가인 덕에 환경 친화적인 정책을 적극적으로 펼칠 수 있다.

　독일 인구는 미국 인구의 4분의 1가량이지만 그 국토 면적은 미국의 몬태나 주에 약간 못 미친다. 사실 독일은 여러 면에서 몬태나 주와 대비가 된다. 재러드 다이아몬드는 『문명의 붕괴(Collapse)』에서 몬태나 주에 관해서 길게 이야기했다. 유독성 폐기물, 남벌로 인한 수자원의 유출 등 모든 환경 재앙을 샅샅이 파헤쳤는데 환경주의의 관점에서 볼 때 몬태나 주는 '문명 붕괴'의 유력한 후보지이다. 어느 날 갑자기 사람들이 다른 곳으로 떠나 텅 비어 버린 이스터 섬이나 그린란드처럼 될지도 모른다.

　그러나 독일은 이러한 문명 붕괴의 후보지가 될 가능성이 적다. 제2차 세계대전을 치르면서 이스터 섬과 같은 식의 문명 붕괴를 이미 맛보았기 때문이다. 2차 대전은 독일이 자초한 일이므로 논란의 여지가 있지만 어쨌거나 전쟁 후의 상황은 상당히 참혹했다. 당시의 트라우마에 대한 독일인의 무의식적인 기억이 '문명 붕괴'에 대한 공포로, 그리고 '환경 제일주의'라는 훌륭한 결단으로 나타난 것이다.

독일 모델의 대단한 점 중 하나는 사람들이 자발적으로 소비를 줄인다는 사실인데 이는 '단정하고 질서 정연한' 국민성 때문일 것이다. 따라서 우리는 이런 국민성을 만들어 낸 제도를 눈여겨봐야 한다. 노르웨이, 네덜란드 등 북유럽 나라에서도 이런 면을 볼 수 있다. 사회민주주의 국가의 사람들은 왜 그러한 절제를 내면화한 것처럼 보일까? 달리 말해서 많은 세금을 내면서도(가처분소득이 별로 없는데도) 어떻게 그들은 미국인보다 더 많이 저축할 수 있을까? 미국인은 세율이 훨씬 낮은데도(가처분소득이 풍부한데도) 왜 빚구덩이 속으로 점점 더 깊이 빠지는 것일까?

톰도 국민성 때문이라고 했다. 그 근거는 무엇일까?

"전후에 인플레이션이 있었어요. 화폐가 휴지 조각이 돼 버렸죠." 톰은 그렇게 설명했다.

그가 말한 '전쟁'이 1차 대전임을 이해하는 데에 시간이 좀 걸렸다.

"그게 당신을 비롯한 젊은이들이 절약한다는 이유란 말이죠? 어디 보자. 인플레이션이 극심했던 것은 아마 1923년이었을 테고, 당신은 이제 갓 스물두 살인데…."

"그게 뭐 어때서요? 저희 할머니는 아직 살아 계신데 대단히 검소하세요. 그런 성향을 아버지에게 물려주셨고, 아버지는 내게 물려주셨어요."

"믿기지 않는군요."

"저희 아버지를 만나 보셔야 할 것 같은데요. 아버지는 기름을 싸게 넣을 수만 있다면 다른 도시로도 갑니다."

기름이 싸다고 다른 도시까지 간다고? 짠돌이 중의 짠돌이라고 소문난 내 친구도 그러지는 않는다.

내가 겪은 바로도 독일인은 무척 검소하다. 옷을 스스로 다려 입고 멀쩡한 셔츠를 놔두고 새 셔츠를 사지 않는다.

독일의 현재 모습에 제1차 세계대전이 어떤 역할을 했는지 말할 자신은 없으나 2차 대전에 대해서는 말할 수 있다. 그 최근의 '문명 붕괴'는 앞으로 인류가 겪을 모든 문명 붕괴의 어머니이며, 그것에 대한 기억이 독일의 친환경 노선을 낳은 기묘하면서 복잡한 동기라고 설명할 수 있을 것이다.

이 다섯 가지가 내가 독일 모델을 선택한 이유이다. 2부에서는 내가 독일에서 직접 겪은 일들을 이야기하겠다.

were you

born on the

wrong

continent?

2부
베를린 일기

4

독일 모델은
끝났다고?

    나는 유럽인이 될 마음은 없지만 유럽식 모델은 옹호하고 싶다. 조지 오웰이 자진해서 스페인에 가서 의용군으로 싸웠듯이 말이다. 바버라와 이사벨을 비교하는 일은 그만두고 이제부터는 싸움의 전면에 나서 유럽을 옹호하겠다. 하지만 내가 미국인이라는 사실과, 변호사라는 미국적인 내 직업은 포기하지 않고 유럽식 모델을 옹호할 것이다.
 오, 유럽이여! 나는 너를 위해 한 게 별로 없다. 오웰은 총을 들고 스페인으로 달려갔다지만, 내가 할 수 있는 일이라고는 비자카드를 들고 베를린으로 날아가는 것밖에 없다. 현 시대에는 유럽에 가서 이것저것 사들여 그 GDP를 끌어 올려 주는 것이 내가 유럽식 모델을 지키기 위해 할 수 있는 최선의 일인 듯하다. 그게 그렇게 잘못인가?
 오, 미국이여! 나는 너를 위해 얼마나 많은 돈을 썼던가! 조국 미국에서 살아가면서 나는 빚더미 위에 올랐을 뿐이다. 미국인 모두가 빚더미

위에 올라앉는 바람에 나라 전체가 거덜 날 지경에 이르렀다.

내가 유럽에서 보낸 시간은 얼마 안 되지만 저절로 콧노래가 나올 것 같은 유쾌한 분위기 속에서 지냈다. 하지만 미국으로 돌아오면 해도 해도 끝이 보이지 않는 일에 치여 지냈다. 거기다가 밖에 돌아다닐 시간조차 없는데 왜 그리 돈 들어갈 데는 많은지!

아무튼 유럽인으로서 제2의 인생을 살아 보고자 노력하면서 1997년과 2001년에 유럽에 가서 각각 2개월 이상을 보내고 돌아왔다. 그 이후에는 2003년과 2009년 사이에 여러 차례에 걸쳐 베를린을 짤막하게 다녀왔다. 과연 독일 모델이 존속하고 있는지 두 눈으로 확인하기 위해서였다.

첫 번째 여행에서는 좌절감만 잔뜩 안고 돌아왔다. 그 당시에 겪었던 일들을 이야기하겠다.

암울했던 1997년

1997년 1월 경제 사정이 최악이던 독일에서 지내면서 나는 독일 모델에 빠져들었다. 그 무렵 독일의 실업자 수는 470만 명을 넘어섰다. 누구를 만나든 입을 모아 "바이마르 공화국 시절보다 더한 불황"이라고 했다.

엄동설한의 그해 겨울 내내 몸이 아픈 가운데 독일 곳곳을 헤매듯 돌아다니면서 때로는 고열에 시달리고, 때로는 실수를 저지르기도 했다. 독일 모델은 실패했다면서 나를 비웃는 듯한 래리 서머스(Larry Summers)의 고르곤 같은 얼굴을 TV에서 계속 보았다. 너무 늦었어. 이젠 다 끝났어. 그가 클린턴(지금은 오바마)의 귀에 대고 속삭이는 모습을 어둠 속에서 빛나는 불꽃이라도 되는 양 줄곧 보았다.

사실 서머스는 진작부터 전 세계 거물급 인사가 모이는 다보스 포럼에 미국 대표로 참석해서 미국 모델의 승리와 월스트리트에 대한 규제 철폐를 외쳐 댔다. 또 실업률이 높은 독일 모델은 끝장났다고 의기양양하게 주장했고 얼마 안 있어 재무장관 자리에 올랐다.

나는 부시 행정부 시절 이후 서머스를 우리 편, 내 '친구'로 여기기 시작했음을 인정한다. 하지만 그 당시만 해도 그의 활약상은 니키타 흐루쇼프(Nikita Khrushchyov)를 떠올리게 했다. 유엔에서 신발을 벗어 들고 연단을 내리치며 "자본주의를 묻어 버릴 거야!"라고 외쳐 어린 나를 무섭게 했던 소련 공산당 서기장 말이다. 서머스는 노동자의 경영 참여를 허용하는 경직된 독일 모델은 앞으로 최악의 곤경을 겪을 거라고 장담하면서 "(내 말을 듣지 않으면) 유럽을 묻어 버릴 거야!"라고 소리를 지르고 있었다. 이뿐이 아니다.

『파이낸셜 타임스』를 읽으며 암울한 독일의 상황을 체험하던 그해 겨울, 서머스가 신발로 내 뒤통수를 후려갈기는 것 아닌가라는 착각마저 들었다. 그는 미국 모델이 반드시 옳다는 신념에 사로잡힌듯 미국의 실업률이 더 떨어지고 성장률과 생산성은 크게 상승할 것이라고 신문에 떠들어 댔다. 나는 미국 노동자의 시간당 임금이 상승하기는커녕 하락하는 추세에 있다는 것을 알고 있었다. 그러나 내가 어찌 그와 논쟁을 벌일 수 있겠는가? 서머스는 나보다 훨씬 더 수학을 잘했다. 대학 시절부터 숫자를 다루는 데에는 도사였다. 반면에 영문학을 전공한 나는 수학에 젬병인 다른 사람들과 마찬가지로 겨우 선분의 길이나 계산하는 수준이었다. 서머스가 수학을 못한다고 비웃었던 여학생, 딱 그 수준일 것이다.[*] 맞다. 대학 시절 나처럼 수학 못하던 사람들 중에는 여학생도 꽤 있었다.

---

[*] 재무장관에서 물러나 하버드대학교 총장으로 간 서머스는 2005년 1월 여성이 과학과 수학에서 남성보다 뒤떨어지는 것은 선천적인 차이 때문이라고 발언해 물의를 빚었다. 이 사건으로 서머스는 총장직 연임을 포기해야 했다.

겨우내 독감 증상은 악화되었다. 서머스가 일개 민주당원이 아니라 좌파 정당, 아니 중도좌파 정당인 민주당 정부의 경제 정책 책임자로서 세계 경제 지도자와 어깨를 나란히 하며 다보스 포럼에 참석한 모습을 자주 봐서 그랬는지도 모른다. 여하튼 얼마 후 서머스는 필 그램(Phil Gramm), 로버트 루빈, 앨런 그리스펀(Alan Greenspan) 등과 함께 글래스–스티걸법(Glass-Steagall Act)* 을 폐기하는 데 일조했고, 월가에는 규제 철폐라는 혜택을 베풀어 주었다. 그 덕분에 런던과 뉴욕은 일약 대규모 국제 금융의 중심지로 발돋움했고, 활동 무대에서 배제된 유럽인은 프랑크푸르트에서 하릴없이 있어야 했다. 이후 미국과 영국에서는 날마다 새로운 금융 상품이 쏟아져 나왔다. 그러나 독일인은 처량하게도 여전히 소규모 부품을 만드는 데만 치중했다. 아직도 손으로 물건을 만드는 이 나라를 옹호해야 한다는 게 창피하다고 느껴질 정도였다. 독일마셜기금(German Marshall Fund)** 의 보조금을 받아 두 달 동안 독일에 머무르게 되었을 때 이대로 쭉 가면 민주주의가, 아니 정확히 말하면 진정한 민주주의의 표상인 사회민주주의가 링컨식 표현대로 지상에서 사라지지나 않을까 덜컥 겁이 나기도 했다.(독일에 갔다 온 후 몹시 기운이 빠져서 독일마셜기금에 보고서를 제출할 수도 없었다.)

왜 그렇게 심하게 걱정했던 것일까?

독일은 노동자의 경영 참여가 가장 활발한 나라였기에 우려하는 마음이 앞섰던 듯하다.

---

* 1933년 은행 개혁과 투기 규제를 위해 제정된 법으로 그 핵심 내용은 상업은행과 투자은행의 업무를 엄격하게 분리하는 것이다. 1999년 클린턴 행정부 때 폐지되었는데, 이것이 2008년 미국발 금융 위기를 촉발시킨 한 원인으로 지적된다.
** 미국과 유럽의 협력과 이해를 촉진하기 위해 1972년 독일이 출연한 기금을 바탕으로 설립된 비당파 공공 정책 연구소이다.

미국을 둘러보면 노동자의 경영 참여에 관해 이야기하는 사람이 아무도 없다. 정말 놀라운 일이 아닐 수 없다. 내가 이 대단한 사실을 과감하게 입 밖으로 꺼내면 전문가들이 펄쩍 뛰며 나를 힐책한다. "독일의 문제점이 무엇인지 진지하게 생각해 보는 게 좋을 겁니다."

다른 전문가도 말한다. "독일의 문제점이 무엇인지 진지하게 생각해 보십시오."

그래도 듣지 않으면 똑같은 말이 다시 나온다. "독일의 문제점이 무엇인지 진지하게 생각해 보라니까요."

다른 말로 하면 미국의 평범한 노동자도 얼마든지 잘 살 수 있다는 사실을 알려 줘서는 안 된다는 것이다. 내 말을 듣고 진지하게 고민해 보려는 사람은 거의 없다. "아, 당신은 노동조합 편을 드는 변호사잖아. 안 들어도 빤한 거 아니겠어?"

독일인 역시 자기들의 문제를 우울하게 생각한다. 나중에야 알게 된 사실이지만 독일인만큼 독일 모델이 실패할 것이라고 강하게 믿는 사람들도 없었다.

어찌 되었든 좋다. 나는 독일의 문제점을 심각하게 생각하지 않기로 마음먹었다. 그리고 섣불리 보고서를 내면 사람들이 뭐라고 말할지 잘 알았다. "잠깐, 기다려요. 독일의 문제점을 진지하게 생각해 보지 않았잖아요." 분명 이런 말이 나올 것이다. 그래서 독일마셜기금에 보고서 제출하는 일을 마냥 미루었다. 독일 모델의 생명이 다했다면 지금 당장이라도 옹호하기를 포기하겠다. 그러나 독일 모델은 변함없이 살아 있다. 다만 1997년 이래로 참으로 여러 가지 일들이 일어났다. 나는 지난 2001년과 2003년, 2004년, 그리고 2009년에도 독일 모델이 살아있는지 확인하기 위해 독일에 갔다.

우여곡절 프랑크푸르트행

1997년 처음 독일에 갈 당시는 암울했다. 무엇보다 일자리를 잃을지 모른다는 생각이 머리를 짓눌렀다. 나 같은 미국인에게 생각하기조차 싫은 일 중 하나가 바로 매일 공포감에 떨면서도 마음을 든든하게 해 주는 직장을 잃는 것이다. 왜 그렇게 기간을 길게 정했는지 아직도 이해하기 힘들지만 어쨌든 두 달 동안 자리를 비웠다. 물론 나는 크리스마스 때면 종종 휴가를 즐긴다. 그리고 워싱턴 D.C.로 출장 갈 때마다 별일 없는 한 주말을 보내고 돌아온다. 더구나 1997년 당시 많은 변호사에게 '휴가'라는 개념이 낯설었다고 하면 거짓말일 것이다. 하지만 아무리 그렇다 한들 열흘 이상 휴가를 즐긴다는 것은 쇼크 내지는 트라우마를 초래할 수도 있는 일이었다. 그래서 클럽 메드(Club Med)가 아닌 독일 본(Bonn)으로 간다고 자신에게 말하며 우울한 기분에 사로잡혀 있으려 애썼다. 여기서의 본이란 '좋다(bon)'는 의미가 아니라 사라져 가는 대의명분에 '얽매인다(bondage)'는 의미로 보는 게 내 솔직한 심정이었다. 사실 휴가를 갈 때면 "휴가 가기 싫어. 정말 괴로워. 다시 일하러 가고 싶어."라고 자신에게 말하는 게 대단히 중요하다. 일자리를 잃을지 모른다는 스트레스를 대체할 무언가가 있어야 하기 때문이다.

어떤 면에서는 독일 방문 준비가 아주 미흡했다는 점도 불안을 달래는 데 도움이 되었다. 독일에 가기 전 내가 만날 사람들에게 면담 날짜와 시간을 정하자고 편지를 보냈으나 아무도 답장이 없었다. 가고 싶지 않았다. 수중에는 독일마셜기금에서 받은 소액의 보조금이 있었다. 누군가 장난삼아 미국의 노동 변호사를 독일에 보내자는 아이디어를 냈을 테고, 그래서 내게 그 기회가 주어진 것이리라. 하지만 떠날 수가 없었다.

1997년 1월 3일 비행기를 예약했는데, 1996년 12월 31일 저녁에 전철을 타서 잠시 눈을 붙이던 중 순식간에 어린 불량배 둘에게 비자카드가 든 지갑을 날치기 당했다. 열차 문이 열리자마자 두 녀석은 쏜살같이 뛰쳐나갔다. 나도 녀석들을 쫓아 계단을 달려 내려갔다. 잘만 하면 붙잡을 수도 있을 것 같았다. 하지만 겨우 열두 살 남짓한 녀석들인 만큼 총을 감추고 있을지 모른다는 생각이 문득 머리를 스쳐 지나갔다. 결국 붙잡는 것을 포기했다. 비자카드가 없으면 당연히 유럽에 갈 수가 없겠지. 변명거리가 생겼다. 하느님께서 고맙게도 본으로 가지 않고 미국에 남아서 일하게 해 주시는구나. 카드가 없으면 1월 3일 비행기는 탈 수 없을 테고, 카드를 재발급 받으려면 일주일이 걸릴 테니 그때쯤이면 새 사건을 맡아 열심히 일하고 있겠군. 게다가 비자카드 없이 유럽에 간다는 것은 조지 오웰이 총도 없이 스페인 내전에 의용군으로 참전하는 것과 다를 바 없을 듯했다.

그런데 지갑을 날치기 당하고 나서 채 여섯 시간도 지나지 않은 새해 첫날 오전 7시 '특별 배달원'이 우리 집 문을 두드렸다. 깜짝 놀라 침대에서 굴러 떨어질 뻔한 내게 그 사람은 '임시 대체' 카드를 주었고 영구 카드는 본으로 발송할 거라는 설명도 덧붙였다. 아!

이틀 뒤 친구 토니가 차를 몰고 오헤어 공항으로 나를 데려다 주면서 물었다. "유럽에서 두 달 동안 지낼 거라면서 왜 그렇게 우울해 보이는 거야?"

"토니, 두 달 동안 여기를 떠날 순 없어."

내 로펌은 망할 것이다. 나는 알거지가 될 거야. 토니는 내 기분을 돋우려고 무지 애를 썼다. "자, 자, 기분 풀고 힘내라고. 누구랑 맨 처음에 만나기로 했어?"

"만나기로 약속한 사람 없어."

그는 내 말을 믿지 않았다.

"면담 약속을 잡기 위해 편지를 보냈는데 답장이 하나도 오지 않았어."

"좋아, 그건 그렇다 치고. 그러면 첫 번째 스케줄은 뭔데?"

"그런 거 없는데. 어디로 가는 건지 모르겠어. 나는 아무것도 모르는 깜깜한 상태야. 두 달 동안 혼자 지내다 올 것만 같아. 모르겠어. 그냥 돌아다니겠지. 스케줄 같은 거 없어. 아무것도…."

장사꾼이어서 불확실한 일을 처리하는 데 이골이 난 토니는 매우 긍정적이었다. "완벽해."

"뭐가?"

"스케줄이 없다는 거. 바로 그거야."

"그야, 나랑 만나고 싶어 하는 사람이 아무도 없기 때문이잖아."

"얼마나 운이 좋은지 아직도 모르겠어? 스케줄이 없다! 그래, 바로 거기서부터 시작하면 돼."

아무튼 무작정 독일행 루프트한자 비행기에 올랐다. 왜 아무도 답장을 보내지 않았는지 다시 궁금증이 일기 시작했다. 『시카고 트리뷴(Chicago Tribune)』 기자 딕 롱워스(Dick Longworth)가 이름을 적어 준 사람들 누구한테서도 답장이 없었다. "미국 노동 변호사라면 독일에서 별종으로 여겨지기 십상이니까 당신이 독일에 대해 묻는 일보다 독일인이 당신한테 궁금해서 묻는 일이 더 많을 거야." 딕은 그렇게 말했는데…. 문득 벤저민 프랭클린(Benjamin Franklin)이 인디언 복장으로 베르사유에 갔다가 겪었던 일이 떠올랐다. 야하게 화장한 매춘부들이 신대륙에서 온 동물을 구경하듯 눈을 동그랗게 뜨고 다가와 그를 둘러싸던 모습이 선했다. 사실 독일마셜기금이 노리는 것이 바로 이런 게 아니었나 싶었다. 그러나 나는 답장 한 통 받지 못했다.

이번 여행에는 뾰족한 목적이 없었다. 더구나 무슨 생각을 해야 할지도 이미 알고 있었다. 1971년 대학교를 졸업한 이래로 『비즈니스위크(Businessweek)』, 『워싱턴 포스트(Washington Post)』, 『뉴욕 타임스』 등을 통해 유럽식 모델이 얼마나 '붕괴했는지'에 관한 기사를 꾸준히 읽으며 단련이 되었으므로, 독일 모델의 붕괴가 임박했다고 해서 독일에 가는 것을 주저할 이유는 없었다. 독일 모델을 옹호하겠다는 결심이 선 지 오래였다.

바다를 건너 날아가는 동안 옆에 있는 여성에게 강의를 하기 시작했다. 먼저 그녀의 유창한 영어를 칭찬했다.

"음, 나는 미국인인데요." 그녀는 뉘른베르크에서 영어를 가르친다면서 독일 신문 『빌트(Bild)』를 펼치더니 어떤 남자의 사진을 가리켰다. "이 남자의 아내에게 영어를 가르치고 있어요." 사진 속의 남자는 독일 모델을 없애려고 애쓰는 경영자였다.

"독일 모델을 없애는 것에 대해 어떻게 생각하세요?" 내가 물었다.

"독일인은 사회보장 혜택을 지나칠 정도로 누리고 있어요. 내 생각으로는 바이마르 공화국 시절에 시작된 것 같아요." 그녀는 나치가 집권하던 시절에도 그랬다고 하려다 말을 끊은 듯했다.

그녀가 미워지기 시작했다. 나는 독일의 사회보장제도는 비스마르크에서 시작되었고, 산업사회의 두 골칫거리인 병자와 노인을 보살핀다는 점에서 대단히 훌륭하다고 말했다.

그녀가 꼼지락대는 모습이 눈에 들어왔다. "내 이야기가 재미없나 봐요." "아, 아니에요. 재미있어요. 잠깐 실례할게요." 그러더니 그녀는 몸을 일으켜 화장실 쪽으로 향했다.

마침내 여객기는 어둠속에서 프랑크푸르트 공항에 착륙했다. 단정하게 제복을 차려 입은 승무원들이 출입구에 나와 환한 미소로 승객에게 손을 흔들며 인사했다.

"안녕히 가세요."

"안녕히 가세요."

"안녕히 가세요."

햇빛만 강렬하게 비쳤다면 하와이에 내린 것 같은 기분이 들었으리라. 여객기에서 내린 나는 지하철을 타고 중앙역으로 와서 근처의 호텔 K에 여장을 풀었다. 호텔 주변에는 포르노 영화관과 터키인 노동자가 담배를 피우며 모여 있는 작은 상점들이 늘어서 있었다. 내 책상 위에 있는 사진과는 너무나 판이한 유럽의 모습에 약간 겁이 났다. 그래서 유럽에

도착한 첫날에는 절대로 하지 말자고 마음먹었던 일을 하고 말았다. 내가 아는 두 명의 유럽인에게 전화해서 함께 저녁 식사를 할 수 있는지 물어본 것이다. 두 사람은 대학원생으로 1년 전 노스웨스턴대학에 있을 때 알게 되었다. 다른 도시에 살고 있었지만 같은 유럽 대륙인지라 30분이면 이곳 프랑크푸르트에 올 수 있었다.

전화를 걸자 잠이 덜 깬 H의 목소리가 들려왔다. 처음에 그녀는 내가 시카고에서 전화하는 줄 알았다. "아니야, 나 여기 프랑크푸르트에 있어." 다행히도 H는 약혼자 S와 함께 그날 밤에 나를 만나러 오겠다고 약속했다. 문득 궁금했다. 여기가 미국이라면 이렇게 불쑥 전화해서 만나자고 해도 될까?

두 사람이 도착하기 전 불안한 마음을 달래기 위해 조깅을 하다가 종소리를 들었고, 윈드밀 다리(Windmill Bridge)를 건너서는 언덕에 올라 유럽을 내려다보며 공중으로 두 팔을 쭉 뻗었다. 그래, 나는 일자리를 잃을 위험까지 감수하고 유럽의 사회민주주의를 배우려고 왔어. 미국으로 돌아가 학자나 경제 전문가들을 만나면 그들은 나를 위아래로 쳐다보며 "유럽의 문제점을 진지하게 고민해 봐야 할 겁니다."라는 말을 늘어놓을 게 뻔했다. 그게 내가 늘 들었던 말이다.

문득 의문이 솟았다. 왜 유럽의 문제점만을 심각하게 생각해야 하지? 어쨌거나 유럽인은 1년에 6주의 휴가를 누린다. 왜 이런 것은 '심각하게' 생각하지 않을까? 게다가 다른 지역 사람들이 '심각한 눈으로 바라봐야 하는 문제'가 있다는 그 사실 때문에 역설적으로 유럽이 더 매력적인 것이다. 내 말은 유럽은 최소한 시도라도 해 봤기 때문에 '문제'가 생겼다는 뜻이다.

사회적 시장경제(social market economy)는 인간이 만든 제도이다. 앨런 그린스펀 같은 미국인이 생각하는 것처럼 인간미라고는 하나 없는 기계 같은 제도, 혹은 비인간적이고 냉혹한 명령에 따라 움직이기만 하는 제도가 아니라는 말이다. 독일기본법 등 유럽 각국의 헌법은 '자본주의의 과잉'으로부터 국민을 보호하는 데 국가의 목적이 있음을 명확하게 규정하고 있다. 미국의 법대 교수들도 실제로 강의실에서 이런 내용을 이야기한다. 예를 들면 독일기본법에는 가족 보호에 관한 조항이 있다. 그렇다. 우익이나 가톨릭만 가족을 중시하는 것이 아니다. 사회민주주의도 자유방임 자본주의의 폐해로부터 가족을 보호할 방도를 진지하게 고민한다. 독일의 관점에서는 자유방임 자본주의는 반헌법적이다.

영국의 사상가인 존 러스킨(John Ruskin)은 고딕 양식을 옹호하고 고전주의에 반대하면서 이런 말을 했다. "고딕 양식은 아무리 흠이 있고 불완전하더라도 인간적인 모습을 내비치며, 바로 그렇기 때문에 냉혹하고 비인간적인 고전주의보다 훨씬 더 신의 뜻에 가깝다."

유럽식 모델에도 이와 같은 논리가 적용될 수 있다. '완벽하나' 비인간적인 영미식 모델에 비하면 유럽식 모델은 비록 몇 가지 흠이 있다고 해도 기계가 아닌 인간의 작품으로서 인간미가 넘쳐 난다고 할 수 있는 것이다. 물론 유럽의 정치인도 사람인 이상 실수할 때가 있다. 종종 일을 엉망으로 만들기도 한다. 미국의 정치 지도자라면 비인간적이고 냉혹한 미국식 자본주의에 손대거나 개입하는 것이 두려워 결코 저지르지 않았을 온갖 실수를 독일의 정치 지도자는 여러 차례 저질렀다. 그러나 인간적인 개입은 유럽의 활력이 죽지 않았다는 신호이다. 유럽이 여러 문제를 안고 있지만 세계화의 파도가 거센 상황에서 미국보다 중산층이 더 버틸 수 있는 이유가 바로 그 때문이다.

사실 유럽식 모델은 인간적인 면이 너무 강하기 때문에 한마디로 말하

기가 힘들다. 나라마다 그 고유의 DNA에 맞게 유럽식 모델을 다양하게 펼쳐 보이고 있다. 유럽의 모든 복지국가는 EU로 통합되어 있지만 그 나름의 독특한 개성을 유지하고 있다. 야코프 부르크하르트(Jacob Burckhardt)는 르네상스 시대의 도시국가를 '예술 작품'으로 묘사했는데, 유럽의 복지국가 역시 어떤 점에서는 '예술 작품'이다. 그리고 여느 예술 작품과 마찬가지로 각각의 복지국가는 중산층을 보호하는 자본주의를 지켜야 한다는 시대적 과제를 해결하려고 노력한다. 이들 복지국가는 유럽이라는 하나의 미술관에 전시되어 있는 그림과도 같아서 시대적 과제에 접근하는 다양한 방법을 한눈에 보면서 비교할 수 있다. 나는 그 안에 들어가 노동 변호사인 내게 가장 강렬한 인상을 주는 그림에 다가가고 싶었다. 그게 바로 내가 하고 싶었던 일이다.

이런 게 진짜 정치 토론

그날 밤 H와 S가 차를 몰고 와서 호텔을 보더니 질겁했다. "너무 싸구려 호텔에 묵는 거 아니에요?"

"경비를 최대한 아끼려고 하다 보니…."

대학원생 시절로 되돌아간 듯한 기분을 느끼며 의자 깊숙이 몸을 묻었다.

그들은 오다가 길을 잃었다고 했다. "가까이 살지만 프랑크푸르트에 온 것은 처음이에요." H가 말했다. H와 S는 멕시코, 스리랑카, 중국 등지를 돌아다녔지만 차로 30분 거리인 프랑크푸르트는 물론 본이나 베를린에도 지금까지 한 번도 와 본 적이 없다고 했다.

우리는 술집에 가서 유명한 애플 와인을 마셨다. S는 유럽의 대학원생에 관한 농담을 들려주었다. "독일의 대학원생이 왜 오후 다섯 시에 일어나는지 아세요?"

"잘 모르겠는데."

"상점이 여섯 시면 문을 닫아서 그래요."

아마도 오래된 농담이리라. 상점이 저녁 8시까지 영업을 하게 된 지도 벌써 오래되었으니까. 그래서 독일의 젊은이는 예전에 비해 잠을 더 잘 수 있게 되었다.

유럽에서 맞는 첫날 밤을 뜻 깊게 보내기 위해 미국에서는 하기 힘든 정치 이야기를 마음껏 하고 싶었다. 지금까지 "독일인은 정말로 정치에 관심이 없다."고 미국인이 멋모르고 떠드는 소리를 들을 때마다 짜증이 났다. 본에서 일하는 어떤 미국인 여성 기자도 내게 이런 말을 한 적이 있다. "여기 독일에서는 아무도 정치 이야기를 하지 않아서 정세가 어떻게 돌아가는지 알아보려면 본의 미국 대사관에 전화를 걸어야 해요." 나는 이렇게 말하고 싶었다. "이봐요. 정작 미국인이야말로 정치 이야기에는 관심이 없어요. 유명 인사의 근황을 놓고 떠들 뿐입니다."라고 할 뻔했다.

그날 밤 우리 셋은 애플 와인을 마시면서 미국에서는 한 번도 해 본 적 없는 정치 이야기를 나눴다. 노동운동의 전통이 뿌리 깊어서 '중요한 문제'를 집단적으로 결정하는 나라에서 살아가는 사람들이나 나눌 법한 이야기였다. 임금, 연금, 의료보험, 퇴직 시기, 휴가 기간과 미국인은 '정치'를 통해서 결정할 수 없어서 '정치' 문제로 생각한 적이 없는 모든 문제를 놓고 토론을 벌였다. 미국에서는 이런 문제가 정치적 화두로 떠오른다는 것은 거의 불가능하다. 행여나 그렇게 된다 해도 『피플(People)』이나 라디오 토크쇼의 추잡한 입살을 배겨 내지 못해 파묻혀 버리고 말 것이다. 미국에서는 무엇이 정치적 화두로 떠오르고 지는지에는 아무도 관심을 기울이지 않는다. 단지 오바마 대통령이나 펠로시(Nancy Pelosi) 하원의장이 정치적으로 이기고 졌는지에만 귀를 쫑긋 세울 따름이다. 유럽에서는 이와 정반대이다. 나는 H나 S는 물론 그 밖의 사람들과도 슈뢰더(Gerhard Schroeder)나 콜 총리의 이름을 한 번도 입에 올리지 않고 얼마든지 정치 이야기를 나누었다. 아! 미국에서도 이러면 좋으련만.

그날 밤 무슨 이야기를 나눴는지 한 토막을 들려주겠다. 우리는 독일의 중소기업 문제를 토론했다.

"독일의 중소기업은 정부의 정책적 지원을 받지 못하고 있어요." S가 운을 뗐다.

"구체적으로 말해서 어떤 부분에서?" 내가 물었다.

"연구 분야 말이에요. 기초과학 연구에 대한 지원이 부족해요. 글로벌 기업한테만 지원이 집중되는 게 현실입니다."

"독일 정부의 이런 정책이 자네 두 사람의 삶에 직접 영향을 미치고 있다고 생각해?"

S가 약간 화난 표정을 지으며 "물론이에요."라고 대답했다. "독일 정부는 기초과학 연구에 관심이 별로 없다는 게 문제라고요."

"그럼 어느 나라가 기초과학 연구에 관심이 있지?"

"프랑스요. 그들은 기초과학 연구에 막대한 투자를 하고 있습니다."

"왜 그런 것 같은가?"

S는 잠시 말을 멈추더니 "아마 프랑스와 독일의 사회민주주의 전통이 달라서 그런 것 같아요."라고 답했다.

이런 게 궁극적으로는 집단적 의사 결정으로 이어지는 정치 토론의 한 예이다.

우리는 또 장시간에 걸쳐 퇴직 연령에 대해서도 토론을 했다. 당연한 말이겠지만 이 문제도 정치적 성격을 띨 수밖에 없다. 개인적인 차원이 아니라 나라 차원에서 집단적으로 해결책을 모색해야 하는 문제이기 때문이다. 아직 60이 안 된 H와 S의 부모는 퇴직하여 세계를 여행하거나 한가롭게 정원을 가꾸고 있다고 했다.

나는 "그러면 유럽의 퇴직 연령은 몇 살 정도인가? 62세?"라고 물었다.

"평균적으로 58세쯤 돼요."

그래, 58세란다. 남보다 일찍 한가로운 삶을 시작하고 싶은 사람들은 '정상적인' 퇴직 연령 전에 자발적으로 직장에서 물러난다고 했다. H와 S는 특히 대학교에는 68세대가 아직도 현역에 남아 있다고 지적한 후 그들이 가급적이면 일찍 퇴직했으면 좋겠다는 바람을 표했다. 이 말을 듣고 보니 녹색당의 풍운아 요슈카 피셔가 내 또래라는 게 실감이 났다.

"예, 그래요. 이제 학계에도 나이 먹은 양반들이 물러나고 그 자리에 새로운 피가 수혈될 필요가 있어요." 이 말을 하며 S가 껄껄 웃었다. "그렇게 되기만을 빌 뿐이지요."

마침내 나는 기진맥진하고 말았다. 아직 시차에 적응되지 않은 상태에서 등받이 없는 의자에 앉아 너무 오래 이야기를 나누었던 탓이리라. 두 사람은 입을 모아 말했다. "아이고, 선생님 이제는 쉬셔야겠네요."

안 돼. 가지 마. 나는 이제야 사회민주주의 국가에 왔단 말이야. 이야기를 계속하자고.

우울한 철학 교수와 늙은 나치

다음 날 아침, 잠에서 깨어났을 때 하늘은 온통 짙은 잿빛으로 뒤덮여 있어서 어둠이 다시 몰려올 것 같은 착각마저 불러일으켰다. 나는 혼자였다. 통유리창이 달린 식당에 식사하러 갔는데 때마침 마약에 취한 광대 같은 요란한 옷차림의 사람들이 떼를 지어 와서 그 창문에 얼굴을 처박았다. 내 옆자리에 있던 여자는 비명을 질렀다. 그들은 식당 안의 사람들을 손가락질하며 깔깔 웃어 댔고, 한 사람은 나를 향해 혀를 쑥 내밀었다. 마치 "메롱. 사회계약? 그런 것은 개나 줘 버려!"라고 말하는 듯했다. 이윽고 그는 눈알을 굴리며 뭔가 생각하는 듯하더니 창문에 대고 더러운 가래침을 뱉었다. 식당에 있던 사람들은 진저리를 치며 하나둘 자리를 떴다. 그러나 나는 자리를 지키고 앉아 독일의 실업 문제에 관한 신문 기사를 읽었다.

한참 있다가 포르노 영화관을 지나 대성당 쪽으로 나갔다. 폴란드인처럼 보이는 사람들이 미사를 마치고 우르르 몰려나왔다. 표정이 밝은 사람은 아무도 없었다. 상점은 모두 문이 닫혀 있었다. 이 사통팔달의 국제도시 한복판에서 값싼 전기면도기조차 살 수 없었다. 3시가 다 되자 어둠이 몰려왔고, 기분이 우울해진 나는 '훼히스트(Hoechst)'라는 간판이 달린 카페로 들어갔다. 한 테이블에는 배우 베로니카 레이크(Veronica Lake)를 닮은 내 또래의 중년 부인이 앉아 있었다. 그녀가 『랠프 왈도 에머슨 수필집(The Essays of Ralph Waldo Emerson)』을 읽으며 뭔가 끼적거리는 것을 빼면 영화 속 한 장면이라고 해도 될 만했다. 나는 그녀의 옆자리에 앉았다. 의도적으로 그런 것은 아니었다. 개를 데리고 온 사람들과 멀찌감치 떨어져 앉으려다 보니 그렇게 되었다. 너무 심심하고 외로운 나머지 랠프 왈도 에머슨을 들먹이며 가볍게 말을 붙였다. 그녀는 나를 쳐다보더니 떨떠름한 낯빛으로 "미국인이 어떻게 이곳을 찾았지요?"라고 말했다.

내가 미국인이라는 것을 어떻게 알았을까? "당신이 펼쳐 놓은 리걸패드[*]를 보고 알았어요. 미국인들만 갖고 다니니까요."

나는 독일 모델을 연구하기 위해 왔다고 말했다.

"독일 모델이라고요? 독일이라는 나라는 모델이 되기에는 부족한 것 같은데. 여기는 문제가 많아요." 그녀는 잠시 말을 멈췄다가 이어 갔다. "오히려 스칸디나비아 반도의 나라들을 모델로 삼는 게 낫지 않을까요? 뭐, 이제는 그쪽도 모델이라고 할 수가 없지요." 그녀는 당시 경제 상황이 좋지 않던 스웨덴을 근거로 들었다.

"좋아요. 하지만 독일의 실업 문제가 심각하기는 해도 빈곤은 없잖아요." 이것은 나의 오랜 지론이기도 했다.

"그렇지 않아요. 여기에도 빈곤층이 존재한답니다!"

나는 그런 사람을 보지 못했다고 말했다.

---

[*] 미국의 변호사들이 주로 사용하는 황색의 줄무늬 노트.

"어젯밤만 해도 노숙자들의 실상을 다룬 TV 프로그램을 봤어요. 그들 중 몇몇은 사업하다 실패했더군요. 일부는 왕년에 기업을 운영하며 잘나가던 사람들이었어요. 그러다 빚의 나락에 굴러 떨어져 노숙자 신세가 되었을 테지만."

정말 '독일인'답게 말하는 그녀를 보며 하마터면 웃음을 터뜨릴 뻔했다. 그녀가 생각하는 노숙자란 신용카드를 마구 긁어 대다 빚을 진 사람들인 듯했다. 독일 기업인 중 노숙자 신세로 전락한 이가 얼마나 될 것 같으냐고 물었다.

그녀는 얼굴을 찡그리더니 "정확한 숫자는 자신이 없네요."라고 고백했다. 나는 그녀가 좌파라는 사실을 간파했다. 나중에 알았지만 그녀는 철학 교수였고 독일 모델에 극도의 실망감을 느끼는 상태였다.

1920년대 인플레이션으로 인한 충격이 오래 지속되었듯이 1970년대 호황의 기억이 아직도 남아 있다는 점에 비춰 볼 때 그녀의 실망감은 하루아침에 씻길 것이 아니라는 결론을 내렸다. 사실 미국인도 독일을 비롯한 유럽이 한때 호황을 누렸다는 것을 기억하며 곧잘 화젯거리로 삼는다. 이럴 정도의 호황을 겪은 그녀로서는 암울한 독일의 현실이 무척 아쉬웠을 것이다.

"내 또래의 사람들은 삶의 수준이 마냥 올라갈 것으로 생각했어요. 하지만 지금 독일의 20대 젊은이는 그런 기대를 접은 지 오래지요. 독립을 못한 채 부모님과 함께 사는 젊은이가 부지기수예요. 왜 독립을 못하는 걸까요? 직업이 없어서 그래요. 더 안타까운 일이 뭔지 아세요? 너무 늦게 대학을 마치는 바람에 일자리를 구하기가 더욱 더 힘들어진다는 사실이에요. 27~28세가 돼서야 졸업하니 어떤 기업이 이들을 채용하겠어요?" 그녀가 말했다.

그러면 독일 기업은 누구를 채용하는가?

"글로벌 대기업의 경우에는 영국인을 주로 채용한다더군요."

이렇듯 사소하다면 사소할 수 있는 일에도 그녀를 비롯해서 모든 독일인이 쓰라린 기분을 느끼는 것 같았다. '영국은 독일을 추월하는 중이다. 영국이 떠오르는 해라면 독일은 지는 해이다.'

그녀는 독일에 대한 기대를 접었다고 말했다. 한밤중에 떠날 남아메리카행 비행기를 기다리는 중으로, 거기서 철학을 가르치다 잠시 귀국한 후 돌아가는 참이란다. 얼마나 독일에 신물이 났으면 그 먼 곳까지 갔을까. 그녀는 사는 게 별로 즐겁지 않다고 했다. 독일인 동료 교수 한 명이 납치된 적이 있다는 이야기도 했다. 그러나 모든 게 무너져 가는 독일에서 사는 것보다는 거기서 사는 게 나은 듯했다. 음, 독일인에게 독일을 옹호하는 말을 함부로 하면 안 되겠군.

내가 갖고 있던 노동 문제, 유럽의 정치 등에 관한 책을 보여 주었다. 그녀는 그중 한 권을 집어 들고서 이리저리 살펴보더니 "독일어 사전도 함께 갖고 다녀야 한다고 생각하지 않나요?"라고 물었다.

아니, 그런 생각은 한 번도 해 본 적 없다. 내가 꼭 이야기를 나눠야 하는 사람은 누구나 영어를 알 것이라고 생각했다. 하지만 그렇지 않았다. 프랑크푸르트에서 하루 정도 혼자 돌아다닌 뒤에 깨달았다. 결국 프랑크푸르트에는 아는 사람이 하나도 없었으므로 본으로 가서 내 운을 시험해 보자고 결심했다. 미국에 있는 친구가 중간에 다리를 놓아 준 덕분에 본에는 내가 인사를 나눈 사람이 세 명 정도 있었다. 그중 신문기자인 토머스는 빼기로 했다. 신문기자는 유럽인으로 치지 않는다는 게 내 소신이니까. 그러니 본에는 내가 만나 볼 사람이 두 명 있는 셈이었다.

본으로 가는 기차에서 불길한 뉴스를 들었다. 단순히 독일의 실업률에 관한 뉴스가 아니었다. 『파이낸셜 타임스』 기사에 따르면, 독일의 기업인 네 명 중 세 명은 생산 시설을 노동력이 싼 폴란드 등 동유럽으로 이전할 계획이라고 설문조사에서 답했다. "독일은 일자리라는 새로운 수출 품목을 확보했다." 네 명 중 세 명이라! 적어도 30만 개의 일자리가 사라질 거란다. 내가 독일로 떠나려 할 때 여행 경험이 풍부하고 세상 돌아가는 이치에 빠삭한 워싱턴 D.C.의 한 친구가 독일은 오래 가지 못할 것 같으니까 지금 당장 가 보는 게 좋겠다고 했던 말이 새삼스레 생각났다. 나는 두려움에 사로잡혀 『파이낸셜 타임스』를 내려놓았다.

옆자리에 앉은 나이 지긋한 여자 두 명에게 말을 걸기 시작했다. 아니 말을 걸어 보려고 했다는 게 정확하리라. 두 여자는 영어를 모르는 듯했으나 상냥하게 쿠키를 나눠 주었다. 독일인 중에도 미소를 지을 줄 아는 사람이 있구나 하고 생각하는 찰나, 쾅! 내 옷 가방이 바닥에 떨어졌다. 여든 남짓한 할아버지가 선반에서 내 가방을 끌어내린 뒤 대단히 화가 난 표정을 지으며 독일어로 내게 뭐라고 소리치고 있었다. 그는 곧 내 머리 위로 손을 뻗어 벽에 건 코트를 잡아채더니 공처럼 둘둘 만 다음 바닥에 내동댕이쳤다. 할아버지 뒤에는 아내로 보이는 할머니가 사나운 얼굴을 하고 남편과 마찬가지로 붉으락푸르락 화를 내며 나를 향해 소리를 질러 댔다. 독일어 사전이 없어도 이 노부부가 무엇 때문에 화를 내는지 알 수 있었다. "왜 우리 자리를 차지하고 있어! 어서 비키지 못해!"

할아버지는 덩치는 컸지만 나이가 들어 어깨가 축 늘어졌다. 그러나 예전에는 그 어깨에 나치 제복을 걸치고 SS 대원으로서 지체 없이 방아쇠를 당겼을 것 같았다. 내가 실수를 했음을 알았다. 그러나 독일인에게 안쓰러움을 느끼는 그 순간에 이 나치를 만났으니, 그때 나로서는 독일이 정말 암울하다는 생각밖에 들지 않았다. 450만 명의 실업자가 바글거리는 독일의 경제 사정은 바이마르 공화국 시절보다 더 나쁘고, 어두운 기차 안에서는 옛 나치 노인네의 고함 소리를 듣고. 베로니카 레이크처럼 생긴 여자가 남아메리카로 떠난 이유를 알 것 같았다.

결국 나는 자리를 옮겼는데 곧이어 생각지도 못한 일이 일어났다. 옆자리에 있던 나이 지긋한 두 여자가 얼굴이 빨개져서 내게 샌드위치 몇 조각을 건네주었다. 내 코트를 내동댕이치며 불같이 화를 냈던 할아버지도 우리 세 사람을 보고 빙긋 미소를 짓기 시작했다. 그도 우리들 틈에 끼고 싶어 했다. 하하호호. 모두 얼굴 가득 웃음을 머금었다. 한바탕 소동은 가라앉았다.

혹자는 이런 게 독일인의 특징이라고 말한다. 영국의 역사가 고든 크레이그(Gordon Craig)는 1982년에 펴낸 『독일인(The Germans)』에서 그렇게 이야기했다. 그렇다! 크레이그가 썼듯이 독일인은 더할 나위 없이 상냥하게 굴다가도 어느 순간 갑자기 불같이 화를 내면서 남의 옷 가방을 다 짜고짜 집어던질지 모른다. 또 그러다 금방 화가 가라앉는다. "하하하, 죄송합니다." 제2차 세계대전이 크레이그의 말과 부합되는 사례일 것이다. 독일인은 과거에 전 세계를 공포에 몰아넣을 정도로 화를 냈으나 지금은 그 화를 가라앉혔다. "죄송합니다." 하지만 그로 인해 2000만에서 3000만 명에 이르는 애꿎은 사람들이 죽었다.

샌드위치를 먹는 동안 문득 이런 의문이 들었다. 누가 유럽에서 살기를 원할까? 전반적인 상황이 너무나 암울했다. 어쩌면 마크 마조워의 말이 옳을지도 모른다. 그는 영국의 뛰어난 역사가로 『암흑의 대륙: 20세기 유럽 현대사(Dark Continent: Europe's Twentieth Century)』라는 책을 저술했는데 그 책은 내가 지금까지 읽은 유럽 현대사에 관한 책 중 최고이다. 마조워는 자유민주주의가 아니라 파시즘이 유럽의 자연스러운 정치 체제라고 주장한다. 적어도 제1차 세계대전에서 많은 왕국과 제국이 무너진 직후에는 그랬다고 말한다. 지나칠 정도로 잔학무도했다는 점만 제외하면 파시즘이 승리해서 오늘날 독일이 유럽을 지배해도 이상할 게 없다는 주장이다. 독일의 파시즘이 이탈리아의 파시즘 정도로 약했더라면 승리할 수 있었다는 것이다.

아! 그랬다면 음이 양이 되고 양이 음이 되듯 모든 게 바뀌었을지 모른다. 미국은 좌파의 수중에 들어갔을 것이고 독일의 지배를 받으며 하나로 통합된 유럽은 우파의 기지 역할을 했을 것이다. 우리는 프랭클린 델라노 루스벨트 치하의 미국, 즉 사회민주주의가 실현된 미국에서 살아갔을 것이고 독일을 중심으로 한 유럽은 피노체트 치하의 칠레와 비슷해졌을 것이다. 혹시 누가 아는가? 그렇게 되었다면 시카고대학교가 전 세계를 호령했을지.*

그러나 히틀러는 너무 잔학했다. 어쨌거나 독일인은 현재 왼쪽에 있고, 미국인은 오른쪽에 있다. 나는 거듭 생각했다. 하느님, 내가 여기 살지 않고 이런 것들을 생각하지 않게 해 주셔서 감사합니다! 팔순의 노인네가 발작하듯 고래고래 고함을 지르던 모습과 비슷한 광경을 보게 될 때마다 나는 "오, 이런 게 독일인의 문제구나."라고 생각했다. 그러나 다른 한편으로는 독일인이 그러는 게 미국의 업보라는 생각도 들었다. 히틀러에게 모든 책임이 있고 미국에는 아무 책임이 없다고 할 수 있는지도 의심스러웠다. 미국이 우월하다고 믿는 내 친구들은 이런 생각을 충격적으로 받아들일 게 분명하다. 하지만 미국이 낳은 위대한 철학자 에머슨은 이렇게 썼다. "모든 나라의 역사는 우리의 역사이다."

* 피노체트는 시카고대학교 출신의 경제학자들을 기용해 자유시장주의 경제 정책을 펼쳤다.

굳이 모든 나라의 역사는 우리의 역사라고 하지 않아도 미국인은 모두 독일인, 아니 유럽인이다. 모두 저 '암흑의 대륙'에서 왔다. 물론 비유럽인, 혹은 비유럽인의 후손이 조만간 미국 인구의 대부분을 점할 수도 있다. 그러나 미국은 어쨌거나 유럽에서 이주한 사람들의 나라이자 유럽의 변방이고 유럽과 통합되어야 하는 나라이다. 지금은 유럽에 화를 내고 짜증을 부릴지 모르지만 결국에는 유럽과 하나가 될 수밖에 없다.

역사학자 존 다윈(John Darwin)도 『티무르 이후(After Tamerlane)』라는 책에서 이 점을 역설했다. 그에 따르면 유럽이 미국을 만들었듯이 미국이 유럽을 만들었다. 유럽은 미국 덕택에 중국이나 오스만투르크 등의 경쟁국을 제치고 19세기에 경제적으로 초강대 세력이 되었다. 또 미국은 유럽 덕분에 20세기에 초강대국으로 발돋움할 수 있었다.

제2의 유럽으로서 미국은 '암흑의 대륙'의 움직임에 민감하다. 유럽에서 파시즘이 승리를 거두었다면 그 눈치를 봤을 것이다. 이런 의미에서 미국인은 유럽인이라고 할 수 있다. 그래도 정신적으로 히틀러에게 빚진 게 없다는 점에서 미국인으로 태어난 게 다행이라는 생각이 든다.

건설 업자와 신문기자의 논쟁

본에서 토머스와 그의 여자 친구 B를 만났다. 두 사람은 신문기자였는데 신문기자는 유럽인에 포함시키지 않는다는 게 내 원칙이었지만 진정한 유럽인 부부와 저녁 식사를 하는 자리에 나를 데려가 주기로 했다.

"그런데 독일어 할 줄 알지?" 토머스가 말했다.

나는 아무 말도 하지 않았다.

토머스는 B에게 얼굴을 돌렸다. "이런 제기랄." 우리가 만나게 될 부부는 영어를 못한다고 했다. 어이구, 이런!

될 대로 되라는 심정에서 차 뒷자리 깊숙이 몸을 구겨 넣었다. 우리를 초대한 V와 그의 아내 L은 숲속 통나무집에 살고 있었다. 집으로 가는 오솔길에서 시퍼런 도끼날이 달빛을 받아 반짝거렸다. 이 부부는 토머스와 B에게 가볍게 키스하더니 정답게 껴안았고 나는 혼자 우두커니 서 있었다. 독일어를 못한다는 사실보다 이렇듯 요란하게 껴안는 모습에 더 불안해졌다. 나는 독일인은 차가워야 한다고 생각한다.

크리스마스 트리가 아직도 서 있었지만 아이들 기척은 느껴지지 않았다. 2장에서 미처 이야기하지 못했지만 이런 광경도 바버라와 이사벨의 큰 차이점 중의 하나이다. 이사벨이 저녁 식사에 손님을 초대하면 아이들은 그 자리에 얼씬도 못한다.

한 시간 반 동안 토머스와 B, V와 L은 웃음과 함께 독일어로 이런저런 대화를 나누었고 담배를 피웠다. 모두 기분이 좋은 것 같았다. 나는 약간 떨어져 앉아 레드 와인을 곁들여 구워 놓은 고기를 뒤척이며 몇 점 집어 먹다 책장의 책을 구경했다. V는 건설 회사를 경영하는 사업가였는데, 철학자 하버마스(Jurgen Habermas)나 마르쿠제(Herbert Marcuse)의 책이 잔뜩 있었고 그들을 좋아하는 것 같았다. 아니면 부인인 L이 좋아하거나. 둘 다일 수도 있고. 누가 알겠는가?

네 사람 사이에 끼어 대화를 나누고 싶었지만 그럴 수 없었다. 에이, 괜히 따라왔네! 어색하고 쑥스럽기만 했다. 그때 영어를 못한다던 V가 내 쪽으로 몸을 돌리더니 크리스마스 트리를 가리키며 말했다.

"이것 보세요, 진짜 독일식 크리스마스 트리입니다."

뭐라고?

그렇다. 그는 분명 영어로 말했다. 그때서야 깨달았지만 V의 아내인 L

만 영어를 못했다. 알고 보니 V는 영어를 할 줄 알았을뿐더러 〈이지 라이더(Easy Rider)〉*의 시대인 1960년대에 미국에서 지낸 적도 있었다. 그는 당시에 친구들과 함께 오토바이를 몰고 미국 남부 지방을 누볐다고 한다. "우리는 수많은 도시와 마을을 휘젓고 다녔지요. 하지만 외국인이라는 사실을 들킬까 두려워 어디를 가든 잠깐만 있다 빠져나왔어요. 미국인은 외국인을 별로 좋아하지 않잖아요."

충격을 받았다. 아니, 미국인은 외국인을 싫어하지 않아요. 우리는 유럽인과 달라요. 외국인을 늘 환영한다고요. 이 말이 입가에 맴돌았으나 밖으로 내놓지는 못했다. 그는 모든 미국인을 전형적인 남부인 및 소도시 주민들과 한데 싸잡아 판단하는 듯했다.

그날 밤 무엇보다 인상 깊었던 것은 건설 업자를 대변하는 V와 좌익 노동 전문 기자인 B 사이의 논쟁이었다. B는 V와 같은 대형 건설 업자가 노동자들에게 '시간당 20마르크'의 임금을 주지 않는다고 공격했다.(아, 이때는 아직 유로화가 등장하기 전이었다.)

"예, 맞는 말이에요. 그러나 바르게 말하자면 우리가 아니라 하청 업자가 시간당 20마르크의 임금을 주지 않는 거예요." 그는 나를 바라보며 말을 이었다. "무슨 이야기인지 아시죠? 독일 건설업의 통상적인 하청 구조를 보면 이렇습니다. 독일의 건설 업체가 체코의 건설 업체에 하청을 주면 이 일감은 우크라이나 건설 업체를 거쳐 러시아 건설 업체까지 쭉 내려가게 됩니다. 하청에 하청, 또 하청, 계속 반복되는 거지요."

"그러면 러시아의 건설 업체는 어디에 또 하청을 주나요?"

내가 그렇게 묻자 모두 큰 소리로 웃었다. 하지만 나는 농담으로 한 말

---

* 1969년에 미국에서 개봉한 영화로, 기성세대에 반항하며 오토바이를 타고 미국 전역을 여행하는 젊은이들의 모습을 그려 큰 화제를 모았다.

이 아니었다.

 돌아가는 길에 B는 여전히 씩씩댔다. "어떻게 둘러대든 20마르크를 주지 않는 것은 사실이잖아요." 그날 밤 숲속 통나무집에서 나는 유럽인이었으면 좋겠다고 느꼈다. B 같은 사람이 손님으로 와서 노동자에게 정당한 임금을 주지 않는다고 집주인에게 마구 쏘아붙일 수 있는 건 독일에서나 가능한 것 아닐까?

제조업이 우리를 먹여 살린다

그다음 날 본에 있으면서 나는 왜 독일 모델이 훌륭한지, 그리고 왜 존속하기 힘든지를 동시에 깨달았다. C와 점심 식사를 했다. 그가 시카고의 독일 영사관에 근무하던 시절부터 잘 알고 지냈으므로 그 역시 내가 생각하는 진정한 독일인의 범주에는 포함되지 않았다.

 "본국에 돌아오니 지낼 만한가요?" 내가 물었다.

 "물론이지요." 그는 미국에서 근무할 당시 세 딸이 미국 대학에 진학하겠다고 해서 아내와 함께 기겁했다는 이야기를 들려주었다. 세 딸의 연간 등록금이 3만 달러에 달했으니!(1997년의 이야기임을 염두에 두기 바란다.) 시카고에서 근무하면서 '재외 근무 수당'을 받아 사립고등학교에 보낼 수 있었으나 미국 대학의 등록금을 충당하기는 힘들었단다.

 "그래서 우리는 월급이 줄어들더라도 본국으로 돌아와야 했습니다."

 C의 가족이 살았던 일리노이 주의 윌메트는 생활 여건이 괜찮은 곳이었다.

 "아, 윌메트는 무척 잘 사는 동네예요. 우리 가족에게는 너무 과했지요. 하지만 거기에서도 애들이 혹시 잘못되지 않을까 걱정을 많이 했어요.

어디든 같이 다녀야 했습니다. 여기 본에서는 애들이 밤에 어디를 돌아다니든 걱정하지 않아요."

역시나 독일은 살 만한 나라였다.

"잘 지낸다니 반가운 소리네요. 그런데 여기에 와서 보니 사람들 표정이 밝지 않던데. 신문 기사를 다 읽어 봤어요?" 내가 물었다.

"쳇, 내가 돌아온 뒤로 사람들이 이렇게 아우성치더군요. '불경기야, 먹고살기 힘들어.' 하지만 그다음에는 5만 마르크를 주고 산 새 차를 보여 주더라고요. 그리고 마요르카에서 얼마나 멋진 휴가를 보냈는지 잔뜩 자랑을 늘어놓더군요."

"하지만 동유럽에 일자리를 빼앗기는 게 걱정되지 않나요?"

"예. 뭐 하러 걱정해요? 거긴 아무것도 없어요." (어떤 독일인이 약간 과장하여 "동유럽에는 변변한 도로 하나 없어요."라고 말했던 일이 떠올랐다.)

C는 "게다가 독일과 폴란드, 헝가리 등을 비롯한 동유럽 나라와의 무역 규모는 스위스 한 나라와의 무역 규모보다 작은 실정입니다."라고 덧붙였다.

"하지만 독일의 노동비용이 치솟고 있으니 앞으로 급증세를 타지 않을까요?"

여기서 C는 세계는 평평하다는 개념의 약점을 내게 일깨워 주었다. 그는 "노동비용이 상승하는 건 큰 문제가 아닙니다. 마르크화 가치가 상승하는 게 더 치명적입니다. 예를 들어 보지요. 작년에 마르크화 가치가 달러화에 비해 10퍼센트나 상승했어요. 여기 독일에서 노동비용이 3퍼센트 상승했다고 가정해 봅시다. 그 정도면 아주 대단한 겁니다. 실제로는 그렇게까지 오르지 않아요. 보통 노동비용은 제품 가격에 3분의 1이 반영됩니다. 3퍼센트의 3분의 1이면 몇 퍼센트죠?

"그야 1퍼센트 아닌가요?"

"마르크화에서 오른 10퍼센트, 그리고 노동비용에서 오른 1퍼센트. 한마디로 노동비용 상승을 들먹이며 기업이 생산시설을 이전하겠다고 떠드는 것은 웃기는 일입니다."

그로부터 10년 후 『파이낸셜 타임스』와 『이코노미스트』는 독일 노동조합이 어떤 식으로 임금 인상을 자제하고 노동비용을 통제하는지를 분석해 경쟁적으로 기사를 내보냈다. 하지만 노동비용 통제는 수출 경쟁력의 측면에서는 무의미한 짓이었다. 이 점은 최근의 사실로도 입증된다. 예컨대 어젠다 2010을 밀어붙이면서 독일 정부는 이른바 '사회적 지불(social payment)'을 감축했는데, 이로 인해 수출이 늘어난 효과는 미미했던 반면 국내 서비스 부문은 큰 영향을 받았다.

C가 진심으로 걱정했던 것은 독일 통일과 동독의 실업률 등이었다.

"왜 동독 노동자의 임금을 낮추지 않는 거지요?"

아인 랜드(Ayn Rand)* 가 물을 만한 질문이었다.

"동독의 임금 수준이 낮아지면 고숙련 노동자가 서독으로 오게 돼요. 누구도 그런 사태를 원치 않습니다."

"아, 이제 문제가 뭔지 알겠네요. 당신은 비관론자군요."

"아닙니다. 나는 사실 낙관론자입니다. 선생님도 아시다시피 제조업이 우리를 먹여 살릴 겁니다. 물론 독일은 구조 조정이 필요하지요. 그러나 우리는 미국식의 구조 조정은 바라지 않습니다. 그랬다가는 중산층의 생활수준이 낮아질 게 뻔하거든요."

나중에 C의 말이 옳다는 게 밝혀졌다. 독일은 운이 좋았다. 구조 조정

---

* 미국의 소설가이자 철학자로 집단주의를 배격하고 개인과 이성, 시장경제의 우월성을 주장했다.

에 돌입할 무렵 유럽 대부분의 지역이 유로화를 사용하기 시작했다. 이에 따라 경쟁국의 통화이던 이탈리아의 리라화나 프랑스의 프랑화에 비해 마르크화의 가치가 크게 치솟으면서 독일의 제조업은 과거처럼 고군분투할 필요가 없었던 것이다.

C가 유로화로의 전환을 염두에 두고 그런 말을 했는지는 모르겠다. 하지만 그는 독일이 미국의 전철을 밟아서 제조업에 대한 투자를 회수할 것이라고는 생각하지 않았다. 그의 말은 하나도 틀리지 않았다.

먼저 독일에는 런던이나 뉴욕과 같은 금융 중심지가 없어서 그런지 독일의 똑똑하고 영리한 젊은이가 금융 부문으로 쏠리지 않았다. 이에 따라 제조업도 뛰어난 인재를 거느리고 막강한 경쟁력을 갖출 수 있었다. 또 각종 법규의 뒷받침 속에서 제조업을 중시하는 문화가 형성되었다. 예컨대 독일에서는 직장평의회와 합의하지 않고는 인력 구조 조정이 불가능하고, 사업장 폐쇄 계획 없이는 회사 문을 닫을 수 없으며, 불가피하게 직원을 해고할 경우에는 해고 수당을 지급해야 한다. 관련 법규의 각종 조항과 조건을 충족시킨 후 공장을 해외로 이전한다는 것은 거의 불가능한 일에 가깝게 되었다. 더구나 한층 엄격하게 강화된 파산법 역시 대기업의 철수를 어렵게 만들었다. 독일 기업은 미국 기업처럼 파산보호를 신청해 연금과 의료보험 관련 의무를 떨어 버릴 수가 없다. 한마디로 노동자의 힘이 기업에 무조건 '반대'하거나 기업 '외부'에서 활동하는 데 쏠려 있는 게 아니라 기업 구조 '내부'에 깊게 뿌리내리고 있어서, 미국처럼 기업이 제조업 투자를 줄이고 다른 쪽으로 눈을 돌리기가 어렵다.

나아가 사회민주주의하에서 독일 기업이 제조업 이외의 대안을 찾을 여지 또한 적다. 공공재의 민영화를 제한하다 보니 공공재를 통한 부당 이득은 꿈도 꾸지 못한다. 미국에서는 기업이 이윤을 얻기 위해 건강과

교육 분야까지 손을 대지만 독일에서는 그런 일이 있을 수 없다. 설령 손을 댄다 해도 공공재를 납품받는 국가가 이윤을 보장해 주지 않으므로 금방 물러날 수밖에 없다.

그리고 독일 기업은 제조업에서 손을 떼기로 작심하지 않는 이상 일용직과 비정규직 노동자를 고용할 수 없다. 미국에서 흔히 볼 수 있는 것처럼 공장을 돌리기 위해 부당한 대우를 받아도 끽소리 못하고 일만 하는 가난하고 힘없는 사람을 노동자로 고용하지 않는 것이다. 시카고만 보더라도 일부 공장은 일용직과 비정규직 노동자로만 채워져 있다. 고용과 해고의 번거로움을 피하려는 의도일 것이다. 일용직과 비정규직 노동자는 다른 노동자와 연대하지 못하고 오로지 관리자의 눈치만 보기 때문에 관리하기가 무척 편하다.

미국의 엘리트는 독일에 대해 어떤 이야기를 들어도 늘 코웃음 치며 "독일은 그래 봤자 노동시장 유연성이 떨어져 세계화에 적응하기가 어려울 것"이라고 말한다. 하지만 나는 미국 경제의 경쟁력이 날로 약화되는 이유가 바로 노동시장이 지나칠 정도로 유연하기 때문이라고 생각한다. 독일에서는 각종 법규의 뒷받침 속에서 노동 안정성이 높아진 결과 노동자의 숙련된 기술은 집단적으로 유지되는 가운데 놀랄 만한 시너지 효과를 발휘하고 있다. 또 노사공동결정, 직장평의회 등 노동자가 경영에 참여하는 제도를 통해 노동자가 희로애락을 함께 나누며 집단의 결속력을 유지한 결과 인적 자본의 축적도 늘어나고 있다.

일부 경제학자가 입에 올리는 인적 자본이라는 말은 비록 독일에 대한 연구에서 나온 것은 아니지만 최근에 유행하는 개념이다. 지식이 어떤 과정을 거쳐 경제성장의 추동력이 될 수 있는지를 연구하는 '지식' 경제학에 관한 최근의 활발한 논의를 살펴보면 참고가 될 것이다. 이 분야의 책으로 꼽을 만한 게 경제학자 데이비드 워시(David Warsh)가 펴낸 『지식경제학 미스터리(Knowledge and the Wealth of Nations)』이다. 이 책은 집단 지식, 즉 인적 자본과 경제성장 사이의 연관 관계를 파헤치려는 여러 경제학자의 노력을 소개하고 있다.

독일의 공학과 품질관리 분야에서는 노동자 경영 참여 제도의 장점인 집단적 상호작용을 통해 엄청난 양의 인적 자본이 쌓여 가는 중이다. 이런 인적 자본에 담긴 지식은 개인의 지식이 아니라 집단의 지식이다. 미국의 효율적이고 '유연한' 노동시장은 죽었다 깨도 축적하지 못하는 그런 지식인 것이다.

엄밀히 말해서 미국만큼 제조업 발달에 유리한 조건을 갖춘 나라는 드물다. 땅이 넓고 자본은 풍부하다. 교육 수준이 높은 양질의 노동력도 있다. 그러나 노동시장이 유연한 탓에 제품의 품질 저하를 막는 데 필요한 인적 자본이나 지식을 축적하지 못하는 실정이다. 유연한 노동시장이 미국과 영국의 발목을 잡는 셈이다. 미국은 가끔 일본식 노동 모델을 시도할 때가 있지만 독일식 노동 모델은 따라할 엄두조차 내지 못한다. 노동자에게 실질적인 노동 통제권을 양보하려는 의지가 전혀 없기 때문이다.

독일의 교육제도가 붕괴 일보직전이라는 주장(보완이 필요한 것은 사실이다), 독일의 연구 개발 투자가 미흡하다는 주장(미국에 비하면 한참 낮은 수준이다)에도 불구하고 독일인이 제조업에 꾸준히 투자한다는 것은 불가사의가 아닐 수 없다. 누가 뭐래도 독일은 제대로 하고 있다. 무엇보다 인상적인 것은 노동자가 기업 내에서 특권적인 지위를 누린다는 점이다. 미국의 노동자 역시 중산층의 생활수준을 유지하려면 독일처럼 기업 내에서 자신의 지위를 향상시켜야 한다.

교육에 돈을 더 많이 쏟아붓는 것은 낭비일 뿐이다. 기초 연금에 돈을 더 쏟아붓는 것 역시 낭비이다. 미국은 충분히 썼다. 사실 미국은 필요한 생산요소를 모두 갖고 있다. 넓은 땅, 많은 노동력, 많은 자본, 높은 수준의 교육. 하지만 노동시장이 유연하기 때문에 인적 자본이나 지식을 개발할 수 없는 것이다. 글로벌 경쟁의 장에서 미국은 독일보다 거의 모든 영역에서 우위에 있다. 그러나 독일이 미국보다 앞서는 결정적인 한 가지가 있는데 그게 바로 사회민주주의이다.

물론 독일에도 허다한 문제점이 있음을 인정한다. "독일의 문제점이 무엇인지 진지하게 생각해 봐야 해!" 좋아. 나는 미국인이니까 독일에 있는 문제점이 미국에는 없다고 떠들고 다닐 수도 있다. 그러나 미국의 중산층은 무너져 내리는 중이고 미국 경제는 날로 악화되고 있다.

그러면 1997년 두 달간 독일에 머문 후 미국으로 돌아간 나는 왜 독일이 미국보다 낫다고 말하지 않았을까? 당시 도저히 믿기 힘들 만큼 심각한 독일의 실업률을 보고 차마 그러지 못했다. 옛날에도 그랬고 지금도 그렇지만 많은 사람들은 독일인이 돌연 투표를 통해 독일 모델을 폐기할 것으로 예상했다. 나 역시 그런 사람들의 범주에서 벗어나지 못했다.

게다가 독일이 제조업에 계속 투자하는 동안 글로벌 자본은 미국으로 몰려들었다. 세계의 핫머니가 뉴욕으로 향했던 것이다. 그래서 이렇게 자본의 세계화 추세가 계속되면 독일 기업은 노동자가 이사회의 절반을 차지하고 있다는 이유로 그 누구의 투자도 받지 못하는 상황이 오지 않을까 두려웠다. 베어 스턴스(Bear Stearns)나 메릴 린치(Merrill Lynch) 등의 대형 금융 회사가 사무실 화분에 물이나 주는 잡역부가 떡 하니 이사 자리에 앉아 있는 기업에 투자하고 싶을까? 베어 스턴스, 메릴 린치, 그리고 뱅크 오브 아메리카는 기업을 잘 아는 사람이 이사 자리에 오르기를 기대하기 마련이다.

1997년 방문 당시 독일은 암울했다. "왜 독일에 왔나요?" "우리는 심각한 불황에 시달리고 있어요. 그렇지 않아요?" "독일 상황이 좋다고 이야기하는 사람 본 적 있어요?" 새해 벽두부터 내가 만난 독일인은 열이면 열, 입버릇처럼 그런 말을 해 댔다. 돌이켜 보면 부채의 늪에 깊숙이 빠져드는 줄 모르고 미국인이 콧노래 부르고 있던 바로 그때, 독일인은 자기들이 불황의 바다에서 헤어나지 못할 거라고 생각했다니 묘한 느낌이 든다.

앞에서도 이야기했듯이 나는 가능한 한 많은 독일인을 만나 생생한 목소리를 듣고 싶었다. 그래서 C와 점심 식사를 하면서 이렇게 말했다. "여러 독일인에게 편지를 썼는데 아무도 답장을 보내지 않더군요."

C는 어리둥절해하더니 "편지 사본 좀 볼 수 있을까?"라고 말했다.

나는 두세 통의 편지를 꺼내 건네주었다. 그걸 보더니 C는 웃기 시작했다. "12월 27일에 보내셨네요."

"그래서요? 오늘이 1월 9일인데 아무도 연락이 없단 말입니다."

그는 웃음을 멈추고 편지를 돌려주었다. "이 사람들 모두 아직까지 휴가 중일 겁니다."

독일의 장래가 암울한 것은 당연했다. 이런 판국에 마요르카에서 한가롭게 휴가를 보내고 있다니!

독일 안의 또 다른 독일

다행히도 내 편지를 받은 사람 중 한 명은 휴가를 떠나지 않았다. 그를 M이라고 부르기로 하자. M은 그날 밤 나와 저녁 식사를 하면서 독일 모델이 존속하기 힘들 것이라는 사실을 확인시켜 주었다.

그를 만나기 전, 나는 오후 내내 이 좁은 정치적 수도에서 독일의회 건물을 찾느라 헤맸다. "독일의회가 어디 있나요?"

"저 건너편에 있어요."

"어디라고요?"

"저쪽 편이요."

본의 시민은 애매한 말로 길 안내를 하는 모양이었다. 쭉 걸어갔으나 좀처럼 찾을 수가 없었다. 도대체 의회 건물을 어디에 지어 놓은 거람? 그런데 이렇게 헤매며 돌아다니는 동안 상당수의 본 시민이 수도를 베를린으로 이전하는 것을 반기는 듯한 인상을 받았다. 베토벤의 고향이자 로베르트 슈만이 생애 마지막을 보냈던 본은 유서 깊은 대학 도시이고 시민들은 대부분 수도가 되는 것에는 관심이 없었다. 내가 영어로 혹은 투박한 독일어로 의회 건물이 어디 있는지 물었을 때 사람들은 정말로 모르는 것 같았다.

그러나 M은 통일 독일의 수도를 베를린으로 정한다는 생각에 반대 의견을 표명했다. 나는 수도라고 하기에는 너무나 규모가 작은 아기자기한 도시 본의 식당에서 그를 만나 저녁 식사를 했다. M은 그 식당 주방장을 좋아해서 자주 들른다고 했다. "아주 대단한 사람입니다. 독일산 재료로 뛰어난 요리를 만든다니까요. 미국에서도 독일 요리를 먹어 보셨지요?"

"당연하지요. 독일 식당이 곳곳에 있답니다."

"하지만 제대로 된 독일 요리는 없을 겁니다. 얼치기 식당이 많지요."

식당은 자그마했다. 사실 본에서는 모든 것이 작았다. 정치인이 베를린으로 수도를 옮기려는 이유가 자그마한 도시 본에서는 정치인이 무슨 말을 했는지 누구나 다 알기 때문이라는 우스갯소리가 있을 정도였다. M은 요리의 중요성을 줄곧 강조했다. "선생님도 읽어 본 적이 있겠지만 독일 잡지를 보면 식사와 에로스의 관계에 대해서 쓴 글이 은근히 많아요."

"식사와 에로스라뇨?"

그는 빙그레 웃더니 "지식의 한 형태로서의 에로스 말입니다."라고 말했다. 우리는 수프를 먹기 시작했다. "성경의 창세기에도 나와 있어요. 사과 말이에요. 아담과 이브가 사과를 따서 먹었잖아요. 그래서 지식을 얻게 된 겁니다."

"그러면 이렇게 제대로 된 독일 요리를 먹으면 내가 본에 관해서 무엇을 알게 되나요?"

"본에 관해서 알게 되는 것이라…. 그래요. '본은 변두리 시골'이라는 말이 있습니다. 하지만 변두리라니요? 실내악단도 있고 실험극을 상연하는 새로 지은 극장도 있습니다. 있을 건 다 있다고요." M의 관점에 따르면 통일 이후 베를린 천도 논의가 나오는 것은 우파의 음모였다. "그들, 프로이센인이 지금 되살아나고 있습니다. 아데나워는 프로이센이 되살아나는 것을 결코 원하지 않았습니다."

콘라트 아데나워는 1949년에서 1963년까지 독일 총리를 역임했다.

"아데나워는 독일의 통일을 원했을 텐데요."

"그렇지 않습니다."

M의 말에 따르면 프로이센인과 우파가 다시 세력을 얻으면서 베를린 천도 논의가 불붙기 시작했다고 한다. "그들이 본에 대해 뭐라고 떠드는 줄 아세요? '본은 말이야, 너무 자유분방한 도시야. 라인란트*의 색깔이 너무 강해.'라고 합니다." 그는 라인란트는 평화주의를 상징하는 말이라고 설명했다.

나는 그에게 외증조할아버지가 라인란트 출신이라고 집안 내력을 밝혔다. 할아버지 이름은 '데이비드'인데 젊은 시절 비스마르크 군대의 징집을 피해 미국으로 이주했다.

"아, 그래요? 그러면 제가 무슨 말을 하는지 잘 아시겠네요. '저항하라! 프로이센과의 통일은 재앙이었다.' 이 말입니다."

독일은 진정한 하나의 나라가 아니라 여러 개의 공국(公國)이 모인 것이다. 동독 대 서독(실제 분리돼 있다), 남부 대 북부(실제 분리된 것은 아니다), 가톨릭 대 개신교, BMW 대 다임러-벤츠. 아, 또 하나 있다. M과 식사하는 자리에서 새로 알게 된 좌파와 우파의 대립 구도까지. 식사하는 동안 M의 관점으로 보기 시작하면서 점점 더 속이 상했다. 그는 내게 미국에 돌

---

* 넓게는 라인강 양쪽 지역을, 좁게는 라인강 중류 서쪽 지역을 일컫는다. 프랑스와 국경을 맞대고 있어서 타 문화를 쉽게 받아들이며 자유주의적 기풍이 강하다. 프랑스와 수많은 영토 분쟁을 겪었는데 나폴레옹 시절에는 프랑스령이 되었다가 1871년 프로이센에 통합되었다.

아가면 라인란트 사람으로서 사람들에게 독일의 통일은 축복이 아니라 위기라고 말해 달라고 부탁했다.

그러면 그들은 왜 독일의 통일을 중단하려고 하지 않았을까?

"이곳 사람들 중 일부는 그렇게 하려고 했지요. 성공할 수도 있었습니다." 그는 사민당이 강했다면 독일의 통일을 저지할 수도 있었다고 말했다. "그러기 위해서는 3분의 2 정도의 압도적인 지지가 필요했지요. 나는 통일에 반대하는 긴 글을 쓰며 문제를 제기했습니다. '당장 중단하라. 동독을 5년이고 6년이고 분리된 상태로 놔둬라.'라고요. 그때만 해도 통일을 감당할 여력이 없는 만큼 나라 전체가 흔들릴 것 같다는 판단이 들었거든요."

그는 무엇보다도 동독인을 구제한다는 명분하에 서독인이 고율의 세금을 부담하는 것이 큰 문제라고 생각했다. 자칫 잘못하면 복지국가의 틀을 유지할 수 없고 기존 단체교섭 시스템의 근간 역시 허물어지지 않을까 우려했던 것이다. M은 좌파가 어떤 함정에 빠져 있었는지 구체적으로 설명했다. 당시 동독인의 생활수준을 끌어올리려면 새로운 독일 정부는 재정 적자를 감수하거나 복지 혜택을 대폭 삭감하는 정책 중 하나를 선택해야 했다. 그런데 마스트리흐트 조약의 체결 이후 유로화의 도입을 목전에 둔 시점에서 EU 회원국의 재정 적자는 용납되지 않았다. 새로운 통화의 기반을 약화시킬 우려가 있다는 게 이유였다. 독일 정부로서는 결국 복지 혜택을 삭감하는 것 이외에는 대안이 없었다.

그것은 우파의 복수였다. 독일이 잘 사는 것을 시샘하던 구소련의 복수였다. 동독은 망하기 직전에 있던 구소련이 최후의 발악으로 서독을 향해 돌진시킨 차량 폭탄과도 같았다. 서독은 문을 열어 주었고 차량 폭탄이 굴러 들어와 마침내 꽝 하고 터지고 말았다.

나는 서독의 관점에서 상황을 이해하게 되었다. 선량한 가톨릭 신자, 고매한 평화주의자, 하인리히 뵐(Heinrich Böll)* 과 콘라트 아데나워를 배출한 지방, 그리고 머리에 기묘한 모자를 즐겨 쓰는 체구가 작은 독일인의 관점에서 말이다. 이제 이들은 다시 한 번 프로이센의 지배하에 놓이게 되었다. 비록 지금은 사라졌지만 일부 독일인의 정신적인 지주 역할을 해 온 그 프로이센, 군국주의의 땅, 말 잔등에 앉아 채찍을 휘두르며 내달렸던 키가 크고 무뚝뚝한 여자들이 사는 독일 말이다.

우! 무서운 일이었다. 수도를 베를린으로 옮긴다니! 베를린이 싫어졌다. 거기에 가고 싶은 마음이 싹 가셨다.

시간이 좀 흐른 후 혹시 M이 상황을 지나치게 과장해서 말한 것은 아닌가라는 의구심을 품기도 했다. 그러나 그 의구심은 틀렸다고 말하고 싶다. 우리는 독일식 정통 수프를 비롯해서 몇 가지 음식을 주문해 먹으면서 많은 이야기를 나누었다. 독일의 통일은 위험한 측면이 크다는 M의 말은 옳았다. 통일 과정에서 독일은 우파 쪽으로만 기울지 않았다. 그렇다고 좌파 쪽으로 기운 것도 아니었다. 양 진영에서 새로운 움직임이 나타났다는 게 독일 통일의 특징이다.

먼저 우파 쪽을 보면 위험한 프로이센 우파와 극단적이고 신나치의 경향을 띤 우파가 모습을 드러냈다. 이어 좌파 쪽을 보면 위험한 공산당 좌파, 즉 지극히 선정적인 좌파가 등장했다. 신우파는 구우파를 잠식해 들어갔고, 신좌파 역시 구좌파의 기반을 허물어 갔다. 우파와 좌파 양쪽에서 새로운 부동층이 정치의 전면에 부상했다. 이들은 비록 그 수는 적지만 독일 모델의 미래를 결정하는 캐스팅보트를 쥐었다.

* 반군국주의자이자 가톨릭 좌파로서 현실 참여적인 작품을 쓴 독일의 작가. 1972년 노벨문학상을 수상했다.

대화를 나누는 과정에서 뜻밖에도 M이 내가 그를 도울 수 있으리라고 생각한다는 것을 깨달았다. "선생님은 변호사이지요? 미국에서 노동조합을 지원하는 활동을 하시고요."

"아, 예. 그런데요?"

"미국에 돌아가면 독일에서 어떤 일이 벌어지고 있는지 노동조합에 적극적으로 알려 주시겠어요?"

"잠시만요. 미국의 노동조합이라…. 독일에서 볼 수 있는 그런 노동조합은 없는데요. 미국의 노동조합은…. 글쎄, 내 이야기를 들어줄 노동조합은 없습니다."

"그렇다면 노동조합 활동을 하는 주변 사람들에게라도…."

"아, 내 이야기를 들어줄 상대가 없다니까요! 제조업 노동자는 남아 있지 않아요. 내 말을 들어줄 사람이 아무도 없어요."

"아, 예. 괜찮아요. 괜찮습니다. 문제가 뭔지 알겠군요." 그가 말했다.

중산층이 감소했다고?

이런 이야기를 들은 마당에 본에만 있으려니까 마음이 무척 답답해서 다른 곳으로 가기로 했다. 함부르크행 기차를 타니 마음이 어느 정도 가라앉았다. 마침 군인들이 몇 명 있어서 찬찬히 살펴보았다.

  독일에서는 기차를 탈 때마다 군복 차림의 아주 앳돼 보이는 젊은이들과 마주치곤 했는데, 늦은 밤에 한쪽 구석에 자기들끼리 모여 앉아 있었다. 아무리 군복을 입고 있어도 완전히 애들이었다. 이렇게 기차를 타고 어디론가 간다는 것을 부모는 알고 있을까? 내가 보기엔 부랑자 같은 젊은이들만 선발하여 군복으로 갈아입힌 후 기차에 태워 허수아비처럼 독일 전역을 돌아다니게 하는 것 같았다. 기차에 탄 어른들이 이들의 모습에 움츠러들고 눈길을 피하려고 했기 때문이다. '아, 하느님, 이런 새파란 젊은이들을 전장에 보낼 수는 없어!' 이런 생각을 하는 게 아니었을까? 젊은이들을 파견해서 나토를 위해 싸우도록 하는 게 정치적으로 왜 어려운 일인지 모르는 사람은 없을 것이다. "젊은이들이 전장에서 죽기 원하는가?"라고 진지하게 물어보라.

그사이 나와 젊은 군인들을 실은 기차는 독일 북부의 항구도시인 함부르크로 향했고 밤은 더욱 깊어만 갔다.

함부르크는 불가사의할 정도로 텅 비어 있었다. 주민들이 휴가 중이라는 게 실감났다. 문을 연 상점도 손님들의 발길이 뜸했다. 독일인이 소비를 하지 않는 이유를 생각해 보았다. 독일은 저축률이 높은 편이지만 계층에 따라 격차가 심했다. 빈곤층은 한 푼도 저축을 못하고 중산층은 수입의 5~6퍼센트 정도만을 저축할 수 있는 반면 부자는 미국 상류층과 비교해 볼 때 구두쇠에 가까웠다. 돈방석 위에 앉아 있는 부자들이 소비 부진의 주범이었다. 함부르크는 독일, 또는 유럽에서 제일 부유한 도시, 부자가 많이 사는 도시로 소문나 있었다. 나는 함부르크 시민들이 부자를 어떤 시선으로 바라보는지 무척 궁금했다.

그것은 친구의 친구였던 독일 변호사 S에게 묻고 싶었던 물음이기도 했다. S는 나를 저녁 식사에 초대했다. 그녀는 웅장하고 호화스러운 흰색 고층 건물에서 살고 있었다. S와 그녀의 남편, 그리고 나, 이렇게 세 사람은 하얗게 치장된 널따란 거실에서 대화를 나누었다. S는 저녁 식사를 준비하면서 짬짬이 이메일을 주고받거나 의뢰인의 전화를 받았고 아이들에게 먹을거리도 챙겨 주었다. 정말 몸이 열 개라도 모자랄 정도로 바쁘게 움직였다. 그럭저럭 주변 정리가 되자 그녀는 혼자 술을 따라 마시면서 나와 본격적으로 이야기를 나누기 시작했다. "가정부는 도대체 어디 있나요?"라고 묻고 싶었지만 꾹 참았다.

그 대신에 나는 "이 큰 건물에 사는 사람들은 주로 무슨 일을 하나요?"라고 물었다.

"언론 매체 관련 일이오. PR 업무를 주로 한다고 생각하면 돼요." 그녀가 대답했다.

"PR 업무라. 결국은 소비를 촉진시켜 돈이 원활하게 회전하도록 하는 거군요!"

"함부르크에는 오래된 부자들이 많잖아요."

"사람들을 고용해서 신문에 그들의 이름이 나게 하는 건가요?"

"그 반대예요. 사람들을 고용해서 신문에 이름이 나지 않게 합니다."

나는 얼마 후 『생산의 시장화와 미국과 유럽의 고용율 격차(Marketization of Production and the US-Europe Employment Gap)』라는 책에 관한 신문 기사를 읽었다. 유명한 노동경제학자인 이 책의 공저자 리처드 프리먼과 로널드 세트카트(Ronald Schettkat)에 따르면, 독일인은 매끼 식사를 준비하는 데 상당한 시간을 쏟아붓지만 미국인은 패스트푸드를 사 먹거나 외식을 한다. 미국의 고용률이 높은 이유는 유럽인이 가정생활의 일부로 여기는 시간 중 많은 부분을 '시장화'하는 데서 찾을 수 있다는 게 두 사람의 주장이었다.

그러면 왜 독일의 부자는 소비를 하지 않을까?

지금은 독일에서 사는 미국인 목사 L도 이 점을 궁금하게 여긴다. 그의 말을 빌면 상점에 늘 파리만 날리는 것은 아니란다. 나도 독일을 몇 번 오가면서 관찰해 보니 그 정도 말은 할 수 있었다. 그러나 생각해 보니 부자들은 가까운 이탈리아 같은 나라로 뻔질나게 해외여행을 다녔다. 상점이 사람들로 붐비지 않는 이유가 바로 거기에 있는 듯했다.

독일의 부자는 저축률도 대단히 높다. 왜 그럴까? 여러 가지 이유가 있겠지만 제일 먼저 떠오르는 게 대학 등록금 부담이 없다는 점이었다. 미국에서는 자식을 뉴욕대학교 같은 명문대에 보내려면 연간 5만 달러의 등록금을 내야 한다. 그러나 대학 교육이 공공재인 독일에서는 부자도 최소한 그 돈을 절약할 수 있다. 이게 바로 내가 앞에서 바버라와 이사벨 이야기를 하면서 강조했던 것이다.

두 번째로는, 사회민주주의에서 강조하는 평등이라는 가치가 '과시적 소비'에 대해 '위축 효과'를 발휘한다는 점이다. 최소한 입으로라도 평등을 말해야 하기 때문이다. 이 대목에서 소스타인 베블런(Thorstein Veblen)이 『유한계급론(The Theory of the Leisure Class)』*을 쓴 시기가 미국인의 저축률이 대단히 높고 평등주의가 강조되던 1950년대의 후기 뉴딜 시대가 아니라, 19세기 말의 황금시대였다는 사실이 생각났다.(갤브레이스 같은 학자는 1950년대에도 미국인의 개인 소비가 지나치다고 욕했지만, 지금처럼 과도한 소비로 인해 빚의 바다에 빠진 사람을 보기는 힘들었다.) 베블런이 말하는 과시적인 소비를 억누르는 것은 평등이 아니라 평등해야 한다는 생각이다. 독일 기업에서 실질적인 정치권력을 쥐고 있는 노동자가 과시적인 소비를 불편한 시선으로 바라보는 탓에 부자는 그 눈치를 보지 않을 수 없는 것이다.

그런데 요즘에는 "다 옛날 이야기야. 독일도 빈부 격차가 심해지는 등 미국과 비슷해지고 있다."거나 "유럽 어디를 둘러봐도 중산층의 수는 늘지도 줄지도 않는 상황에서 불평등만 심화되고 있다."라고 이야기하는 사람들이 자주 눈에 띈다.

* 베블런이 쓴 사회경제학 비평서로, 1899년 미국에서 출판되었다. 미국의 자본주의가 절정을 이루던 19세기 말, 유한계급 사이에 만연했던 속물주의와 세속적 겉치레에 대한 비평을 담고 있다.

나도 시중에 떠도는 이야기를 잘 안다. 2008년 5월 1일자 『뉴욕 타임스』에는 "유럽의 중산층, 좀처럼 오르지 않는 임금 탓에 생활 방식마저 바뀌어"라는 제목으로 1면에 기사가 실렸다. 이 기사는 독일 중산층의 비율이 감소하고 있다는 사실을 강조하면서 그 원인을 맥킨지 경영 컨설턴트의 입을 빌려 "독일이 한물간 제조업에 얽매여 있다."는 데서 찾았다.

과연 그런가? 아니다. 내가 알기로는 정반대이다. 한물갔다는 제조업 기반이 강력한 덕에 독일은 세계 제일의 수출국으로 발돋움했다. 그러다 최근 자동화로 인해 제조업의 고용 창출 능력이 약화되는 조짐을 보이자 발 빠르게 서비스업을 육성하고 나섰다. 독일의 중산층이 감소한 것은 사실이다. 하지만 그 내용을 엄밀히 따져 보면, 구소련이라는 시장을 배경으로 성장했던 오래된 산업들이 사라지는 바람에 구동독 지역이 겪는 경제적 어려움이 통계에 반영되어 나타난 결과에 지나지 않는다. 백보 양보해서 실질적으로 감소했다 해도 그 폭은 그다지 크지 않았다.

슈테판 바흐(Stefan Bach), 자코모 코르네오(Giacomo Corneo), 빅토르 슈타이너(Viktor Steiner) 등 비관론적 성향이 강한 세 명의 유럽 경제학자가 2006년에 발표한 연구 결과에 따르면, 중산층의 비율은 구서독 지역에서만 완만하게 하락했다. 아울러 구동독 지역의 불평등이 심화되었는데 이는 구소련을 배후지로 삼아 구축되었던 경제 기반이 무너져 버렸기 때문이다. 이 연구는 지금까지 각종 언론이나 논문에 빈번하게 인용되었지만 불평등을 측정할 때 시장 소득만을 기준으로 삼고, 결국 사람들에게 돌아가는 정부의 이전지출은 제외했다는 한계가 있다. 흥미로운 것은 미국과 달리 직장이 있는 독일인 사이에서는 불평등이 그리 심하지 않다는 사실을 이들도 인정했다는 점이다. 나는 이것이 노동자의 경영 참여를 근간으로 하는 경영 시스템 덕분이라고 생각한다.

한편 국제통화기금(IMF) 소속 경제학자인 토머스 하예스(Thomas Harjes)는 2007년 발표한 「세계화와 소득 불평등: 유럽을 중심으로(Globalization and Income Inequality: An European Perspective)」라는 논문에서 독일은 물론 유럽의 불평등에 대해서 잘 알려 준다. 그는 1970년대 후반에서 2000년대 초반까지 유럽과 미국의 소득 불평등 추이를 장기적으로 비교했다. 하예스에 따르면, 미국이나 영국과는 대조적으로 유럽 대륙의 불평등은 "큰 진폭 없이 약간 심화되었거나 아니면 완화"되었다. 즉 생산의 세계화가 확산된 30년 동안 많은 유럽 선진국에서는 불평등 수준을 나타내는 지니계수가 실질적으로 하락했다. 예컨대 프랑스의 경우 최근 몇 년간 지니계수는 제자리걸음을 했고, 비교 시기를 20년으로 넓혀서 보면 오히려 떨어졌다. 세계화의 광풍이 몰아쳤는데도 그런 결과가 나왔다. 반면에 미국과 영국의 경우 동일한 20년 동안 불평등이 크게 심화되었다. 미국만큼이나 '노동 유연성'을 강조했던 영국의 지니계수는 무려 30퍼센트 포인트나 상승했다.

"하지만 독일의 엘리트층은 과거보다 소득이 올랐다는 기사가 부쩍 눈에 띄는 것 같은데?"

맞다. 올바른 지적이다. 그러나 독일의 엘리트층은 기업에서 엄청난 액수의 연봉을 받기 때문에 고소득자의 반열에 올라선 것이 아니다. 미국과 달리 그들은 주로 기업가로 활동하여 고소득을 올린다. 즉 스스로 창업하거나 벤처 투자에 뛰어들어 부를 축적하는 것이다. 존 슈미트가 지적했듯이 독일인이 대표하는 유럽인은 미국인보다 기업가 정신이 더 투철하다는 점을 상기하기 바란다.

그럼에도 독일의 불평등이 심화되는 것 같다는 생각이 자꾸 들었다. 왜 그랬을까? 나는 미국 메릴랜드 주의 셰비 체이스나 베데스다처럼 풍요로운 지역인 독일의 뮌헨이나 슈투트가르트에 자주 가지 않았다. 그 대신에 경제적으로 어려움을 겪는 동독 지역의 중심부인 베를린에서 상당히 많은 시간을 보냈다. 게다가 베를린에 갈 때마다 우연히도 이른바 독일 주식회사에서 해고되었다고 느끼기 십상인 예술가 프리랜서들과 주로 어울렸다. 아마 이런 것이 원인이지 않을까 싶다. 다시 한 번 말하지만, 토머스 피치(Thomas Fitch) 등의 경제학자가 지적하듯 독일 GDP의 대부분을 생산해 내는 구서독 지역은 전과 다름없이 평등한 편이다. 세계가 엄청난 속도로 변화되고 있음을 감안해 볼 때 구서독 지역이 아직도 평등한 것은 지극히 예외적인 일이 아닐 수 없다.

한편 중산층의 임금은 제자리걸음을 하고 있지만 일하는 시간은 점점 줄어들고 있다. 실업 이야기를 하는 게 아니다. 재러드 번스타인(Jared Bernstein)이 지적했듯이 유럽인은 생산성 향상 기여분을 높은 임금이 아니라 늘어난 여가로 되돌려 받고자 한다는 게 내 생각이다. 함부르크와 뮌헨에는 장시간 격무에 시달리는 글로벌 엘리트층도 존재하지만, 일 대신에 여가를 더 즐기려는 중산층도 존재한다. 엘리트층이 여가가 아닌 소득의 형태로 자기 몫을 챙긴다면, 중산층이 소득 대신에 여가의 형태로 자기 몫을 챙기는 것이 공평하다고 생각한다. 그렇게 선택하는 게 쉽지는 않겠지만 적어도 독일의 중산층은 생산성 향상과 경제성장의 과실을 차곡차곡 따 먹는다는 것만은 분명한 사실이다. 그러나 미국과 영국의 중산층은 시간당 임금이 더 낮아서 그만큼 더 오래 일해야 한다.

부자 도시 함부르크는 세일 중

함부르크라는 지명을 들을 때마다 떠오르는 것은 알스터 호와 운하를 끼고 빼곡하게 들어선 상점의 쇼윈도에 쓸쓸히 놓여 있던 '마네킹'이다. 함부르크에 갔을 때 아무도 아는 사람이 없는 데다 날씨마저 추워서 눈요깃거리가 많은 쇼핑가를 돌아다니며 시간을 보내곤 했다. 함부르크의 쇼핑가도 뉴욕의 메디슨 가나 메릴랜드 베데스다의 쇼핑가 못지않게 화려하고 세련되어 보였다. 끝이 보이지 않게 늘어선 상점의 쇼윈도마다 우아하게 '수영복'이라고 새겨져 있었다.

돈 많은 여자라면 죽 늘어서서 어서 상점 안으로 들어와 옷을 입어보라고 애원하는 마네킹의 유혹에 십중팔구 넘어갈 것만 같았다. 그러나 실제로는 손님이 하나도 없었다. 트위드 코트에는 '염가 판매'라는 안내판이 붙어 있었지만 아무도 사는 사람이 없었다. 마네킹은 벌벌 떨고 있었다. 손님이 하나도 없는 상점의 쇼윈도에 온종일 저렇게 서 있으니 얼마나 추울까.

진열된 옷들은 모두 '염가 판매' 중이었다. 자제력이 아주 강한 사람이 아니라면 상점 안에 들어가지 않고는 못 배길 것 같았다. 함부르크에는 안면이 있는 사람이 아무도 없었기에 이런 상점들이 파리만 날리는 까닭을 알아내기는 힘들었다. 가끔 상점가를 걷다 보면 때로 몰려다니는 사람들과 마주칠 때도 있다. 그러나 대부분 쇼윈도에 비치는 모습이라고는 나와 마네킹, 그리고 다니엘 요나 골드하겐(Daniel Jonah Goldhagen)의 『히틀러의 자발적 학살자들(Hitler's Willing Executioners)』이라는 책 더미밖에 없었다. 당시 이 책은 단순히 베스트셀러에 그치지 않고 과장을 섞어 말하면 독일의 GDP를 10퍼센트 정도 깎아내릴 만큼 영향력이 막강하다는 평을 듣고 있었다.

나는 체구가 자그마한 판매원 아가씨에게 점심 식사를 할 만한 곳이 어디 있느냐고 물었다. 그녀는 한숨을 내쉬었다. "이 주변은 음식 값이 무척 비싸요. 저는 도시락을 싸 갖고 다녀요. 아마 저기 보이는 뫼벤픽(Mövenpick)에 가시면 될 겁니다."

음, 혹시 하워드 존슨 식당* 같은 것은 아닐까?

뫼벤픽에 가서 자리를 잡고 앉아 주변을 둘러보니 사업가 차림새의 사람들, PR 업계 종사자처럼 보이는 사람들이 즐비했다. 입이 근질근질해서 대화를 나눌 사람이 간절히 필요했던지라 바로 옆자리의 여성에게 말을 붙였다.

"저는 미국인입니다."라고 간단하게 내 소개를 했다.

다행히도 그녀는 내 말을 받아 주었다. "아, 그러세요? 우리도 거기서 산 적이 있습니다. 뉴올리언스요. 남편과 나는 그곳을 무척 좋아해요." 허리케인 카트리나로 뉴올리언스가 참혹한 피해를 입기 전까지만 해도 나는 "오, 뉴올리언스! 참 괜찮은 도시지요."라고 말하는 사람을 별로 좋아하지 않았다. 내가 가 본 적 없는 곳을 아는 게 마음에 들지 않아서였다. 하지만 그때는 마네킹이 아닌 진짜 사람과 대화를 나눈다는 게 반가운 나머지 좋고 싫고를 따질 겨를이 없었다.

"그래요, 뉴올리언스…." 나는 말꼬리를 흐렸다. "뉴올리언스에 한번 가 보고 싶다는 생각만 할 뿐 정작 발걸음이 향하는 곳은 뉴욕이더라고요. 허허." 이 말로 콧대를 꺾으려고 했으나 그녀는 한술 더 떴다.

"아, 뉴욕이요? 남편과 나는 늘 거기에 간답니다."

"그러세요? 독일에서는 휴가가 얼마나 되지요?"

그녀는 얼굴을 찡그렸다. "많지 않아요. 사실상 없는 셈이죠. 요즘은 한나절도 쉴 수가 없어요."

---

* 미국의 주요 고속도로에서 흔히 볼 수 있는 프랜차이즈 대중 식당.

"그래요? 뜻밖이네요."

"우리가 거기 마지막으로 간 게 언제더라…. 아, 뉴올리언스는 정말 다시 한 번 가 보고 싶은 곳이에요. 그러나 너무 지쳐서 엄두가 안 나요."

그녀가 PR 분야에 종사한다는 것을 알게 되었다. S가 "이곳 사람들 대다수는 PR 분야 일을 해요."라고 말했을 때만 해도 반신반의했으나 이로써 그녀의 말이 옳다는 게 입증되었다.

나는 뉴올리언스를 다녀오는 것은 너무 힘들 테니 뉴욕이라도 한번 가 보라고 말했다.

"뉴욕은 우리가 정말 좋아하는 도시예요."

그녀는 살기가 팍팍한 함부르크를 떠나 뉴욕으로 이사 가는 문제를 남편과 상의한 적이 여러 차례 있노라고 털어놓았다.

"그 이유를 물어봐도 될까요?"

나는 곧 스타킹이 긁힐 때 나오는 것 같은 불쾌한 그녀의 목소리를 들어야 했다.

"이유라뇨? 여기서 내게 부과되는 세금을 다 내려면 1년의 절반을 나라를 위해서 죽도록 일해야 해요."

그녀에게 바버라와 이사벨 이야기를 들려주고 싶었다. 세금을 많이 내는 덕분에 자녀 교육이나 노후 대책에 들어갈 돈 걱정을 할 필요가 없다는 말이 혀끝에서 맴돌았다. 6주의 휴가와 27일의 유급 휴일 내에서 일정을 빡빡하게 짜면 얼마든지 뉴올리언스나 뉴욕으로 떠날 수 있는 것 아니냐는 말을 하려다 꾹 참았다. "미국인은 독일인과 비슷한 수준으로 세금을 내야 하지만 무료 교육과 충분한 연금이라는 혜택을 누리지 못합니다. 심한 경우에는 경찰과 소방 서비스를 받지 못할 수도 있어요. 정말이에요." 나도 모르게 목소리에 힘이 들어갔다.

"저는 그렇게 생각하지 않는데요." 그녀가 비웃음이 담긴 어투로 말을 했다.

"뉴욕에 다녀왔다고 하지 않았나요? 함부르크를 보세요. 참 깨끗하지 않습니까? 부유하기도 하고. 기막히게 좋은 곳이라는 생각이 들지 않나요? 여기에 비하면 뉴욕은…." 물론 이곳 사람들은 냉정하고 무뚝뚝해서 말을 붙이기 힘들다는 생각이 떠올랐으나 굳이 입 밖에 내지는 않았.

"기막히게 좋다고요? 무슨 말씀이세요? 여기는 망해 가고 있다고요. 마약쟁이와 창녀가 득시글거려요." 그녀는 함부르크 중앙역 부근에만 마약 밀매 조직이 다섯이나 있어서 항상 경찰이 감시하고 있으며, 적어도 그중 셋에는 경찰의 끄나풀이 잠입해 있다는 설명을 늘어놓았다.

여기서 그치지 않았다. "이민자는 또 어떻고요! 사방을 휘젓고 다니며 강도질을 일삼아요. 그러나 '그 자식들'은 이민자를 본국에 되돌려 보낼 엄두도 못 내고 있어요."

'그 자식들'이 누구를 말하는 것인지는 밝히지 않았다.

"아, 그래요?" 나는 미국의 상황을 떠올리며 말했다. "하지만 아무리 그래도 총 들고 떼로 몰려다니며 설치지는 않을 텐데요."

"아니, 실제로 그런답니다. 비록 소수이지만 무장한 이민자 집단도 있어요. 이런 자들을 하루 속히 본국으로 송환해야 하는 거 아닐까요? 그러나 독일의 정치인들은 이런 주장에 대해 꿀 먹은 벙어리 행세를 하고 있답니다. 그저 '뭔 일이 일어나기라도 했느냐?'라는 태도만 보일 뿐이에요. 정말 가관이에요. 평소 지도자라고 설쳐 대는 인간들이 그러고 있으니 그 밑의 사람들은 오죽하겠어요?"

나이 어린 독일 여자와 나치 놀음을 하기는 싫었으나 그녀는 정말로 나를 짜증나게 했다.

"글쎄요. 정치인들이 '현실을 똑바로 보자. 뭔 일이 일어나기라도 했느냐?'라는 식의 태도를 보이는 것은 실제로도 별 일이 일어나지 않아서 그런 것 아닐까요?" 그러나 이 말은 그녀의 화만 더 돋우었을 뿐이다.

"과연 그럴까요? 범죄가 빈발하는 탓에 이곳을 떠나는 사람들이 늘어나고 있는데요."

"어디로요? 뉴욕으로요?" 나는 이렇게 물으면서 웃음을 터뜨렸다.

"맞아요. 거기예요. 선생님이 생각하는 것처럼 뉴욕이 그렇게 나쁜 곳은 아니에요."

이제 우리 두 사람은 누가 질세라 고함을 지르며 언쟁을 벌였다. 한참 후에 '아이고, 귀찮아. 그냥 이 여자가 미국으로 가도록 내버려두자.'라는 생각이 저절로 들었다.

여기서 잠깐, 나는 미국인이다! 얼마 전 전도유망한 사업가형 인물들이 독일을 떠나 속속 미국으로 이주하고 있다는 『파이낸셜 타임스』 기사를 읽었을 때 느꼈던 착잡한 기분을 또 느꼈다. 이런 여자가 미국에 와서 산다고 할 경우의 이해득실을 따져 보았다. 유럽 사회민주주의에는 분명 이득이었다. 유럽에 있으면 사회민주주의를 헐뜯기나 할 알파 메일(alpha male)* 형 인간, 자유시장주의에 눈이 먼 공화당형 인간을 힘 안 들이고 유럽 밖으로 내보내는 것이니까. 반면 미국의 입장에서 보면 또 한 명의 포식자를 불러들이는 꼴이 된다. 이런 유형의 인간은 미국에 정착하자마자 미국 서민의 등골을 빼먹는 서브프라임 대출 사업에 뛰어들 것이다. 장담할 수 있다.

이 논전이 있은 다음 함부르크에서는 아무도 만나지 않았다. 빙판 위에

---

* 늑대 집단의 계층에서 최고 우두머리 수컷이라는 뜻으로 카리스마를 지닌 강한 남성을 이른다.

서 함부르크의 마지막 밤을 보내기 전까지는 혼자 지냈다. 때마침 '글뤼바인 축제(Glühwein Festival)' 주간이었다. 알스터 호의 얼음이 두껍고 단단해지면 호수 위에는 작은 가판들이 세워진다. 가판에서는 향신료를 넣은 '글뤼바인'이라는 독한 와인을 파는데 사람들은 그걸 마시다가 술기운이 올라 얼굴이 벌겋게 되면 온통 흰 눈으로 뒤덮인 시내 전경을 바라보며 모두 신나게 노래를 부르면서 춤을 춘다. 이런 곳에서는 유럽인을 쉽게 만날 수 있지만 글뤼바인을 한두 잔 마시다 보면 만난 사람 이름은 고사하고 자기 이름도 잊어버릴 정도로 만취하기 십상이다. 독일인은 뜨거운 와인을 서로 주거니 받거니 하면서 끈끈한 정을 쌓기 때문에 이 축제에 열광적으로 참석하는 것 같았다. 나도 끼어들어 한두 잔인가 마셨는데, 그다음 날에도 숙취가 심해 무척 고생했다. 함부르크는 여러 모로 내가 있을 만한 도시가 아니라는 생각에 베를린으로 가기로 했다.

멀리서 함부르크를 바라보았다. 저편 호숫가에 빙 둘러 늘어선 건물은 얼음 덩어리, 혹은 양초의 몸통처럼 유백색이었다. 여름의 몬테카를로에서 보이는 흰색과 겨울의 스톡홀름에서 보이는 흰색이 절묘하게 배합된 것 같은 그런 색깔을 띠고 있었다. 저런 건물에서 뛰쳐나와 글뤼바인을 마셨구나 하고 간밤의 일을 되새기면서 이제 다시 여기 올 일은 없을 것이라고 생각했다. 주변을 온통 뒤덮은 흰색이 나를 오지 못하게 할 것처럼 느껴졌다. 실망감에 피로마저 엄습해 왔다. 독일은 무척 암울한 곳이라는 기분이 들었다. 이대로 빙판 위에 드러눕고만 싶었다. 기억이 애매하지만 그날 밤, 마네킹이 등장해서 내 몸을 빙판 위에 눕히는 꿈을 꾸었던 것 같다.

세계화보다 통일이 더 중요해

발길을 북쪽으로 돌려 발틱 해의 항구도시 킬(Kiel)로 갔다. 1월 12일 토요일에 도착했는데 오후 2시가 되자 벌써 어둑어둑해졌다. 에드와 캐시의 친구인 게르하르트와 레나테라는 독일인 부부를 만날 예정이었다. 이 부부는 한때 워싱턴 D.C.에서 생활했다. 그때만 해도 클리블랜드 파크 인근과 메릴랜드의 베데스다와 세비 체이스 인근을 돌아다니며 미국의 제일 좋은 모습만 보고 살았을 텐데. 아! 이제 이들은 어두컴컴한 킬까지 흘러 들어왔구나! 『뉴욕 타임스』, 듀퐁 서클 지역, 노트북을 들고 커피를 주문하는 사람들로 빼곡한 스타벅스가 몹시 그립지 않을까?

머릿속이 클리블랜드 파크 생각으로 꽉 차 있던 나는 거리를 걷다가 집의 크기가 아주 작은 것을 보고 깜짝 놀랐다. 당연한 말이지만 독일은 미국과 달리 집의 크기를 늘려도 세법상의 혜택이 전혀 없다. "아, 그러면 당신은 바버라가 이사벨보다 더 잘 산다는 것을 인정하는 거지. 바버라는 언젠간 워싱턴 D.C. 교외에 많은 대형 주택에 들어가 살 테니까." 뭐, 그런 식으로 생각한다면 바버라가 더 잘 산다고 할 수 있겠지. 다만 주택 거품이 터질 경우 바버라는 빈털터리가 되어 길거리에 나앉게 되는 반면 이사벨은 저축해 놓은 돈을 하나도 까먹지 않는다는 사실만 빼고는.

킬은 발틱 해의 항구도시여서 하얀 백조처럼 생긴 요트가 북쪽 스칸디나비아 반도를 향해 유유히 떠다니는 모습을 볼 수 있었다. 독일제국의 황제들이 여기까지 와서 해군을 사열하곤 했고, 유보트의 밀폐된 공간에서 숨 막혀 죽은 수병을 위한 기념비도 세워져 있었다. 킬에서 지내는 동안 나는 밀실 공포증을 느꼈다. 자그마한 집 안에 있는 것이나 유보트 안에 있는 것이나 전혀 다를 바 없을 듯했다. '적어도 이곳 사람들은 빛의 함정에 빠져 헤매는 일은 없을 거야.'라고 생각하려 애썼다. 독일인이 많은 돈을 재어 놓고 살아가는 비결이 뭔지, 그리고 무엇보다도 휴가를 떠나면 하필 데스밸리 같은 곳을 즐겨 찾는 이유가 뭔지 짐작이 갔다. 휴가 기간만이라도 답답한 집을 벗어나 탁 트인 데서 혼자 지내고 싶겠지.

어떤 독일인이 내게 이런 말을 한 적이 있다. "얼마 전 서점에서 서가에 다가가 책을 집으려는데 어떤 여자가 불쑥 나타나 그 사이를 아주 자연스레 지나가더군요. 미안하다는 말 한마디 없이요."

그렇다. 독일인은 빽빽이 모여 살아간다. 집뿐만이 아니다. 도시들도 너무 빼곡하게 들어서 있다. 킬이나 슈투트가르트 등 10~20개의 도시가 촘촘히 늘어서 있어서 도시 하나를 벗어나 4~5킬로미터만 가면 또 다른 도시가 나온다. 반면 시카고에 있으면 나는 광활한 '시카고랜드'에 사는 것 같다. 도시의 한쪽 끝에 연일 새로운 대형 쇼핑몰이 들어서도 비어 있는 땅은 좀처럼 줄지 않는다.

그날 밤 저녁 식사 자리에서 얼마 전 집을 개조해서 넓혔다는 게르하르트와 레나테의 이야기를 듣고 더욱 놀랐다. 넓힌 게 이 정도라니! 쭉 둘러보니 아스펜의 스키장 호텔과 비슷해 보였다. 우리는 고기를 굽고 레드 와인을 마셨으며 벽난로에 불을 지폈다. 변호사 몇 명이 함께 있었다면 워싱턴 D.C.에서 열린 파티로 착각할 뻔했다. 부부는 내게 독일에 관한 이야기를 들려주었고 나도 미국 소식을 들려주었다. 왜 미국 국기의 별이 50개인지, 왜 새로운 주가 생기지 않는지 등등의 자질구레한 이야기도 했던 것 같다.

이야기가 무르익으면서 내 계획이 뭔지를 말해 주었고, 독일이 고임금을 유지하면서 세계화의 흐름에 맞서 싸우는 모습을 미국인에게 쉽게 설명하고 싶다는 바람도 털어놓았다.

게르하르트는 잠시 말을 멈추었다가 "그게 선생님이 주로 하려는 일입니까?"라고 물었다.

"예, 그래요."

"세계화가 심각한 문제라고 생각하는 거지요?"

"음, 아, 예."

"독일의 통일은 어떻게 생각하세요?" 그는 내가 독일 통일이라는 당면한 현실 문제에 별 관심이 없다는 것을 믿기 힘든 눈치였다. "지금도 나는 매달 '통일세' 명목으로 100달러에 해당하는 돈을 내고 있어요. 내 월급 통장에서 바로 빠져 나갑니다. 게다가 일상적으로 납부해야 하는 세금도 지나치게 많아요." 그러면서 학생을 제외한 서독인은 동독을 돕기 위해 매월 200달러나 400달러를 별도의 세금으로 납부해야 하는데, 이로 인해 동독인에 대한 서독인의 여론이 악화되었음은 물론 원조를 받는 동독인도 서독인에 대한 감정이 좋지 않다고 했다.

결국 그에게 간청했다. 미국으로 돌아가서 독일 모델의 문제점이 통일이라고 말할 수는 없다. 미국에서는 세계화가 무엇인지 모두 알고 있다. 미국인이 듣고 싶어 하는 것은 세계화에 관한 이야기이다. 동독과 서독 문제에는 관심도 없다 등등.

하지만 내 계획을 실천하는 데 실패했다. 이런저런 이야기를 해 봤으나 내 입만 아팠다. 킬에서 지금 내가 무슨 짓을 하는 거지? 오후만 되면 밀려드는 어둠이 지겨웠고 여행 가방을 들고 왔다 갔다 하는 게 신물이 났다. 그다음 날 아침 해가 밝는 대로 베를린을 향해 떠나기로 했다. 베를린, 어떤 친구가 말했듯 '어둠의 세력의 수도'인 그 베를린에 가는 것은 내가 독일에 있는 동안 정말 피하고 싶은 일이었다.

베를린이라. 우, 정말 호감이 가지 않는 도시였다.

바로 며칠 전 M에게 내 조상 중에 라인란트 사람이 있으므로 그 후손인 나도 당연히 라인란트 사람이라는 말을 했다. 그때 M은 "저항하라."는 말을 했고 나도 '저항할' 의향이 있었다. 진심으로 베를린에는 가고 싶지 않다. 군주제와 군국주의의 중심지였을 뿐만 아니라 내 외증조할아버지가 도망친 곳이기도 했고, 몇 년 전 잠깐 들렀을 때 지저분하고 더럽다는 인상만을 받았기 때문이다. 게다가 베를린에 가기 싫다는 내 마음을 알기라도 하는 양 여행 가방의 스프링이 삐죽 튀어나왔다. 튀어나온 스프링에 손이 찔렸지만 고칠 방도가 없었다. 하지만 다행히 나는 손재주가 많은 독일인들과 함께 있었다. 아침 일찍 게르하르트가 스프링을 고쳐 주고 나를 기차역까지 배웅해 주었다. 우리는 손을 흔들며 이별을 했다. 그날 밤 나는 베를린에 도착했다.

베를린의 '카페 경제'

1993년 노동법 연구 프로젝트 명목으로 독일에 왔을 때 이틀 일정으로 베를린을 돌아다닌 적이 있다. 그 당시 베를린에는 '베를린'이 없었다. 미군이 철수했고 영어를 할 줄 아는 사람은 극히 드물었다. 장벽은 무너졌고 동서냉전의 최전선이라는 '대의명분'으로서의 베를린은 역사가 된 지 오래였다. 콜 정부는 무명 예술가의 생계유지 기반인 국가 보조금을 전면 삭감하는 조치를 취했다. 지금에야 설마 하는 사람이 많겠지만 1993년 당시만 해도 베를린의 무명 예술가에게는 미래가 없었다.

베를린은 독자적인 경제 기반이 없었다. 실물경제로부터 유리된 지 오래였다. 항공로를 제외하고는 서독으로 향하는 길이 막혔던 데다 유서 깊은 대기업은 본사를 슈투트가르트나 프랑크푸르트 등지로 이전했다.

장벽이 무너지고 공산주의가 붕괴했으나 베를린은 어쩌면 과거보다 더 심하게 공산주의 냄새를 풍기는 황량하고 음울한 도시가 되고 말았다. 동베를린을 지탱해 준 모스크바가 없어졌듯이 서베를린을 지탱해 준 서독이 없어진 데 따른 결과였다.

있어야 할 게 아무것도 없었다. 도시 한복판은 검은색으로 칠해진 대규모 건물만이 우두커니 서 있었을 뿐 텅 비어 있었다. 마치 미스터 소프티(Mister Softee) 아이스크림을 하나도 싣지 않고 길모퉁이에 외로이 서 있는 미스터 소프티 트럭 같았다.

1993년의 베를린 방문은 우리 일행을 초청한 단체에 하루 반쯤 베를린 방문 일정을 넣어 달라고 특별히 부탁해서 성사된 것이었다. 무엇보다도 『시카고 트리뷴』의 국제부장이던 짐 유엥거(Jim Yuenger)가 시카고의 어떤 파티 자리에서 내게 "베를린은 유럽에서 내가 제일 좋아하는 도시"라고 했던 터라 와 보고 싶었다. 당시 그의 말이 꽤 그럴듯했는지 그 자리에 있던 사람들은 아무도 토를 달지 않았다. "나도 유럽의 도시 중 베를린을 가장 좋아해요."라고 맞장구치고 싶었지만 한 번도 가 보지 않았기에 그러지 못했다.

물론 그가 말한 것은 냉전 당시의 베를린이었다. 하지만 내가 베를린에 갔을 때 짐 유엥거는 이미 무덤 속에 있었고, 옛날의 베를린 역시 사라진 지 오래였다. 내가 만난 어떤 학생은 "여기는 인적이 끊긴 거대한 침묵의 도시 같아요."라고 말했다. 나는 움찔했다. 시카고를 두고도 사람들이 그렇게 말하기 때문이다.

시카고로 치면 미시간 애비뉴쯤에 해당하는 베를린의 쿠담에 먼저 갔다면 루이비통 매장 등을 보고 번화하다는 인상을 받았을 것이다. 그러나 베를린 동물원 바로 옆에 있어서 '동물원역'이라는 이름이 붙은 기차역에 내린 우리 노동법 프로젝트 일행에게 베를린은 버거킹을 위한 영화 세트장처럼 보였다. 그것이 자유세계의 선택이었다. 검은 스타킹 차림의 소녀들이 검은 풍선에 둘러싸여 남자 친구와 함께 감자튀김을 먹는 버거킹을 빼면 아무것도 없는 서베를린에 남아 있든지, 아니면 동베를린에 몰래 들어가서 미스터 소프티 트럭을 찾아서 헤매든지.

물론 『추운 나라에서 온 스파이(The Spy Who Came in from the Cold)』 같은 책을 읽은 내게는 그게 멋진 일일 수도 있었다. 그렇지 않아도 세상의 막다른 곳인 베를린이 엷은 실존의 암흑을 뚫고서 더 깊은 암흑, 달리 말하면 존 르 카레(John le Carré)의 상상력조차 포착하지 못한 '무(無)' 그 자체에 도달한 것 같은 모습을 보게 되어 일종의 짜릿한 흥분마저 느꼈기 때문이다. 당시 내가 갖고 있던 영국 가이드북은 베를린에서 라이어넬 리치(Lionel Riche)의 콘서트 같은 것을 기대해서는 안 된다고 경고했다. 하지만 나는 미스터 소프티 트럭에서 파는 아이스크림 이상을 떠올리게 해 줄 베를린의 진정한 모습을 찾고자 했다.

철학자 한나 아렌트(Hannah Arendt).

표현주의 화가 막스 베크만(Max Beckmann).

평론가 발터 벤야민(Walter Benjamin).

극작가 베르톨트 브레히트(Bertolt Brecht).

과학자 알베르트 아인슈타인(Albert Einstein).

배우 로테 레냐(Lotte Lenya).

신학자 폴 틸리히(Paul Tillich).

대학 시절 내가 알던 베를린은 그런 사람들의 도시였다. 아, 영화 〈카바레(Cabaret)〉에 나오는 샐리 볼스(Sally Bowles)도 있었다.

베를린이 나치와 소련의 적군에 무참히 파괴되었다는 사실은 알고 있

었지만 그들의 자그마한 흔적이라도 어딘가에 남아 있을 것이라고 믿었다. 꼬박 이틀 동안 여행 가방을 끌고 발이 붓도록 돌아다녔다. 나중에는 하다못해 그들이 들러 차를 마셨음직한 '베를린 카페'라도 발견하기를 기대했으나 아무 성과가 없었다. 베를린을 떠날 시간이 겨우 두 시간 남았을 무렵 동물원의 여행자 안내소 문을 두드렸다. "베를린을 떠나기 전에 무엇이라도 좋으니까 진정한 베를린이라고 할 만한 것을 보고 싶어요." 젊은 직원은 당황한 표정을 지으며 말했다. "아, 잠깐만요. 카바레가 어디 있는지 물어보는 미국인은 봤지만…" 그는 마침내 내 말을 알아듣고 3번 플랫폼에서 에스반을 타고 샤를로텐부르크에 가면 그곳 화랑의 아트북 섹션에서 '진정한' 베를린을 볼 수 있을 것이라고 알려 주었다. 이동 시간까지 따지면 5분 정도는 둘러볼 수 있을 것 같았다. 부리나케

달려 2층의 매표소에서 표를 산 후 여행 가방을 덜컹덜컹 끌고서 역사 계단을 내려갔다. 그러나 샤를로텐부르크의 화랑은 문이 닫혀 있었다. 4시 30분에 폐관했던 것이다. 눈물을 머금고 에스반을 타고 되돌아왔다. 아, 베를린하고 이렇게 궁합이 안 맞을 수가!

하지만 이제 나는 베를린에 다시 왔다.

베를린 동물원역은 예전보다 더 커졌고 역 앞에도 새로운 길이 어지럽게 나 있는 등 훨씬 더 복잡해졌다. 그럼에도 독일답게 티 하나 없이 깨끗했다. 고속도로 밑의 B호텔로 갔다. 현관에 도착했는데 불은 다 꺼져 있고 직원도 보이지 않았다. 나는 절망하여 시카고의 독일 영사관에서 만났던 변호사 V에게 연락했다. "호텔 내부의 불은 다 꺼져 있고 사방이 칠흑처럼 어두운데 전등을 찾을 수 없네요. 영어를 할 줄 아는 사람도 없고요."

"잠깐 기다리세요. 그리로 데리러 갈게요."

나는 그가 차를 몰고 올 거라고 생각했다. 그러나 그는 에스반보다 느린 지하철 우반(U-Bhan)을 타고 왔다. 그는 전등이 어디에 있는지 찾고 B호텔이 묵을 만한 곳이라는 말로 나를 안심시켰다.

"이 근처에 어디 가 볼 만한 데가 없나요?" 내가 부탁했다.

"동쪽이요, 아니면 서쪽이요?"

나는 "동쪽이요."라고 대답했다. '미스터 소프티 트럭을 찾아' 구동독 땅에 발을 디뎌 보고 싶었다. 암흑의 '공산주의' 땅을 밟는다는 생각에 가슴이 두근거렸다. 그러나 내 생각과는 달리 우리는 여피가 즐겨 찾을 것 같은 이탈리아 레스토랑에 자리를 잡았다.

동베를린은 건설 붐이 한창이었다. 레이건이 "고르바초프 서기장, 이 장벽을 부숴 버립시다."라고 말했을 때 그의 진정한 의도는 유럽 전역의 부동산 개발 업자의 이익을 대변하는 데 있었다는 생각이 들 정도였다. 이렇게까지 곳곳에 건설 현장이 늘어선 모습은 일찍이 본 적이 없었다. 거대한 새처럼 생긴 대형 크레인이 한밤중에도 부지런히 움직였다. 건설 과잉이었다. 예전의 붉은 동독은 이제 상상 불가능할 정도로 적자투성이인 동독이 되었다. 내 친구인 신부 L 등 수많은 사람들이 앞으로 이렇게 아우성칠 것 같았다.

"베를린은 망했다."

"베를린은 돈이 없다."

"베를린의 경제는 죽었다."

그것은 사실이었다. 사람들이 할 일이 아무것도 없었다.

그런데 다른 어떤 곳에서도 찾아보기 힘든 광경이 눈에 띄었다. 온통 젊은이들뿐이었다. 미국의 버클리에도 젊은이들이 많기는 하지만, 1997년 베를린을 방문한 첫날 밤에 본 젊은이들의 수가 훨씬 더 많았다. 나는 사람들을 만날 때마다 틈만 나면 그때의 인상을 이야기했다. 독일인은 성실하고 검소하고 저축도 많이 하지만 자식에게만은 카페에서 먹고 마시며 놀 돈을 아낌없이 주는 모양이야.

가장 최근 베를린을 방문한 2009년에도 매우 놀랐다. 베를린을 방문할 때마다 시내에서 노는 청춘남녀들은 늘어나기만 했다.

"그래? 근데 그게 경제랑 무슨 상관이 있지?"

상관이 없다고? 독일인은 돈을 너무 안 쓴다고 말하는 사람들이 미국에는 많다. 그렇지 않다고 말해도 "글쎄, 베를린에서만 돈을 쓰는 것 아니겠어? 그건 옳지 않다. 제대로 된 경제가 아니지."라고 말한다.

나는 이렇게 말하겠다. 긴장 풀어라, 은행가들이여! 독일인이 베를린에서 돈을 쓰고 싶다면 그렇게 하도록 내버려 두어라. 베를린자유대학교

등은 등록금이 무료라서 똑같이 대학생 자녀를 두었더라도 독일인 부모는 미국인 부모만큼 '소비'를 하지 않는다는 것이 독일 경제의 문제일 것이다. 하지만 시카고의 사립 드폴대학교나 노스웨스턴대학교에 다니는 젊은이들이 비싼 등록금을 내고 빚에 찌들어 밤늦게까지 2교대, 3교대로 아르바이트를 하는 동안 독일의 베를린자유대학교나 훔볼트대학교에 다니는 젊은이들은 등록금이 무료인 대신 카페에서 마음껏 놀면서 이렇게 돈을 쓰지 않는가!

카페에서 먹고 마시고 노는 스테로이드 효과에 의존한 것이기는 하나 베를린에도 나름의 경제 메커니즘이 있다는 것은 분명하다. 미국에 사회민주주의를 도입해 대학교 등록금이 무료가 된다면 아마 미국 도시들도 그렇게 될 것이다.

잠깐, 나는 제조업 일자리를 몹시 강조하는 사람 아니었냐고? 물론 그렇다. 그러나 뒤셀도르프 같은 곳에서는 제조업 일자리의 중요성을 강조할 수 있지만, 제조업의 토대가 아예 존재하지 않는 베를린에서는 그러기 힘들다. 1997년 베를린에 간 첫날 밤에 내가 진한 커피 향기를 맡았던 것도 그 때문이다.

진짜 교육은 학교 밖에서 이루어진다

V와 나는 에스반에 탔다. 모양은 비록 1940년대의 투박한 미사일과 비슷하게 생겼지만, 『중력의 무지개(Gravity's Rainbow)』 첫 장면처럼 하늘을 향해 곧게 뻗은 미래의 모노레일이 날아가듯 빠르게 휙 하고 달렸다. 에스반은 뉴욕에서라면 교통 체증에 막혀 50분 걸릴 거리를 겨우 5분 만에 주파하여 우리를 미래의 도시이자 부동산 개발 업자의 천국 동베를린에

데려다 주었다.

8개의 안뜰을 중심으로 미로처럼 얽힌 주상 복합 건물 '하케쉐 회페(Hackescher Höfe)'와 그 주변을 재개발하는 사업이 그때 막 시작되고 있었다. 2009년에 갔을 때에는 관광객이 바글거리는 명소가 되어 어리둥절했지만 1997년만 해도 그곳은 평범한 상가에 지나지 않았다. 젊은 시절의 한나 아렌트가 아마 여기서 옷을 사 입었으리라. 온갖 상점과 화랑이 빼곡하게 들어섰고 호두색으로 칠한 중부 유럽풍의 카페 겸 식당이 즐비했다. 공산주의가 지배하던 시절에는 뉴욕의 소호 거리쯤에 해당되었을 것으로 짐작되었다. V에게 이곳을 오가는 수많은 젊은이들이 다 어디서 쏟아져 나온 것이냐고 물었다. 그는 "훔볼트대학교만 해도 약 3만 명의 학생이 재학 중이고 베를린자유대학교에는 약 5만 명의 학생이 있어요."라고 설명해 주었다. ('자유'대학교라는 독특한 이름은 동독의 공산당 정권이 훔볼트대학교를 억압하자 미 군정 당국이 그에 맞서 서베를린에 대학교를 세우면서 붙인 것이다.) "게다가 시내 중심부의 베를린공과대학교에도 아마 4만 명의 학생이 있을 겁니다." V는 설명 끝에 자신도 베를린에서 새로운 유형의 '호흐슐레(Hochschule)'*를 설립하는 작업을 거들고 있다고 덧붙였다. 이 '호흐슐레'는 대학교와 직업학교 중간쯤에 자리 잡게 될 예정이라고 했다.

독일의 교육에 관해서 궁금한 게 많았다. 미국인이 으레 그러듯 "교육 제도가 어떤가요? 알고 싶어요!"라고 물었다. 독일이 미국을 앞선다면 그 원인은 '학교 교육'일 것이라고 생각했다.

그러나 실정을 들어 보니 놀랍게도 독일의 학교는 엉망이었다. 대학 진학률이 높지 않았을뿐더러 그동안 명성을 떨치던 각종 직업학교도 붕괴

---

* 독일의 대학 교육 기관을 통칭하는 말로 보통은 공과대학, 교육대학, 의과대학 등 종합 대학에 준하는 전문대학을 일컫는다.

하고 있었다. 모든 자금이 동독을 재건하는 데 전용되었기 때문에 학교들은 재정난에 시달렸다. 그런데도 독일의 경쟁력은 조금도 위축되지 않았다. 이런 사실은 무엇을 의미할까?

학교 교육이 흔히 생각하는 것만큼 중요하지 않다는 것이다. 미국의 정치인, 굳이 꼬집어서 말한다면 자유주의 정치인은 세계 경제 무대에서 미국의 경쟁력을 높이려면 모두 대학에 가야 한다고 말한다. 그러나 진정한 문제점은 가리고 있다. 첫째, 누구나 대학에 갈 수는 없다. 미국 성인 중 약 4분의 3은 학사 학위가 없다. 미국은 고등학교 졸업이 최종 학력인 사람이 더 많고 독일도 마찬가지이다. 모든 선진국은 최종 학력이 대학 졸업인 사람 수보다 고등학교 졸업인 사람 수가 더 많다. 둘째, 설령 모든 사람이 대학에 간다 해도 삶의 수준이 더 나아진다는 보장이 없다. 미국은 대학 교육에 많은 돈을 들이고 있지만 유럽의 생활수준을 따라잡기 힘들다. 반면에 독일의 교육제도는 대혼란에 빠지는 경우가 종종 있지만 나라 전체는 번영을 구가한다.

그러면 무엇이 중요한가?

경제학자는 나라별 경쟁력 등을 평가하면서 교육에 가중치를 둔다지만 사실 더 크게 가중치를 두어야 하는 것은 기술 수준과 집단적 문제 해결 능력이다. 이 중에서도 특히 집단적 문제 해결 능력은 대학 진학률보다 훨씬 더 중요하다. 올바른 기업 지배 구조와 노동법을 갖춰 기업 안팎의 문제를 집단적으로 슬기롭게 해결해 나가는 게 나라의 경쟁력을 좌우하는 핵심 요소라는 게 내 생각이다.

나는 중얼거렸다. 노동법이 더 중요해. 교육은 중요한 게 아니야. 그래, 중요하다고 볼 수 없어.

V에게 물어볼 게 많았으나 먼저 식사부터 했다. 하케쉐 회폐 안뜰에 있

는 식당에 가서 메뉴판을 들여다보다 고개를 들어 주변의 젊은이들을 둘러봤다. 이렇게나 많은 젊은이들이 전부 대학생이라는 게 믿기지 않았다. 이 커다란 대학 도시 주변을 맴도는 젊은이 중 대다수는 아마 대학생이 아닐 것이라고 지레짐작했다.

V에게 "저 학생들을 보고 한눈에 누가 동독 출신이고 누가 서독 출신인지 알 수 있나요?"라고 질문을 했다.

"에이, 어떻게 그럴 수 있겠어요. 말을 건네 봐야 겨우 알 수 있지요." 하나 같이 가벼운 티셔츠 차림이라 언뜻 보면 구분이 가지 않았다.

"미국에는 걸음걸이만 봐도 서독 출신 '베시(Wessi)'와 동독 출신 '오시(Ossi)'를 구분할 수 있다는 말이 돌아다니는데요."

V는 설마 하는 표정을 지었다.

내가 영화 〈카바레〉의 마이클 요크(Michael York)를 흉내 내듯 웨이터를 향해 "이봐요, 여기."라고 부르자 그는 움찔했다.

"상당히 옛날 방식이네요."

내 가이드북에서 읽은 대로 한 것이었다. "그럼 어떻게 부르죠?"

"웨이터와 눈을 맞추세요."

좋아, 그럼 여기 오래 있을 수 있겠군.

가이드북에는 사회민주주의에서는 팁을 줄 필요가 없다고도 적혀 있었다. V는 "맞아요. 5퍼센트의 팁을 남길 필요가 없어요. 나도 가끔 팁을 주지 않을 때가 있어요."라고 설명했다.

그 순간 허름하고 남루한 행색의 어떤 독일인, 아니 러시아인 같기도 한 사람이 끼어들었다. "실례합니다. 중간에 불쑥 끼어들어서 죄송합니다만 듣자하니 팁을 남겨 놓지 않아도 된다고요?"

V는 화난 표정이었다. "가끔 호텔에서는 그래도 됩니다."

그 러시아인처럼 보이는 사람은 금시초문인 양 "그런 호텔이 어디 있나요?"라고 또 물었다. 처음에는 목소리가 떨렸으나 이내 목소리가 커졌다. '시카고의 식당에서도 이런 일이 있을 수 있어.'라고 생각했으나 글쎄, 식사에 불쑥 끼어들어 고함을 지르는 도스토옙스키 소설의 인물 같은 사람을 미국에서는 본 적이 없다.

그 사이 신문을 옆구리에 낀 소년이 우리에게 다가오더니 신문을 사지 않겠냐고 물었다! 그렇다. 신문 말이다. 숨이 턱 막혔다. 영화 『키드(The Kid)』에 나오는 재키 쿠건(Jackie Coogan)처럼 생긴 어린 소년이 저편에 서 있었다! 30분도 채 안 되는 동안 신문 파는 소년 세 명이 우리 자리에 왔다 갔다. 그래, 교육제도가 완벽하지 않아도 좋아. 내 주변의 베를린 사람들이 신문을 사서 읽는다는 게 더 중요해. 성인이 된 이후에도 끊임없이 뭔가를 배운다는 것을 뜻하니까!

얼마나 많은 사람이 대학에 진학하는가의 문제보다 얼마나 많은 성인이 신문을 꾸준히 읽는지가 더 중요하다. 그것이 교육 수준의 척도라는 게 내 지론이다. 특히 사회민주주의에서는 고등학교 졸업자가 대학교 졸업자에게 밀리지 않고 살아가려면 신문을 꾸준히 읽지 않으면 안 된다. 새로운 글로벌 경제 속에서 독일을 비롯한 세계 각국의 고등학교 졸업자가 대학교 졸업자보다 우위에 있는 게 무엇이겠는가? 바로 수가 많다는 것이다. 고등학교 졸업자가 신문을 열심히 읽고 열심히 투표한다면 훗날 몸에 밴 기술의 가치가 떨어져도 얼마든지 더 나은 대안을 선택할 수 있을 것이다.

V를 바라보며 기분 좋은 목소리로 한마디 했다. "아이들이 식당을 돌아다니며 신문을 파네요." V는 내 말을 이해하지 못한 것 같았다. "예, 하지만 저쪽에서도 신문을 가져올 수 있어요." 그는 신문이 잔뜩 쌓인 선반

을 가리켰다. 그러고 보니 『뉴욕 타임스』나 『월스트리트 저널』 같은 영어 일간지를 무료로 볼 수 있었다. 나중에 한 신문기자에게 신문 파는 소년, 정확히 말하면 세 명의 소년이 내 테이블까지 찾아왔다는 이야기를 했더니 그는 이렇게 비웃었다. "우리 신문은 그런 식으로는 2000부 정도만 팔아요." 나도 인정한다. 그 신문사는 더 이상 어린 소년을 시켜서 신문을 팔지 않는다. "독일은 변했습니다." 맞는 말이다. 신문 시장이 축소된 것은 분명한 사실이니까.

그러나 아무리 그래도 베를린에서는 신문 전쟁이 한창이다. 베를린 시민들은 대학교 졸업, 아니 대학교를 가지 않았어도 고등학교 졸업 이후에도 꾸준히 무언가를 읽는 생활을 유지하고 있다. 미국에서 독일 '교육' 현장을 견학한답시고 찾아오는 사람들이 있는데, 이렇게 독일 곳곳에서 흔히 찾아볼 수 있는 생생한 교육 현장을 그냥 지나쳐 버린다는 것이 도무지 이해가 가지 않았다. 그러면 독일에서는 왜 2010년에도 신문 전쟁이 계속되는 것일까?

가장 먼저 떠오르는 게 독일의 신문은 영리 추구를 목적으로 하지 않는다는 점이다. 신문이라는 공공재를 배포해서 이윤을 얻으려고 하지 않는다. 따라서 독일의 경우 인터넷에 광고를 많이 빼앗긴다 해도 신문사의 대량 해고 사태 같은 것은 보기 힘들다. 반대로 미국의 경우 『뉴욕 타임스』만 해도 수익성 향상을 위해 연봉 삭감과 인원 감축의 칼날을 무자비하게 휘두르는 중이다. 독일은 사회민주주의 사회여서 공공재를 수익 창출의 도구로 삼지 않기 때문에 공공재 성격이 강한 신문이 살아남는다고 설명할 수 있다.

독일에서는 신문 이외에도 책을 열심히 읽는 광경을 흔히 볼 수 있다. 3장에서 말했듯이 프랑크푸르트, 함부르크, 베를린, 본 등의 전차나 지하철에서는 20명 중 대여섯 명은 신문을 읽고 적어도 다섯 명 정도는 책을 읽는 광경을 쉽게 볼 수 있다. 시카고의 전철에서는 신문이나 책은 고사하고 하다못해 강제로 손에 쥐어지다시피 하는 무료 일간지 『레드 아이(Red Eye)』조차 읽는 사람을 도무지 찾아볼 수 없다. 드폴대학교나 노스웨스턴대학교 졸업자들이 많이 붐빌 것 같은 브라운 노선을 탈 때에도 예외가 아니다.

물론 워싱턴 D.C.의 지하철을 타면 러시아워인데도 신문에 코 박고 있는 사람들이 많다. 맨해튼의 지하철 1호선을 탈 때에도 감탄이 절로 나올 정도로 책에 눈길을 고정시킨 사람들이 눈에 띈다. 그러나 시카고는 유행에 밝은 글로벌 도시임에는 분명하지만 주변의 중서부 지역과 다를 바 없이 신문이나 책을 읽는 사람은 드물다. 스타벅스에 가서 커피를 마시는 돈은 아깝지 않아도 『뉴욕 타임스』를 한 부 사서 읽는 돈은 아깝다고 생각하는 듯하다.

"시카고에서 30년 넘게 살았는데도 전철에서 『이코노미스트』를 읽는 사람을 보지 못했다는 말인가?" 그렇다. 나는 주 박람회가 열리면 틈날 때마다 가 보는 편이고, 스테이트 스트리트도 찾아 어떤 남자가 아내와 함께 춤추는 광경도 가끔 구경한다. 그러나 어디를 가든 뭔가를 읽는 사람은 그림자조차 보이지 않는다. 심지어 버락 오바마의 집이 있는 하이드 파크 일대에 사는 많이 배웠다는 시카고 시민조차 손에 책이나 신문을 들고 있는 모습을 본 적이 없다. 최근 친구인 짐과 코닐리아 부부는 시카고 노스 사이드의 부촌에서 집을 얻으려고 돌아다니던 중 이런 말을 주고받았다. "지금까지 본 집에서 이상한 점 눈치 못 챘어?" "뭐가?" "책이 하나도 없잖아."

내가 말하려는 핵심은 바로 이것이다. 만약 미국인이 30여 권의 책을

갖고 있거나 아니면 지금 이 순간에도 책을 읽고 있다면 하고 싶은 주장을 마음껏 하며 살 수 있다. 그러나 대륙을 잘못 골라 태어난 것만은 분명하다. 반대로 130권 이상의 책을 보유하고 있다면 대륙을 잘 골라 태어났다고 할 수 있다. 십중팔구 대학교수일 가능성이 높고, 그럴 경우 유럽 대학교의 교수보다 돈을 더 많이 벌 수 있다. 미국에서는 대학 교육에 대한 신뢰가 강하고 제약 회사들이 맞춤식 연구를 위한 지원금을 대학교에 듬뿍 안기기 때문이다.

전문 기술자를 키우는 듀얼 트랙

그날 밤 V에게 열심히 질문을 해 댄 끝에 왜 독일인이 신문과 책을 읽는 일에 열심인지 약간은 이해할 수 있었다. 문제는 우리가 대화를 나누던 술집에서 웬 젊은이가 조 카커(Joe Cocker) 흉내를 내며 마이크를 잡고 목청껏 노래를 불러 댔다는 것이다.

하도 시끄러워서 나는 V에게 "독일의 교육 과정을 자세히 설명해 주세요."라고 거의 고함지르듯 큰 소리로 얘기할 수밖에 없었다.

"예, 설명해 드리지요." 그는 어둠 속에서 봉투 한 개를 꺼내더니 그 뒷면에 칸을 세 개 그렸다. "첫 번째 칸부터 설명할게요. 이것은 이른바 '로열 로드(Royal Road)'입니다." 로열 로드는 '김나지움'을 거쳐 대학교에 진학할 학생을 위한 것으로 학비는 당연히 무료이다.

"자, 이제 두 번째 칸은 '듀얼 트랙(Dual Track)'입니다." 이것은 일반적인 고등학교도 아니고 그렇다고 미국의 2년제 초급 대학(junior college)과도 다른 독일만의 독특한 교육 과정이다. 이를테면 고딕 성당에 들어갈 석재를 만드는 석공 '기술' 같은 것을 마이스터 휘하에서 도제 생활을 거치며 배우는 과정으로 굳이 따지자면 일종의 고등학교에 해당된다. 워낙 중세의 성격이 강한 제도라 다른 나라에서는 그에 상응하는 것을 찾아볼 수 없다.

직업교육을 받는 학생이 급여를 받는다고 말했던가? 대학에 진학하지 않고 마이스터가 되기 위한 길을 걷는 학생에게 일한 만큼 급여를 주는 게 독일만의 독특한 교육 이념이란다. 미국에도 당연히 이와 비슷한 발상에서 시작된 제도가 있다. 내 조카 한 명도 그렇게 해서 기술을 배우고 고등학교 졸업 학력을 인정받았으나 그 길로 쭉 나가지 않고 마케트대학교에 진학했다. 독일에서 직업학교를 마친 학생은 '고등학교 졸업' 학력을 인정받는다. 기술을 배우는 동안에도 노동조합에 가입하는 등 노사관계를 몸으로 익힌다. 임금을 더 많이 받기 위해 기술을 갈고닦음과 동시에 기술을 활용하지 않는 방법도 배운다는 점에서 기술 교육과 정치 교육을 동시에 받는 셈이다. 이들은 그렇게 하지 않으면 컴퓨터를 다룰 줄만 알 뿐 실질적인 특별한 기술이 없는 단순한 '지식 노동자'에 머물 우려가 있음을 본능적으로 깨닫고 있다.

이런 직업학교 출신이 주축을 이루는 덕에 독일의 노동조합 조직률은 제조업 부문이나 '수출 산업' 부문에서 놀라울 정도로 높다. 약 80퍼센트 수준을 자랑한다. 반면에 공공 부문이나 공무원의 노동조합 조직률은 매우 낮아서 약 40퍼센트에 머물고 있다. 미국이나 영국은 이와는 정반대로 공공 부문의 노동조합 조직률은 높지만 제조업 부문의 노동조합 조직률은 형편없이 낮다. 노동조합 조직률 하나만을 놓고 본다면 독일식 교육이 미국식 교육보다 뛰어나다는 평가가 가능하다. 고등학교 졸업자라 해도 일자리를 지키기 위한 단체 행동에 나서는 법을 훤히 꿰고 있다.

독일식 교육은 참으로 '반미국적'인 성격이 강하다는 인상을 주지만 가만히 따져 보면 미국의 위대한 교육철학자 존 듀이(John Dewey)가 미국인에게 애써 추천했던 교육 방식과 일맥상통한다. 듀이는 일찍이 교육의 내용에는 실용적인 기술뿐만 아니라 필요하다면 단체 행동에 나서는 방법도 포함되어야 한다고 역설했다. 현재 미국의 교육 전문가라는 사람들은 듀이의 이런 주장을 철저히 무시한다. 듀이가 살아 있다면 듀얼 트랙이란 실용적인 기술뿐만 아니라 정치적인 정체성까지 가르쳐 주는 시스템이라고 말할 게 분명하다. 그래서 '듀얼'이다. 학생은 기술에 투자하면서 어떻게 자신의 기술을 정치적으로 지킬 수 있는지도 배우는 것이다.

이제 세 번째 칸을 이야기할 차례가 왔다. 이 칸에는 기술을 익히지 못한 데다 정치적 정체성도 미숙한 상태의 고등학교 졸업자가 속한다.

듀얼 트랙을 마친 기술자는 새롭게 형성된 국제적 노동 분업의 질서 속에서 수출 부문에 들어갈 수 있다. 첫 번째 칸의 고등학교 졸업자 역시 대학교에 진학하니까 별 문제는 없다. 그러면 마지막 세 번째 칸에 속하는 고등학교 졸업자가 설 자리는 어디에 있지? 마땅히 할 일이 없는 것은 아닐까? V의 설명을 듣는 동안 그 의문이 머릿속을 떠나지 않았다.

게다가 노동의 영향력이 전과 같지 않은 요즈음 첫 번째와 세 번째 칸은 더 커지는 반면 두 번째 칸은 더 줄어들고 있다. "거봐, 당신은 문제의 심각성을 간과하고 있다고."

아니다. 그렇지 않다. 두 번째 칸은 아무리 줄어들어도 완전히 없어지지는 않는다.

첫 번째부터 두 번째, 세 번째 칸까지 하나하나 따져 보니 모든 게 역설적이었다. 독일식 교육, 특히 직업교육은 고등학교 졸업자에게 능력과 적성에 따른 기술을 정해 주고 노동조합 가입을 권장함으로써 사회민주주의가 안정적으로 유지되는 데 공헌해 왔다. 그러나 다른 각도에서 보면 불공정했다. 즉 사회민주주의 이념을 모욕하는 측면이 있다는 생각이 들었다.

나는 V가 그려 놓은 그림을 다시 들여다보며 "대학 진학 교육의 폭을 넓혀야 하는 것은 아닌가요?"라고 물었다. 원하는 사람은 누구나 대학 교육을 받을 수 있게 해야 한다는 미국식 교육을 염두에 둔 질문이었다. 미국의 경우 로열 로드 하나만을 정해 놓고 대학교에 진학할 길을 활짝 열어 놔도 학사 학위 취득자는 그 일부에 지나지 않는다. 미국에는 왜 로열 로드 하나만 있는 것일까? 대학 교육의 기회를 막는다는 게 사실상 불가능해서 그렇다. 교사 부모를 둔 어떤 독일 여자로부터 자기 남동생이 직업교육을 받게 되자 아버지가 대단히 상심했다는 이야기를 들은 적이 있다. 어디 나가서도 뒤지지 않을 만큼 배웠을 아버지와 등 떠밀리다시

피 직업교육을 받게 된 아들, 이 두 부자의 심정은 어땠을까?

그런데 V는 이와 대조적으로 내게 로열 로드에서 듀얼 트랙으로 전환한 자기 여동생 이야기를 들려주었다. 대학에 진학하기 위해 김나지움에 다니다 중단하고 직업학교에 들어갔다고 했다. 그 이유를 물었더니 V는 "보석 가공 기술을 배우고 싶어 했습니다."라고 대답했다.

독일은 아무나 보석 가공을 하도록 내버려 두지 않는다. 미국에서처럼 "예일대학교를 수석 졸업했으나 보석 가공 일을 하고 싶다."고는 말할 수 없다. 밑바닥부터 차근차근 과정을 밟아 관련 자격을 취득하고 경력을 쌓아야 한다.

일부러 대학교 진학을 포기하는 고등학생이 있다는 생각에 약간의 전율을 느꼈다. 대학 진학을 우선하는 내 기준으로는 독일식 교육에도 음울한 그림(Grimm) 형제의 동화 같은 구석이 있었던 것이다. 그 이후 선생님 여동생은 어떻게 되었나요? 이런 질문을 해 볼까 생각했지만 차마 묻지 않았다.

만약 내 여동생이 듀얼 트랙에 갔다면 어땠을까? 아마 나는 학위를 따라고 했을 것이다. 잠깐, 듀얼 트랙에서는 학위를 주잖아! 비록 대학교 학사 학위는 아니지만 듀얼 트랙에서 취득한 자격과 학위에 자부심을 느끼는 독일인이 무척 많다.

가만히 생각하니 독일의 특징으로 꼽을 만한 게 듀얼 트랙만이 아니었다. 이와 직간접으로 관련이 있을 엄격한 품질관리도 무척 인상적이었다. 독일에서는 노동자라면 누구나 품질관리와 관련된 자격증이 있다. 미국에서는 어느 기업이든 노동조합을 파괴하고 공장을 해외로 이전할 궁리만 할 뿐 노동자가 만든 제품의 품질에는 신경 쓰지 않는다. 문득 내가 큰손 투자자 조지 소로스와 그의 월스트리트 동료들을 상대로 기업 소송을 제기했던 일이 생각났다. 소로스 일당은 아웃보드 마린(Outboard Marine)을 인수한 후 노동조합이 있는 공장을 폐쇄했고 공정을 쪼개 곳곳에 하청을 주었다. 그러다 엔진이 폭발하는 사고가 발생하자 사업 자체를 아예 접고 말았다.

반면 독일인은 지독할 정도로 품질관리에 엄격하고 고지식하다. 부품이나 공정을 하청 업체에 맡길 필요가 있을 때에는 노사 공동으로 결정한 후에 원리 원칙대로 품질을 관리한다. 독일 출신의 교황 베네딕토 16세가 무분별한 하청에 쓴소리하는 회칙을 발표한 것도 어쩌면 우연이 아니다. 그것은 확실히 사회정의의 문제이다. 나는 베네딕토 16세가 독일인답게 품질관리 문제에도 깊은 관심을 기울일 것이라고 굳게 믿는다.

그러나 V의 말에 따르면 독일의 교육 전문가는 기존의 제도를 개편하기를 원한다. 왜 그럴까? "좀 더 유연해지길 바라는 거죠. 독일 학생도 미국 학생처럼 일반교양을 쌓는 게 바람직하다고 생각해요."

"일반교양을 쌓는다고요? 그건 아무것도 모르고 하는 소리입니다. 그런 거 소용없어요. 미국인을 보세요. 신문 한 줄 읽지 않습니다. 거기다가 정치에 무관심해서 투표조차 하지 않는다고요!"

나도 모르게 소리를 지르는 바람에 저쪽 구석에서 조 카커 흉내를 내고 있던 젊은이마저 부르던 노래를 중단했다.

"무슨 소리인지 아시겠어요? 투표조차 하지 않아요!"

V가 고개를 끄덕이며 "예, 아다마다요."라고 대답한 후 잠시 뒤에 "독일 젊은이의 투표율이 얼마나 되는지 조사해 봐야겠네요."라는 말을 덧붙였다. 독일은 일반적인 교양을 갖춘 학생보다는 기술력이 뛰어난 학생을 더 길러야 한다는 게 내 판단이다.

과거에는 장차 산업 현장에 투입될 학생이 듀얼 트랙을 통해 기술을 습득하는 데 드는 실질적인 비용을 기업이 전적으로 부담했다. 그러다 세계적으로 경쟁이 극심해지면서 듀얼 트랙과 관련된 지출을 줄이는 기업이 늘자 정부가 그 비용을 예산에 반영하여 대신 지출하기 시작했으나 아무래도 집행의 효율성이 떨어졌다. 2008년 5월 8일자 영국 『가디언(Guardian)』 기사에서도 알 수 있듯이 독일 경제는 극심한 노동력 부족 현상에 시달리고 있다. 기술 인력이 무려 백만 명가량이나 부족하다는 게 가장 심각한 문제이다. 한편 미국은 정반대의 문제로 골치를 썩고 있다. 기술 인력이 너무 많아 적당한 일자리를 찾지 못하고 판매직으로 직업을 바꾼 사람들이 부지기수이다.

한마디로 공업, 혹은 범위를 좁혀 말하면 제조업 중심의 경제를 구축한 독일은 숙련된 기술 인력이 부족하다. 하지만 그 어떤 소리를 하든 내 귀에는 배부른 투정으로밖에 들리지 않는다. 미국도 한번 그래 봤으면 좋겠다.

노동 재판을 참관하다

1997년만 해도 베를린의 상황은 안 좋다 못해 소름이 끼칠 정도였다. 실업자가 어디서나 넘쳐났다. 어떤 독일 교수의 말에 따르면 당시 베를린은 "곧 누구도 얼씬하지 않는 곳이 될 것"이라는 우려가 높았다. 그러나 V는 이런 말에 황당하다는 반응을 보이며 〈10년 전 오늘〉이라는 TV 프로그램 이야기를 해 주었다.

예컨대 오늘이 1997년 1월 16일이라면 1987년 1월 16일자 뉴스를 보여 주는 프로그램이었다. V는 비록 서독에 국한된 이야기이기는 했지만 "실업자 수가 230만 명에 이른다!"거나 "이민이 서독의 모든 것을 뒤바

뭐 놓았다."라는 내용은 그때나 지금이나 마찬가지라고 설명했다. 누군가 독일 모델의 위기를 언급하면서 실업 문제가 전보다 더 악화되었다고 떠든다면 "음, 그래요. 그것 참 흥미롭네요. 그런데 〈10년 전 오늘〉이라는 프로그램에서 한번 들었던 이야기 같은데요."라고 점잖게 한 마디만 하면 효과적인 응수가 되는 셈이었다. 2007년 내내 독일에 대한 이야기는 〈10년 전 오늘〉에서 나오는 것과 똑같았을 것이다. 그러나 바로 그해부터 독일의 실업률은 하락하기 시작했다.

아! 베를린은 10년 전에는 형편이 몹시 안 좋았는데 이제는 버클리처럼 대학생과 카페만 즐비한 도시로 변했다. 나는 지금도 1997년에 에스반을 타고 가다 차창 밖으로 보았던 베를린의 모습이 그대로 남기를 바란다. 미개발, 미완성의 도시였지만 무질서하지 않고 정말 유럽의 도시다웠다.

앞으로 몇 번이나 더 베를린에 갈 수 있을지 모르겠지만 아무리 세월이 흘러도 1997년 1월 16일 토요일을 잊지 못할 것이다. 그날 나는 혼자서 베를린 콘서트홀에서 열린 베토벤의 장엄미사곡 연주회에 갔다. 베를린 필하모니 오케스트라가 아닌 동베를린 심포니 오케스트라의 연주회였다. 당시 베를린에는 모든 게 두 개 있었다. 시청사, 교향악단, 우파, 좌파 등. 단 오페라단은 두 개가 아니라 세 개였다. 연주회가 끝난 뒤 젠다르멘마르크트 광장으로 갔다. 거기에는 겉모습이 거의 흡사한 독일 대성당과 프랑스 대성당이라는 두 개의 성당이 있었다. 마치 체스판 위의 두 퀸이 서로 견제하면서 마주보는 것 같았다. 참으로 '유럽다운' 광경이었다. 한 블록 건너편에 미국의 체인 레스토랑인 플래닛 할리우드(Planet Hollywood)가 있었지만 전체 분위기에는 전혀 영향을 미치지 않았다. 연주회장을 나온 나는 연주의 진한 여운에 젖어 묵묵히 광장 쪽으로 걷는 사람들 속에 섞였다. 광장에는 한 노인이 달빛을 받으며 바이올린을 연주하고 있었고 그 옆에서 빨간 머리 소녀가 자그마한 베레모를 벗어 들고 여기저기서 날아오는 동전을 받았다. 중부 유럽의 적막한 분위기를 만끽하며 마치 브란덴부르크 선제후라도 되는 양 나도 동전을 던졌다.

딸깍.

동전이 떨어지는 순간 드디어 어떤 선을 넘어서 '베를린 사람'이 되었음을 깨달았다. 내가 던진 동전은 일종의 입경료였던 셈이다.

그 순간 이후 나는 직업조차 잊었다. 시 재정이 파산 직전에 이를 만큼 가난한 데다 카페나 즐비할 뿐 일하는 사람이 아무도 없는 베를린의 매력에 푹 빠져 들었다. 그런 게 얼마나 갈까? 시카고에 돌아오고 나서 얼마 안 있어 내 또래의 변호사가 나한테 다가오더니 이런 말을 했다. "아, 안녕하세요. 아내와 나는 베를린에서 방금 돌아왔습니다. 정말 신나게 놀다 왔어요!" 빨간 머리의 소녀가 생각났다. 가슴이 아렸다.

베를린은 어떤 점에서 대단한 도시일까? 무엇보다 베를린은 동독과 서독에서 제일 좋은 것만을 골라내 하나의 국가 안에 변증법적으로 담아내려고 한 유일한 도시이다. 과거의 베를린은 불안정했다. 지속될 수가 없었을 것이다. 동방 진영을 상징하는 동베를린은 『동물농장』에서 그려진 세상 그 자체였다. 조지 오웰과 철학자 요제프 피퍼(Josef Pieper) 등은 공산주의 치하의 동베를린 사람들이 죽도록 일만 하다 마지막에는 아교 공장으로 보내진 『동물농장』의 '복서'처럼 되지 않을까 두려워했다. 그러나 공산주의가 붕괴한 이후 동베를린은 『동물농장』과는 정반대의 세상으로 변했다. 일하는 사람이 아무도 없는 곳이 되고 말았다. "우리는 일하는 척했고 국가는 임금을 주는 척했다."는 게 과거의 이야기라면 이제는 "소비하는 척도 한다."는 말이 추가되어야 했다.

서베를린은 『동물농장』의 정반대에 있었다. 그러나 베를린 장벽이 무너진 이후 서방 진영을 상징하는 서베를린은 『동물농장』처럼 되었다. 서베를린 사람들은 복서처럼 오랜 시간 노동에 시달리게 되었다. 결국 1989년 이후 베를린은 옛 서베를린의 '정치로부터의 자유'와 옛 동베를린의 '노동시간으로부터의 자유'가 하나로 합쳐져 화합을 이루는 곳이 되었다. 불안정하기는 했지만 이런 화합은 상당 기간 지속될 것으로 보였다. 1997년에도 화합은 계속 유지되고 있었다.

며칠 전만 해도 라인란트 사람이 되고자 했던 나는 이제 베를린 사람이 되었다. 그런데 여기서 한 가지 짚고 넘어가야 하는 것은 독일의 현행 노동법이 제정되기까지 라인 자본주의, 또는 가톨릭 자본주의의 영향이 컸다는 점이다. 나는 이 라인 자본주의가 베를린에서도 실질적인 효력을 발휘하고 있음을 두 눈으로 똑똑히 확인할 수 있었다. 일반적인 미국인과는 사고방식부터 사뭇 다른 나와 같은 노동 변호사에게 유럽의 노동 변호사와 만날 기회를 열어 준 단기 EU 연수 프로그램도 라인 자본주의가 없었다면 불가능했을 것이다. 일정상 나는 하루나 이틀 이상을 베를린에 머무르기 힘들었다. 당연히 그런 식의 방문으로 베를린에서 얻어 갈 게 뭐 있겠는가라는 불평이 입안을 뱅뱅 맴돌았다. 그런데 바쁜 일정 속에서 천만다행으로 유럽의 노동 재판을 지켜볼 기회가 생겼다. 정신없이 바쁜 EU 연수 프로그램의 일환으로 에크하르트라는 노동 변호사를 만난 것이다. 세계화 등의 문제에 관해 유럽 현지의 생생한 목소리를 전해 들을 기회여서 기대에 잔뜩 부풀었다. 나는 수첩을 꺼내 들고 대화 내용을 적으려고 준비했다.

"그러시면 너무 부담스러운데요. 선생님도 노동 변호사니까 저와 함께 재판정에 가 보는 게 어떻겠습니까? 좋은 경험이 될 것입니다."

나는 대부분의 나이 먹은 변호사가 으레 그러듯 재판정에 나가는 게 무척 싫었다. 게다가 휴업계를 제출한 상태라 변호사로서의 지위도 애매했다. 하지만 무슨 말을 할 수 있었겠는가?

이로써 에크하르트와 나는 세계화 시대의 노동 진영의 대응 전략 등 여러 현안에 관한 미국과 유럽의 관점 차이를 확인할 기회를 버린 채 나란히 재판정으로 발길을 돌렸다. 걸어가는 도중 그는 건설 공사 현장의 폴란드인 노동자를 가리키며 그들이 불법체류자 신분이라 노동조합을 결성하지 못한다고 말해 주었다. 그때 에크하르트가 청바지 차림임을 알아차렸다. "잠깐만요. 그런 복장으로 변호인석에 앉을 겁니까?"

"이 차림이 어때서요? 판사도 청바지 차림일 텐데요, 뭐."

아무리 그래도 위에 걸친 스포츠용 점퍼는 벗어야 하는 것 아닌가.

우리는 정해진 시간보다 늦게 재판정에 도착했고(이것은 미국에서도 왕왕 있는 일이다), 그때까지도 에크하르트는 스포츠용 점퍼 차림 그대로였다. 우리는 이 재판에서 피고가 아닌 원고 측 소송 대리인이었다. 에크하르트의 설명에 따르면 의뢰인은 40대의 여성 은행원으로 환청 증세가 있었다. 그녀는 갑자기 '이상한 소리'를 듣기 시작했고, 급기야 창구에서 고객과 상담할 때에도 깜짝깜짝 놀라며 비명을 질러 댔다. "그래서 은행 측은 그녀가 내실에서 근무하도록 조치를 취했지요. 그대로 놔뒀다가는 고객을 향해 비명을 지르는 통에 영업에 큰 지장을 가져올 테니까요."

하지만 그녀는 부당한 업무 재배치를 이유로 은행에 소송을 제기했다.

"그래서 선생님은 그녀를 대리해서 소송을 진행하는 건가요?"

"예, 그렇습니다." 에크하르트가 대답했다.

"이거 좀 이상한데요. 부당하다고 할 수가 없잖아요. 그녀가 제정신인가요?"

"물론 제정신이 아니지요."

"그런데 왜 그녀를 대리하는 건가요?"

"그녀의 권리잖아요." 그가 당연하다는 듯 딱 잘라 말했다.

나는 어안이 벙벙했다. 그보다 한두 달 전쯤 나는 어떤 흑인 전기공을 대리해서 소송을 진행했다. 그는 경력과 기술에 흠잡을 데가 없었으나 응급 복구 작업을 하다 피자를 먹었다는 이유로 전력 공급 업체 컴에드(ComEd)에서 해고되어 해고 철회 소송을 냈다. 당시 단전 사태가 발생해 응급 복구에 매달리느라 끼니도 거른 채 연장 근무 중이었고, 그 혼자만 피자를 먹었으면 모르되 현장에 있던 동료 직원과 함께 나눠 먹었다. 또 현장을 오래 비웠던 것도 아니었다. 한 조각만 겨우 입에 집어넣고 곧바로 현장에 복귀했다. 그런데도 해고되고 말았다. 컴에드의 설명에 따르면, 배를 채우기 위해 현장을 잠깐 비워도 무방한 다른 직원들과는 달리 그는 작업 중에 아무것도 먹어서는 안 되는 사람으로 분류돼 있었단다. 이제 판사들은 경영자를 무서워하기 때문에 당연히 해고의 효력은 그대로 인정되었다.

그렇게 미국에서 뼈아픈 경험을 했던 내가 지금 이런 재판을 목격하다니! 정말로 믿기지 않았다.

이 재판에서는 노동조합이 전면에 나서서 에크하르트 같은 똑똑한 변호사를 무료로 선임해 주는 등 물심양면으로 지원을 아끼지 않았는데, 의뢰인인 여자 은행원은 사실 그 전까지는 노동조합을 거들떠보지도 않았단다. 내실로 근무 장소가 변경되자 그제야 노동조합에 가입했다. 한마디로 무료로 변호사를 이용할 얄팍한 속셈을 드러낸 것이다. 그런데도 노동조합이 앞장을 서다니! 설명을 들을수록 속이 쓰렸다.

"그녀가 선생님을 이용한다는 생각이 들지 않나요?"

"뭐라고요?"

"노동조합은 안중에도 없다가 곤란한 상황에 처하니까 마지못해 가입해서 선생님 같은 유능한 변호사를 무료로 동원하는 거잖아요."

"아, 그거야 그녀의 권리입니다." 그가 대답했다.

그때 판사가 들어왔다. 턱수염을 길게 기른 게 마치 록 가수 같았다. 에크하르트는 판사와 잘 아는 사이라고 내게 귀엣말로 속삭였다. "판사에게 '너'라고 부르지 않도록 조심해야겠어요."

청바지 차림의 에크하르트나 록 가수 같은 행색의 판사한테도 놀랐으나 은행을 대리한 변호사를 보고는 더 놀랐다. 그는 코트를 입고 넥타이를 매는 등 언뜻 보기에는 점잖은 차림이었지만 자세히 보니 와이셔츠의 단추를 미처 채우지 않아 배가 거의 삐져나올 것 같았다.

재판은 쟁점에 대한 치열한 다툼 없이 심심하게 진행되었다. 판사는 원고인 여자 은행원이 동료와 관계가 원만했는지를 알려 주는 보고서를 제출하라는 말을 끝으로 다음 재판 기일을 잡았다. 모두 빙그레 웃으며 고개를 끄덕였다.

법정을 나오며 에크하르트에게 물었다. "앞으로 어떻게 될 것 같습니까?"

"잘 모르겠어요. 돌아가는 상황을 지켜볼 뿐입니다."

나는 잠시 망설이다가 말을 꺼냈다. "선생님도 아시다시피 은행은 그녀에게 매우 관대한 것 같더군요."

그는 나를 향해 정색을 하며 말했다. "당연히 그래야지요."

이래서 사람들이 베를린을 떠나지 않는 것이다.

중산층을 보호하는 복지제도

당시 베를린은 구서독 지역에 비해 노동자를 대단히 관대하게 대하는 편이었다. 때로는 그 정도가 지나친 나머지 일부 사민당원이나 노동조합원마저 혹시 역풍이 불지나 않을까 전전긍긍한다는 소문이 돌기도 했다.

1997년에서 몇 년이 지난 후 당시 독일 총리이던 슈뢰더의 측근 인사를 만난 적이 있다. 그는 노동 문제 관련 소송이 벌어지면 노동조합의 승소율이 95퍼센트에 달해 걱정이라고 말했다. 당시는 '개혁'과 '규제 완화'를 외치는 우파 진영의 목소리가 한층 높아지던 때였다. 그래서 사민당은 노동 문제 관련 소송에서 경영자 측의 승소율을 높이기 위한 대책을 어젠다 2010 안에 포함시켰다.

왜 그랬는가?

"두 가지 이유가 있습니다. 첫 번째 이유는 형평성을 기하기 위해서입니다. 두 번째 이유는 무언가 노력하고 있다는 인상을 경영자 쪽에 주기 위해서입니다." 슈뢰더의 측근은 그렇게 설명했다. 그러나 그 이후에도 노동자의 승소율이 지나치게 높은 문제는 해결되지 않았고 급기야 지금은 그러려니 하면서 아무도 문제 삼지 않는다.

나는 사회민주주의의 열렬한 옹호자인 마르틴을 비롯해서 안케 F라는 촉망받는 사민당 의원도 만나 보았다. 이들은 좌파이기 때문에 『뉴욕 타임스』에는 한 번도 거론된 적이 없는, 그래서 미국인에게는 생소하기만 한 인물들이다.

그 무렵 미국의 친구들은 내게 우파 사람들과도 대화를 나눠 보라고 말했다. "다른 쪽 사람들도 만나서 이야기를 들어 봐." 하지만 엄밀히 따지자면 미국인은 날이면 날마다 우파의 이야기를 듣고 산다. 『뉴욕 타임스』의 논평이나 뉴스에서 인용되는 발언은 다 그런 사람들의 주장이 아닌가? 반면에 좌파에 속하는 사람들의 이야기를 들을 기회는 좀처럼 없는 게 현실이다.

그래서 나는 이 책을 쓰면서 되도록이면 좌파 사람들의 목소리를 전달하는 것을 원칙으로 삼았다. 마르틴과 나눈 대화가 그 본보기이다. 아침 식사 후 우리는 거북이처럼 엎어진 버스 옆에 있는, 스프레이로 어지럽게 칠한 화랑에서 커피를 마셨다. 마르틴은 하버드대학교의 언론인 연수 프로그램인 니먼 펠로십(Nieman fellowship)을 이수한 신문기자였고, 나중에 알게 된 사실이지만 노동자이기도 했다.

내가 독일을 공격하면 그는 방어하는 식으로 대화가 오갔다. 이를테면 이런 식이었다.

"왜 독일은 서비스가 발달하지 않은 거지요?"

"무슨 말입니까?"

"미국 경제는 서비스 지향적인데요."

"아, 나는 그렇게 생각하지 않아요. 미국에는 진정한 의미의 서비스가 존재하지 않다고 봅니다. 미국의 상점에 가서 보면 반품은 할지언정 수선은 하지 않습니다."

"그냥 버리고 말지요." 내가 맞장구를 쳤다.

"독일의 서비스가 발달하지 않았다는 말은 왜 독일 슈퍼마켓은 미국 슈퍼마켓이 고용한 사람의 절반 정도만 고용하고 있는가, 이런 뜻이라고 생각합니다."

그에 따르면 독일의 슈퍼마켓에서는 구입한 사람이 직접 물건을 바구니에 담아 가져간다. "여기서는 미국처럼 이중의 노동시장이 없습니다." 그렇다. 미국에는 물건을 바구니에 담아 가져가는 손님을 위한 직원과, SUV를 몰고 와 물건을 사 가는 손님을 위한 직원이 따로 있다. 그리고 이 두 직원 사이에는 벽이 가로놓여 있는데 그 벽을 뛰어넘는 사람은 드물다. 하지만 독일에서는 그처럼 한 회사 안에 별개의 노동시장이 존재하는 것이 헌법을 뒤흔들 수 있는 문제라고 했다.

나는 이제 독일에서도 상점들이 8시까지 문을 열게 되면서 서비스직에서 고용이 더 많이 창출될 수 있지 않냐고 물었다.

"아, 그것도 사실과 달라요. 다시 7시로 폐점 시간을 앞당기자는 논의가 나오고 있습니다."

내가 독일을 꼬집으며 늘어놓은 이야기는 하나같이 마르틴을 짜증나게 했을 것이다. 그는 베를린 소재 신문사의 직장평의회 위원이었다. "노동시간을 새로 정한다 해도 직장평의회의 승인을 얻어야 합니다. 누가 오전 11시에서 저녁 8시까지 일하는 것을 원하겠습니까?"

"사람들은 더 일하고 싶어 하지 않나요?"라고 물었지만 그것은 내가 뭔가 착각한 데서 나온 물음이었다. 만약 상점이 8시까지 문을 연다면 경영자는 직장평의회가 퇴근 시간을 6시로 조정하기를 원할 것이다. 그러면 사람들은 맥도널드에서 외식을 즐겨 할 테고. 결국 비만과 고혈압에 시달리다 자식을 남겨 둔 채 일찍 사망하는 사람도 늘어날 것이라는 마르틴의 긴 설명을 들었다.

나는 마르틴 정도 되는 사람이 직장평의회에서 활동한다는 사실에 새삼스럽게 깜짝 놀랐다. 하버드 출신에 주요 신문사의 기자인 사람이 청소원이 몇 시에 퇴근하느냐 하는 문제를 놓고 난상토론을 벌인다니. 그가 대표하는 노동자가 몇 명이나 되는지 궁금해졌다.

"450명 정도 됩니다. 노동자들이 9년 임기의 직장평의회 위원을 선출하지요. 직장평의회 위원은 임기 내에는 해고될 우려가 전혀 없습니다."

나중에 비간트에게 들은 해고 절차에 관한 이야기를 비롯해서 그는 독일에 관한 많은 것을 알려 주려고 애썼다. 처음에는 나를 독일 모델을 욕하려는 사람으로 의심해서 잔뜩 경계했으나 오해가 풀리자 마음을 열었다.

1997년 당시 미국에서는 클린턴이 새해 벽두부터 "우리가 알고 있던 사회복지"를 종결짓는 법안에 서명해서 대대적인 복지제도 개혁에 착수했었다는 사실을 기억해 보라. 사회복지라고 해 봐야 싱글맘을 지원하는 게 고작이었는데 그것마저 제한하여 수많은 여성을 일터로 내몬 새로운 복지제도가 도입되었다. 이것은 유럽에서 엄청난 비난을 불러일으켰다. 물론 클린턴의 개혁에 '정치적으로 올바른' 측면이 있다고 생각하는 사람도 있었을 것이다. 어머니가 병을 앓거나 빈곤, 마약에 찌들어 있는 경우, 또는 자식을 신체적으로나 성적으로 학대하는 경우 자식과 어머니를 떼어 놓는 게 맞다고 생각할 수 있다. 하지만 그것은 복지 개혁의 주된 이유가 아니었다. 여성은 물론 남성과 어린이도 많은 복지 혜택을 누리던 유럽인에게는 미국의 복지 개혁이 충격으로 받아들여졌다.

그 영향은 나에게까지 미쳤다. 좌파 유럽인을 만나면 구구절절 변명을 늘어놓아야 했다. 과거에는 클린턴을 지지했지만 지금은 그렇지 않다, 나 역시 클린턴이 복지제도를 개혁한답시고 벌여 놓은 일에 경악을 금치 못한다, 그리고 래리 서머스가 나오는 악몽에까지 시달리고 있다, 등등.

"어떻게 클린턴을 지지할 수 있는 겁니까?" 이런 말을 들을 때가 제일 당황스러웠다. 음, 이제 부시가 등장했으니 내가 왜 클린턴을 지지했는지 그 이유를 알겠지.

"어쨌든 클린턴은 그 법안에 서명하지 말고 끝까지 버텼어야 한다고 생각합니다." 내가 말했다.

마르틴은 "저도 그렇게 생각합니다."라고 말했다.

나는 잠시 후 이렇게 물었다. "복지를 축소하여 노동시장을 유연하게 하자는 미국의 자유주의자들을 어떻게 생각하나요? 그들의 말을 어떻게 생각하세요?"

그는 어두운 표정을 지었다. "그 사람들은 자기가 무슨 소리를 하는지도 모를 겁니다."

마르틴은 독일의 중산층이 한때 극심한 빈곤을 경험했다는 게 미국 중산층과의 차이라고 말했다. "독일인이 현재 복지제도의 혜택을 누린다고 하지만 엄밀히 따져 보면 중산층은 1960년대의 생활 방식을 그대로 유지하고 있습니다. 1960년대에 우리 가족은 그런대로 '잘 사는' 중산층에 속한다고 생각했습니다. 중고였지만 승용차도 있었지요. 그때만 해도 중고차든 뭐든 승용차가 있는 것은 굉장한 일이었습니다. 먹는 것도 마찬가지였어요. 치즈가 있었지만 고작 두 가지뿐이었어요."

슈뢰더를 비롯한 독일의 여피족을 흔히 중산층이라고 이야기하지만 실제로는 가진 게 별로 없다. 그래서 독일의 여피족은 미국의 여피족과 달리 복지가 축소되는 것을 싫어한다.

복지 축소를 명분으로 내세운 어젠다 2010은 역설적이게도 복지 혜택을 큰 폭으로 확대하는 결과를 낳았다. 슈뢰더 총리가 이끌던 사민당-녹색당 연립정부는 장기 실업수당을 삭감했으나 그 이외의 복지 혜택은 늘렸다. 많은 독일인이 처음에는 이런 내용의 복지제도 개혁을 비웃었으나 시간이 지나면서 긍정적으로 평가하게 되었다. 이에 더해 직업이 없는 다양한 독일인이 새롭게 개편된 '기본 수당'을 받기 위해 갑자기 구직 대열에 동참했다. 살면서 직업이라고는 한 번도 가져 본 적 없는 사람들마저 그랬다. 결국 복지 혜택을 줄이려는 목적에서 출발한 개혁이 그것을 더 늘리는 방향으로 전개되었다고 할 수 있다. 내 생각으로는 선거 기간에 이런 문제가 치열한 쟁점이 되었을 것 같았지만 그러지 않았단다.

설마 각종 복지 혜택의 부정 수급자가 없는 것은 아니겠지?

"예, 당연히 있지요." 그가 말했다. "독신 남성이 주로 그렇습니다."

나는 할 말을 잃었다. 가정을 가진 아버지라면 모르되 독신 남성이 주요 부정 수급자라니! 다른 나라에서는 볼 수 없는 일이었다. 복지의 그물이 얼마나 촘촘한지 짐작조차 되지 않았다.

싱글맘을 위한 복지 혜택은 엄청났다. "많은 독일인은 그 문제에 죄책감을 느끼고 있습니다. 이를테면 자녀에 대한 세금 공제 같은 게 좀 더 넉넉하다면 혼자 자식을 키우는 어머니의 부담이 줄어들고 가족이 헤어져 사는 일도 없어질 것이라고 생각합니다."

게다가 복지제도는 '이중의 노동시장'이 출현하지 못하도록 억제하는 강력한 무기가 될 수 있다. 당연히 마르틴 등의 좌파들은 복지제도의 효과가 충분히 발휘되기를 간절하게 바랐다. 그들은 미국의 좌파들이 추진 중이던 복지개혁에 강력히 반대했다. 특히 근로장려세제(Earned Income Tax Credit)*를 시행하는 것은 말도 안 되는 짓이라고 혹평을 했다. "납세자의 귀한 세금으로 저임금 일자리를 유지시키는 것에 불과합니다."

그는 최저임금제에도 반대했다. "최저임금제는 임금을 상승시키기보다는 억누르는 쪽으로 작용합니다."

마르틴이 말하려고 했던 것은 간단했다. 정부, 노동조합은 물론 전반적인 노동 시스템이 임금을 상승시키는 방향으로 움직여야 한다는 것이다. 좌파 독일인에게 복지제도란 한마디로 중산층을 보호하기 위한 장치이다. 이런 면에서 비록 입 밖으로 꺼내지는 않았지만 마르틴은 미국의 중산층이 몰락하는 원인을 세계화뿐만 아니라 섣부른 복지 개혁에서도 찾아야 한다는 말을 하고 싶었을 것이다.

미국의 중산층은 복지제도가 미흡하기 때문에 몰락하는 중이다. 하지만 독일에서는 그런 일이 절대로 일어날 수 없다.

실업률이 높은 게 혹시 복지제도가 잘 갖춰진 탓이 아닐까? 이런 의문이 들어 넌지시 물어보았다.

"아닙니다." 마르틴은 단호하게 대답했다. 높은 실업률은 구동독 때문이라고 했다. 실업 문제를 해결하기 위한 적자재정을 편성하지 못하는 것, 좌파 진영 일각에서 촉구하는 케인스주의적 충격요법을 섣부르게 채택하지 못하는 것은 전부 구동독의 열악한 경제 상황 때문이었다. 구소련의 붕괴 이후 산업 기반이 무너져 일자리가 사라진 구동독 경제를 지탱하기 위해 온갖 '자극'을 가해 봤으나 별다른 효과가 없었다고 했다.

* 일정 소득 이하의 근로 소득자를 대상으로 소득에 비례한 세액 공제액이 소득세액보다 많은 경우 차액을 환급해 주는 제도이다.

내가 보기에는 복지제도를 위협하는 게 하나 더 있었다. "이상하게 들릴지 모르지만 독일이 '기독교 민주주의' 국가라는 점을 어떻게 생각하나요? 독일의 발전에 긍정적이라고 봅니까? 독일은 분명 개신교가 되었든 가톨릭이 되었든 종교를 기반으로 한 나라입니다. 그러나 내가 들은 바로는 '기독교도'의 수가 날로 줄어들고 있다고 하더군요. 아무도 교회에 나가지 않는 상황에서도 '기독교' 민주주의를 유지하는 게 가능하다고 생각합니까?"

부정적인 대답이 나올 것으로 예상했다. 그러나 그는 한참 침묵을 지키다가 입을 뗐다.

"좋은 질문입니다."

나는 그다음 말을 기다렸다.

"음, 기독교의 독특한 특징으로 꼽을 수 있는 게 은총 개념입니다. 돈으로 사는 게 아니라 우리에게 우연히 주어지는 선물 같은 것이지요. 돈으로 사지 못하는 은총, 은총 개념이 없다면…."

아, 그야말로 신앙에 눈뜬 마르틴 루터 같았다. 바로 그 순간 그가 공연히 마르틴이라는 이름을 가진 것이 아님을 깨달았다.

직장평의회와 노동조합

나는 독일 금속노동조합과 인터뷰를 하기 위해 백방으로 애를 썼다. 그러나 정작 인터뷰 날이 되자 감기몸살이 악화되는 바람에 약속을 지킬 수 없었다. 베를린에 온 이후 줄곧 감기몸살을 달고 지내서 크게 신경을 쓰지 않았는데 하필이면 중요한 순간에 운신을 못하게 되었던 것이다. 결국 독일 금속노동조합과의 인터뷰는 놓치고 말았으나 다행히도 하인츠(Heinz)를 만나게 되었다. 그는 은퇴한 노동운동 지도자이자 원로 정치인으로 육중한 체구를 자랑하며 말보다 행동을 앞세우는 인물이었다. 누구나 그를 좋아했다. 어디를 가든 노동조합 간부, 사민당 정치인 등이 나타나 호위하면서 따라다닐 정도였다. 몇 년 전 하인츠가 시카고에 들렀을 때 내가 가이드 역할을 한 적이 있다.(그때 누가 부탁했더라? 아쉽게도 기억이 나지 않는다.) 당시의 은혜를 잊지 않았는지 그는 나를 반갑게 맞아 주었다.

시카고에서 하인츠와 나는 토론회에 참석해 장시간 세상 돌아가는 이야기를 했다. 사회민주주의의 미래에 대한 이야기가 나오자 하인츠는 거침없이 말했다. "바이마르 공화국 시절보다 상황이 더 나빠졌습니다."

이렇게 적으면 그가 어떤 식으로 말하는지 실감이 나지 않을 것이다. 토론회장을 울리는 쩌렁쩌렁한 목소리로 **"바이마르 공화국 시절보다 상황이 더 나빠졌습니다."** 라고 적어야 한다.

평상시의 목소리가 그랬다. 목소리를 낮춰 애써 속삭이듯 말해도 듣는 사람은 귀청이 떨어질 것 같았다.

독일 금속노동조합과 인터뷰하러 프랑크푸르트로 돌아갔으나 감기몸살로 앓아누운 채 마냥 헤매던 그 시점에 하인츠가 전화를 걸었다. '이번 독일 방문은 엉망이 되고 말았구나. 몸이 아프니까 만사가 다 귀찮아.'라는 생각에 빠져 마치 죽을 날을 받아놓은 양 이비스 호텔에 처량하게 누워 있을 때였다.

"안녕하세요. 반갑습니다, 반가워요."

"하인츠 선생님?" 나는 간신히 몸을 일으켜 세웠다. "그렇지 않아도 전화를 드리려고…"

"내게 전화하려고 했다고요? 시카고의 당신 사무실에 여러 차례 전화했는데. 내 메시지를 받지 못했습니까?"

"예."(내가 이비스 호텔에 있다는 것을 어떻게 알았지? 시카고 사무실에서도 모를 텐데.)

"허허, 당장 만납시다. 내가 그리로 가겠습니다. 함께 노동조합 총회에 참석하자고요."

나는 마인츠로 갈 예정이라고 했다.

"노동조합 총회에 참석해서 지켜보다가 지겹다고 느껴질 때 마인츠로 가도 늦지 않을 겁니다."

그다음 날 여자 친구, 서너 명의 보좌관, 사제복을 입은 신부 등을 대동한 하인츠가 큰 차를 타고 나를 데리러 왔다. 누가 보기에도 나는 어디 나갈 만한 상태가 아니었다.

"어디 아픈가요?"

"예, 감기몸살이 심합니다."

"그럼 이렇게 빗속에 서 있으면 안 되지요. 어서 차 안으로 들어오세요."

그렇게 하인츠 일행에 끼어 하이델베르크로 향했다. 차를 타고 가는 도중에 나는 하인츠라는 사람에 대해 속속들이 알 수 있는 기회를 준 하느님께 감사하고 싶어졌다. 그는 현재 독일의 상황이 바이마르 공화국 시절보다 더 나쁘다는 말을 입에 달고 다녔지만 역설적으로 그 말의 속뜻은 그때보다 상황이 더 낫다는 것, 또는 적어도 그래야 한다는 것이었다. 사실 하인츠는 동지들과 함께 노동조합 운동을 둘러싼 정세에 신경을 바짝 곤두세우고 있었다. 이들의 번뜩이는 정보망을 피해 갈 수 있는 것은 아무것도 없었다. 이들이 왕성하게 활동하는 모습을 보면 독일의 노동조합 운동이 위험한 상황에 처해 있다는 것은 항간에 떠도는 말로 착각하기에 딱 좋았다.

우리는 하이델베르크에서 노동조합 간부 몇 명을 더 태운 다음 사민당 정치인들이 마련한 성대한 오찬장으로 갔다. 우리가 도착하자 사민당 정치인이 뛰어나와 아양에 가까울 정도로 연신 굽실거리며 맞이했다. 나는 적잖이 당황했다. 워싱턴 D.C.에서는 민주당 정치인들이 유력한 지지 세력인 노동조합 간부들 앞에서 이렇게까지 비굴하게 구는 광경을 한 번도 본 적이 없었기 때문이다. 반대로 노동조합 간부들은 누가 보면 구박한다고 여길 만큼 시종일관 대단히 뻣뻣한 자세로 사민당 정치인들을 대했다.

하인츠에게 넌지시 물었다. "사민당이 무슨 잘못을 저질렀습니까?" 그는 낮은 목소리로 대답했다. **"나중에 알려 드리지요."**

그러나 그는 이 말을 까맣게 잊었다.

오찬을 마친 후 우리는 하이델베르크를 떠나 조용한 리조트 단지로 접어들었다. 노동조합 활동가가 기차역까지 마중을 나와 우리 일행과 환자로 보이는 다른 노동자들을 산 정상 쪽으로 안내했다. 산 정상에 올라와 보니 독일의 노동조합은 번성하지만 미국의 노동조합은 그러지 못하는 이유를 어렴풋이 알 것 같았다. 깊은 산 정상에 눈이 휘둥그레질 만한 대규모 리조트 시설이 갖춰져 있었던 것이다. 여기 바트 오르프(Bad Orb)와 비슷한 규모의 시설이 알프스, 하르츠 산맥, 그리고 베를린 인근의 스프록쾨벨 등 총 네 군데나 있다고 했다. 처음에는 교육 센터를 염두에 두고 지었지만 지금은 요양 시설로 운영되는 듯했다. 토마스 만(Thomas Mann)의 소설 『마의 산(The Magic Mountain)』 첫머리에 한스 카스토르프(Hans Castorp)가 도착한 TB 요양원을 떠올리면 그 모양새가 쉽게 짐작이 갈 것이다. 우리와 함께 온 노동자 환자들은 자본주의의 치열한 경쟁이나 '모빙(mobbing)'에서 벗어나 심신을 달래려고 이곳으로 온 것 같았다.

나중에 이런 요양 시설 중 다른 한 군데에서 어떤 박사를 만났다. 경제학 박사인 그녀를 (의사는 아니지만) 닥터 O라고 하자. 닥터 O는 하얀 가운을 입고 내가 '치료'라고 이름 붙인 활동에 참가했다. 참관자인 나를 대동

하고 방이 78개나 되는 요양 시설을 한 바퀴 회진한 후 요양자 중 일부는 '모빙'을 경험했다는 이야기를 했다.

"혹시 모빙이 뭔지 아세요?"

"아니요. 잘 모르는데요."

"직장 내에서 서로 적대적인 분위기를 조성하며 일하는 것을 말해요."

좀 더 구체적으로는 해고 대상자에 포함되지 않기 위해 죽기 살기로 경쟁하며 일하는 것이란다. 그렇게 보자면 '모빙'은 미국에서도 역사가 오랜 일이었다. "사장님, 보세요. 나는 토요일에도 밤새도록 여기서 일하고 있습니다. 다른 사람은 아무도 없어요!"

내가 이곳이 요양 시설이니 그런 노동자가 오는 게 당연한 것 아니냐는 식으로 말했더니 그녀는 빙그레 미소를 지으며 말했다. "아니에요. 여기는 주로 교육 목적으로 이용됩니다."

주로 직장평의회 활동을 하는 사람들이 찾아와 해고 문제나 노동시간의 변경 문제를 논의한다고 설명했다. 더 적은 인원이 더 오래 일하도록 만드는 미국식의 구조 조정, 즉 그녀의 표현에 따르면 '군살을 뺀 기업'에 맞서 싸우도록 노동자를 교육시키는 곳인 셈이다. 닥터 O는 인상을 찌푸렸다. "요즘 직장평의회는 장시간 노동을 너무나 쉽게 용인하는 경향이 있습니다. 여기서조차 '군살이 빠진 조직이 더 좋아.'라는 식의 말도 늘어 놓기도 해요. 그래서 우리는 그걸 바로잡으려고 애를 쓰는 실정입니다. 우리 경제 교육 담당 부서에서는 연장 근무가 줄어들면 일자리가 얼마나 늘어나는지 알려 주죠. 이제 이런 교육을 더 활발하게 할 필요가 있습니다."

경영자나 헬무트 콜 총리의 기민당 정부가 이 모든 비용을 댄다는 그녀의 말을 믿기 어려웠다. 그러나 독일에서는 직장평의회를 지원하는 것이 고용주에 대한 서비스로 간주되었다.

그곳에서 훈련, 교육, 휴식 등 노동조합의 활동 전반을 숨죽이며 꼼꼼하게 관찰했다. 정말 치밀하고 대단했다. 먼저 독일의 노동조합은 '직장평의회를 지원하는 역할'에 상당한 비중을 두고 있다. 이에 따라 단위 사업장의 경영자는 대규모 노동조합을 상대하는 부담을 덜기도 한다. 이 부분을 좀 더 자세히 보면, 독일 노동조합은 미국이라면 노동조합의 발목을 잡는 온갖 궂은일을 직장평의회에게 떠맡긴다. 해고 문제를 처리할 권한까지 위임한다. 간혹 말썽 부리는 노동자가 있어도 어떻게든 일자리를 유지하도록 도우며 비용을 지출하는 기관은 노동조합이 아니라 직장평의회이다. "이봐, 그런 일은 직장평의회가 도맡아서 처리하도록 하자고." 이뿐이 아니다. 미국의 경우라면 노동조합을 곤경에 처하게 만들기 십상인 노동규칙의 변경 등 법률적 해석이 필요한 문제를 해결하는 일도 독일에서는 직장평의회가 책임진다.

물론 세계 어디서나 다 그러하듯 독일의 노동조합에도 어느 정도 부정적인 이미지가 뒤따라 다닌다. 오랜 세월에 걸쳐 경영자나 언론 등의 다양한 집단이 핏대를 세우며 노동조합을 헐뜯어 왔기 때문이다. 게다가 노동조합이 강할 때도 직장평의회는 약하다. 따라서 노동조합과 직장평의회가 역할을 분담할 경우 노동조합이 임금 협상이나 전국적인 정치 투쟁 등 큰 문제에 집중해서 활동할 수 있다는 게 장점이라면, 단위 사업장에서의 존재감은 약화된다는 게 단점이다.

나는 노동 변호사로서 미국에 돌아가 빈사 상태에 놓인 노동조합에 전할 메시지가 무엇인지 깨달았다. 이봐 동지들, 자기 앞가림도 못하는 사람들에게 귀중한 조합비를 지출하는 일을 관두자고. 그 대신에 직장평의회를 만들어 그쪽에다 넘기는 게 어때? 사소한 고충을 들어주는 데 노력하기보다는 중대한 정치 투쟁에 역량을 집중하는 게 필요하지 않겠어?

정치 강연도 들었다. 마르쿠제와 아도르노(Theodor Adorno)를 가르치는 교수들이 BMW를 타고 와서는 콜 총리가 무엇을 하고 있는지를 가르쳤다. 나는 하인츠에게 말했다. "독일어로 강연을 하는 통에 무슨 말인지 모르겠습니다."

"걱정 마세요. 내가 영어로 옮겨 줄 테니까."

옆에 앉아서 기다렸다. 그러나 하인츠는 아무 말이 없었다.

"선생님, 저들이 무슨 말을 하는 겁니까?"

"별것 아닙니다."

여기서 하인츠가 어떤 인물인지 잠깐 소개하겠다.

노동운동계의 록스타 하인츠

하인츠는 예전에 공무원노동조합 위원장이었는데 심장에 이상이 발생했다. 1982년에 담당 의사로부터 당장 위원장직을 관두지 않으면 사망할 것이라고 경고를 받는 지경에 이르렀다. 그는 어쩔 수 없이 위원장 자리에서 물러났지만 노동조합 활동에 미련을 버리지 못한 채 외곽에서 노동계의 록스타 같은 존재로 군림하면서 활동해 왔다. 이런 면에서 볼 때 하인츠는 불운하다고 할 수밖에 없다. 파업이 벌어지면 맨 앞에서 이끌어 나갈 역량이 충분한데도 독일에서는 파업을 거의 하지 않으니 말이다.(하인츠 자신의 생각도 그랬다.)

변호사가 되자마자 전미광원노동조합(United Mine Workers)의 법률 자문역을 맡으면서 노동 변호사의 길을 걸은 내 눈에도 독일인은 좀처럼 파업을 하지 않는 것으로 보였다. 노사공동결정제도와 노동자의 경영 참여 등이 되레 노동자가 쉽게 파업을 하지 못하게 만드는 요인으로 작용하는 듯했다. 문제가 생길 때마다 노동자와 경영자는 신속하게 합의에 도달했다. 하인츠는 분명히 독일인으로 태어난 것이 짜증이 났을 것이다. 내가 직장평의회, 노사 합의 등을 찬양할 때마다 그는 인상을 찌푸렸다.

그런데 잘 살펴보면 독일 노동자도 매우 드물지만 파업을 한다. 한 가지 믿기지 않는 것은 '경영자'도 때에 따라서는 파업에 동참한다는 사실이다! 예전에 시카고대학교에서 교수 생활을 하다가 지금은 MIT에 가 있는 독일 노동운동의 권위자 캐슬린 텔런(Kathleen Thelen) 교수로부터 이 이야기를 들었을 때는 도무지 믿기지 않았다. 뭐라고? 경영자도 노동자와 함께 피켓라인을 따라 걷는다고?

정말이다. 내가 독일에 오기 전 병가 중의 임금 문제로 대규모 파업이 벌어졌을 때 소기업 경영자들이 그랬단다. 그때 찍은 사진도 보았다. 하지만 주의해야 할 것은 독일의 소기업 경영자는 미국의 소기업 경영자처럼 임금이나 의료보험 등 골치 아픈 문제를 직접 협상하지 않는다는 점이다. 그런 '경제 문제'는 대기업 경영자들이 노동조합과 논의한다. 그래서 독일에서는 대기업이 노동자를 못살게 굴고 소기업은 노동자에게 관대한 듯하다. 미국에서는 (노동자에 대한 처우라는 게 있다면) 이와는 반대의 양상이 나타난다. 물론 월마트도 지독하지만, 내 경험에 의하면 각 지역 상공회의소에 회원사로 등재되어 있는 중소기업보다는 나은 것 같다.

그래서 나는 독일산업연맹(BDI)의 로비스트와 대화를 하면서 의기투합하는 보기 드문 경험도 했다. 이 단체는 노동조합에 '우호적인' 경영자 단체로서 노동조합에 '비우호적인' 경영자 단체인 독일고용주협회총연맹(BDA)과는 뚜렷이 구분된다. 뭐, 노동조합에 우호적인 경영자 단체라 해도 늘 그런 것은 아니지만 적어도 "노동자를 지나치게 많이 해고하는 것은 아닌가 싶어 걱정될 때도 있어요."라는 정도의 반응은 보여 준다.

다시 하인츠 이야기로 돌아가면 그는 그동안 살아온 이야기를 내게 들려주었다. 정치 강연을 들었던 날 저녁 무렵 바우어른-스투베 식당으로 자리를 옮겨 맥주를 마셨는데, 나는 정치 강연 내용을 물어봐야지라고 생각했다가 이야기에 취해 그만 까맣게 잊고 말았다.

하인츠는 제2차 세계대전 당시 미국의 전쟁포로수용소에 있다가 전쟁이 끝난 뒤 독일로 되돌아왔다. 반나치 가문 출신의 소년병으로 전장에 끌려갔다가 포로가 되었을 때에는 겁에 질려 무척 떨었다고 했다. 하지만 전쟁포로수용소 안의 장교 클럽에서 일하며 스포츠카를 타고 돌아다녔다. 그래서 전쟁포로 신분인 데다가 사회민주주의 이념을 가슴에 품고 있었지만 미군은 물론 미국에도 상당한 호감을 품게 되었단다. 특히 미군에는 뉴딜 정책을 지지하는 좌파가 많아서 미군이 독일 노동운동을 지원할 것으로 생각했다. 그때는 아이젠하워(Eisenhower)조차 일종의 '노동영웅'이었다고 했다.

맥주잔이 오가는 횟수가 늘어날수록 하인츠가 들려주는 이야기가 정치 강연보다 훨씬 더 유익하다는 생각이 들었다. **"아이젠하워는 노동조합과 협력하라는 명령을 내렸지요."** 하인츠는 1949년 독일 연방헌법이 제정되기 이전에 군정을 실시하던 아이젠하워 '행정부'(혹시 오해가 있을까 싶어 밝히지만 이것은 정식 명칭이 아니다)가 개별 사업장 노동자를 대표하는 조직인 직장평의회 개념을 고안하고 추진했다는 점을 특히 강조했다. **"아이젠하워는 노사 합의를 원했습니다."** 나는 이런 증언이 중요하다고 생각한다. 미국과 독일의 많은 학자들이 뉴딜 정책의 역할을 깎아내리지만, 그 당시의 상황을 직접 목격한 산증인인 하인츠는 뉴딜 정책이 독일에 막대한 영향을 끼쳤음을 인정했다.

그러나 아이로니컬하게도 파업의 선봉대장 역할을 하면 딱 어울릴 하인츠는 바로 이 아이젠하워 때문에 자기의 역할을 다하지 못하게 되고 말았다. 나는 물었다. "공무원노동조합 위원장으로 있을 때 파업을 주도한 적이 있습니까?" **"아니오."** 그는 잠시 말을 멈췄다. **"하지만 불가피하게 파업을 벌여야 하는 일이 생겼다면 피하지 않고 정면으로 진행했을 겁니다."**

물론 그가 파업을 주도한 경험이 전무한 것은 아니었다. 독일에서 파업을 자주 할 수 있었다면 아마도 그가 가장 즐겨 파업을 벌였을 상대는 미군 장교 클럽이 아니었을까? 직장평의회, 노사공동결정제도, 노사 간의 합의를 추진한 미군정 당국에 대한 복수 차원에서 말이다.

나이 먹은 좌파 중진이 하나둘 사망하면서 하인츠는 노동운동 지도자의 꼭대기에 오르게 되었다. 1964년에는 배관공 출신으로 미국노동총연

맹산업별조합회의(AFL-CIO)의 의장이던 유명한 애연가 조지 미니(George Meany)와 만났다. 그때 미니는 이렇게 말했단다. "언제부터 애송이들이 독일 노동조합의 대장 노릇을 하게 된 거지?"

"나는 그에게 똑똑히 말했습니다. '내 조국 독일에서 나이 먹은 세대는 나라를 엉망으로 만들어 놓고 물러났기 때문에 이렇게 젊은 세대가 이끌고 있습니다. 이게 미국과 다른 점입니다.'라고요." 그러자 미니는 껄껄 웃었다고 한다. "그다음부터 그와 나는 친구가 되었지요." 하인츠는 빌리 브란트(Willy Brandt)나 헬무트 슈미트(Helmut Schmidt) 등 사민당에서 보수적인 색채를 띠었던 총리들과도 안면이 있었다. 그가 특히 호감을 품었던 인물은 브란트였다. 물론 브란트라고 해서 결점이 없는 것은 아니었다. "그렇다 해도 내가 만약 감옥에 가는 처지에 놓여 후사를 맡길 인물을 한 명 골라야 했다면 서슴없이 빌리 브란트를 선택했을 겁니다." 하인츠는 진정한 좌파였다. "오, 나는 현실주의자입니다. 시장경제하에서 살아가는 한 진정한 사회주의는 없다고 믿는 사람입니다. 구소련의 체제도 진정한 사회주의는 아니었어요." 어떤 면에서 그는 냉소주의자였던 셈이다.

그날 저녁 너무 좌파 진영의 사람들하고만 어울리는 것은 아닌지 모르겠다고 하인츠에게 고민을 털어놓았다. "미국으로 돌아가면 노동계 인물만 만나고 경영계 인물은 전혀 만나지 않았다고 나를 공격할 사람들이 많을 것 같아요. 하인츠 선생님, 경영계 쪽에도 발이 넓으시지요? 그들을 만나는 자리를 한번 마련해 주세요."

"경영자들과도 대화를 나누고 싶다는 겁니까?"

"예, 그렇습니다."

"그쪽 사람들은 늘 바쁘다고 하니까 만나고 싶으면 나한테 바로 얘기해 주셔야 합니다." 그는 경영자들은 할 말이 별로 없을 것이라고 조언해 주었다. "그들은 항상 우울해합니다. 이익을 더 많이 내야 한다고 말하지요. 굶주린 노동자 가족을 돕기 위해 더 많은 이익을 내야 한다는 거죠."

다음 날 하인츠와 나는 다른 일행과 함께 하일브룬 시내로 점심 식사를 하러 갔다. 그 자리에서 나는 전직 노동조합 간부이자 하인츠에 비해 좌파 성향이 더 강한 젊은 여성과 동석하게 되었다. 그녀는 시의회 의원으로, 임대료를 낼 형편이 안 되는 무주택 세입자를 지원했다. "이 지역 정치인들 사이에는 정치적 견해가 다른 사람들이라도 마주 앉아 식사를 해야 한다는 관행이 있습니다."

"그거 괜찮은데요." 내가 말했다.

그녀는 입가에 언뜻 비웃음 어린 표정을 지으며 나를 곁눈질로 흘낏 보면서 말했다. "오늘 처음으로 그 관행을 실천해 봤는데 영 어색하네요."

주변을 둘러보니 저편에 기민당원들이 진을 치고 앉아 있었다. 그녀는 하인츠와 나 사이에 자리를 잡았다. 하인츠는 그녀로부터 좌파 이념에 철저하지 못하다는 비판을 들었다면서 그녀를 내게 정식으로 소개했다. "우리는 늘 싸우지만 화해하는 법도 잘 알고 있답니다."

경영계 인사를 만나다

하인츠는 독일 경영자들과의 만남을 주선해 주지 않았고, 나도 별로 개의치 않았다. 사실 『파이낸셜 타임스』나 『이코노미스트』 등을 읽으면 그들이 언제 어디서 무슨 말을 했는지 충분히 알 수 있다. 또 하인츠 등의 '사회민주주의자'를 만나기도 바쁜 판국에 그 정반대편에 있는 인사를 만나러 가야 한다는 게 영 마뜩치 않다는 기분이 들기도 했다. 그러던 어느 날 미국상공회의소 베를린 지부 사람들과 칵테일 파티를 하는데 '멜라니'라는 경영 컨설턴트가 내가 경영자 쪽 이야기를 들을 의사가 없는 것을 보고 무척 화를 냈다. 그녀는 베를린 소재 어떤 은행의 부행장과 잘 아는 사이라면서 그와의 만남을 주선해 주었다. 결국 그다음 날 저녁 5시 30분으로 약속이 잡혔다. 나는 짙게 깔리기 시작한 어둠을 뚫고 '멘델손 은행'으로 서둘러 갔다. 분명히 프란지슈가(街) 49251번지라고 주소를 적어 두었는데, 족히 1킬로미터는 벗어난 것 같았다.

아! 이를 어쩌나. 너무 늦었네. 약속이 취소되면 멜라니가 불같이 화를 낼 텐데.

영화 〈카바레〉의 조엘 그레이처럼 생긴 지나가던 사람을 불러 세웠다.
"멘델손 은행이 어디 있는지 아세요?"

그는 해골처럼 보이는 얼굴로 말없이 웃었다. "아, 그 유태인 은행이요?"
"뭐라고요?"
"유태인 은행 말입니다. 저쪽 편에 있어요."

그의 말이 하도 성의가 없는 것 같아 일부러 반대편 방향으로 갔다. 길을 알려 주면 됐지, 왜 유태인을 들먹인담? 이번에는 추레한 옷차림으로 프레첼을 파는 사람에게 길을 물었다.

"잘 모르겠는데요. 전화를 걸지 그러세요?"
"전화기가 없는데요."
"내 것을 쓰세요." 그는 자기 휴대폰을 꺼내서 건네주었다.

걸인처럼 보였기 때문에 동전 몇 개를 꺼내 줘야 하는 것 아닌가 하는 생각이 들었다. 어쨌거나 은행에 전화를 걸고서야 주소가 49251이 아니라 49 to 51이라는 것을 깨달았다. 이런 젠장, 유럽인은 왜 이따위로 주소를 정하는 거야.

어두웠으나 은행 건물의 샹들리에는 휘황찬란하게 빛났다. 알고 보니 멘델손 은행은 비스마르크 시대부터 대부 업무를 주로 해 온 유서 깊은 은행이었다. 황금빛이 감도는 대기실에 앉아 있는 동안 비서가 차를 내왔다. "부행장 A 씨는 다른 일로 나가셨습니다. 대신에 Z 씨와 이야기를 나누지 않으시겠어요?"

거물급이 아닌 그 아래 사람과 이야기를 하게 되어 차라리 잘됐다는 생각이 들었다. 30대 초반쯤으로 보이는 무척 젊은 사람이 나왔다. 하긴 미국에서는 그 정도 나이면 대통령 선거에 출마할 수도 있으니까.

"대화 내용이 녹음되는 건가요?" 그가 다짜고짜 물었다.

깜짝 놀랐다. 나를 신문기자로 착각한 건가?

"아, 신경 쓰지 마세요. 저는 정치적인 사람은 아니에요. 실용적인 사람이지요."

피부가 보기 좋게 탄 Z는 대단히 활기차 보였다. 20대에는 스리랑카의 해변을 뻔질나게 드나들었을 것으로 짐작되었다.

당시 독일에는 세계 여러 나라가 독일산 고품질 제품을 더 이상 사지 않을 것이라는 우려가 널리 퍼져 있었다. 독일인은 자기네 물건이 계속 팔리는 것이 그냥 운이라고 생각했다. 미국인들이 하도 떠들어 댄 탓에 지식인이건 경영인이건 할 것 없이 많은 독일인들이 독일식 자본주의가 더 이상 작동하지 않을 것이라는 비관론에 빠져 있었다.

좌파 진영에서는 볼프강 슈트렉(Wolfgang Streeck)이 이런 견해를 담아서 「독일 자본주의는 존재하는가? 살아남을 수 있을까?(German Capitalism: Does It Exist? Can It Survive?)」라는 논문을 펴내 논란과 화제를 불러일으켰다. 그는 독일인에게는 새로 만들어 낼 제품이 없기 때문에 독일인의 투자 기회가 사라지는 중이라고 주장했다. 슈펭글러(Oswald Spengler)의 『서구의 몰락(The Decline of the West)』에서 말한 일이 현실화될 것이며 그것은 불가피하다고 했다.

Z도 이런 견해에 동조하는 것처럼 보였다.

"우리에게는 참신한 아이디어가 없어요! 그게 바로 독일의 문제입니다. 기발한 아이디어와 새로운 기업이 더 많이 필요합니다." 이어서 빌 게이츠, 마이크로소프트 등 첨단 기술을 보유한 기업 이야기를 할 것이라고 생각했다. 그러나 대단히 놀랍게도 그가 염두에 두고 있던 것은 리무진 택시 서비스였다.

"예를 하나 들어 볼게요." 그가 말을 이어갔다. "공항에 가려면 무엇을 타야 할까요?"

"기차를 탑니까?"

"택시를 탑니다. 왜 리무진 택시가 없는지 모르겠어요. 베를린은 아니더라도 프랑크푸르트에서는 대단히 수요가 많을 겁니다."

"왜 리무진 서비스가 없는 겁니까?" 내가 물었다.

"사람들 때문이죠. 이제는 모두 변해야 해요. 좀 더 자유롭고 개방적인 마음가짐을 가져야 합니다. 우리는 너무 시대에 뒤떨어졌어요. 아시겠지만 사람을 고용하려고 해도 한 가지 방법밖에 없어요."

그가 무슨 말을 하려는지 대충 짐작할 수 있었다. 자신을 고딕 성당을 짓는 도도한 석공으로 생각하지 말고 하인이 되는 법도 익혀야 한다는 것이리라. 그를 좀 더 압박해 보기로 했다. "독일에는 직업훈련이 너무 많다고 생각하지 않나요? 듀얼 트랙도 그렇고…."

그러나 Z는 내 함정에 별 신경을 쓰지 않았다. "아, 예, 그럴 수도 있지요. 사람들은 '내가 왜 거리 청소부가 되어야 하지?'라고 생각합니다."

나는 베를린의 택시 기사와 런던의 택시 기사에 대해 생각했다. 베를린의 택시 기사는 대학교에서 물리학을 전공했거나 그냥 자유로운 정신의 소유자일 가능성이 높았다. 베를린에서 택시를 탔을 때 택시 기사는 이렇게 말했다. "미국에서 오셨습니까? 나도 미국에 간 적이 있습니다. 그 왜… 당신네 '왕'을 보려고요."

허허. "엘비스 프레슬리를 보셨군요."

"아, 맞아요!"

반대로 런던의 택시 기사는 '현대적'이다. 런던에서 택시를 잡으면 "예, 손님." 하며 싹싹하게 맞이한다. 택시를 운전하는 동안에도 내가 멘델슨 은행에서 그랬듯이 뒷자리에 앉은 승객의 눈치를 보며 신경을 곤두세웠다.

Z에게 너무 딱딱한 주제의 대화만 강요하는 것 같아 걱정이 되었다. 그는 상당히 유쾌한 사람이었기 때문이다.

"어젯밤 사비니플라츠에 나가 봤어요. 화요일 밤에도 어떤 분위기인지 잘 알지요? 발 디딜 틈이 없더군요. 여기 상황이 그렇게 안 좋다면 왜 음식점마다 사람들로 미어터지는 걸까요?"

이렇게 질문하면 Z는 웃으며 말했다. "올바로 보셨네요! 노베르트 발터(Nobert Walter)라는 독일인 경제학자를 혹시 아세요? 그 사람이 언젠가 우리 은행원을 모아 놓고 '독일인은 늘 먹고살기가 점점 더 힘들어진다고 하지만 생활수준은 점점 더 높아진다.'는 말을 한 적이 있습니다." 그는 젊은이답게 독일이 통일되었다는 사실에 자부심을 느끼고 있었다. "통일이 되어 무척 좋습니다."(독일에 오고 나서 이런 말은 처음 들었다!) "경제적으로요? 물론 문제가 무척 많지요. 그러나 저는 통일된 게 좋아요."

처음 인사를 나눌 때 받았던 내 느낌을 말해 주었더니 그는 "아닙니다. 대단하기는요, 뭘."이라면서 고개를 가로저었다.

"그런데 베를린에서는 은행 일을 할 만한가요?"

"아니에요. 은행 일을 하기에 좋은 곳은 프랑크푸르트입니다!"

베를린 시내 곳곳에서 건축 자재를 들어 올리느라 분주한 크레인이 떠올랐다. "여기 베를린에서 진행되는 사업이 많지 않나요?"

"프랑크푸르트에서 다 결정된다고 보면 됩니다. 여기는 별것 아니에요. 프랑크푸르트에서는 밤늦게 시내에 나가도 음식점마다 사업 이야기를 나누는 사람 천지입니다."

그 순간 Z가 프랑크푸르트를 금융 투기(사실은 금융 도박)의 본거지인 런던이나 뉴욕과 같은 반열의 도시로 여길 수도 있겠다는 생각이 들었다. 프랑크푸르트가 금융의 중심지 지위를 잃었다는 것은 Z를 위해서나 독일을 위해서 다행이었다. 프랑크푸르트의 자리를 대신 꿰찬 런던이나 뉴욕이 공항으로 사람들을 실어 나르는 리무진으로 북적이다가 부풀 대로 부푼 금융 거품으로 고통받는 현재의 모습을 보니 더욱 그런 생각이 들었다.

그로부터 두 달 후 나는 미국으로 돌아왔고 본래 하던 일을 해야 했다. 독일마셜기금에 제출하기로 약속한 보고서를 쓰랴 밀린 일을 처리하랴 정말로 정신없었다. 하지만 자신감을 잃은 것 같았다. 독일에 갈 때만 해도 무엇을 보고 듣고 무슨 생각을 하게 될지 미리 알고 있었다. 그러나 막상 미국으로 돌아와 보니 보고서에 무엇을 써야 할지 막막하기만 했다. 독일에 있으면서 프랑크푸르트에서 출발해 본, 함부르크, 킬, 베를린으로 갔다가 다시 프랑크푸르트로 돌아간 다음 바트 오르프, 뮌헨, 그리고 암스테르담과 런던까지 들르는 힘든 여정을 소화했다. 옷 가방을 질질 끌며 이 호텔에서 저 호텔로 옮겨 다니는 고달픈 생활이었다. 그 사이에는 감기몸살을 호되게 앓으며 어두컴컴한 호텔 방 침대에 혼자 누워 죽은 듯이 잠에 빠져든 적도 있었다. 그러다 몸 안의 열을 이기지 못해 잠에서 깨어난 후 독일의 실업률에 관한 『파이낸셜 타임스』 기사를 읽고 실망하기도 했다.

  시카고로 돌아온 뒤 사무실에 들어가기가 겁이 났다. "용서해 줘." 사무실 사람들 모두에게 이렇게 말했다. 그 뒤로 4년 동안 휴가를 전혀 누리지 못했다. 미국으로 돌아온 후 나는 독일이 앞으로 나아갈 길이 어둡다는 것을 분명히 알게 되었다. 하지만 만약 사회민주주의가 없었다면 독일의 미래는 더욱 더 어두울 것이라는 사실 역시 똑똑히 깨달았다.

5

복지 개혁을 둘러싼 논쟁

그 사이 미국이 암울한 상황에 처하게 되었다. 무엇보다 부시 대 고어의 대통령 선거 후유증이라는 악몽이 있었다. 미국은 더 이상 민주주의 국가가 아닌 것처럼 보였다. 부유층에게는 감세 혜택을 베풀어 주었지만, 빈민층에게는 페이데이론(payday loan)*이라는 초고금리 대출 폭탄을 안겨 주었다. 매일 카페에 가서 『파이낸셜 타임스』를 읽으며 독일이 잘되기를 응원했고, GDP가 조금이라도 올라가기를 빌었다. 점심 식사를 하는 30분 동안 '내가 독일로 가서 GDP를 끌어 올리는 데 일조해야 하는 것은 아닌가?'라고 생각한 게 한두 번이 아니었다. 1930년대 많은 좌파 지식인들이 마드리드에 가서 죽었던 것처럼 베를린에 가서 돈을 쓰는 게 내 의무라는 상념에 빠져들곤 했다.

* 월급날 갚기로 약속하고 돈을 빌리는 초고금리 소액 대출.

그래서 나는 다시 한 번 베를린으로 가는 꿈을 꾸기 시작했다. 그렇다. 반드시 베를린이어야 했다. 내가 진짜 게으르게, 영화〈클레르의 무릎〉에 등장하는 남자 제롬처럼 정말로 여유 부리며 한가롭게 지낸 유일한 장소였기 때문이다. 하지만 완벽한 여유와 한가로움을 누린다는 것은 말처럼 쉬운 일이 아니다. 나는 한가롭게 지내고 싶다면서도 동시에 일을 하고 싶어서 휴식 삼아 할 일을 찾아 움직였다. 그렇게 지내던 2001년의 어느 날 독일인 친구 하나가 내게 적어도 한두 달 동안은 베를린에 와서 강의하며 지낼 수 있을 것 같다는 말을 했다.

"내가 강의할 만한 게 뭐가 있을까요? 아는 게 없는데요."

"미국 노동법을 강의하면 되죠."

"영어로 강의해야 하잖아요. 영어로 진행하는 미국 노동법 강의를 들을 학생이 어디 있겠어요?"

"오히려 정반대입니다. 무엇보다도 영어로 진행되기 때문에 학생들이 강의를 들으려고 할 겁니다." 학생들은 록밴드 펄 잼(Pearl Jam)의 모국어로 진행되는 강의를 듣고 싶어 한다는 것이었다.

하지만 강의를 미리 준비해야 할 텐데. 보통 법률 강의는 세 시간 연속 수업인 경우가 다반사였다! 나는 무언가 할 일을 원하고, 할 일이 없는 삶이란 생각조차 하기 싫은 사람이다. 하지만 아무리 그래도 일의 양이 너무 많은 것 같았다. 그리고 누가 내 강의를 수강할까?

유럽 대학교에는 '모비 딕, 링컨, 동성애 소설의 기원' 같은 다양한 강좌가 있는 만큼 '유럽인이 반드시 알아야 하는 미국 노동법'이라는 제목으로 내 강의를 집어넣으면 될 것 같았다. 게다가 『파이낸셜 타임스』를 보면 독일에서는 '노사 합의'를 싫어하는 글로벌 대기업이 젊은 중간 관리자를 미국으로 보내 일찍부터 해고하는 법을 익히게 하는 일이 한창 유행이었다. 전후 상황을 헤아려 보았을 때 유럽의 좌파에게 미국의 진실을 알려 줄 기회라는 생각이 들었다. 이를테면 연리 400퍼센트의 이자를 갚아야 하는 처지에 몰리지 않는 한 가난한 사람들은 일을 하지 않을 것이라고 믿는 대단히 천박한 청교도적인 인간관이 미국에 횡행하고 있다는 사실 말이다. 물론 이런 내용으로만 일관하겠다는 심산은 아니었다. 그 반대의 사실도 강의 내용에 집어넣어 균형을 맞추고 싶었다.

어떻게 해서 풀브라이트재단에 2개월분의 연구비를 신청해 받았고 드디어 훔볼트대학교에서 강의하게 되었다. 독일행 비행기를 타러 오헤어 공항으로 가는 순간까지도 맡고 있던 소송을 해결하려고 애를 쓰며 증언 일자를 조정했다. 루프트한자 비행기에 오른 뒤에는 휴대폰을 꺼야 했다. 공항을 이륙하자 승무원이 독일 빵 브뢰첸(brötchen)을 가져왔고 내 마음은 이미 유럽에 있었다.

볼프강 슈트렉의 논문 「독일 자본주의는 존재하는가? 살아남을 수 있을까?」와 함께 1997년에 수집하고 작성한 자료를 간추려 가방 안에 담아 두었다. 베를린에 가면 시민들이 예전처럼 독일 모델을 놓고 토론을 벌일 것이라고 기대했기 때문이다.

그러나 내가 정작 기내에서 읽은 책은 재러드 다이아몬드의 베스트셀러 『총, 균, 쇠(Guns, Germs, and Steel)』였다. 베스트셀러는 사지 않는다는 원칙을 깨고 이 책은 사서 읽었다. 어떤 점에서는 유럽 모델과 미국 모델의 차이점을 다룬 책이었다. 다이아몬드에 따르면 인간은 오래전에 '수렵/유목' 방식과 '농경' 방식 중 하나를 골라야 하는 선택에 직면했다. 이 책을 읽으면서 깨달은 뜻밖의 사실은 수렵/유목 사회가 농경 사회보다 식사와 삶의 질이 더 나았다는 것이다. 그러면 왜 인간은 수렵/유목 모델을 버리고 농경 모델을 택했을까?

대답은 간단하다. 농경 모델은 생활수준이 낮아도 인구를 더 많이 부양하는 데 적합했기 때문이다. 고숙련 '사냥' 일자리를 만들어 내기는 하지만 충분하지 않은 수렵/유목 모델과는 달리 농경 모델은 많은 저숙련 일자리, 이를테면 맥도널드 파트타임 일자리 같은 것을 대량으로 만들어 냈다. 어떤 의미에서는 고숙련 수렵/유목 모델은 삶의 질을 높이는 데 치중한 반면 농경 모델은 보수가 낮은 일자리를 늘리는 데 중점을 두었다고 할 수 있다.

이런 일은 미국과 유럽의 논쟁에서 되풀이되는 것 같다. 유럽 모델은 수렵/유목 모델과 비슷하게 양질의 일자리를 만들어 내지만, 미국 모델은 농경 모델처럼 일자리의 질보다는 양을 강조한다고 할 수 있다. 그 결과 미국 모델은 삶의 수준을 높이지는 못해도 많은 사람을 부양할 수 있다.

나는 자다 깨다를 반복하면서 우리가 기원 전 1만 년 당시의 사람들이 직면했던 것과 같은 선택을 해야 하는 게 아닌가라는 생각을 했다.

나흘이나 쉬면 일은 언제 해?

공항에 도착한 뒤 쏜살같이 달리는 베를린행 기차를 탔다. 루프트한자 항공기 안에 있는 것 같았다. 시속 몇 킬로미터로 달리는지 가늠해 보았다. 180킬로미터, 190킬로미터. 마치 하늘을 나는 것 같았다. 힘차게 날개가 돌아가는 풍차가 눈에 띄었다. 사방은 온통 신록으로 물들어 있었다. 그러다 빠~앙 하는 경적과 함께 기차는 베를린에 도착했다.

기차에서 내리자마자 두 달 동안 번거롭게 가방을 들고 다니는 일 없이 맘 편히 묵을 IBZ 게스트 하우스 관리실로 전화를 걸었다. 훔볼트대학교에서 강의할 예정이었지만, 숙소인 IBZ 게스트 하우스는 베를린자유대학교에 있었다. "지금 어디 계신가요?" 게스트 하우스 직원이 물었다. "동물원역이라고요? 택시를 타셔야 할 겁니다." 금요일 오후 1시인데도 귀가를 서두르는 사람들로 길거리는 복잡했다. 베를린에서는 금요일에 5시까지 근무하지 않고 일찍 퇴근하는 사람들이 많다는 얘기가 맞는 듯했다. 관리인은 열쇠는 하나밖에 필요하지 않다고 했다. 그 열쇠로 현관문, 다른 두 사람과 함께 사용하는 거실의 문, 나 혼자 사용하는 작은 침실의 문을 모두 열 수 있었다. 역시 독일다워!

피로가 엄습해 왔지만 풀브라이트재단의 담당자에게 전화를 걸어 거처를 정했다는 사실을 전하고 앞으로 독일 모델을 논의하기 위해 여러 전문가들을 전화로 수소문할 예정이라고 이야기했다. 어쨌든 지난 4년간 끌어 온 마셜기금 보고서를 어떤 식으로든 마무리해야 했다. 전화 통화 말미에 나는 그 담당자에게 금요일 오후 2시밖에 안 되었는데도 일하는 사람이 아무도 없다고 투덜댔다. "당연히 그렇지요. 선생님이 사회민주주의 국가에 있다는 증거입니다. 일하는 사람이 아무도 없을걸요."

"하지만 오늘 아무도 못 만나면 토요일, 일요일에는 기록할 게 없잖아요. 주말에 뭘 하죠?"

그는 잠시 침묵했다. "며칠 푹 쉬지 그러세요."

쉬라고? 물론 그의 말이 옳았다. 쉰다고 생각하니 조깅하고 싶은 욕구가 불쑥 치솟았다. 아무튼 지나가는 사람이라도 만나고 싶었다. 문득 미국에서 내게 독일어를 가르쳐 주었던 한국계 독일인 가정교사가 이런 것에 대해 불평을 늘어놓던 일이 생각났다. 그녀는 일회용 우정을 쌓으려고 하는 미국인의 태도에 몹시 비판적이었다.

"미국인은 낯선 사람을 만나도 일정 수준까지는 대단히 빨리 친해져요. 처음에는 흉허물을 다 털어놓을 것처럼 친하게 굽니다. 그러나 시간이 지나면 원래대로 되돌아가 어떤 경계선을 그으려고 해요."

"그러면 독일인이 사귀는 방식은 다른가요?" 내가 물었다.

"예, 독일에서는 경계선이 있음을 인정하는 데서 출발해요. 그렇게 지내며 자주 만나다 보면 경계선이 사라지고 좀 더 깊게 사귈 수 있습니다."

그러면서 독일인은 예컨대 경제나 역사 같은 주제로 이야기하기를 즐긴다는 점에서도 미국인과 사뭇 다르다는 말을 덧붙였다. "미국의 대학교에서는 어떤 과목을 전반적으로 다룹니다. 하지만 한 번 다루는 데서 그쳐요. 만약 당신이 누군가와 역사의 어느 한 시대에 관해서 이야기한다면 그 사람은 '오, 그건 내가 열아홉 살 때 다 배운 것이네요.'라면서 흥미를 잃을 겁니다. 그러나 독일에서는 전혀 달라요. 평생 동일한 주제를 갖고 이야기하는 일이 흔해요. 당연히 세월이 흐를수록 이야기 수준이 달라집니다. 깊이도 점점 더해 가기 마련이고요."

나도 유럽인을 깊게 사귀고 싶었지만 우리 미국인에게는 시간이 너무 부족하다. 그래서 전형적인 유럽인 여섯 명을 만나 뒤를 쫓아다니며 그들이 무엇을 생각하고 무슨 행동을 하는지 시시콜콜 적어 두고 싶었다. 독일에 도착한 그 주말에 V 부부를 방문하여 그 얘기를 했더니 V의 아내 A는 얼굴을 찡그리며 "어떤 사람이 전형적인 유럽인이라고 생각하세요? 그런 사람이 과연 있을까요?"라고 되물었다.

그 말이 옳았다. 요슈카 피셔? 교황 베네딕토 16세? 전형적인 유럽인을 찾다니 우스운 짓이었다. 한 사람에 대한 책도 전기 작가(보통 기자 출신)가 근 3~4년을 따라다니며 자료를 수집하고 글을 쓴다. 만약 내게 기회가 주어진다 해도 누군가의 삶을 그런 식으로 기록할 용기는 없다. 하지만 내가 유럽에서 어떻게 지냈는지는 말해 줄 수 있다.

어쨌거나 나는 일종의 유럽인이었다. 비록 두 달 간의 임시직에 불과했지만 일자리도 있겠다. 유럽인 두 명과도 함께 생활하겠다. 이 정도면 명실상부한 유럽인이라고 생각했다. 함께 지내는 두 명의 유럽인 과학도는 늘 내가 일어나기 두세 시간 전이면 숙소를 떠나 밤늦게 돌아왔다. 우리 세 사람은 비누를 따로 사용했는데, 그게 없었더라면 두 사람이 나와 함께 산다는 사실조차 잊었을 것이다.

  IBZ 게스트 하우스에는 다양한 사람들이 모여 있었다. 자녀를 데리고 사는 대학원생 부부도 있었다. 하지만 늘 무덤 속처럼 조용했고 아이 소리는 한 번도 듣지 못했다. 아침 8시쯤이면 밖에 나가 바나나를 샀다. 10시에서 10시 반 사이에 로스쿨의 연구실로 출근했는데, 오후 2시까지는 내 비서 클레이를 제외하면 아무도 없어서 학교는 마치 유령선 같았다. 하지만 오후 2시를 넘어서면 어디선가 학생들이 쏟아져 나오기 시작해서 저녁 8시까지 캠퍼스 안은 수업을 마친 후 왁자지껄 떠드는 학생들 소리로 가득 찼다.

  나는 거의 매일 시간을 정해 놓고 터키인 노점상에게 과일과 채소를 사는 등 일상생활을 꾸려 나갔다. 나이를 먹고서 혼잣말로 이렇게 중얼거리는 것도 그런대로 재미있었다.

  유연해지자.

  유연해져야 산다.

  동시에 이런 말도 했다.

  진득하니 눌러 있자.

  진득하니 한 곳에 있어 보자.

  이번에는 돌아다니지 말고 유럽인이 내게 다가오도록 해 보자.

  IBZ 게스트 하우스는 옛날 서베를린의 중산층 거주지 빌머스도르프 인근에 있었다. 저녁나절이면 근처에 살던 L의 집에 자주 놀러갔는데, 밤

10시쯤 게스트 하우스로 돌아올 무렵이면 바람막이 점퍼 차림의 중년 부부들이 그 일대 음식점으로 몰려들어 저녁 식사를 하는 모습이 눈에 띄었다. 주말이면 모르되 주중인 화요일이나 수요일에도 그랬다. 누가 알겠는가? 직장평의회의 누군가가 회사와 협상을 잘한 덕분에 이들이 부부 동반으로 오페라를 관람하고 오붓한 시간을 보내는 것인지. 물론 나도 로스쿨에서 그런 저녁 식사가 있으리라고 기대했다. 어떤 여교수가 밤 10시에 시작하는 교직원 만찬에 참석했다고 이야기해 주었기 때문이다. 그러나 여기 빌머스도르프에서 한가롭게 산책하다 밤 10시에 저녁 식사를 하는 사람들은 평범한 일반 시민이었다.

베를린에서 지내는 두 달 동안 무엇보다 놀라웠던 것은 4일 연휴가 여러 차례 있었다는 점이다. 연휴가 끼면 주말이 사흘로 늘어날 수는 있다지만 무려 나흘이었다. 여름휴가 기간도 아닌 4월과 5월에. 그것도 서너 차례나! 미국으로 돌아온 후 어느 점심 식사 자리에서 그 이야기를 가볍게 꺼낸 적이 있다.

"독일에서는 나흘을 연속으로 쉬는 일이 많더군요."

"그럴 리가요."

"하나씩 꼽아 볼까요? 먼저 부활절 전후로 나흘간 쉬었습니다. 금요일, 토요일, 일요일, 그리고 월요일, 이렇게요."

"그다음은요?"

"노동절이 화요일이었는데 월요일을 쉬더라고요. 샌드위치 휴일이라서."

"또 언제였나요?"

"음, 그리스도승천일이 목요일이었습니다. 이 날이 휴일이라는 말 들어 본 적 있나요? 독일에서는 그때 중간에 낀 금요일도 쉬더라고요."

"또 다른 날은요?"

"성령강림절(Pentecost)도 휴일이더라고요. 베를린에서는 이 날을 그리 중요하게 여기지 않는 편입니다. 그래서 기억이 약간 애매하지만 그 전후로 나흘간 쉬었던 것 같아요."

이것은 진정한 문명의 충돌이었다. '기독교 미국'에서는 교회에 꼬박꼬박 다니는 사람들조차 일요일에 직장에 나가거나 장사를 하는 경우가 많다. 반면에 '탈기독교 유럽'에서는 주중의 그리스도승천일을 휴무일로 처리한다. 그게 그리 대단한 것이냐고?

어느 날 저녁 포츠담의 V를 방문했다. 베를린으로 돌아올 때 러시아워를 피하기 위해 차 한잔 마시며 여유를 부렸다. 저녁 7시쯤 아우토반에 진입했는데, 운전하던 V가 몹시 놀랐다. "어? 화요일인데도 차가 이렇게 많다니! 왜 이러지? 알 수가 없네. 오늘이 무슨 날이라도 되나?" 바로 그 순간 그는 퍼뜩 깨달았다. "그렇지! 그리스도승천일이 목요일이지!"

"뭐라고요? 하지만 오늘은 화요일이잖아요. 무슨 상관이 있나요?"

"중간에 낀 금요일도 쉬니까 수요일에 휴가를 내는 경우가 많아요. 아예 닷새를 쉬는 거지요. 그러니 화요일 밤 아우토반이 꽉 막힐 수밖에요."

기가 막혀 웃는가? 나 같은 미국인에게 이렇게 나흘씩 연달아 쉬는 것은 마치 지하 무덤에 갇히는 것 같았다. 수백 년 전 사람들이 산 채로 매장당하는 것을 두려워했듯이 나 역시 나흘 동안 이어지는 휴일을 두려워하게 되었다. 먹을 것, 마실 것 하나 없이 대학교 안에 갇히는 불상사를 겪은 다음부터는 더 그랬다. 여성 경비원들이 내가 늦게까지 남아 있는 데 대한 벌로 그랬는지, 아니면 실수로 그랬는지는 몰라도 밤에 나를 가둬 놓은 채 퇴근한 것이다. 나는 졸지에 죄수 신세가 되고 말았다.

티어가르텐으로 조깅하러 갔다 왔을 때에는 거꾸로 건물이 잠겨 안으로 들어가지 못하기도 했다. 어느 토요일 오후 5시쯤 연구실에서 빠져나와 조깅을 했다. 운터덴린덴 대로를 따라 달렸다. 제국의회 의사당을 지날 때에는 배낭여행자들이 그 옥상 위에서 서로 껴안고 하늘의 별을 쳐다보는 광경이 눈에 띄었다. 브란덴부르크 문을 지나면서는 검은색 옷차림의 젊은이들이 북을 치며 체르노빌 희생자를 기리는 모습을 보았다. 턱밑까지 차오르는 숨을 가쁘게 내쉬며 그 옛날 프로이센 제국의 황제가 여우 사냥을 했고 지금은 요슈카 피셔가 두 명의 경호원을 대동하고 조깅하러 즐겨 찾는 브란덴부르크 문 주변의 숲을 한 바퀴 돌았다. 이 맛에 베를린에서 조깅을 하는 거지!

연구실로 되돌아와 보니 문이 잠겨 있었다. 문을 쾅쾅 두들겼다. "내 옷이 안에 있다고요!"

옷을 갈아입은 다음 B를 만나 저녁 식사를 할 예정이라 나는 그만 착란 일보직전의 상태에 빠지고 말았다. 먼저 경비원을 찾느라 대학교 구내를 돌아다니며 난리를 피웠다. 막상 찾아내고 나니 그다음이 문제였다. 그들은 영어를 할 줄 몰라 칼 마르크스 흉상 옆에서 우두커니 팔짱을 낀 채 나를 바라보기만 했고, 짧은 반바지 차림의 나는 서툰 독일어로 신분증이 없지만 제발 문을 열어 들여보내 달라고 애걸복걸했다. "저는 미국인입니다. 연구실로 들어가게 해 주세요."

약속 시간에 늦게 도착해서 B에게 사정을 설명했다. 이야기를 다 듣고 난 후 B는 뭔가 이상하다는 듯 고개를 갸웃거렸다. "이해할 수 없네요."

"뭐가 말입니까?"

"연구실에 있었다니 혹시 오늘도 일하셨어요? 휴일인데."

하마터면 "여기는 거의 매일 휴일이잖아요. 쉬다 보면 언제 일하나요?"라고 말할 뻔했다. 미국에 있을 때에 비하면 여기서는 정말 할 일이 별로 없었지만, 나는 단지 시카고에서 하던 대로 했을 뿐이었다. 하지만

B의 말을 반박하지 않고 얼굴만 붉혔다.

'그래, 오늘은 휴일이야. 유럽은 아무 죄 없어.'

문명의 충돌

문명의 충돌은 그것만이 아니었다. 이제 '유럽인'이 된 나는 혼자 생활하면서 잡다한 일을 처리해야 했기 때문에 여유 시간이 필요했다.

일례로 빨래를 해야 했는데 IBZ 게스트 하우스에서는 세탁실이 오전 10시에서 12시까지 단 두 시간만 열려 있었던지라 빨래를 하려면 출근하지 않고 대기해야 했다. 결국 그 시간을 놓쳐 세탁소에 맡겼더니 주인 여자는 '이 간단한 것을 빨아 입지 않고 맡기느냐.'는 무언의 질책이 담긴 표정으로 내 얼굴을 뜯어보았다. 세탁소에 들를 때마다 혹시나 이런 거 하나 빨아서 입지 못하느냐고 꾸짖으며 도로 가져가라고 던지지 않을까 무척 신경이 쓰였다. 그 세탁소는 미국 관광객이 자주 찾는 프리드리히가에 있어 미국인에게 이골이 날 법했건만 늘 그랬다. 결국 나는 신자유주의의 때가 덜 탄 그 도시에서 세탁소에 와이셔츠 맡기기를 포기했다.

베를린의 대표적 싱크탱크인 독일경제연구소(DIW)의 한 경제학자(편의상 L이라고 부르기로 하자)에게 이런 경험을 털어놓았다. 그녀는 "아, 그러셨어요. 지금도 그런 사람이 있군요. 그런 소소한 일은 자기 스스로 해야 한다는 분위기가 독일에는 여전히 남아 있어요."라고 나를 달랬다.

독일의 세탁소는 실제로 다 그런 모양이었다. 그 후 내 와이셔츠를 세탁하고 다림질까지 곱게 해 줄 세탁소를 알아내기는 했으나 거기서는 세탁을 맡긴 뒤 사흘 후에나 찾으러 오라고 했다.

L은 동료 학자의 이야기를 들려주었다. 그 동료는 집이나 사무실에서 세탁물을 받아다가 세탁과 다림질을 한 후 도로 배달해 주는 일괄 세탁 서비스 사업에 관한 논문을 쓰기 위해 직접 세탁소를 차려 운영했다. "그 사람은 세탁물 수거 및 배달 비용으로 30마르크를 책정했습니다. 얼마 안 되는 돈이지요." 그러나 그 사업은 완전히 실패했다. "논문의 분석에 따르면 수요가 없다는 게 실패의 원인이었어요."

가사 도우미는 어떨까? 나는 시카고에서 한 달에 두 번 가사 도우미를 불러 집안 청소를 맡긴다. "가사 도우미를 부른다고요? 대부분의 독일인은 그걸 중대한 사생활 침해라고 여길걸요."

"그냥 들어와서 일만 하는 거잖아요." 내가 의아한 표정으로 말했다.

L은 인상을 쓰며 "아니 선생님은 낯선 사람이 집에 들락거려도 괜찮습니까?"라고 되물었다.

불쌍한 월마트 이야기를 해 보자. 월마트는 야심차게 독일 지점을 열었으나 토종 슈퍼 체인점인 알디(Aldi)를 이기지 못했다. 그 이유 중의 하나가 고객이 구입한 물건을 봉투에 담아 주는 직원을 계산대마다 대기시켜 놓았다는 점이다. 월마트에 들른 독일인은 문화적 충격을 받았다. 고객을 섬긴답시고 하인처럼 굽실거리며 물건을 담는 직원에게 거부감을 느꼈다. 결국 독일인은 너나 할 것 없이 월마트로 향하는 발길을 돌려 종전처럼 알디로 갔다. '하인'의 손을 빌리지 않고 물건을 산 사람이 직접 봉투에 담는 게 더 편해서였다.

미국에는 온갖 도우미가 활동하고 있어서 일하다 말고 잠시 짬을 내 집안일을 하러 집에 갈 필요가 없다. 유럽인이 하던 일을 멈추고 개인적인 일을 처리하는 모습을 옆에서 지켜보노라면 미국에서 산다는 게 참 삭막하게 느껴지기도 했다. '잠시 짬을 내는 것'만으로는 충분하지 않다. 사회 안전망 속에서 그럴 수 있어야 한다는 생각이 떠올랐다.

L은 미국에서 유학했고 따라서 미국인 친구도 적지 않았다. 또 미국에 상당한 호감을 보였다. 경제학자의 전형이라고 할 만한 사람이었다. 미국과 유럽을 모두 알 만큼 아는 데다 합리적 사고를 최우선으로 하는 그녀는 어디를 더 살기 좋은 곳으로 생각할까?

처음에 L은 "미국과 유럽 모두 나름의 장점이 있지요."라는 식으로 조심스럽게 말했다. 하지만 누르고 누르던 본심을 결국에는 드러냈다.

"아마, 음, 아무래도 저는 독일인이니까, 음, 저로서는 독일이 더 살기 좋은 곳이라고 생각해요."

"왜요?"

"어느 곳이 더 잘 사느냐의 문제라기보다는 더 안정적으로 사느냐의 문제인 것 같습니다. 영국에 사는 친구한테 가 봤더니 만나는 사람마다 모기지론, 집을 싸게 사는 방법, 집값 상승 전망 등등 돈 문제만 이야기하더라고요. 그래요. 언뜻 봐서는 영국인이 독일인보다 돈도 많이 벌고 잘 사는 것 같았습니다. 하지만 돈 벌어 저축해 놓으면 뭐하겠어요. 영국처럼 부동산 투자가 활발한 나라에서는 조만간 인플레이션이 발생해 벌어 놓은 것을 다 까먹고 말 텐데요. 모든 에너지를 돈에만 쏟아붓는 나라, 그런 나라에서는 안정적인 삶을 누릴 수 없는 법이에요. 여기 독일에서는 그런 것에서 자유롭기 때문에 살면서 그럴 에너지를…."

그녀는 이 대목에서 온몸에 기를 불어넣으려는 듯 숨을 깊게 들이마셨다가 "내 모든 에너지를 어떤 것에 맘껏 쏟고 싶어요."라고 말하며 길게 숨을 내쉬었다.

대놓고 말하지는 않았지만 L은 죽어라 일만 하는 미국인과 영국인이 못마땅한 듯했다. 왜 미국인과 영국인은 여유를 갖지 못하는가? 왜 날이면 날마다 돈 걱정만 하면서 불안정한 자유시장경제에 스스로를 옭아매고 있는가? 일만 하느라 생각할 시간이 없어서 그런가? 이런 식의 의문을 품고 있다는 게 여실히 읽혔다.

나는 그녀를 떠보았다. "독일은 사회 안전망이 훌륭하잖아요. 연금이 근로소득의 67퍼센트나 되고, 55세가 넘으면 평일 대낮에도 골프화를 신고 18홀 중 9홀 정도는 가볍게 돌 수 있고요. 하지만 연금을 납부하는 노동자 수가 지금처럼 감소하면 연금 시스템이 무너질 가능성이 있지 않을까요? 최소한 젊은 노동자들이 부담해야 할 연금이 너무 과할 것 같은데요."

그녀는 가소롭다는 표정을 지으며 응수를 했다. "그래요. 문제가 있을 수도 있습니다. 그러나 연금 시스템이 무너진다는 건 지나친 생각입니다. 앞으로 예상되는 문제점은 기술적인 것이지 '근본적인' 게 결코 아닙니다. 현재 왕성하게 경제활동을 하는 세대가 늙어 가는 30년 동안 분명 문제점이 나타나기는 할 겁니다. 하지만 그 이후에는 별 문제가 없을 거예요."

30년? 아 그래, 독일은 '30년 전쟁'*을 겪었지. "당신이 앞으로 30년을 더 살 수는 없을 것 같은데."라는 말이 튀어나오려는 것을 꾹 참았다.

그 대신에 "독일인이 미국인보다 신문이나 책을 더 많이 읽는다고 생각하나요?"라고 물었다.

"예." 그녀가 짧게 대답했다.

"그것을 어떻게 알죠?"

"미국에 있는 친구들을 보면 그럴 시간을 못내는 것 같더군요."

맞다. 자료에 바탕을 둔 대화의 필요성을 느끼지 못하는 미국인으로서는 책이나 신문을 읽지 않는 게 논리에 맞다. 아, 내가 여기 유럽인처럼 일할 수 있다면 모든 에너지를 독서하는 데 쏟아부을 텐데.

'미션 임파서블'

나만의 개인적인 문명의 충돌은 강의 시간에 겪었다. 강의 시간 이외에는 그 어떤 '충돌'도 겪은 적이 없다. 훔볼트대학교는 옛날에는 궁전이었고, 나치가 책을 불태운 장소였으며, 지금은 강의실 밖에서 여기저기 널브러져 일광욕을 하는 젊은 학생을 노려보는 칼 마르크스의 흉상이 세워져 있는 곳이기도 하다. 그 외에는 미국의 여느 대학교처럼 보였다. 적어도 공용 PC실(PC pool)은 더 그렇게 보였다. 연구실의 PC가 작동을 멈추

* 1618년부터 1648년까지 독일에서 벌어진 신교와 구교의 종교 전쟁.

면 나는 공용 PC실에 가 있곤 했다. 거기가 단어 뜻 그대로 'PC 수영장(pool)'이었다면 그곳에 있던 네 명의 학생은 인명 구조원이었던 셈이다. 컴퓨터에 서툰 나를 성의껏 도와준 그들이야말로 내 앞에서 살아 움직이는 빌 게이츠였다. 나는 그들과 문명의 충돌을 겪지 않았다. 어느 순간 그들이 독일인에서 미국인으로 탈바꿈했다고 믿었으니까.

문득 미국 생각이 나서 '미국식'으로 장난을 치고 싶었다. 예를 들어 이렇게.

"잠깐 이리로 와 보게. 자네들 시애틀에서 왔지? 내 앞에서는 독일인 척하지 말아 줘."

"무슨 말씀을. 우리는 독일인입니다."

"그래요. 미국인이 아닙니다."

"확실해요."

"시카고 컵스가 어제 이겼나, 졌나? 모르는 척하지 말고 솔직히 말해 주게."

"아이고, 이런. 그런 건 몰라요."

물론 그들도 다른 독일인들과 문명의 충돌을 겪고 있으리라.

한번은 농담으로 "마이크로소프트 '워드'와 마이크로소프트 '붜드'의 차이점을 여기 학생들에게 어떻게 설명할 건가?"라고 물었다. 영어의 'W'가 독일어에서는 'V'로 발음된다는 것을 이용한 썰렁한 농담이었다. 나도 대학교 신입생 시절 막스 베버(Max Weber)의 발음 때문에 무척 헷갈렸다. 바비큐 그릴로 널리 사용되는 '웨버 그릴(Weber grill)'처럼 평상시 읽을 때에는 '막스 웨버'로 읽었으나 수업 시간에 교수들은 '막스 베버'에 대해서 강의했기 때문이다.

나는 농담이었지만 학생들은 진지했다. "선생님은 재미있다고 생각하실지 모르지만 우리한테는 골치 아픈 문제입니다."

 오래전인 2001년의 일이다. 이제는 '워드'나 '붜드'의 발음이 큰 문제가 될 수 있다는 게 믿기지 않는다. 베를린에 올 때마다 느끼지만 '워드'라고 발음하는 독일인이 점점 더 늘고 있다. 1993년 베를린에 처음 와서 미스터 소프티를 흉내 낸 트럭을 단 한 대 봤을 때만 해도 나는 독일인을 영어를 조금이라도 할 줄 아는 사람과 아예 한마디도 못하는 사람으로 나누어 생각했다. 지금은 거의 원어민 수준으로 영어를 구사하는 사람과 아직 그렇지 못한 사람으로 구분한다. 전 세계를 둘러봐도 이 경계선은 나날이 흐려지고 있다. 내 생각으로는 영어가 세계 공용어가 된 것은 지구 온난화나 아시아의 발흥보다 더 중대한 세계 차원의 일대 변화이다. 뭐라고 딱 꼬집어 말하기는 힘들지만 이 중요한 변화는 다음의 두 가지 이야기와 관련이 있는 것 같다.

 2001년 베를린에서 확실히 영어가 널리 사용된다는 것을 깨닫고 이 놀라움을 베를린에서 오래 산 나이 지긋한 미국인 여성(편의상 W라고 부르자)에게 털어놓았다. 그녀는 "1980년대 베를린에 처음 발을 디뎠을 때만 해도 미군 기지 주변 사람들 빼고는 영어를 할 줄 아는 사람이 아무도 없었어요. 유일하게 갈 만한 곳이라고는 오데온(Odeon) 극장뿐이었어요. 거기 가면 독일어로 더빙되지 않은 영화를 볼 수 있었으니까요."

 1989년 냉전이 끝나고도 W는 오데온에 꾸준히 갔지만, 미군이 철수한 다음에는 좌석이 텅텅 비었다. 그러다 어느 날부터 오데온에 사람들의 발길이 하나둘 이어지기 시작하더니 이제는 거의 미어터질 지경이 되었단다. 그사이 무슨 일이 일어난 것일까?

 이제 독일 젊은이들에게선 독일식 악센트를 찾아볼 수 없다. 그 대신에 어떤 '표정'이 있다. 적어도 한두 개의 외국어를 구사할 줄 아는 사람의 얼굴에 나타나는 표정 말이다. 물 흐르듯 영어를 구사하면서 '미국인'인 척할 수는 있어도 '미국인의 표정'과는 다르다. 훔볼트대학교에서 파티를 알리는 포스터나 파티하고 있는 학생들의 사진, 심지어 술에 찌든 젊은이의 사진에서조차 그런 표정을 볼 수 있다. 나는 술에 취한 얼굴이든 아니든 젊은이의 표정만 봐도 두 가지 이상의 언어를 구사할 줄 아는지 모르는지를 가려 낼 수 있다. 그래서 훔볼트대학교 안을 어슬렁거리다 보면 마치 미국, 특히 플래닛 할리우드에 있는 것 같은 착각이 들었다. 한 번도 가 본 적은 없지만 말이다.

강의를 할 때면 외국에 있다는 게 실감났다. 첫째, 내 강의를 듣는 학생들은 거의 다 영어를 할 줄 몰랐다. 하기야 영어를 배우고 싶다는 게 강의를 신청한 이유였으니까. A 교수가 "선생님 강의를 들으려는 유일한 이유는 영어로 진행된다는 점 때문입니다."라고 예상했던 게 맞은 셈이다. 우반을 타고 다닐 때 덩치 큰 남학생이 팔짱을 끼고 서 있는 사진 위에 '나도 월스트리트 영어를 할 줄 압니다.'라고 써 있는 광고판을 여러 번 봤다. 강의를 하며 문명의 충돌을 경험하기 이전의 일이었다. 아무튼 광고판을 통해서 젊은이들은 월스트리트 영어를 배우고 싶어 한다는 사실을 새삼 깨닫게 되었다.

둘째, 예상외로 수강생들 중에는 독일인이 한 명도 없었다. 다들 독일에 유학 온 대학원생이었다.

왜 독일인 로스쿨 학생은 내 강의를 듣지 않았을까? 변호사 시험에 합격하려고 미친 듯이 공부에 파고들기 때문이다. 독일의 변호사 시험은 미국처럼 사흘간 보는 게 아니라 6개월 동안 진이 빠지도록 봐야 한다. 그러니 제정신을 가진 로스쿨 학생이라면 변호사 시험에 결코 출제되지 않을 미국 노동법 강의를 듣느라 시간과 학점을 낭비하지 않을 것이다.

나 역시 미국에서라면 강의실이 미어터지겠지만, 독일에서는 별난 이 강좌에 학생이 많이 몰릴 것이라는 기대를 애당초 품지 않았다. 한 명은 너무 했고 둘이나 셋, 많아 봤자 다섯 명 정도로 예상했다.

B 교수는 상황을 살피러 왔다가 무려 열 명이나 수강한 것을 보고 놀랐다. "축하합니다." 그가 말했다.

"무슨 뜻입니까? 열 명밖에 없는데요."

"여기 교수들은 보통 학생을 열 명 데리고 강의하는 것을 좋아하거든요." 학생은 곧 여섯 명으로 줄었다.

내 강의를 듣는 학생은 도르트문트나 뒤셀도르프가 아니라 프랑스, 벨기에, 영국에서 왔다. 거기다 우즈베키스탄 사마르칸트 출신의 쌍둥이도 있었다. 이렇게 다양한 학생이 모이다 보니 진정한 의미의 문명의 충돌을 겪는 나날이 이어졌다. 강의를 진행하면서 태프트-하틀리법, 시민인권법, 종업원퇴직소득보장법 등도 간단히 짚어 본다는 게 내 계획이었지만, 첫날 '임의 고용'에 관해 강의를 할 때부터 분위기가 어수선해지면서 진도를 나가기가 힘들었다.

첫 번째 강의에서 나는 미국에서는 노동자가 언제든지, 그리고 어떤 이유에서든지 해고될 수 있고, 경우에 따라서는 아무런 이유가 없어도 해고될 수 있다는 것을 설명하려고 했다. "예를 들어 보겠습니다. 여러분이 사장이고, 나는 여러분 회사에서 29년간 근무했다고 합시다. 1년 후면 퇴직입니다. 어느 날 내가 노란색 넥타이를 매고 출근했어요. 여러분은 '당신 넥타이 색깔이 마음에 들지 않아. 당장 해고야.'라고 합니다. 미국에서는 그런 일이 얼마든지 가능합니다."

영화 〈400번의 구타〉의 주인공처럼 생긴 한 학생이 불어로 외쳤다. "어떻게 그런 일이 있을 수 있나요? 불가능합니다!"

"아니, 가능해요."

"불가능해요."

그다음 수업에서도 똑같은 질문에 부딪혔다. "그런 일이 어떻게 가능합니까?" 아무도 필기를 하지 않아서 내가 한 설명을 잊었던 모양이다. 그러다 내가 혹시 미국인을 괴물로 만들고 있는 것은 아닌가 하는 생각이 들어서 내용을 조금 바꿔 설명했다. "예, 분명히 미국인은 노동자를 아무 이유 없이, 아니면 넥타이 색깔 같은 것을 구실로 해고합니다. 예, 맞아요. 하지만 그런 일이 매일 일어나는 것은 아닙니다."

반응이 그리 나쁘지 않았다.

"보세요. 여러분이 기억해야 할 것은 미국인은 기본적으로 선량한 사람들이라는 사실입니다. 음, 정말 그래요. 미국도 괜찮은 나라입니다. 최고 수준의 문명을 자랑하지요. 내가 말하고 싶은 것은 법은 그렇게 되어 있어도 관습이라는 것도 존재한다는 겁니다. 그래서 실제로는 함께 일하던 사람을 막무가내로 자르는 일은 별로 없어요."

미국인은 서른 살이 될 때까지 직장을 평균 여섯 번 정도 옮긴다는 말은 당연히 하지 못했다. 그 후 내 강의 방향은 점점 더 빗나가기만 했다. 어쩌다 이 지경이 되었을까?

강의 막바지에 B 교수가 나타나 촌평을 했다. "대단히 훌륭한 강의였습니다." (학생들 사이에서 작은 박수 소리가 터져 나왔다.)

"와 주셔서 감사합니다." 내가 말했다.

"이런 내용의 강의를 기대했던 겁니다!"

그러나 내게는 고통스러운 일이었다. 강의는 5시에 시작되었는데 5월이어서 하늘은 마냥 푸르렀다. 대학교 밖 베를린 시내 곳곳에 널린 맥줏집에서는 맥주잔 부딪치는 소리가 요란할 게 분명했다. 하지만 나는 무채색의 강의실에서 분필가루가 공중에 날리는 것을 지켜볼 따름이었다.

마른기침을 했다. 학생들도 맥주 생각이 간절하다는 것을 알고 있었지만, 물 한잔 없이 강의를 진행하느라 숨 막혀 죽을 것만 같았다. 왜 미국 노동법은 이 아이들을 괴롭힐까? 때려치우고 싶은 마음이 굴뚝같았다. 아니야, 그래도 그 덕분에 유럽에 오게 된 것이잖아.

매주 수요일 5시부터 8시까지 세 시간 동안 강의를 해야 했다. 6시 무렵이면 벌써 지치기 일쑤였지만 어떻게든 아직 햇살이 남아 있던 8시까지 버텼다. 강의가 끝난 후에는 베를린 시내를 달렸다.

아! 베를린은 한마디로 숲의 도시였다.

런던과 파리의 공원도 아름답지만, 베를린은 특히 나무가 우거진 자연 그대로의 공원이 돋보였다. 살아 숨 쉬는 나무의 수도라 해도 과언이 아니었다. 나는 숨을 헐떡이며 나무들 사이를 달렸다. 중심가인 미테에서는 요슈카 피셔가 경호원을 거느리고 조깅하는 모습을 볼 수 있었고 그보다 더 외곽에서는 사슴뿔로 장식된 사냥꾼용 오두막도 눈에 띄었다. 거기서는 심심찮게 남의 눈에 띨 새라 몰래 숨어서 데이트하는 남녀를 스쳐 달리기도 했다.(프랑스에서는 남녀가 숨어서 데이트하는 일이 없다.)

아, 교수직이 내게는 맞지 않는 듯했다. 미국에서 그토록 그리던 유럽식 일자리였는데. 유럽에서 태어났다면 나는 남을 가르치는 일은 꿈조차 꾸지 않은 채 정반대의 일을 했을 것이다. 그러다 왜 미국에서는 대학 강의가 '밤'에 하는 부가물 정도로 치부되는 파트타임 일인지, 즉 강의를 듣는 학생의 절반쯤은 조느라 바쁜 '야간' 강의가 성행하는지 도저히 이해할 수 없다는 생각이 들었다. 아마 일을 두 개 정도는 해야 유럽식 삶의 뒤꽁무니라도 쫓아갈 수 있기 때문일 거야.

진정한 유럽식 삶을 살 수 있다면 나는 풍차를 관리하는 일과 같은 무

언가 색다른 일을 하고 싶다. 빅토리아 시대의 소설을 한 아름 싸 갖고 들어가 처박혀 읽기에 딱 좋은 일자리 아니겠는가? 맨섬(Isle of Man)의 등대에서 고독하게 지내는 노인들처럼 말이다.

남에게 강의하는 일은 썩 내키지 않았으나 유럽에서 학생으로 살아가기는 무척 좋을 것 같았다. B 교수에게 물었다. "학생들에게 필독서 목록을 나눠 줘야 합니까?"

"아니요. 그저 강의만 잘 하시면 됩니다. 필독서 같은 것은 없어요."

"그럼 시험은요?"

"시험을 칠 필요도 없어요."

"리포트로 대체해야 하나요?"

"리포트도 필요 없습니다."

"그래도 학점을 주나요?"

"아, 당연히 학점이 인정되지요."

제기랄! 미국에서 태어났다는 게 정말로 억울했다. 여기 유럽에서 태어났더라면 책 한 권 읽지 않은 채 강의실에 앉아 있다가 심심할 때면 손을 들고 "어떻게 그런 일이 있을 수 있나요?"라고 질문을 퍼붓다가 졸업할 수도 있었을 텐데. 그러다가 내가 대학교에 다니던 1960년대에 학생 소요 사태와 베트남전으로 인해 2, 3학년 때 시험이 취소됐던 일이 기억났다.

하지만 아무리 그래도 리포트도 없고 시험도 없는 분위기 속에서 묵묵히 교수직을 수행한다는 것은 쉽지 않을 듯했다.

변호사 시험과 숙련 노동자

어느 날 밤늦은 시간까지 연구실 책상 앞에 까마귀처럼 웅크리고 앉아 있는데 노크 소리가 들리더니 한 여학생이 빼죽 머리를 들이밀었다.

"누구를 찾아왔나요?" 내가 물었다.

그녀는 얼굴을 살짝 붉혔다. "C 교수님을 뵈러 왔는데요. 그 선생님 조교예요."

"그래요? 3개월 안식 휴가를 받으셨는데요. 9월이나 되어야 돌아오실 겁니다."

"아, 그래요?" 그녀는 약간 당황한 듯했다.

"그동안 조교 일을 하지 않았나 봐요."

"예, 맞아요." 그녀는 신음하듯 말했다. "정말 힘들었어요. 선생님도 독일의 변호사 시험이 어떤지 아시지요. 1월이 다 되어야 완전히 마무리될 겁니다." (그때가 4월이었다.)

"지금은 한창 시험을 치르는 중이에요."

그러면서 그녀는 끔찍한 진실을 알려 주었다. 앞에서도 말했지만, 겨우 사흘이면 끝나고 마는 미국의 변호사 시험과 달리 독일의 변호사 시험은 수개월 동안 치러진다. 합격률은 60퍼센트 정도라고 했다. 시험을 치를 기회는 단 두 번밖에 없다. 그래서 대학교를 다니면서 내내 죽어라 법률 공부만 파고들었다 해도 두 번 불합격하면 영원히 시험 칠 기회를 박탈당하고 만다. 생각만 해도 끔찍했다. 떨어진 사람은 남은 생을 어떻게 살아가야 할까? 미국에서는 변호사 시험보다 로스쿨 1학년을 마치기가 더 힘들다. 하지만 독일의 변호사 시험이 힘든 것에 비하면 그건 장난에 불과하다는 생각이 들었다. 상상해 보라. 미국에서처럼 1년만 잘 참고 버티면 되는 게 아니라 2년, 3년, 4년, 5년을 6개월 동안 치러지는 시험을 기다리며 죽도록 공부해야 하는 현실을! 게다가 그 중 절반 가까이는 떨어지고 만다!

"웃기는 일이야."『뉴욕 타임스』에서 일하는 친구 니나는 그렇게 말했다. "독일에서는 음식점 웨이터가 되려고 해도 2년 동안 도제 기간을 거쳐야 한다고." 그다음에 독일에 들렀을 때는 독일 국적을 미처 취득하지 못한 미국인에게 이런 이야기를 들었다. "여기서 자그마한 컴퓨터 가게를 내려고 했어요. 그런데 학위나 이력서가 아니라 성적증명서를 요구하더라고요!"

나는 C 교수의 조교에게 차라리 미국에서 변호사 시험을 치르는 게 어떠냐고 말할 뻔했다. 그런데 가만히 보니 그녀에게서 무언가 미국적인 분위기가 풍겼다. "영어를 대단히 잘하네요." (2001년에는 영어를 잘하는 사람이 드물어서 쉽게 눈치 챌 수 있었다.)

"뭐, 옛날에 잠깐 했지요. 하지만 지금 제 머릿속은 오로지 게레호트

(Gerecht) 생각으로 꽉 차 있어요." 게레흐트는 '법'에 해당하는 독일어이다. 그녀가 이 말을 발음하는데 꼭 침을 뱉는 소리처럼 들렸다. "아무튼 저는 캘리포니아의 라구나 비치에서 자랐어요."

"라구나 비치요? 캘리포니아?"

그녀는 라구나 비치 출신이었다. 〈베이워치(Baywatch)〉에 나오는 듯한 바닷가에서 자란 것이다. 아버지는 독일인인데 거기서 미국 문화학을 가르쳤단다. 그녀가 미국에 계속 있었다면 마케팅 등을 공부했을 것이고, 뭘 읽는다면 『레드 아이』 같은 무료 신문이나 읽었을 것이다.

나는 "그러면 유럽과 미국 중 어디가 더 살기 좋은 곳이라고 생각하나요?"라고 물었다. 미국이라는 씁쓸한 대답이 나오리라고 예상했다.

"아, 예. 가족이 여기에 살고 있고 제게는 가족이 대단히 소중하지만 아무래도 미국을 선택해야 할 것 같습니다." 그녀는 한숨을 쉬며 말을 이어 갔다. "여자인 제게는 미국이 더 나은 것 같아요. 미국에서 변호사가 된다면 파트타임으로 일을 해도 괜찮지만, 여기 유럽에서는 매일 10시간씩 일해야 하고 파트타임으로 일해서는 경력을 쌓기가 무척 힘들어요."

미국은 독일과 다르리라고 생각하는 듯했다.

그녀가 변호사가 되려고 쏟아붓는 긴 시간을 생각해 보라. 유럽인이 교육 개혁을 요구하는 이유를 알 만했다. 하지만 유럽인은 유럽이 미국처럼 되기를 원할까?

물론 유럽은 변하고 있다. 도제 제도가 사라지고 있으며 누구나 늘 이런 말을 듣는다. "우리 유럽인은 미국인처럼 변하고 있지요." 하지만 미국인이라면 이런 불평이 뭘 모르고 하는 말이라는 것을 알 수 있다. 소프트 스킬 교육, 경력 개념의 파괴라는 측면에서 미국은 유럽을 한참 앞서고 있다. 미국인은 어느 나라 국민보다 유연하고 적응 능력이 뛰어나며

팀워크를 이뤄 일하는 데 능하다. 사회학자 리처드 세넷(Richard Sennett)은 『신자유주의와 인간성의 파괴(The Corrosion of Character: The Personal Consequences of Work in the New Capitalism)』에서 이런 측면을 미국과 영국에서 등장한 '새로운' 자본주의하의 삶의 방식이라고 말한 바 있다.

법조계라고 해서 사정이 다르지 않다. 하버드대학교나 예일대학교의 로스쿨조차 졸업생이 변호사 개업을 할 것으로 기대하지 않는다. 다시 말해서 졸업생이 진정한 변호사가 되는 데 필요한 기술을 가르치지 않는다. 어쨌든 미국에서는 변호사라 해도 대여섯 번 이상 일자리를 바꿀 각오를 해야 한다. 소수의 변호사만이 자기 사무실을 운영할 뿐이다. 세넷이 보기에 일자리를 전전하는 것은 전통적 의미의 인간성, 달리 말하자면 자기 삶의 지배력을 파괴하는 것이다. 표지의 광고 문구를 보면 세넷의 책은 미국보다는 독일에서 더 높이 평가받았음을 알 수 있다. 독일인이 실제로 인간성 상실을 우려하기 때문이다. 그리고 독일에서는 아직도 노동자가 높은 지위를 누리고 있지만 독일인의 기준에서 보면 인간성을 잃어 가는 중이다. 나 같은 미국인의 기준에서 볼 때는 그토록 많은 사람들이 여전히 자신만의 기술을 갖고 스스로 통제하는 게 멋져 보이는데도 독일인은 그렇게 생각하지 않는 것이다.

이것은 변호사를 꿈꾸는 라구나 비치 출신의 그 젊은 아가씨에게 해당되는 이야기가 아니다. 독일 금속노동조합의 도제에게 해당하는 이야기이다. 독일에서는 한 직장에서 장기근속 하며 하나의 경력을 쌓는 등 한 가지 일에만 몰두해야 숙련 기술자가 될 수 있다. "독일인이야 언제나 그렇게 해 왔지, 뭐." 이렇게 말하기는 쉽다. 그러나 현재와 같이 숙련을 강조하는 시스템은 독일의 각 세대가 고심하며 선택한 것이다. 세넷에 따르면 미국에도 상대적으로 숙련이 강조되던 때가 있었다. 아서 밀러

(Arther Miller)의 희곡 『세일즈맨의 죽음(Death of a Salesman)』의 주인공 윌리 로먼(Willy Roman)을 보라. 세네트가 가장 골치 아픈 일이라고 한 '세일즈'에서도 윌리 로먼은 같은 일을 하는 가운데 해가 갈수록 제품에 대한 지식을 넓히고 판매 능력을 높여 나가면서 '경력'을 쌓았다. 중세 시대로 말하면 장인의 기술 같은 것을 익힌 셈이다.

나 같은 노동 변호사가 보기에 미국에서는 '팀'을 강조하지만 역설적으로 진정한 의미의 '팀'이 존재하지 않는다. 사람들은 같은 팀에 있어도 서로 성을 내며 적대적인 태도를 보이기 일쑤이다. 내가 관찰한 것에 비춰 볼 때 볼프강 슈트렉은 미국 모델과 독일 모델의 장단점을 잘 짚어 냈다. 미국 모델의 경우 기업은 권위주의적이고 비민주적이어서 의사 결정은 빠르지만 제대로 실천하기가 어렵다. 맨 밑에 있는 직원이 일에 열의를 보이지 않기 때문이다. 미국의 기업인은 이를 보완하기 위해 경영학을 전공한 신입사원에게 "팀플레이를 하라."고 역설한다. 신입 사원이 "여러분에게 권한을 드리겠습니다.", "여러분이 곧 사장입니다." 등의 말을 되풀이하는 자기계발 테이프를 듣기를 기대한다. 달리 말해서 회사가 시키는 대로 하라고 세뇌하는 것이다.

반면 노사공동결정제도와 직장평의회가 있는 독일에서는 의사 결정을 내리기가 무척 힘들다. 하지만 슈트렉이 지적했듯이 일단 의사 결정이 내려지면 실행에 옮기기는 참 쉽다. 두세 명의 유럽인에게서도 이와 비슷한 말을 들었다. "미국에서 뭔가를 제안하면 미국인은 '그렇게 합시다.'라고 말하지만 아무것도 바뀌지 않습니다. 반대로 여기 유럽에서는 뭔가를 제안하면 모두 '오, 그렇게 할 수 없을 거예요.'라고 하지만 시간이 지나면 어느새 그렇게 변해 있습니다."

미국을 닮아 가는 독일

변호사 시험을 준비하던 그 불쌍한 젊은 아가씨는 유럽에서 고생하는 것보다 차라리 라구나 비치로 되돌아가 미국 변호사가 되는 것이 더 낫겠다고 했는데, 나는 그 앞에서 한 직장에서 한 가지 일을 하며 숙련을 쌓는 이야기만 잔뜩 늘어놨다. 그 일을 생각하면 미안한 마음이 든다.

그런데 달리 생각하면 꺼림칙해할 필요가 없었다. 그 조교가 독일에 오지 않고 미국에 있었으면 윈드서핑을 즐기다 『레드 아이』 같은 시시껄렁한 신문이나 읽었을 것 아닌가? 미국 변호사가 되어 각종 소장을 제출하는 법을 익히느니 차라리 여기 독일에 있으면서 한 가지 기술을 배우는 게 더 나을 것이다.

뭐니 뭐니 해도 미국에 위협적인 것은 유럽의 강력한 제조업이니까. 혹시 누가 물을지 모르겠다. 그토록 제조업의 중요성을 강조하는 당신은 볼프스부르크에 가서 웅장한 폭스바겐 공장을 둘러보았느냐고 말이다. 처음에는 그럴 마음이 있었다. 그러나 볼프스부르크가 1930년대에 히틀러가 제3제국을 자랑하기 위해 만든 계획도시라는 사실을 알고 나서는 왠지 가기가 싫어졌.

그래서 그 대신에 언젠가 주중에 대형 서점 두스만(Dussmann)에 가서 실내 인공 폭포 아래에서 점심으로 오이 샌드위치를 먹은 다음 위로 올라와 런던에나 있을 법한 영어책을 쭉 둘러보았다. 폭포 아래에서 이런 생각을 했다. 정말 '평평한' 세계가 되면 독일의 GDP가 얼마나 높아질까? 독일인이 영어로 말하고 쓰고 노래까지 부른다면 어떻게 될까?

바이마르 공화국 시대만 해도 미국은 대량생산을 상징했고 유럽은 품질이나 기술을 상징했다. 그 당시 헨리 포드(Henry Ford)의 자서전 『나의 삶과 일(My Life and Work)』은 베스트셀러였다. 포드 자동차는 사실 미국 모델의 아바타였다. 물론 오늘날에는 그렇지 않다. 그와 마찬가지로 대량생산도 미국에만 유별나게 존재하는 것이 아니다. 오늘날 미국 경제는 대표적인 대기업이라고는 포드 자동차 하나만 있던 1920년대와는 비교가 안 될 정도로 규모가 커졌다. 전 세계를 호령하는 대기업만 해도 여럿이다. 디즈니(아니면 혹시 비아콤), 마이크로소프트(아니면 혹시 구글), 골드만삭스(아, 이것을 대신할 만한 것은 없다).

이들 대기업은 영어를 등에 업고 있다는 점에서 다른 나라의 대기업보다 경쟁력이 있다. 독일에서는 디즈니와 같은 기업이 나오기 힘들다. 미키 마우스처럼 전 세계적으로 알려진 캐릭터를 보유한 기업을 만들자는 아이디어는 아직 독일인에게 너무 낯설다. 워드가 되었든 뷔드가 되었든 독일 젊은이가 마이크로소프트 오피스 프로그램을 사용할 때마다 두 번 생각해야 하는 한 마이크로소프트를 따라잡기 힘들다. 독일의 프랑크푸르트는 한때 금융 중심지로서 명성을 떨쳤지만 이제는 런던과 뉴욕에 밀리는 처지이다.

현재 미국의 제일 강력한 무기는 대량생산이 아니라 영어라는 언어이다. 영어를 모국어로 사용하지 않는 탓에 유럽은 디즈니, 마이크로소프트, 골드만삭스에 비견되는 기업을 키우지 못한다. 그러나 이런 상황은 변화하는 중이다.

영어는 EU의 공식어이다. 프랑스인이 독일인에게, 또는 독일인이 프랑스인에게 말을 걸 때 영어를 사용하는 시대가 된 것이다. 홈볼트대학교에 있을 때 내 주변의 젊은이는 미국인 못지않게 유창한 영어를 구사했다. 이들과 같은 '유럽 사회민주주의자'가 2025년까지 영어를 모국어 수준으로 구사하게 된다면 제조업 분야는 물론 언어가 주된 역할을 하는 산업에서도 미국을 능가할지 모른다. 그러면 미국인은 어찌 해야 하는가? 지구 온난화가 심해지기를 바라자. 최소한 바나나를 수출해서 먹고 살 수는 있을 테니까.

독일에서 충격을 받았던 것 중의 하나가 기술 분야가 아니라 오페라, 음악, 연극 등의 예술 분야에 종사하는 사람들 수가 상상 이상으로 많다는 사실이었다. 신문과 방송 분야 종사자도 의외로 많았다. 보통 미국인이 문화라는 상품을 판매하는 데 일가견이 있다고 말하지만, 두 눈으로 직접 보고 나니 이 부분에서 독일인의 재능은 미국인보다 한 수 위인 것 같았다.

더구나 얼마 전만 해도 독일인 하면 무뚝뚝한 모습이 연상되기 일쑤였으나 지금은 옛날 이야기이다. 상냥하고 밝은 태도로 고객을 대하는 독일인의 수가 점점 늘어나고 있다. 그러고 보니 초기에 독일을 여행할 때 독일어로 된 카프카의 『심판』을 사려고 두스만에 들렀던 일이 기억난다. 책을 집어 들고 계산대로 가서 신용카드를 내밀었다. 여자 계산원은 마치 국경수비대원이라도 된 양 내 신용카드를 이리저리 뒤집으며 서명까지 찬찬이 훑어보더니 "신분증 있나요?"라고 물었다.

"뭐라고요? 나는 미국인인데요."

"그러면 여권을 보여 주세요."

"여권이 필요하다고요? 내가 사려는 책이 『심판』이 아니라 『성』이라고 잘못 안 것 아닌가요? 난데없이 여권이라니요?"

이렇게 말장난까지 했건만 그녀는 꿈쩍도 안 했다. 여차하면 경찰관이라도 부를 기세였다. 결국 그날 밤 나는 베를린의 어느 경찰서 유치장에 갇혀 있다가 내 신병을 인수하러 달려온 영사관 직원 옆에 앉아 "앞으로는 이런 일이 없을 겁니다."라고 말해야 했다.

하지만 이건 아주 오래 전의 일이다. 지금 베를린 사람들은 과거보다 한층 더 여유 있고 느긋해졌다. 『심판』 같은 책을 살 때 구동독식으로 여권을 보여 달라고 요구하지 않을 만큼 세련되었다.

다른 한편으로는 독일이 이렇게 변하는 게 안 좋을 수도 있다. 왜 그럴까? 독일인이 바짝 힘을 내 국제 경쟁에 나서면 언젠가 미국을 능가할 가능성이 높다. 그러면 겉모습만 유럽식 모델을 취하고 있을 뿐 그 안에는 미국인과 비슷한 성향이나 사고방식을 가진 사람들이 늘게 된다. 여기다 복지국가가 뒷걸음질 치는 것도 불가피해진다. 미국과 유럽이 대등한 수준에서 경쟁하는 평평한 세계가 본격적으로 도래하기도 전에 복지국가가 위축되는 일이 벌어질지도 모른다.

생각이 여기에 미치자 왜 독일의 복지제도가 후퇴하게 되었는지, 왜 사민당이 '어젠다 2010'으로 알려진 사회 변화 노선을 발표하면서 해고 요건을 완화했는지 중도좌파인 나도 알 만했다.

녹색당의 한 당원은 주세페 디 람페두사(Giuseppe di Lampedusa)의 소설 『표범(The Leopard)』의 한 구절을 인용하며 이렇게 말했다. "우리는 변화해야 한다. 그렇지 않으면 현 상태를 유지할 수 없으므로."

노동절 시가행진에 참여하다

하지만 나는 독일이 변하는 게 싫었다. 지금까지의 체제 실험이 엉망이 될 것 같았다. 이런 생각에 빠져 '유럽인의 삶'을 살면서 평소에 하지 않던 짓을 하고 말았다. 베를린에서 열린 유럽사회주의당(Party of European Socialists) 대회에 가서 기존의 노선을 바꾸지 말라고 주장한 것이다.

유럽사회주의당 대회는 2001년 5월에 열렸다. 그다지 '사회주의적'이지는 않았다. 토니 블레어(Tony Blair)가 잠깐 왔다 갔을 뿐 전직 총리들만 우글거렸다. 나는 전직 포르투갈 총리 안토니오 구테레스(António Gutteres)가 무슨 이야기를 하는지 들어 보려고 했다. 그는 나이 지긋한 학자들에게 EU는 껍데기만 존재할 뿐 여전히 유럽의 '이념'은 없다는 말을 하던 중이었다.

유럽적인 분위기가 넘쳐 났다. 구테레스는 위르겐 하버마스의 말까지 인용하며 열변을 토했다. 그의 말을 듣는 내내 대학교 스승인 샘 비어(Sam Beer) 선생의 말이 떠올랐다. "EU의 문제점은 연방주의를 실시할 수 없다는 것이다. 이념이 없어서 그렇다." 구테레스의 말도 동일했다. "EU가 형식적으로 존재하기는 하나 그에 상응하는 유럽 시민사회, 유럽의 여론은 아직 갖춰지지 않았습니다." 아직 유럽의 '이념'이 없다는 말이었다. 나이 먹은 사회민주주의자들이 박수를 쳤다. "질문 있습니까?" 손들고 발언하려는 사람이 아무도 없어서 내가 나섰다.

"유럽의 여론이 존재하지 않는다고 말씀하셨는데, 미국과 정반대 노선을 걷는 게 EU의 이념이 되어야 하지 않을까요? 이 이념에 따라 유럽의 여론을 형성하면 안 되겠습니까?"

내 주변의 사회민주주의자들이 박수를 쳤다.(일부는 지팡이로 바닥을 치기도 했다.) 구테레스는 내 말 뜻을 알아듣지 못한 듯 이렇게 말했다. "오, 미국인 동지여, 걱정할 필요 없습니다. 유럽과 미국 사이에는 일부 이견이 있지만 그 유대관계는 전보다 더 강해졌습니다. 전혀 걱정 안 해도 됩니다."

걱정이라고? 나는 전혀 걱정하지 않았다. 그러나 그냥 자리에 앉았다. 흥분을 가라앉히고 생각해 보니 구테레스가 내 말뜻을 몰랐던 것 같지는 않았다. 나를 응원해 주던 사람들도 비틀거리며 교수라는 자기 위치로 돌아갔다. 그날 밤 인공 폭포가 멈춘 두스만에 우두커니 앉아서 내가 했던 말을 생각하다 기겁했다. 시민사회에 미국과 정반대 노선을 취하라고 권유하다니!

아, 어쨌든 미국은 내 조국이다. 나는 미국을 무척 사랑한다. 게다가 중서부 지역에 살고 있다. 애국자임을 보여 주는 증거로서 이보다 더한 게 있겠는가? 버락 오바마를 보라. 그도 시카고에 있는 동안에는 굳이 성조기 핀을 달지 않았다.

그렇더라도 조지 부시, 폭스 뉴스, 그리고 '늙은' 공화당은 새로운 유럽이 탄생하는 데 도움을 주지 않았는가? 사회주의당 대회가 열렸던 2001년은 이라크 전쟁이 아직 벌어지지 않았으나, 조지 부시와 앨 고어의 치열했던 대통령 선거 후유증이 남아 있던 때였다. 2001년 5월 『슈피겔』은 부시를 '작은 보안관'이라고 비웃는 표지 기사를 실었다. 2003년에 나는 베를린의 미국 대사관에 콘크리트 장벽을 둘러 누구도 접근하지 못하게 하는 광경을 보았다. 짜증나는 모습이었다. 러시아(구소련) 대사관 앞에는 아무런 장벽도 없었는데. 미국과 러시아가 서로 뒤바뀐 것 같았다.

2005년 1월 1일을 전후해서 독일에 왔을 당시 나는 마리 U 덕분에 베를린의 미국 아카데미에 무료로 묵었다. 비간트를 만난 것도 바로 그 무렵이었다. 휴일을 맞아 다른 거주자들이 외출한 사이에 그 넓은 곳에 나 혼자 남아 있었다. 매일 밤마다 건물 밖에서는 경찰관 두 명이 순찰차 안에서 꼬박 밤을 새며 경비를 섰다. 이 추운 겨울밤에 나를 지켜 주는 독일인 경찰관에게 들어가는 비용을 내가 대신 부담하고 싶을 정도였다. 그들이 지키는 것은 내가 아니라 '미국'이라는 위험한 이름을 달고 있는 그 건물이었지만. 물론 유럽 사람들이 두려워한 것은 동유럽의 테러리스트들이었다. 그러나 부시와 체니가 백악관에 있는 한 유럽의 사회민주주의는 안전했다.

나는 유럽사회주의당 대회의 개최에 맞춰 열린 노동절 기념 시가행진에도 참석했다. 노동 변호사인 피터 S가 전화를 걸어 "선생님도 오세요. 독일 금속노동조합과 함께 행진할 겁니다."라고 권유했다. 주말의 베를린에서는 대단히 이른 시각인 오전 10시에 행진을 개시하기로 했다. 길거리의 케밥 판매대는 아직 문도 열지 않았다. 커피를 마시지 않아서 그런지 약한 두통이 느껴졌다. 피터를 만나서 함께 움직일 일행을 소개받았다. 그 순간 터져 나오려는 웃음을 가까스로 참았다.

나는 고향에 와 있었다! 시카고 남부의 철강 산업 노동자에게 돌아간 것 같다는 생각이 들었다. 이들은 내 고객들과 너무나 흡사했다. 인종적으로 보더라도 비슷했다. 흑인 대신에 갈색 피부의 사람들이 백인과 비슷한 비율이었다. 미국에서는 무슬림을 유럽 사회에 통합한다는 게 쉽지 않은 일이라는 이야기를 흔히 듣지만 실제로는 그렇지 않은 모양이었다. 베를린의 무슬림도 노동자이므로 노동절 행진에 스스럼없이 참가할 수 있었다. 나는 피터에게 물었다. "독일 금속노동조합 소속의 노동자 중 외국인 비율은 몇 퍼센트 정도 됩니까?" 베를린만을 놓고 볼 때 42퍼센트나 된다고 했다! 독일 전체로는 8~9퍼센트, 혹은 그 이상이었다. 피터는 그 비율이 통일 이후에 약간 떨어진 것이라는 설명도 덧붙였다. 1989년 이전에는 훨씬 더 높았다는 것 아닌가?

나는 얼굴을 약간 붉히며 "피터, 미국인들은 내가 본 것을 그대로 전해도 믿지 않으려고 해서 묻는 말인데, 외국인 노동자도 독일 노동자와 동일한 임금을 받나요?"라고 물었다.

"당연히 그렇지요." 피터는 나를 이상한 사람으로 여기지 않는다는 인상을 주려고 애쓰면서 친절하게 대답했다. 그는 유럽에 들른 미국인이 "터키인도 노동조합에 가입하나요? 그렇지 않죠?"라는 무식한 질문을 수시로 해 댈 때마다 어떤 표정을 지으며 어떤 식으로 대답해야 하는지 잘 아는 것 같았다.

쨍쨍 내리쬐는 뙤약볕 아래에서 시가행진을 했는데, 그때의 기억 두 가지가 아직도 내 머릿속에 생생하게 남아 있다. 먼저 시가행진 참가자 대다수가 피부 색깔이 흰색이든 갈색이든 AFL-CIO 소속의 교외 지역 거주 중산층 노동자처럼 보이는 게 약간 색다르게 느껴졌다. 시카고 남부의 노동조합 회관에서 만났던 노동자들처럼 깔끔하게 다린 티셔츠로 약간 튀어나온 배를 가리고 있었다. 미국의 백인이건 유럽의 터키계이건 또는 라틴계이건 상관없이 남성 노동자는 어디서나 엇비슷한 티셔츠를 입는다는 것을 알았다. 다른 점이라고는 SUV를 몰고 다니느냐 아니냐였다.

두 번째는 트럭 뒤 칸에 실린 스피커에서 쩌렁쩌렁 울려 퍼지던 노래였다. 라디오에서 흘러나오는 그런 요란한 노래가 아니라 독일어 가사가 붙은 서정적인 노래였다. 우리 앞의 어딘가에 진짜 록을 연주하는 독일인 젊은이들이 있었다. 나는 피터, 그리고 런던에서 온 젊은 법학도라고 자신을 소개한 피터 사무실의 여성 인턴과 대오를 이루며 걸었다.

"독일에서 록 음악을 들어 보는 것은 이번이 처음인 것 같군요."

그 여성 인턴도 뜻밖이라고 말했다. "여기는 정말 민족이 다양하네요."

나는 이민족의 비율은 베를린보다 런던이 더 높지 않냐고 물었다.

"아, 베를린이 런던보다 더 높은 것 같아요." 그녀가 대답했다.

"그래요? 믿기지 않는군요."

"터키인과 쿠르드족이 크로이츠베르크를 거의 점령하다시피 했어요. 우반을 타면 어디론가 이동하는 외국 노동자 가족이 가득합니다."

시가행진을 그만두고 싶었으나 조금만 더 가면 소시지를 곁들여 맥주를 한잔 할 수 있을 것이라는 피터의 말에 계속 걸었다. AFL-CIO가 남부 시카고에서 노동절에 거행하는 시가행진에 비하면 독일의 시가행진은 계급적 성격이 훨씬 강했다. 노동자들이 외치는 구호가 좀 더 신랄했고 어떤 분노 같은 게 묻어났다. 행진 대열 옆에 늘어선 경찰관을 얼핏 헤아려 보니 70명 남짓 되었다. 우리가 지나간 길가에 있었던 경찰관만 해도 수백 명이 넘었을 것이다. 경찰관의 표정은 대체로 밝은 편이었다. 나는 경찰차 중 한 대를 세워 그 사이드미러를 보며 머리를 빗기도 했다. 여성 경찰관이 그러는 나를 보고 웃으며 독일어로 뭐라고 했다. 누가 알겠는가? 내가 그때 독일어에 능통했더라면 그녀와 결혼하게 되었을지도.

시가행진 대열은 마침내 커다란 공원에 도착했는데, 옛 동독 공산주의 지역이던 공원에서는 사람들이 차 트렁크에 음식을 차려 놓고 한창 야외간이 파티를 열고 있었다. 주변 풍경과 시가행진 대열은 묘한 대조를 이루었다. 우리는 '새로운' 디즈니랜드인 베를린을 통과했다. 그곳에는 슈투트가르트에 본사를 두고 베를린에서 '세계' 본부를 운영하는 다임러 등의 글로벌 대기업이 입주한 파란색과 녹색 유리 빌딩이 즐비했다. 그날 오전 이 새로운 베를린에 들어선 위압적인 모양의 높은 빌딩들은 행진 참가자들이 손에 든 디즈니 스타일의 알록달록한 풍선을 내려다보는 듯했다. 경찰이 저 위에서 우리의 일거수일투족을 감시하는지 궁금했다.

우리는 스탈린에게 경의를 표하는 뜻으로 지은, 시카고의 대형 박람회장 맥코믹 플레이스보다 더 멋대가리 없는 구동독 공산당의 '공화국 궁전' 앞 넓은 공원에 모였다. 이 공화국 궁전은 예전에는 구동독 의회 의사당으로 사용되었는데, 피터의 설명에 따르면 구동독 젊은이들이 여기서 파티를 자주 열었단다. "무슨 생각을 하시는지 압니다." 그가 살며시 말했다. "상상하기조차 싫은 일이지요."

"끔찍하다는 말로 부족합니다. 대단히 사악했어요."

"그렇지요. 공화국 궁전은 의회 의사당이었을 뿐 아니라 세계 최대의 무도회장이기도 했어요. 구동독 정권은 마치 클럽이라도 되는 양 누구나 찾아올 만한 곳으로 만들었지요. 구동독의 많은 젊은이들은 여기서 사랑에 빠졌을 겁니다."

젊은 남녀가 첫 키스하는 장면을 슈타지가 낱낱이 사진으로 찍어 놓았다고 생각하니 온몸에 소름이 돋았다.

"여기에는 마르크스와 엥겔스의 조각상도 있습니다. 보세요. 공화국 궁전을 등지고 서 있지요. 그래서 구동독 시민들은 '우리가 아무것도 못하는 게 당연한 일이야. 여기 봐. 마르크스와 엥겔스가 우리에게 등을 돌리고 서 있잖아.'라고 말했다고 합니다."

고개를 돌려 주변에서 펼쳐지는 장면을 바라보았다. 프리츠 바이네케

오케스트라가 흥겹게 연주하는 가운데 쿠르드족 노동자들이 코러스 라인에서 킥 댄스를 추고 있었다. 누군가 내게 김빠진 맥주 한 잔을 건넸다. 이동식 화장실 뒤에 있는 소변통의 소변 색깔 같은 맥주를 한 모금 입에 넣었다가 땅바닥에 뱉어 버리고 말았다. 주변에서 펼쳐지는 장면은 언뜻 보면 한가롭고 평화로운 것 같았으나 그 안에서는 분노가 이글이글 끓어오르고 있었다. 당시 슈뢰더 총리가 이끄는 사민당과 녹색당의 연정이 복지국가를 손볼 계획을 진행 중이었기 때문이다. 그들이 옳기는 했지만『월스트리트 저널』만 좋은 일 시키는 게 아니기를 바랐다.

당시는 어젠다 2010이 아직 정식으로 발표되지 않았을 때였다. 하지만 슈뢰더는 그 이전부터 장기 실업수당의 축소를 공언했다. 한마디로 장기 실업자를 무한정 내버려 둘 게 아니라 일자리를 갖도록 강제하겠다는 것이었다.『빌트』에 따르면 슈뢰더는 "그 누구에게도 게으를 권리는 없다."고 말했다. 훔볼트대학교의 한 교수는 "아시겠지만 슈뢰더는 이른바 '선제 어법'에 천재적인 소질을 발휘하고 있어요. 기민당이 미처 생각해 내기도 전에 기민당의 슬로건을 제시하고 있는 꼴이에요."라고 노골적으로 비아냥댔다. 당연히 좌파는 격노했다. 어떤 피켓에는 이런 구호가 적혀 있었다.

~~WER~~ WAS IST FAUL, HERR KANZLER?

독일어가 서툰 나를 위해 피터가 한 구절 한 구절 설명해 주었다. 'faul'은 선행사가 'wer(사람)'이면 '게으른'이라는 의미로, 'was(사물)'면 '부패한'이라는 의미로 해석된다. 여기서는 'wer'에다 줄을 긋고 'was'라는 말을 집어넣었으므로 전체 의미는 "누가 게으르다는 건가요? 총리 각하?"가 아니라 "무엇이 부패한 것일까요, 총리 각하?"로 해석해야 했다.

무슨 말인지 알겠는가? 툭하면 비리를 저지르는 정치인을 비꼬면서 동시에 섣부른 복지국가 개혁안을 비판한 것이다. 좀 더 이해하기 쉬운 이런 구호도 있었다.

DU BIST CHIC. ICH MUSS SCHUFTEN.

"그래, 너 잘 났다. 나는 죽도록 고생만 하는데." 이런 뜻이었다.

시가행진 참가자 대부분은 오스카어 라퐁텐(Oskar Lafontaine)* 의 지지자였다. 그 무렵 라퐁텐은 사민당에서 뛰쳐나와 '연대' 혹은 '좌파'라는 정당의 창당을 모색 중이었다. 독일의 좌파는 자기들끼리 싸우고 있었다. 프랑스의 좌파도 마찬가지였다. 유럽 사회민주주의에 불길한 기운이 드리우고 있었다.

현실에 만족 못하고 분노를 표출하는 좌파는 어디든 있는 법이다. 그날 밤 과격파는 빈 건물에 불을 질렀다.

독일 노동자의 힘

노동절 행사는 막판에 걷잡을 수 없는 혼란으로 치달았다. 왜 이런 사태가 벌어졌을까? 노동조합 진영은 2001년에 접어들면서 한없이 움츠러들었다. 무언가 양보를 하지 않으면 수출 부문조차 위기에 처할 것으로 전망되었기 때문이다. 이에 따라 사민당과 녹색당 연정의 정책에 적극 협조하는 의미에서 임금 인상 요구를 자제했다. 하지만 그 대가로 돌아온 것은 아무것도 없었다. 급기야 노동절 행사를 계기로 조합원들의 쌓이고 쌓인 실망은 격렬한 분노로 표출되고 말았다. 나는 독일 금속노동조합 조합원들이 분노하는 모습을 보고 크게 충격받았다.

* 독일 사민당의 당수를 지낸 인물로 사민당의 정신적 지주였다.

시가행진 현장에서 만난 한 사민당 간부는 상황의 어려움을 이렇게 토로했다. "사민당은 노동조합의 뒤꽁무니만 쫓아다닌다는 비판에 시달려 왔습니다. 노동조합은 노동조합대로 유럽의 다른 나라에 비해 상대적으로 높은 독일 노동자의 임금 인상을 억제하기 위해 이른바 '추잡한 뒷거래'를 했다는 비난에 시달리고 있어요."

그러나 이러니저러니 해도 독일의 노동조합은 시가행진이라도 할 수 있다. 독일 금속노동조합의 힘은 여전하다. 1973년 이후 230만 명에 이르는 조합원 수는 큰 변동이 없는 편이다. 통일 후 동독의 노동조합까지 흡수했는데도 조합원 수가 과거에 비해 늘어나지 않았다는 점에서 역량이 약화되었다는 평가를 받기도 한다. 그러나 미국의 자동차노동조합이나 철강노동조합이 흔적도 없이 사라진 것을 생각해 보면 아직도 대단한 역량을 갖추고 있다고 해야 한다. 누가 뭐라고 하든 대규모 시가행진을 조직할 역량 정도는 갖추고 있다.

독일 노동자의 임금은 오르지 않은 해가 거의 없지만, 미국 노동자의 임금은 오르기는커녕 물가 상승률을 감안한 실질임금은 완만하게 하락했다. 1973년부터 2005년까지 미국 노동자의 생산성은 55퍼센트 상승했다. 시간당 산출량이 55퍼센트 늘어났다는 이야기이다. 반면에 시간당 평균임금은 8퍼센트나 하락했다! 유명한 노동경제학자인 하버드대학교의 리처드 프리먼은 이렇게 말한 바 있다. "1973년에 어떤 경제학자가 실질임금이 완만하게 하락할 것이라고 예측했다면 미국경제학회는 분명히 그를 미친 사람으로 매도했을 것이다."

『미국의 노동(America Works)』에서 프리먼은 미국의 실질임금이 생산성 향상에 발맞춰 상승했다면 2005년 미국 노동자의 평균임금은 시간당 16달러가 아니라 25달러가 되었을 것이라고 주장했다. 프리먼이 이 책을 쓴 다음 해인 2008년에 글로벌 금융 위기가 발생했으니까 임금을 둘러싼 상황은 더욱 악화되었을 게 분명하다. 그러나 미국 노동자가 실질임금 하락에 항의하며 시가행진을 벌인 적이 있었는가? 단연코 없었다.

2001년 훔볼트대학교에서 내 강의를 들었던 학생들을 다시 만나면 나는 미국의 상황을 이해시킬 수 있을까? 그럴 수 없다는 게 지금의 솔직한 심정이다. 그때를 되돌아보면 너무 조심스럽게 강의했다는 아쉬움이 든다. 아, 나는 미국인이 알고 보면 괜찮은 사람들이라고 말했다. 또 넥타이 색깔 때문에 노동자를 해고하는 일 따위는 없다는 말도 했다. 그러나 2009년의 시점에서 보면 경영자가 터무니없는 이유로 해고를 자행하는 사례가 점점 더 늘어 가고 있다.

예컨대 해외 수출품인 웨버 그릴을 만드는 공장조차 인력 회사를 통해 비정규직 노동자 위주로 고용한다. 비정규직 노동자는 외모가 마음에 들지 않는다는 이유 하나만으로 얼마든지 회사에서 쫓아낼 수 있다. 굳이 해고 절차를 밟을 필요도 없다. 아침에 출근하지 말라고 전화하는 수고도 할 필요 없다. 눈에 띄는 그 자리에서 당장 나가라는 말 한 마디만 하면 된다. 『시카고 트리뷴』에서 정규직 노동 전문 기자로 일했던 스티브 프랭클린(Steve Franklin)은 시카고 일대의 공장에만도 비정규직 노동자가 수십만 명 존재할 것으로 추정한다. 이들 중에 항의 목적으로 시가행진을 한 노동자가 있는가? 전혀 없다.

유럽의 노동자는 최소한 시가행진이라도 벌인다. 미국의 좌파는 너무 유약한 것 아니냐는 『비즈니스위크』나 『포브스(Forbes)』의 비웃음 섞인 주장을 읽을 때면 얄밉다는 생각에 앞서 올바른 지적이라는 생각이 먼저 든다. 좌파가 이끄는 노동조합은 1970년대로 되돌아가지 못하고 있다. 그때 이후로 새로운 수당을 얻어 낸 사례는 찾기 힘들다.

지금 와서 2001년을 되돌아보면 여러 가지 생각이 교차한다. 그때 독일의 제조업 부문은 이른바 '평평한 세계'에서 선전하는 중이었다. 프랑스는 물론 고임금을 유지하는 다른 사회민주주의 국가의 제조업 부문도 마찬가지였다. 그러나 다른 한편으로는 제조업 육성에 힘을 쏟으며 무섭게 쫓아오는 중국이나 인도 등에 언제 추월당할지 모른다는 두려움에 구조 조정의 필요성을 느끼고 있었다.

나 역시 그런 사정을 전부는 아니라도 절반 정도는 짐작하고 복지제도가 축소될 것이라고 예상했다. 하지만 어젠다 2010으로 복지를 축소하지 않는다면 독일의 젊은 노동자가 임금의 30퍼센트를 내놓아야 은퇴자의 연금을 지탱할 수 있다는 사실까지는 알지 못했다. 솔직히 말해서 미국의 문제에 정신이 팔린 나머지 그 문제를 심각하게 생각하지 못했다. 그렇다. 유럽의 연금 문제에 관한 미국 언론의 보도가 엉터리라는 것을 너무나 잘 알던 터라 독일의 상황을 제대로 보지 못한 것이다. 그리고 독일이 변하는 모습을 보고 싶지도 않았다.

미국의 이라크 침공은 독일을 도왔다. 부시와 체니는 사실 독일 모델의 구세주였다. 그들 덕분에 우파가 어젠다 2010보다 더 급격한 변화를 추구하려는 시점에서 좌파의 연정이 좀 더 오래 유지될 수 있었고, 다행스럽게도 우파가 아닌 좌파가 복지제도에 손을 댔다.

독일에 있으면서 상황이 어떻게 돌아가는지 제대로 주의를 기울이지 못한 데에는 또 다른 이유가 있었다. 너무나 즐겁게 지내고 있었던 것이다. 평일에도 밤 10시에 나가서 저녁 식사를 하고 1시가 넘어서 잠들었다가 정오쯤 일어나는 생활을 반복했다. 하지만 그토록 바라던 삶이 시작되었다고 느끼는 순간 벌써 끝날 때가 다 되고 말았다.

독일을 떠나야 하는 시간이 가까워질 무렵 훔볼트대학교에서 강의를 하도록 도와준 미국인 친구 S를 만났다. "어때, 잘돼 가?" 그가 안부를 물었다.

"응, 지금보다 더 좋았던 적이 없어. 한 가지만 빼고."

"그게 뭔데?"

"여기에 더 이상 있을 수 없다는 거. 미국으로 돌아가고 싶지 않아." 미국으로 돌아가면 일, 일, 끊임없이 일에 시달려야 하니까.

"처음엔 하늘이 무너질 듯 걱정하더니만 이제는 독일에서 지내는 매력에 푹 빠졌군 그래." 그가 빙그레 웃으며 말했다. "현재를 즐겨. 끝날 때까지는 끝난 게 아니니까."

S의 이 말이 내가 유럽식 모델에 대해 쭉 생각해 오던 바를 한마디로 대변해 주었다.

언젠가 유럽인도 미국인처럼 녹초가 될 때까지 일하게 될 날이 올지 모른다. 그러면 지금은 어떻게 지내야 할까? 나는 유럽인에게 현재를 충분히 즐겨야 한다는 말을 하고 싶다. 끝날 때까지는 끝난 게 아니니까.

그러나 내가 주제넘게 뭐라고 하지 않아도 유럽인은 지금 이 순간을 정말 잘 보내고 있을 것이다. 그런 만큼 현재의 모델이 이어질 수 있도록 끊임없이 고쳐 나갈 것으로 믿는다.

6

금융 위기를 넘어 날아오르다

2009년 4월 베를린에서 막 돌아왔다. 이 무렵 독일어로 '위기(Krise)', 영어로 표현하면 더 투박한 '글로벌 금융 붕괴'가 한창이었다.

금융 위기는 미국에서 처음 시작되었지만 독일 경제에도 심대한 타격을 가해 2009년 GDP가 무려 6퍼센트나 하락했다. 신용이 붕괴하면 세계무역이 존립하기 힘든데 미국과 달리 독일은 수출을 해서 먹고사는 나라이다. 그래서 금융 위기는 독일 경제에 재앙이 될 수밖에 없었다. 그러나 나는 미국 모델이 더 걱정되었다. 아니나 다를까? 미국은 엄청난 무역 적자와 재정 적자 탓에 그 이전보다 더욱 심하게 외국 채권자의 손아귀 안에서 옴짝달싹 못하는 처지가 되고 말았다. 미국의 대외순채무는 무려 3조 달러에 달한다. 무역 적자가 가속화되면 이 수치는 매년 1조 달러씩 늘어나게 된다.

그러면 독일은 어떤가? 2009년 12월 14일자 『파이낸셜 타임스』에 실린 예일대학교의 제프리 가르텐(Jeffrey Garten) 교수의 예측을 들어 보자. "독일 역시 막대한 대외순채무를 짊어지고 있지만 채권국의 지위는 잃지 않았다. 따라서 미국과 달리 독일은 채무로부터 자유로운 편이다. 독일은 미국과 달리 운신의 자유를 상당히 누릴 수 있다."

나는 우파가 평소 어떤 생각을 하는지 잘 안다. 그들에게 이렇게 묻고 싶다. 도대체 미국의 주권을 신경 쓰기나 하느냐고.

1997년에도 그랬지만, 2009년 독일에 갔을 때에도 꿈속에서 래리 서머스의 얼굴을 보았다.(1997년에 처음 꿈속에서 얼굴을 본 이후 12년이 지난 후인 2009년까지도 서머스는 현직에 있었다! 정말 이상하리만큼 관운이 좋은 사람이다!) 그는 근심 어린 얼굴로 내게 이렇게 부탁했다. "독일에게 경쟁력을 그만 강화하라고 말해 줄 수 있습니까?" 그러고는 경제팀을 데리고 독일의 경제 당국자를 만나 이렇게 빌었다. "제발 격차 좀 너무 벌리지 마세요. 채무국에도 기회를 주어야 하는 것 아닙니까?"

미국의 장관이 채권국 경제 당국자를 만나 무릎 꿇고 제발 심하게 대하지 말라고 비는 광경을 보다니 당황스럽기 짝이 없었다. 아마 그가 싹싹 비는 동안 채무국인 미국은 '유럽식' 사회민주주의 모델로 어서 빨리 '구조 조정' 해야 한다는 닦달에 시달렸을 성싶다. 그렇게 하지 않으면 무역 적자와 재정 적자를 줄일 수 없을 테니까.

1945년 케인스는 채권국 미국에 영국 등 유럽 채무국을 곤경에 몰아넣는 수출 확대를 중단하라고 촉구했다. 이 역사적 사실에 비춰 볼 때 채권국인 유럽이 채무국인 미국의 사정을 봐 줄 이유가 어디 있겠는가? 폭스 뉴스만 즐겨 보는 우파가 이런 속사정을 파악하고나 있는지 심히 의심스럽다. 미국이 하염없이 부채의 늪에 빨려드는 동안 동아시아가 아니라 유럽 사회민주주의 국가들이 세계 시장에서 미국을 앞질렀다. 이 사실을 아는 미국인이 얼마나 될까? 나날이 증가하는 부채의 명목상 가치가 달러화로 표시되고, 채권국의 통화가 아닌 달러화로 채무를 상환할 수 있다면 채무국인 미국에는 천만다행일 것이다. 이런 행운마저 없다면 미국인 역시 아르헨티나인이 그러듯 도로를 점거하며 격렬한 시위를 벌일지 모른다. 물론 아직은 가능성이 낮아 보이지만 누가 알겠는가?

미국이 독일에 혼자서만 너무 잘나가지 말라고 애원하는 것이 안쓰럽기는 하지만, 그보다 더 걱정스러운 것은 실업 문제이다. 어떤 잣대로 측정하든 미국의 2009년 실업률은 독일의 실업률을 앞섰다.

실업률 (단위: 퍼센트)

	독일	미국
2000년	10.7	4.0
2005년	11.7	5.1
2009년	8.2	9.3

출처: ILO

독일과 미국의 처지가 역전된 것을 보고 힘이 쭉 빠졌다. 내가 아무리 독일을 좋아한다지만 독일에 머무는 동안 그 미래가 암울하다는 징후를 볼 때마다 내심 흐뭇했다. 독일의 상황이 호전되자 이번에는 미국을 걱정하느라 밤을 지새기도 했다.

평온한 베를린

2009년 4월 19일에서 29일까지 열흘이 내가 일에서 벗어날 수 있는 유일한 시간이었다. 어디론가 가야 했다. 진작부터 혼자 어딘가에 간다면 다른 어느 곳보다 베를린에 가 봐야 한다는 생각을 품고 있었기에 주저 없이 베를린으로 향했다. 이번에는 카스타니엔호프 호텔에 여장을 풀었다.

내가 2009년 독일을 방문하고 돌아온 직후 101세를 일기로 사망한 내 로펌 파트너이자 명예교수였던 레온 데스프레스 선생이 생각난다. 처음 베를린에 갈 당시 그의 사무실에 들러 이렇게 물었다. "렌, 베를린에 가 보셨어요?"

"물론이지."

"언제 가셨어요?"

"1926년."

"이야, 1926년이라고요? 바이마르 공화국 시절이요?"

"그래." 렌은 당시 친구와 함께 베를린에 갔으며, 1924년에 쿨리지가 대통령이 되어 매우 실망했었다고 말했다.

"그때 베를린은 어땠어요?"

"그때 게이 나이트클럽에 처음 가 봤지." 이상한 데 왔다는 생각이 들어 15분도 채 머무르지 않고 나왔다고 했다.

나의 또 다른 멘토였던 샘 비어 선생도 데스프레스 선생이 세상을 떠난 뒤 몇 주 지나지 않아 저 세상으로 가셨다. 샘 비어 선생은 1932년에 배낭여행차 베를린에 들렀으나, 그때는 상황이 완전히 바뀌어 버렸다고 했다. 당시는 나치가 정권 장악의 길을 성큼성큼 걷고 있을 때였다. 베를린의 나이트클럽은 폐쇄되었다.

베를린은 데스프레스 선생에게는 재미난 곳이었고, 비어 선생에게는 암울한 곳이었다. 그리고 나에게는 방문할 때마다 점점 더 즐거워지는 곳이다.

금융 위기가 찾아왔던 2009년에도 베를린 이곳저곳을 돌아다니다 보면 독일의 앞날이 암울하다는 인상을 전혀 받을 수 없었다. 1997년만 해도 눈에 띄는 것이라고는 미스터 소프티를 흉내 낸 낡아 빠진 아이스크림 트럭뿐이었는데 말이다.

그로부터 12년이 지난 지금은 내가 머무는 카스타니엔호프 호텔 주변 한 블록만 둘러봐도 대략 10개의 카페가 보였다. 하지만 그게 다가 아니었다. 그 뒤편 눈에 잘 띄지 않는 곳에 훨씬 더 많은 카페가 즐비했다.

베를린은 날이면 날마다 축제가 벌어지는 곳이라고 해도 지나친 말이 아니다. 경제 위기도 무너뜨릴 수 없는 어떤 자신감 같은 게 있는 모양이다. "하지만 경제적 기반이 하나도 없잖아. 베를린은 그저 소비 향락 도시일 뿐이야." 맞는 말이다. 독일인의 관점에서 보면 제조업이 없다는 것은 경제적 기반이 하나도 없는 것이나 마찬가지이다. 그런데도 돈이 꾸준히 쏟아져 들어온다. 워싱턴처럼 정치적 수도라서 그렇다는 말도 일리가 있다. 미국의 버클리나 포틀랜드 못지 않게 세련되고 화려한 곳이라서 젊은이들이 무척 많다.

어느 모로 보나 베를린의 경제적 기반은 향락 유흥 산업이다. 프렌츠라우어베르크와 크로이츠베르크 어디를 가나 부모한테 받은 돈을 흥청망청 쓰는 젊은이들이 차고 넘친다. 부모의 호주머니에서 나오는 돈으로 지탱하는 수도가 세계 어디에 또 있을까?

미국인 친구 레오는 언젠가 이런 말을 한 적이 있다. "독일인은 모든 것에 보험을 들어. 심지어 창문까지 보험에 든다니까."

부모들은 이렇게 철두철미한데 그 자식들은 아무 생각 없이 돈이나 쓰고 다닌다. 베를린에 와서 기존의 모든 관행과 규율을 파괴하고 있는 것이다.

설상가상으로 이제는 미국인까지 와서 설쳐 댄다. 『뉴욕 타임스』 여행면에서 '베를린 36시간 즐기기' 등의 광고를 보고 기가 막혔다. 나는 이런 게 질색이다. 차라리 삶의 덧없음을 깨달은 무단 거주자와 노숙자가 곳곳에 진을 치던 그 옛날의 베를린이 더 낫다고 생각한다.

물론 변하지 않은 것도 더러 있다. 페르가몬 미술관이 그 대표적인 예이다. 베를린을 방문할 때면 거기에 가서 눈동자 없는 그리스 조각상을 둘러보는 게 내 낙이다. 1997년 겨울 독일에 처음 왔을 때 잘난 척을 하고 싶어 그랬는지 헤로도토스의 『역사(History)』를 읽기 시작했는데, 그 책에는 신의 사자가 장님이 되었다는 이야기가 나온다. 그것을 읽고 때마침 페르가몬 미술관에 가서 조각상을 보니 헤로도토스의 책에서 막 튀어나온 것 같다는 느낌이 들었다. 2001년 성금요일(Good Friday)에는 예수의 수난을 그린 히로니뮈스 보스(Hieronymus Bosch) 전시회를 보러 갔다. 예수가 무덤 속에 갇혀 있고 그 위에는 썩은 고기를 노리는 커다란 대머리 독수리가 날아다니는 장면이 인상 깊었다. 특별한 날인데도 찾아오는 사람이 많지 않자 담당 사제가 "부활절에는 성황을 이룰 것"이라고 호언장담했으나 막상 그날이 되어도 찾아온 사람들은 별로 없었다.

2009년 베를린에 들렀을 때에는 카페 오렌이 폐업을 했다. 밤늦게까지 머물 곳이 사라지고 만 것이다. 현악사중주단의 단원인 양 하얀색 윗도리에 검은색 바지를 차려입은 웨이터가 서빙을 하는 오렌은 이스라엘풍의 분위기 좋은 카페였다. 2009년 이전에는 베를린에 머물 때면 밤늦게 오렌에 들렀다. 두스만에서 산 20세기 현대사에 관한 책을 꺼내 종업원 세실리아가 켜 준 촛불 옆에 앉아서 읽으며 베를린 사람처럼 보이려고 애썼다. 1997년과 2001년에는 거기서 에릭 홉스봄, 프리츠 슈테른(Fritz Stern) 등의 책을 읽었다. 마크 마조위의 『암흑의 대륙』을 읽으면서 파시즘이 당시 유럽의 본질적인 정부 형태였고, 나치의 죄라면 다른 정부보다 더 잔학무도했던 것밖에 없다는 파격적인 주장을 접했다. 읽으면 읽을수록 연합군의 '필연적인' 승리는 눈먼 운인 것처럼 보였다. 리처드 오버리(Richard Overy)의 『왜 연합국은 승리했는가(Why the Allies Won)』도 읽었다. 전력을 효율적으로 운용하며 침공한 독일에 맞서 소련은 미숙한 대응으로 일관하다가 기적적으로 승리했다는 저자의 주장에 저절로 고개가 끄덕여졌다. 이런 책을 읽다 보면 많은 사람들이 베를린에 널린 제2차 세계대전의 사적지를 돌아보면서 신의 섭리에 따라 악이 존재하게 되었다는 신정론에 입각해서 모든 쟁점을 바라보지 않을까 하는 의구심이 든다. 거기서 한 걸음 더 나아가면 신이 존재하기 때문에 악이 승리하지 못했다는 측면을 볼 수 있을 텐데 그러는 사람은 아무도 없는 것 같다.

아, 카페 오렌이 없어진 게 아쉽다.

거듭 말하거니와 베를린은 감당하기 힘들 정도로 점점 더 세련되고 낙관적인 분위기가 지배하는 도시가 되고 있다. 그러나 2009년 마지막으로 들렀을 때에는 자본주의의 위기가 닥치면서 예전에 느꼈던 암울함이 되살아난다는 인상을 받았다.

떠들썩한 축제 분위기는 여전했지만 이제는 극좌파들까지 설쳐 댔다. 내가 묵었던 호텔 주변에서는 이런 내용의 커다란 현수막이 걸려 있었다.

'공산주의, 우리는 할 수 있습니다.'

2001년 노동절 행사 때 내가 맥주를 마시다가 내뱉었던 공원 바로 근처였다. 당연한 말이지만 아무도 동독, 즉 독일민주공화국이 부활하기를 원치 않는다. 그 현수막은 독일어로는 '샤덴프로이데(Schadenfreude)', 즉 남의 고통을 보고 기쁨을 느끼는 심술궂은 누군가가 걸어놓은 것이었다.

독일 경제는 급속도로 침체기에 빠져들고 있었다. 미즈 G 같은 이는 우울한 표정으로 "곧 폭동이 일어날 것 같아요."라는 말까지 했다. 그러나 미즈 G가 그 말을 할 당시 우리는 슈프레 강을 오가는 유람선에서 맥주를 마시며 일광욕을 즐기고 있었다. 이봐요, 방금 맥주잔을 비우는 동안 카페가 여섯 개는 더 생겼을 텐데, 폭동이라니요! 적어도 향락과 유흥의 도시 베를린에서는 그럴 리 없었다.

2009년의 독일에도 종말이 다가왔다고 말하는 사람들이 몇몇 있었다. "아! 어쩌면 좋아요? 자본주의는 이제 끝장났나 봐요."

나는 이런 말을 믿지 않았다. 미국인인 내 앞에서만 짐짓 그러는 것으로 치부했다. 정말로 자본주의가 끝장났다고 생각했다면 매일 축제 분위기에 젖어 지내겠는가? 사실 독일로서는 미국 모델이 죽든 살든 신경 쓸 이유가 없었다. 어떤 경우든 경쟁력을 가다듬을 기회가 될 테니까.

독일인에게 이런 물음을 던진다고 해 보자. 기후 변화로 인해 과거와 전혀 다른 세상이 오면 어떻게 해야 할까? 혹은 성장의 한계가 뚜렷해지면 어떻게 될까? 석유가 완전히 고갈되면 어떻게 될까? 그들은 겉으로는 뭐라고 할지 몰라도 속으로는 어찌 되든 독일은 괜찮을 것이라고 생각할 것이다. 내 판단으로는 독일인은 친환경 기술에서 우위를 점하고 있는 만큼 상황에 맞춰 적합한 기술을 개발해 내리라고 확신하는 듯하다. 지멘스의 CEO가 세계 경제성장의 한계를 전망하면서 "독일이 다음 산업혁명을 주도할 것"이라고 했다는 기사를 신문에서 본 적이 있다.

세계 무역이 위축되는 바람에 독일 경제는 심대한 타격을 입었다. 이 사실은 역으로 독일 경제가 늦든 빠르든 회복될 전망이 분명하다는 의미이기도 하다. 반면에 미국은 방치할 경우 언제 파탄에 이를지 모르는 민간 부채를 해결하기 위해 공공 부채를 대규모로 늘려 나가는 악순환에 빠져 있다. 대공황이 닥쳤을 때 유행했던 "미국 경제를 회복시킬 원동력을 그 어디서도 찾을 수 없다."는 말이 단순한 엄포에 그치지 않을 수도 있다.

얼마 후 미국이 휘청거리고 미국 경제가 회복할 전망이 보이지 않는데도 독일에서는 암울한 기색이 전혀 보이지 않던 이유를 알게 되었다. 흔들리는 배 위에서 먹고 마시며 즐겁게 지내던 금요일 밤, 미즈 G는 정말 기분이 좋았다. "미국은 더 이상 초강대국이 아닙니다. 군사적으로 봐도 초강대국이라고 할 수 없어요. 아프가니스탄조차 제대로 다루지 못하잖아요. 미국은 독일의 도움이 절실히 필요합니다. 더 이상 경제 대국이라고 하기가 무색해요. 거기다 부채는 누적되고 있어요. 독일이 미국을 떠받쳐 주어야 합니다."

'음, 이러다 미즈 G가 오늘 술값을 다 부담하겠다고 나서겠네.' 나는 미국인답게 나눠서 계산하자고 했다.

"독일식 제도에 자부심을 느낍니다"

금융 위기가 한창 진행 중이던 와중에도 행복에 겨운 미소를 짓는 나라가 있었다. 『파이낸셜 타임스』가 말했던 대로 독일인만큼은 "모든 게 무너져 버렸어! 우리는 거기에 휘말리지 않았으니 얼마나 다행인가?"라면서 환호작약했다. 독일인의 이런 모습은 내 눈에는 일종의 '샤덴프로이데', 쉽게 말해서 불난 데 부채질하는 것처럼 보였다. 왜 독일인이 금융 위기를 반긴 것처럼 보였을까?

첫째, 금융 위기는 독일에만 책임을 묻기 힘든 세계적 재앙이었다. 그 전까지만 해도 경제 위기가 닥치면 미국은 독일 같은 경제 대국이 소비를 하지 않아서 불황이 초래되었다는 논리를 펼치곤 했다. 그러나 2008년에 시작된 금융 위기는 달랐다. 많은 독일 은행가가 미국이 건네주는

쿨–에이드(Kool-Aid)*를 마다않고 마셨으나, 정작 파티를 엉망으로 만든 것은 미국 은행가였다.

둘째, 어떤 사민당 출신 공직자(편의상 W라고 부르기로 하자)가 내게 "지금 이 순간 독일인은 독일식 제도에 자부심을 느끼고 있습니다."라고 했다. 이처럼 정곡을 찌른 말은 없을 것이다. 사회 안전망이 존재하는 덕분에 독일인은 미국인이 겪는 대량 해고 사태를 면하면서 경제 위기를 헤쳐 나갈 수 있었다. 나와 만났을 때 W는 연방 노동·사회부, 즉 미국으로 따지자면 노동부에서 일하고 있었다. 물론 독일의 연방 노동·사회부와 미국의 노동부를 비교하기는 쉽지 않다. 진정한 노동운동이 존재하는 나라의 노동 담당 부처가 위상이 훨씬 더 높을뿐더러 담당 업무도 많은 법이다. W는 "우리는 연방 예산의 거의 절반 정도를 실질적으로 책임지고 있습니다."라고 말했다.(연금 제도 같은 것도 연방 노동·사회부 소관이라는 의미이다.)

미즈 G를 만나기로 한 금요일 오후에 잠시 한가한 시간이 생겨 그와 만나게 되었다. 독일 정부의 고위 공직자인 만큼 매우 바쁠 것이라는 생각이 문득 들었다. "아, 제가 너무 귀중한 시간을 뺏는 것은 아닌지 모르겠습니다."

"괜찮아요. 금요일 오후잖아요."

음! 베를린은 여전히 베를린이었다.

첫인상만 보고서도 노동조합 활동가 출신일 것으로 짐작했는데 정말 그랬다. W는 장장 30분에 걸쳐 내게 독일 연방 정부가 정규직 노동자의 고용이 유지되도록 얼마나 적극적으로 노력하는지 설명해 주었다. 그 예를 하나 들자면, 독일 연방 정부는 노동자를 일주일 내내 고용하는 경우

---

* 미국의 대표적인 청량 음료 분말.

고용주에게 3일치에 해당하는 임금을 보전해 준다.

미국의 노동자는 비정규직이 많은 탓에 주당 평균 노동시간이 30시간에 불과하다. 그러나 복지국가 독일에서는 대부분의 노동자가 정규직이다.

"노동·사회부가 연방 예산의 절반을 쓴다는 게 이상한 일이 아니군요."

"그래도 실업수당으로 지출하는 것보다는 예산이 훨씬 적게 든다고 할 수 있지요. 그리고 고용주 역시 정부에 사회 기여금을 내야 합니다."

W의 설명에 따르면 이런 제도는 '실물경제'가 회복되면 노동자를 일자리로 되돌려 보내는 데 목적이 있었다. "실물경제의 흐름에 앞서 발 빠르게 대응하자는 게 그 초기 취지였습니다."

그러면 경기 사이클에서 실물경제가 회복되기까지 기간은 얼마나 걸릴까? 대략 18개월 정도라는 게 W의 설명이었다.

그 성과는 대단했다. 글로벌 금융 위기를 겪는 동안에도 독일의 실업률은 2003년보다 낮았다. 그의 머리 뒤로 『빌트』의 1면 헤드라인에 실린 2003년 실업자 수가 눈에 띄었다. 대강 해석해 보니 실업자가 520만 명이라고 했다. 그렇게 많았다니!

어찌 된 연유인지 물어보았다. W도 고개를 돌려 그것을 읽었다. 그는 사민당-녹색당 연정하에서 기초 복지 수당 수급자를 실업자에 포함시켜 집계한 결과 공식 통계상 실업자 수가 급증했다고 설명해 주었다. 앞서 콜 총리가 이끄는 기민당 정부 때만 해도 기초 복지 수당 수급자를 제외하고 실업자 수를 집계해서 통계의 정확성이 떨어졌다는 말도 했다. 그걸 바로잡자 온 나라가 아수라장이 되었다. "우리는 한 치의 의혹도 없이 투명하게 실업자를 집계하려고 했습니다. 그 때문에 슈뢰더 정권이 무너지기는 했지만요." 그가 씁쓸한 어조로 말했다.

그러나 어젠다 2010 및 임금과 관련한 뒷거래 덕분에 곧바로 실업자 수는 300만 명 이하로 하락했다. 금융 위기가 닥친 후인 2009년 12월이 되어서야 300만 명을 넘어섰을 뿐이다. 사민당 정부가 안간힘을 쓰면서 실업률을 낮춰 놓았고 여러 제도 개혁의 밑거름을 마련했건만 정작 그 공은 슈뢰더의 후임자인 앙겔라 메르켈에게 돌아갔다고 생각하니 기분이 묘했다.

내가 독일에 잠시 들렀던 2009년 4월은 총선이 겨우 5개월 남은 시점이었다. 연정의 하위 파트너이던 사민당은 메르켈이 마거릿 대처처럼 되지 않게 감시하는 한편 총선에서 승리해 그녀를 총리직에서 끌어내릴 궁리를 하느라 여념이 없었다. 그러나 당시 사민당 안팎의 사정에 비춰 볼 때는 역부족이었다. 제 딴에는 잘해 보려고 잔뜩 시도는 했으나 본전도 건지지 못한 채 욕만 먹는 궁색한 처지에 놓여 있었다. 게다가 연정에 참여하고 있던 터라 메르켈을 대놓고 비판하지도 못했다. 좌파의 눈에는 사민당이 원칙과 신념을 저버린 것처럼 보였다. 연립정부의 제2당으로서 언제 존재감을 잃어버릴지 몰랐다. 어떤 변호사가 내게 "사민당의 이미지는 불분명해요."라고 말했던 그대로였다.

사민당, 너는 누구 편이냐?

좌파라면 누구나 이렇게 묻고 싶었을 것이다.

5개월 후 사민당은 총선에서 패배했고 급기야 연립정부에서 배제된 채 야당으로 남게 되었다. 그동안 기민당과 연립정부를 꾸리면서 복지제도를 축소한다고 나섰는데 과연 그럴 만한 가치가 있었는지 의아했다. 지지자가 등을 돌리게 만든 것밖에는 한 일이 없었으니까. 무수히 욕을 먹으며 야심차게 추진한 어젠다 2010은 독일 경제가 되살아나는 데 별다른 역할을 하지 못했다. 독일 경제가 되살아난 건 대외 경제 여건이 좋아진 덕이었다.

W의 대학교 동창인 G가 어젠다 2010에 대해서 설명했다. "어젠다 2010이 대단한 점은 모든 사람이 입을 다물게 만들었다는 점입니다."

경영자들조차 입을 꽉 다물고 아무런 말도 하지 않았단다.

"언론이 제일 문제였어요. 어젠다 2010의 추진이 지지부진한 것을 비난하기 바빴지요." 그가 빙그레 웃으며 계속했다. "그렇게 떠들어 대던 기자들 중 일부는 지금 일자리를 잃었어요. 그래서 이제는 안전망에 대해서 입이 마르게 칭찬합니다."

G는 겉보기와 달리 복지제도가 별로 축소되지 않았다고 했다. "어찌 보면 안전망이 전보다 더 튼튼해진 것 같아요." 그가 이렇게 말한 근거를 몇 가지 살펴보자.

실업 | 18개월이 지나도 실물경제가 회복되지 않으면 임금을 보전 받던 노동자는 자동적으로 기초 복지 대상자가 된다. 그런데 사민당은 기초 복지 수당을 올렸다. 이것은 복지제도를 '더욱 소중히 여기게 만드는' 가외의 효과를 낳았다. 내 친구 사이먼은 이 일을 두고 "사민당이 기초 복지 수당을 인상한 후 온갖 사람들이 아귀다툼을 벌이며 신청하자 나라가 발칵 뒤집혔지."라고 말했다. G 역시 "자녀가 두 명이면 기초 복지 수당만 받아도 직장 다니면서 일하는 것보다 더 나을 수도 있어요."라고 했다. 내가 눈을 휘둥그레 뜨자 그는 혹시 오해를 사지 않을까 걱정되었는지 말을 바로잡았다. "아, 아니에요. 정확히 말해서 자녀가 셋 정도는 있어야 합니다."

너무 부러운 나머지 그의 말을 끊고서 정말 그러냐고 묻고 싶었다.

여기는 유럽이다. 독신 남성도 복지 혜택을 누릴 수 있다. 그러면 왜 좌파는 분노하는 것일까?

"18개월 후에는 실업수당을 깎고 기초 복지 수당을 올려줌으로써 일자리를 가졌을 때 각종 분담금을 납부했던 '선량한' 장기 실업자와 한 번도 일자리를 가진 적 없는 '불량한' 장기 실업자를 동급으로 처리하는 결과를 낳고 말았거든요." W가 설명해 주었다.

예를 들어 내가 고딕 성당을 짓는 데 한몫했던 석공이라고 해 보자. 일하던 동안에는 낼 것 다 냈으나 지금은 실업자 신세이다. 그런데 평생 일을 해서 임금을 받은 적이 한 번도 없는 자칭 '예술가' 미즈 Q와 졸지에 똑같은 실업자로 분류되기에 이르렀다. 순전히 바뀐 정부 정책 때문이다. 그렇지 않아도 자존심이 상할 대로 상한 상태에 있는 장기 실업자에게 미즈 Q와 같은 얌체 실업자와 동일한 대열에 선다는 것은 모욕적인 일이라는 게 좌파의 주장이다.

대략 그렇게 짐작했다. 그런데 미국인인 나로서는 일자리 유무에 상관없이 평생 일정한 소득을 보장받는다는 사실이 더 놀라웠다.

연금 | 연금이 점점 줄어드는 것을 지켜보는 것은 기분 좋은 일이 아니다. 그러나 W는 이렇게 설명했다. "20대 젊은이가 일을 해서 받은 임금의 30퍼센트를 은퇴자의 연금을 보전하는 데 내라고 할 수는 없었습니다."

나는 연금 제도가 순조롭게 굴러갈 것이라는 순진한 생각에 빠져 있었는데 독일은 미국과 달리 근 30년 가까이 미해결 상태로 있는 기술적인 문제가 '진짜로' 있단다. 그래서 과거에는 적립된 연금으로 근로소득의 67퍼센트를 보장해 주었지만 이제는 50퍼센트를 겨우 넘긴 금액만을 보장해 준다. G는 "그렇다고 사정이 아주 나빠진 것만은 아닙니다."라고 보충설명을 해 주었다. 왜 그럴까?

"새로운 시스템에는 세 개의 기둥이 있습니다. 근로소득의 50퍼센트를 보장해 주는 공공 연금이 그 첫째입니다. 둘째로, 단체교섭을 통해 확보되는 연금도 있습니다. 이것은 보장률이 더 높은 편입니다. 셋째가 개인연금입니다. 급여의 4퍼센트를 떼어 적립할 수 있지요." 그래서 독일인은 평균적으로 근로소득의 67퍼센트에서 70퍼센트를 연금으로 받을 수 있다는 게 G의 주장이었다.

당연히 사람들은 더 오래 일하려고 한다. 그러나 55세에 퇴직하거나 2년 동안 자발적 '실업자' 생활을 한 후 공식적으로 57세에 퇴직하는 사람들도 있었다. 혹시 노년에도 제대로 쉬지 못하는 것은 아닌가? 네 명의 독일인 친구 중 세 명으로부터 "그렇지 않다."는 대답을 들었고, 한 명으로부터는 "처지에 따라 그럴 수도 있다."는 대답을 들었다. "저희 아버지는 55세에 퇴직했습니다. 노후 자금이 충분하다고 생각해서 자원봉사에 적극 참여했어요. 하지만 삼촌은 자원봉사는커녕 제대로 쉬지도 못하고 다른 일을 해야 했습니다." 예외적인 대답을 한 친구는 그렇게 부연 설명을 했다.

독일에는 중공업 분야에서 일하는 노동자가 많기 때문에 신체 에너지의 고갈에 민감하게 반응할 수도 있겠다는 생각이 들었다. 그래서 또 다른 사민당 당직자에게 물어봤다. "지금은 55세가 넘어도 무리 없이 일할 수 있는 세상인데 독일 사람들이 55세에 퇴직하는 것은 신체 에너지가 바닥나서 그런 게 아닙니까?"

그는 즉시 내 말에 반박했다. "정신 에너지가 먼저 고갈됩니다. 우리가 그런 것 하나 생각 못했을 것 같습니까?" 내 생각은 쓸데없는 기우였다. 독일은 퇴직 연령을 67세로 늦췄다.(물론 2년의 자발적 실업 기간이 없으면 65세가 될 수도 있다.) 그러나 이렇게 퇴직 연령이 늘어났다고 해서 일을 더 많이 해야 한다는 의미는 아니다. 전과 다름없이 일하되 휴가를 더 자주, 더 오래 가는 등 그 속도를 조절할 수 있다.

이런 이야기를 들으며 내가 살아가는 꼴을 보니 한심했다.

나도 80세까지 속도를 조절하며 유유자적하게 일하고 싶다. 그러나 미국의 사회보장제도는 이것저것 다 긁어모아 봤자 근로소득의 최대 38퍼센트밖에 보장해 주지 않는다. 그마저도 제대로 보장받지 못하는 사람들이 더 많다. 단체교섭을 통해 추가로 연금을 보장받은 사례는 그야말로 가뭄에 콩 나기이다. 노후에 대비해서 한 푼도 저축하지 못한 사람들이 너무나 많다. 게다가 2008년 금융 위기로 401(k)에서 1조 달러 가까운 돈이 사라졌다.

나는 2009년 1월과 2월 일리노이 주 하원의원 보궐선거에 출마하면서 유권자들을 가가호호 방문한 적이 있다. 한마디로 충격 그 자체였다. 할머니들이 한 달에 600달러의 생활비로 살아가고 있었다. 정말이다! 미국 사회에서 한 달에 600달러로 산다는 게 어떤 건지 상상이 되는가? 게다가 이런 할머니들은 '빈곤층'으로 분류되지도 않는다. 할머니가 사는 집을 돌아다니며 문을 두드리고는 "적어도 근로소득의 50퍼센트는 보장받을 수 있도록 각종 사회보장제도를 확충해야 합니다. 할머니, 사회보장제도의 혜택을 더 받으셔야 합니다. 더 많이요."라고 말했다.

어느 연약한 할머니는 무슨 말인지 잘 몰라 나를 물끄러미 바라보더니 나중에는 내 소매를 부여잡고 "아, 그러면야 더할 나위 없이 좋지요."라고 말했다.

그 할머니의 절실한 눈빛을 잊을 수 없다. 미국이라는 나라가 사회보장제도를 확충할 여력이 없는 것은 아니지만 지금으로서는 정치적 환상에 그치고 마는 현실이 안타깝다. 독일의 한 사민당 간부는 내게 이런 말을 했다. "퇴직자들이 어쩌면 더 유복해요. 그들은 대부분 현업에 종사하던 때보다 돈을 더 많이 벌고 있답니다."

중소기업을 지원하는 국영 은행 슈파르카세

복지 이야기는 이만하고 다른 쪽으로 시선을 돌려 보자. 독일은 은행의 관리 및 감독도 빈틈없이 해 왔다. 미국이 금융 위기에서 배울 수 있는 교훈 중의 하나는 독일의 슈파르카세(Sparkasse)와 유사한 국영 은행을 도입해야 한다는 점이다. 국가가 운영하고 제조업 일자리에 투자하는 그런 은행 말이다.

독일 슈파르카세를 속속들이 알려 주는 책을 썼어야 했는데 그러지 못해 아쉽다. 슈파르카세는 중소기업에 구제금융을 지원하는 국영 은행이다. 가진 것이라고는 기술밖에 없으나 전도가 유망한 중견 기업이 일시적인 자금 압박에 시달리기라도 하면 즉시 구제금융을 지원해 준다.

"그래 좋아. 그러나 정치권의 입김이 작용하지 않을까?" 이런 의문을 품는 사람이 있을 것이다.

당연히 그렇다. 내 친구 V가 말한 대로 슈파르카세는 지역의 정치인과 밀접한 관계를 유지하기 때문에 지역의 실정을 속속들이 파악하고 있다는 게 장점인 반면 스캔들도 있을 수 있다. 그렇다 해도 미국처럼 운영되지는 않는다. 신용 스왑과 파생 상품 대신 고숙련 제조업에 자금을 지원하는 본연의 임무를 저버리지 않는다는 말이다.

사민당 간부에게 "슈파르카세도 민간 은행처럼 신용카드를 발급합니까?"라는 질문을 던진 적이 있다. 그는 아무 말 없이 지갑에서 신용카드를 꺼내더니 "내 것을 보세요."라고 했다. 주변의 다른 사람들도 신용카드를 보여 주었다. 슈파르카세는 벌어들이는 것 이상으로 돈을 쓰거나 외상으로 물건을 구입해 높은 이자를 부담하는 것을 용납하지 않는다. 독일인 친구 하나는 신용 한도를 넘겨 카드를 긁어 대면 가혹한 제재가 뒤따른다고 알려 주었다.

"정말로 그래요? 이자율이 얼마나 되는데요?"

"아주 높아요. 한 11퍼센트 정도 되려나?"

내가 알기로 독일인은 수익률이 낮은 제조업에서 벌어들인 돈으로 수익률이 높은 금융업을 키우는 짓은 하지 않는다. 미국은 정반대이다. 다양한 고리대 수법을 동원하고 온갖 명목의 숨은 수수료를 부과하여 이용자에게 바가지를 씌운다.

"슈파르카세도 민간 은행 뺨치게 높은 이자율로 대출해 줄 때도 있어요." 어떤 독일인 친구가 한마디 덧붙였다.

나는 "그렇겠지요. 하지만 민간 은행은 슈파르카세가 정해 놓은 이자율보다 더 높게 받기가 어려울 텐데요."라고 말했다.

"맞아요. 민간 은행은 입만 열면 불평을 합니다. '우리가 슈파르카세와 경쟁한다는 것은 불공정하기 짝이 없는 일이다. 슈파르카세는 정부가 손실을 메워 주니까 아무런 걱정을 하지 않는다.'라고 말이에요."

불공정하기는 하다. 확실히 사회민주주의 국가답다. 미국은 은행에 관한 한 '공적 대안'인 국영 은행을 용납하지 않는다. 독일 정부가 슈파르카세를 든든하게 보살펴 주는 것처럼 미국 정부도 민간 은행에 구제금융을 지원했다는 말을 들어 보았는가?

한마디로 독일에서는 저수익 제조업에 대한 투자는 기피하고 고수익 금융업에만 투자하는 것이 아니다. 또 기계를 만지는 제조업 노동자여서 대출을 받지 못해 파산하는 광경도 보기 힘들다. 하지만 시카고에서는 제조업체가 망하기라도 하면 몇 푼 안 되는 연금을 둘러싼 노동자들의

소송 의뢰가 밀려와 나는 정신을 못 차린다. 미국에 슈파르카세 같은 금융 기관이 없어서 가난한 노동자가 골탕 먹는 일이 얼마나 많은가?

볼프강 슈트렉은 역사가 오래된 대형 민간 은행이 제조업에서 자금을 빼내려고 하기 때문에 독일 모델이 위기에 처할 것이라고 생각했다. 현재 자본은 전 세계를 무대로 자유롭게 움직이고 있다. 고수익을 얻을 수 있는 곳이라면 어디든지 간다. 슈트렉의 말은 넓은 시야에서 보면 옳을지도 모른다. 하지만 금융 시스템이 어디서나 완벽하게 '글로벌'한 것은 아니다. 독일에는 금융 상품의 테두리 밖에서 움직이는 자본이 충분하기 때문에 독일 모델이 살아남을 수 있는 것이다.

곰곰이 생각해 보면 핫머니가 활개를 치도록 내버려 두지 않았다는 사실, 프랑크푸르트가 뉴욕이나 런던과의 경쟁에서 '뒤로 밀려났다'는 사실 덕분에 독일 모델은 살아남았다. 독일이 금융업에 눈을 돌렸더라면 지금보다 더 많은 글로벌 금융 자본을 유치했을 것이다. 하지만 그러지 않았던 게 전화위복이 되었다. 독일에서는 금융 부문이 지나치게 비대해지고 거품이 끼는 일이 없다. 또 은행원이 멀쩡한 사람을 꼬드겨 무리하게 대출을 받게 하거나 빚낸 돈으로 낭비와 사치를 일삼다 결국 빚더미에 올라앉은 사람도 찾아보기 힘들다.

미국인은 독일이 금융 부문에서 뒤처졌다고 손가락질 하며 놀려 댔으나, 사실 그때 독일은 정말 운이 좋았던 것이다.

금융 위기를 겪은 이후에도 직장평의회는 여전히 무사하다. W는 "직장평의회는 그 가치를 진정으로 보여 주었습니다."라고 말했다. G도 비슷한 말을 했다. "인력개발부는 호경기에는 일하기 참 좋지만 위기가 닥치면 마음이 괴롭기 짝이 없는 부서지요. 일자리를 줄이라는 소리를 자주 듣습니다. 이럴 때면 직장평의회는 해고되는 사람이 없도록 최대한의 노력을 기울입니다."

"그렇다고 늘 성공하는 것은 아니잖아요. 불가피한 출혈도 있을 텐데요."

"그렇기는 하지요. 하지만 적어도 프랑스처럼 하지는 않습니다. 노동자를 인질로 삼아 협상하는 짓 따위는 안 합니다."

노사공동결정제도 역시 별 탈이 없다. G는 "노사공동결정제도는 독일 최고의 수출품이 되었다고 감히 선언할 수 있습니다."라고 말했다.

"물론 완벽하게 안전하다고는 볼 수 없어요. 유럽 통합으로 인해 행여나 노사공동결정제도가 흔들리지 않을까 긴장하고 있는 형편입니다."

예컨대 유럽의회가 새로 제정한 법에 따르면 '전 유럽을 무대로' 활동하는 기업은 그 본사가 위치한 나라의 노동법을 선택해서 적용받을 수 있다. G는 설명을 덧붙였다.

"우리는 알리안츠(Allianz)나 바스프(BASF)가 노사공동결정제도를 피하기 위해 영국으로 본사를 이전하는 사태가 벌어지기를 원치 않습니다. 그래서 영국 정부와 협상을 했습니다. 노사공동결정제도를 유지시키는 한 노동시간은 영국 법의 적용을 받도록 하겠다고 말입니다."

기민당, 믿어도 될까?

이것이 내가 2009년 베를린 방문 때 보고 들은 것들이다. 이것들이 독일 모델이 살아남으리라는 확신을 심어 주기에 충분할까? 그렇지 않다.

두 가지 걱정거리가 있다.

첫째, 내가 미국으로 돌아오고 나서 치러진 독일 총선에서 기민당이 승리했다는 점이다! 2009년 9월 27일 총선 당일 오후 3시경에 승부가 판가름 났음을 알게 되었다. 선탠을 하고 부유한 티가 나는 뮌헨의 여피들이 환호하는 광경을 온라인으로 보았다. 속이 무척 쓰렸다. 차를 몰고 정처 없이 돌아다녔다. BBC를 틀었으나 기민당의 승리는 대단한 뉴스거리가 아닌 듯 단신으로 보도되었다. 시카고에서는 독일의 선거 결과에 관심을 기울이는 사람을 찾기 힘들었다. 베를린에서 흔히 보이는 카페와 최대한 비슷한 곳에 들어가 충격받은 마음을 달랬다. 왜 사민당이 패배했을까? 유럽 전역에서 자본주의가 흔들리는 소리가 요란한데도 좌파는 실패하고 만 것이다. 기민당과 기민당보다 더 신자유주의적인 자유민주당(자민당)이 압승을 거두기 몇 달 전, 베를린에서 보낸 마지막 날에 S와 함께 아침 식사를 하며 나눈 대화가 생각났다. 독감에 걸린 그는 미국에서 막 귀국한 참이었다.

"왜 사민당은 갈피를 못 잡고 있는 거지?" 내가 물었다.

"지금은 금융 위기 때문에 변화를 겪는 중이라서 그래. 문제는 어느 진영이 이 위기를 슬기롭게 헤쳐 나갈 수 있느냐, 이거지. 유럽 대부분의 나라를 보면 중도좌파 성향의 국민이 대다수인데 정작 정권을 잡는 쪽은 우파야. 이런 현상을 어떻게 설명할 수 있을 것 같아?"

"아, 어떻게 설명하지?"

미국행 비행기 시간이 얼마 남지 않아 초조했다.

"먼저 꼽을 수 있는 게 유럽의 여러 사회민주주의 정당에 참으로 곤란한 시기에 금융 위기가 발생했다는 점이야. 말하자면 신자유주의자와 뒤얽혀 있으면서 노선의 차별성을 미처 부각시키지 못하는 사이에 금융 위기가 찾아와 한 방 먹은 거지."

"그래, 그동안의 노선을 보면 너무 시장 친화적이었어."

"그리고 두 번째 이유는 좀 더 간단한 것이기는 한데 비례대표제에서 찾을 수 있을 거야." 그의 지적에 따르면 비례대표제는 영국을 제외한 대부분의 유럽 나라 헌법에서 택하고 있는 의원 선출 방법이다. 여러 정당이 의회에 진출할 수 있다는 게 그 특징이다. 이 제도는 좌파보다 우파에 더 유리하다. 왜 그런가?

"기민당은 30퍼센트 정도만 득표해도 군소 정당과 연립하여 정권을 쉽게 잡을 수 있거든." 군소 정당 중 대표적인 게 뮌헨의 여피족이 지지하는 신자유주의 노선의 자민당이다. 그는 말을 이어 갔다. "그러나 사민당은 30퍼센트의 득표율을 올린다 해도 다른 좌파 정당과 연립하여 정권을 잡기가 힘들어."

녹색당이 총선에서 선전하면 그래도 연립 정권의 파트너로 삼을 만하지만, 극좌파 노선을 걷는 좌파당(Die Linke)이 세를 키우면 상황만 더 복잡해진다는 게 그의 말이었다. 시사 주간지 『타임(Time)』의 칼럼니스트 마이클 킨슬리(Michael Kinsely)의 지적이 생각났다. 그는 우파는 전향자를 환영하지만 좌파는 이단자를 매도하기 바쁘다는 말로 좌파의 분열을 꼬집은 바 있다.

게다가 좌파당은 단일한 정치 세력이 만든 당이 아니다. 구공산당 잔존파, 오스카어 라퐁텐과 함께 사민당을 뛰쳐나온 사민당 탈당파, 그리고 '반세계화주의자' 진영의 청년 그룹, 이렇게 세 정파가 연합하여 만든 당이다. 이들 세 정파의 노선은 극과 극을 오간다. 이를테면 구공산당은 매우 국수주의 노선을 취하지만, 반세계화주의를 표방하는 청년 그룹은 독일이라는 나라를 해체해야 한다는 극단적인 주장까지 내놓는다. 라퐁텐의 명성과 정치력이 없었다면 도저히 한 자리에 있기 힘든 세력들이다.

더구나 사민당이 기민당 주도하의 연립 정권에 참여한 탓에 기민당을 대놓고 공격하지 못하는 사이 좌파당이 세력을 점점 더 키우고 발언 수위를 높이면서 상황은 점점 더 꼬이기만 했다. 2004년 존 케리(John Kerry)가 민주당 의원을 이끌고 부시와 체니의 하위 파트너로서 연립 정권을 세웠다고 가정한다면 이해가 쉬울 것이다.

끙, 신음소리가 저절로 나왔다.

S는 이어 사민당과 좌파당의 전반적인 역학 관계 이외에도 각각의 내부 문제 때문에 서로 연립하여 정권을 잡는다는 게 만만치 않은 일임을 강조했다.

"먼저 구공산당은 과거의 학살에 대해 용서를 빌어야 해." 적어도 베를린 장벽을 넘던 사람들에게 총질을 해 댄 일은 사죄하고 넘어가야 한다.

"라퐁텐 문제 역시 어떤 식으로든 해결하고 넘어가야 하고. 알겠지만 사민당은 유구한 역사를 자랑하는 정당이야. 그만큼 자부심도 강하지. 사민당-녹색당 연립 정부 초기에 라퐁텐이 지지 세력을 이끌고 탈당한 일을 아마 절대 용서하지 않을 거야. 사민당이 가장 취약했던 시기였거든."

두 가지 중 어느 것도 이루어지지 않았다. 따라서 사민당이 좌파당과 연합하여 선거에서 승리할 가능성은 없었다. 독일 금속노동조합은 중립을 지켰고 심지어 일부는 좌파당을 지원하기도 했다.

아! 나의 좌파 정당 사민당이 어떻게 해야 정권을 되찾을 수 있을까?

실망하지 말자고 생각했다. 어쨌거나 콜 총리가 영국의 메이저 총리와 노동자 경영 참여를 둘러싼 견해 차이로 언쟁을 벌였던 때는 기민당 집권 시절이었다. 1997년 독일을 여행했을 때도 기민당이 정권을 잡고 있었다. 또 착실한 가톨릭교도로서 나는 유럽의 여러 기민당이 교황의 노동회칙을 토론하는 스터디 그룹이나 북 클럽에 그 뿌리를 두고 있다는 기억도 떠올려 보았다. 사회적 시장경제를 처음 주창한 정당도 기민당이었고 직장평의회를 처음 고안해 낸 것도 기민당이다.

이러한 기민당의 뿌리는 가톨릭교회이고, 가톨릭교회는 유럽식 모델을 떠받칠 이해관계를 가지고 있다. 첫째로, 유럽 모델은 교회가 존재하는 제3세계, 제4세계에 자금 지원을 해 줄 가능성이 미국 모델보다 더 높다. 둘째로, 적어도 독일에서는 세금의 일부를 직접 교회에 납부하도록 한다. 교회에 직접 출석하는 적극적인 신자가 극소수인데도 말이다. 독일인이면 누구나 소득신고서 한구석의 확인란에 가톨릭교회와 루터파교회 중 어느 하나를 표시하는 방법으로 원하는 곳에 자금을 지원할 수 있다. 예전에 가톨릭 신자인 아내와 결혼한 개신교 신자 은행원으로부터 이런 말을 들었다. "저는 하느님을 믿지 않는데도 두 교파에 세금을 내고 있습니다."

나는 무척 충격을 받았다. 가톨릭 신부인 친구 레오에게 물어보았다.

"교회에 세금을 낸다는 것에 대해 어떻게 생각해?"

"글쎄, 신부가 아니라 미국인으로서 보면 말도 안 되는 일이라고 할 수 있지." 그가 말했다.

"내 생각도 그래."

이제 달리 생각해 보기로 했다. 물론 교회와 국가가 분리되어야 한다는 주장을 지지하지만 세금으로 교회를 지원할 때의 장점도 따져 봤다.

미국 가톨릭교회와 유럽 가톨릭교회의 결정적 차이는 무엇일까? 누구에게 헌금을 받는가이다. 미국인은 세금으로 교회를 지원하지 않는다. 그래서 교회는 이를테면 성자 같은 노트르담대학교 총장 테드 헤스버그(Ted Hesburgh) 신부에게 대들 정도로 버릇없는 우파 졸업생 부자나 출세한 사람들에게 막대한 헌금을 받으려고 기를 쓴다. 따라서 미국 교회의 관점에서는 민주당 존 케리에게 투표하는 것은 대죄를 짓는 것이나 마찬가지이다.

하지만 독일 교회는 미국 교회처럼 공화당의 낙태 반대자에게 헌금을 받지 않아도 된다. 국가, 즉 좌파 복지국가로부터 직접 헌금을 받기 때문이다. 독일의 교회는 비교적 좌파와 친한 편이다. 그러기에 교황 베네딕토 16세가 교황이 되기 전 대주교로 재직했던 뮌헨 교구의 현 대주교인 라인하르트 마르크스(Reinhard Marx) 같은 이는 그 옛날의 마르크스와 마찬가지로 CEO의 연봉 인상, 아웃소싱, 완만하게 벌어지는 독일의 빈부격차를 통렬하게 꾸짖는 자기 나름의 『자본론』을 쓸 수 있었다. 노트르담대학교의 졸업생에게 헌금을 구걸할 필요가 없다는 사실 덕분에 마르크스 대주교는 거침없이 사회적 발언을 할 수 있는 것이다.

뭐, 그렇다고 마르크스 대주교의 주장에 대해서 마르크스주의의 관점에서 설명할 생각은 없다. 단지 초기 기독교인이 그랬듯이 대주교 역시 자유롭게 있는 그대로의 진실을 말한다는 점을 지적할 따름이다.

사회민주주의를 위협하는 것들

이제 두 번째 걱정거리에 대해서 말할 차례이다. 솔직히 말해서 기민당과 자민당이 정권을 잡는 것보다 더 걱정되는 게 노동의 쇠퇴이다. 좀 더 정확하게 말하면 노동계약을 맺고 일하는 노동자가 줄어드는 것이 훨씬 더 심각한 문제이다. 나의 멘토 샘 비어 선생은 틈만 나면 "노동계약만 제대로 맺도록 해도 절반의 복지국가에 도달할 수 있다."고 강조했다. 옛날 뉴딜주의자들도 그렇게 생각했다. 고용주가 안전망을 제공하기 때문에 노동자가 어려운 처지에서 벗어날 수 있는 것이다.

독일은 누가 뭐래도 절반의 복지국가 이상이다. 하지만 예전 방식대로 지역별 임금 협상의 혜택을 누리는 독일 노동자 수는 점점 줄어들고 있다. 직장평의회에 속한 사람은 더 늘었을 텐데도 말이다. 노사공동결정 제도가 강고하게 유지되고 있다 해도 지역별 임금 협상 결과가 적용되는 노동자의 수가 감소함에 따라 불평등이 심화되는 중이다. 그래서 아동 빈곤을 방지하고 빈부 격차를 메우기 위해 세금을 더 많이 걷어야 한다.

1991년만 해도 독일의 산별 노동조합이 사용자와 체결한 임금 협약은 민간 부문 노동자의 (무려!) 90퍼센트에 직간접적으로 적용되었다. 그 당시 미국은 8퍼센트에 그쳤다. 그러나 현재 독일의 산별 노동조합이 체결한 임금 협약은 민간 부문 노동자의 60퍼센트에만 적용되고 있다. 이 수치 역시 대단하지만 과거에 비하면 큰 폭으로 하락한 것임에는 분명하다. 더구나 복지국가, 혹은 한 발 양보해서 거둬들인 세금을 갖고 복지를 완전히 책임질 필요가 없는 '자유' 복지국가에서 이렇게 큰 폭으로 하락했다는 것은 문제가 아닐 수 없다. 이것은 '복지 시스템' 밖에서 살아가는 사람들, 또는 독일 주식회사의 사각지대에 놓인 사람들이 점점 더 늘어난다는 것을 의미한다. 사민당은 현재 바짝 긴장하고 있다. 기존 지지 세력의 일부가 좌파당으로 넘어가거나, 미국인처럼 사회와 선거에 무관심한 풍조가 나타날지도 모른다는 우려 때문이다.

이것이 바로 사민당의 위기였고 그들도 잘 알고 있었다. 그날 금요일 오후의 대화에서도 W와 G는 사민당이 위기에 처해 있다는 사실을 분명히 인식하고 있었다. 특히 W는 어젠다 2010에 관한 설명을 하다 노동조합에 대한 불평을 털어놓았다. "매달 노동조합 회보를 받아 봅니다. 하지만 매번 똑같은 어조로 정치인 욕하는 내용만 있어서 거들떠보기도 싫어요. 다 좋아요. 하지만 노동조합이 노동자를 조직하기 위해 어떤 노력을 기울이고 있는지 알려 주면 좋겠어요."

사회민주주의를 지키고자 애쓰는 사민당 출신 공직자로서 느끼는 문제의식이리라.

"노동조합이 구체적으로 무엇을 해야 하나요?" 내가 물었다.

그는 잠시 침묵을 지켰다. "내가 사무실을 나와 퇴근할 무렵이면 건물의 경비원이 하나둘 눈에 띕니다. 그들 중 몇 명이나 노동조합에 가입해 있을까요? 백 명 중 한 명꼴일 겁니다. 아니 그 이하인지도 모르지요. 노동조합이 왜 그들을 조직하지 않는지 답답할 따름입니다."

나도 워싱턴 D.C.에 돌아가면 노동조합 고위 간부를 만나 회보에 관한 불평을 늘어놓고 노동조합이 경비원을 조직하지 않는 이유를 물어보고 싶다는 생각이 들었다.

그날 사민당 출신 공직자인 W와 G로부터 사민당은 독일인에게 주권의식(sense of power)을 불어넣을 새로운 방식을 끊임없이 고민한다는 이야기를 듣고 감탄을 금치 못했다. 그 대상자는 주로 독일 주식회사의 사각지대에 놓인 사람들 또는 직장평의회에 가입할 수 없는 사람들이었다.

예컨대 베를린 시에서는 전화번호부에서 무작위로 주민을 뽑아 지역 단위 소규모 프로젝트 추진위원으로 위촉했다. 그 일체의 비용은 물론 정부가 부담했다. "그렇게 뽑힌 주민들은 정부 관료가 추진하는 식의 대규모 사업이 아니라 소규모 사업에 자금을 지원하고자 했습니다."라는 게 W의 설명이었다. 솔 알린스키(Saul Alinsky)* 추종자인 친구 L은 이 사례를 듣고는 놀랐다. 상상 속에서 그리던 일이 실제로 일어났기 때문이다. 사민당은 이 밖에도 많은 사람들이 다양한 수준에서 정치권력을 직접 행사해 보는 여러 방법을 시도하는 중이다.

평생 한 번쯤은 전화번호부에서 무작위로 뽑혀 어떤 프로젝트를 책임지고 추진할 권한을 갖는다고 상상해 보라. 기분이 어떻겠는가?

2005년 독일을 다녀온 직후, 내게 독일어를 가르쳐 주던 한국계 독일인 가정교사가 떠나게 되어 함께 커피를 마셨다. 베를린에서 프로듀서로 일하게 되었다고 했다. 나와는 반대로 그녀는 독일 모델에 시큰둥한 편이었다. 몇 가지 수당을 보장받는다 해도 프리랜서인 자신에게는 크게 도움되는 게 없다고 했다. 이런 그녀에게 노동자 경영 참여는 무엇을 의미할까? 그녀로서는 어쩌면 사람들이 더 많이 해고되는 편이 더 유리할지도 모른다. 아무튼 그녀처럼 독일 주식회사를 먼 나라 이야기로 생각하는 사람들이 베를린과 구동독 지역에는 부지기수이다.

"선생님은 중심가인 미테에 머물고 계신 모양인데, 우반 중에서도 7호

---

* 미국의 급진적인 빈민 운동가로 현대적 공동체 조직 방법을 만들었다.

선을 타거나 여기저기 걸어 다녀 보세요. 베를린 실정이 어떤지 볼 수 있을 겁니다." 1997년에 이미 이와 비슷한 이야기를 들은 적이 있다. 그때 "이게 TV 프로그램〈10년 전 오늘 밤〉의 재방송은 아니겠지? 독일인들은 늘 그렇게 말하긴 하지만, 상황이 더 안 좋아졌다는 것만은 분명한 모양이네."라고 혼자 중얼거린 기억이 생생하다.

노동조합이 경비원이나 가사 도우미 등 미숙련, 미조직 노동자를 조직할 수만 있다면 여러 문제가 쉽게 풀릴 것이다. 미국에서는 이런 취약 직종에서 일하는 노동자들은 전미서비스노동조합(SEIU, Service Employees International Union) 등을 통해 조직할 수 있다. 그런데 독일은 그렇지 않다. 독일 금속노동조합 등 주요 노동조합에는 숙련 노동자, 대기업 조직 노동자가 주로 가입해 있다. 미숙련, 미조직 노동자의 권익을 보호할 노동조합은 미미한 편이다.

베를린의 우반 7호선을 타고 종점으로 가면 의외로 터키인보다는 '백인'이 주로 눈에 띈다. 이들은 주로 취약 직종에 종사하는데 독일 모델에 반감을 품고 각종 사회문제를 일으킬 우려가 있다. 또 이민자 출신 노동자를 적대시하면서 극우적인 주장에 동조할 가능성이 높다.

사민당은 이런 현실을 잘 알고 있다. 웨이터와 청소부, 개인 운전기사, 경비원 등 다종 다양한 서비스직 노동자를 그 출신과 상관없이 조직하는 데 실패한다면 독일 모델이 뿌리째 흔들릴지 모른다는 위기감을 절실하게 느끼고 있다. 결국 독일 사민당은 냄비에 닭을 담아 까다로운 손님에게 갖다 바치는 것뿐 아니라 손님이 냄비를 휘젓고 싶은 욕구까지 불러 일으켜야 하는 처지에 있다.

위기, 의욕의 위기이다. 의욕이 없다면 독일 모델은 살아남기 힘들 것이라고 생각한다.

현재 독일이 처해 있는 상황을 미국인이 100퍼센트 이해할 것이라고는 기대하지 않는다. 피부색, 또는 기독교 대 이슬람의 문제로만 바라보려고 할 게 틀림없다. 독일에 터키인 이민자가 더욱 늘어나 독일 모델이 이슬람의 도전에 직면하여 혼란에 빠지기를 비는 미국인도 더러 있다. 유럽의 다른 나라도 이슬람 민족이 주축인 이주 노동자 문제로 골머리를 앓고 있는 게 사실이다. 하지만 독일 금속노동조합이 진작부터 터키인 등 이주 노동자를 포용하고 있는 덕분에 (내 생각으로는) 노동자의 협상력이 약한 프랑스나 네덜란드에 견줘 보면 독일의 이주 노동자를 둘러싼 긴장은 그리 심하지 않은 편이다. 다른 식으로 표현하자면 노동자의 힘이 막강할 경우에는 이주 노동자는 심각한 문제가 되지 않는 법이다.

한편 다른 우발적인 요인 때문에도 독일의 이주 노동자 문제는 전망이 그리 어둡지 않다. 독일의 이주 노동자는 대부분 터키인이다. 터키는 일찍부터 근대화를 추진한 데 힘입어 현재는 EU식 나라로 자리 잡았고, 조만간 EU에 가입할 가능성도 있다. 더구나 터키는 독일의 식민지가 아니라 동맹국이었다. 이 두 나라가 힘을 합쳐 '아라비아의 로렌스'를 추적해서 잡아 낸 역사도 있지 않은가?

터키인이 독일 시민이 되는 것을 싫어하는 독일인도 상당하다. 하지만 내 좌파 친구 레오가 지적하듯이 그것은 "얼마든지 다른 식으로 해결할 수 있는 문제"에 지나지 않는다. 터키인은 대부분 독일의 시민이 되기를 강력히 바란다. 그런데 프랑스는 사정이 좀 다르다. 파리 시내를 돌아다니다 이주 노동자가 차별당하는 광경을 보고 "어, 저런 짓은 지나친 것 아닌가?"라고 고개를 갸웃거릴 사람이 있을 것이다. 프랑스가 알제리의 독립을 저지하기 위해 벌인 전쟁 등 과거의 제국주의적 행태를 돌이켜본다면 결코 놀랄 만한 일이 아니다.

독일인은 터키인을 본국으로 되돌려 보내지 않을 것이다. 많은 독일인이 "터키인이 없으면 영세 소기업을 운영할 수가 없다."고 말할 것이다. 독일인이 미국인보다 더 인종차별적이라고 잘라서 말할 사람은 아무도 없다. 술집에서나 오갈 그런 수준의 이야기이다. 아무래도 미국은 이민자들이 모여서 세운 나라인 만큼 미국인보다는 독일인이 외국인 공포증을 더 강하게 느끼기 마련이지만, 그렇다고 거대한 감옥 안에 피부색이 다른 사람들을 함부로 가두지 않는다.

나는 직접 보고 들은 사실에 기초하여 다른 책에서 폴란드인은 독일인과 피부색이 같고 가톨릭을 신봉하는 데다 지리상으로 아주 가까운 곳에서 왔는데도 터키인 못지않게 멸시당하고 있다는 사실을 지적했다. 일부 무식한 독일인이 폴란드인을 깔보는 것을 보고 우쭐해할 미국인이 더러 있겠지만 대부분의 독일인은 쇼핑, 관광, 학위 취득을 목적으로 일시적으로 독일에 왔다 가는 폴란드인을 함부로 대하지 않는다. 그러면 미국은 어떤가? 폴란드가 이라크 전쟁과 아프가니스탄 전쟁에 모두 참전한 몇 안 되는 동맹국인데도 단기 여행하려는 폴란드인마저 방문을 막고 있다.

독일 모델을 위협하는 것은 이민자에 대한 반감이나 (미국처럼) 중산층의 전반적인 몰락이 아니다. 주변부 노동자들이 자기들의 이익을 대변할 노동조합 하나 만들지 못한 채 독일 주식회사에서 점점 더 많이 떠밀려 나가는 것이 독일 모델을 진정으로 위협하는 요인이다.

나더러 독일 모델을 포기한 채 토머스 프리드먼의 주장이 옳다는 내용의 책, 예를 들어 평평한 세계에서는 스리랑카 출신 노동자가 도르트문트의 독일 노동자보다 경쟁력이 앞선다고 주장하는 정책 지침서 같은 책을 쓰라고 하는 사람들이 간혹 있다.

그러나 "세계는 평평하다."는 말에는 현실을 반영하는 부분도 있지만 명백한 오류가 있다. 먼저 국제적 노동 분업이 존재한다는 이야기가 맞기는 하다. 독일도 그 한 축을 담당한다. 게다가 노동자가 각종 복지 혜택을 얻어 55세에 퇴직할 수 있도록 노동조합이 뒷받침해 주지 못한다는 이야기도 그릇된 것은 아니다. 그런 일은 1970년대 노동조합의 황금기에나 가능했다. 지금도 좌파당을 제외하고는 아무도 기대하지 않는다.

그러나 평평한 세계에서 독일 같은 나라의 경쟁력이 곧 사라질 것이라는 예측은 완전히 빗나갔다. 독일인으로 대표되는 유럽인은 고임금과 복지 혜택에도 불구하고 놀라울 정도로 경쟁력을 유지하고 있다. 게다가 국제적으로 경쟁이 치열한 부문일수록 독일의 노동자는 더욱 더 강한 경쟁력을 뽐낸다. 프리드먼의 주장이 얼마나 설득력이 없는가는 노동자의 조직화가 미미한 영역이 무엇인지를 보면 금방 이해될 것이다. 나는 사민당 간부와 이런 대화를 나눴다.

"수출 산업에서 노동조합 조직률은 80퍼센트, 심지어는 90퍼센트에 이르며 아무리 낮아도 60퍼센트 밑으로는 떨어지지 않습니다. 그러나 공공 부문이나 정부 부문에서는 노동조합 조직률이 40퍼센트에 불과해요. 창의 산업의 경우에는…." 그는 잠시 말을 멈추고서는 허탈한 웃음을 지었다. "0퍼센트입니다."

"서비스직 여성 노동자는 어떤가요?"

그는 한숨부터 내쉬었다. 그는 한때 노동조합의 간부였다. "그쪽에는 손도 대지 못하고 있습니다."

이 말은 나를 어리둥절하게 만들었다. 노동운동 세력이 강한데도 왜 저임금 노동자들에게는 손도 대지 못하는 것일까?

"토론도 열심히 해 봤지만 실질적인 해법을 찾아내지 못했습니다."

베를린이 독일에서 사회민주주의가 가장 취약한 이유가 바로 여기에 있었다. 1997년부터 되짚어 생각해 보니 베를린에는 유독 서비스직 여성 노동자와 프리랜서가 많았다. 그리고 비정규직으로 일하면서 정규직의 일자리를 비집고 들어갈 날만 기다리는 떠돌이 노동자의 수도 점점 늘어나기만 했다. 이런 노동자는 좌파당을 지지하다가 차선책으로 자민당을 지지할 수도 있고, 아니면 그 반대로 움직일 수도 있는 등 정치적으로 끊임없이 오락가락한다.

역동성이 사라진 미국 경제

약간 힘 빠지는 이야기를 했다. 나 자신부터 힘이 빠져 있기 때문에 그런 이야기를 주절주절 늘어놓았던 것인지 모른다. 그러나 여기에서는 어디까지나 유럽, 즉 노동자가 아직 자본의 힘 앞에 무릎 꿇지 않은 독일에 대해 이야기하고 있다. 이제 힘이 솟을 이야기를 해 보겠다.
　내가 올해 유튜브에서 본 것 중 가장 인상 깊었던 것은 독일의 많은 젊은이가 힙합풍의 노래를 배경으로 파업을 하는 동영상이다.
　그들은 독일 금속노동조합 소속 견습공들로서 베를린의 카페에서 봤던 어느 젊은이들과는 달랐다. 검은색과 하얀색 반코트 차림의 그들은 어느 소도시에서 야간 시가행진을 하고 있었다. 글로벌 대기업이 처음에 약속한 일자리를 요구하며 파업 중이었다. 비슷한 시기에 독일 금속노동조합은 밥 겔도프(Bob Geldof)*를 초청하여 록 콘서트를 열었는데 무려 5만 명 이상의 청년 노동자가 몰렸다.

---

* 영국의 가수로 1985년 아프리카 기아 난민을 위한 자선 공연 '라이브 에이드'를 기획해 노벨 평화상 후보에 올랐다.

나 같은 미국 변호사로서는 부럽기 짝이 없는 일이 또 하나 있다. 독일 금속노동조합의 청년 조합원, 즉 자발적으로 조합비를 납부하는 27세 이하의 젊은 노동자가 2008년의 경우 2007년에 비해 6퍼센트의 증가율을 보였다는 사실이다. 이로써 독일 금속노동조합은 20만 명 이상의 청년 노동자를 새로 거느리게 되었다! 공직 선거에 출마했을 때 청년을 상대로 선거운동을 해 봤자 시간 낭비라는 주변 참모들의 말을 귀에 못이 박히도록 들었던 나로서는 왜 이렇게 놀라운 일이 벌어졌는지 그 비결을 정말로 알고 싶다. 늘 노동운동을 욕하기만 하는 『파이낸셜 타임스』조차 기사에서 독일의 고숙련 청년 노동자들 사이에서는 노동조합에 가입하는 게 유행이 되었음을 인정했다.

왜 독일의 청년 노동자는 자발적으로 노동조합비를 납부하는 것일까? 앞에서도 말했듯이 누구보다 존 듀이가 이 현상을 제일 잘 설명해 줄 수 있을 것이라는 생각이 든다. 사민당 본부인 빌리 브란트 하우스 로비에 사진이 걸려야 하는 사람은 칼 마르크스가 아니라 존 듀이다. 듀이는 일찍이 학교가 실용적인 기술만을 가르치는 곳이 되어서는 안 된다고 말했다. 그 대신에 젊은 학생들에게 정치적으로 행동해야 하는 이유, 깨어 있는 시민이 되어야 하는 이유, 그리고 습득한 기술을 보호하기 위해 노동운동을 해야 하는 이유 등을 조목조목 설명해 주는 곳이 되어야 한다고 역설했다. 혹자는 노동조합 가입이 특정 산업에서는 일종의 '전통'이라고 말할지 모른다. 하지만 이 말은 젊은이들이 듀얼 트랙을 통과하면서 집과 학교에서 정치 교육을 받았다는 사실을 간과했다는 점에서 반쪽의 진실만을 담고 있다.

미국의 문제는 교육에 있다는 게 내 솔직한 생각이다. 지금처럼 어린 학생들에게 알량한 지식이나 실용적인 기술을 가르치기에 급급한 교육만을 지향해서는 안 된다. 그 대신에 어떻게 정치적으로 협상을 잘할 것인가에 주안점을 둔 교육에도 신경을 써야 한다. 그런 교육이 이루어진다면 유럽식 모델, 구체적으로 꼬집어서 말한다면 독일 모델이 실패했다는 이유로 거들떠보지도 않는 일은 더 이상 없을 것이다.

나는 사민당 본부에서 똑똑하다고 소문난 좌파 인물들을 두루 만났다. 그들은 고등학교 졸업 학력 수준인 중산층의 생활 방식을 보호하는 게 자기들의 임무임을 분명히 깨닫고 있었다. 그렇다. 중산층의 생활이 안정되거나 향상되는 것은 사회 안정의 불가결한 요소이다. 또 정치인이라면 누구를 막론하고 권력을 위임받은 사람으로서 책임지고 달성해야 하는 과제이기도 하다.

이런 말 하기는 정말 싫지만, 좋은 집안에서 곱게만 자란 케네디 스쿨 졸업생 같은 민주당 정치인(물론 존경할 만한 인물도 있다)은 성인 인구의 73퍼센트인 고졸 이하 학력자의 생활수준을 어떻게 하면 향상시킬 수 있을지 치열하게 고민하지 않는다. 차라리 래리 서머스가 마음에 든다. 그는 미국의 교도소 수감자 수가 세계 최고라는 사실에 얼굴을 붉히며 부끄러워할 정도의 양심은 갖고 있다. 물론 그는 결코 사민당에 가입하지는 않을 것이다. 독일어로 랩을 하며 파업을 벌이는 27세 이하 젊은이들의 모습을 보고도 아무런 감정을 느끼지 못할 것이다. 내가 만약 민주당 정치인이나 그 산하 싱크탱크 연구원에게 중산층을 도울 방도가 무엇이냐고 묻는다면, 그들은 대학교에 진학시키라는 말 이외에는 아무런 실질적인 해법을 제시하지 못할 것이다. 그러나 대다수의 미국인에게 그것은 해답이 아니며 따라서 헛된 짓을 하라는 말이나 마찬가지이다.

공화당은 물론 민주당마저 독일을 비난하며 무시했던 것들이 독일 중산층의 생활 방식을 떠받친다는 사실이 점점 더 분명해지고 있다. 그런데도 민주당 행정부는 월스트리트가 무너져 내리는 와중에도 독일인에게 독일 모델을 폐기하라고 연일 공세를 퍼부었다.

"독일 경제는 수출 의존도가 너무 높다."

"제조업보다는 서비스업에 더 신경을 써라."

언젠가 사민당 본부에서 일하는 K에게 바보 같은 질문을 했다. 독일이 수출을 중단할 수 있을까? 그는 대답했다. "왜 우리가 제일 역동적이고 혁신적인 경제 부문을 버려야 합니까?"

슘페터(Joseph Schumpeter)는 자본주의를 역동적으로 움직이게 만드는 것, 즉 '사라져 가는 투자 기회'로부터 자본주의를 구출해 주는 것은 기술혁신이라고 주장했다. 유럽의 사회민주주의자는 이 말을 새겨들었기 때문에 미국의 신자유주의자보다 자본주의의 역동성을 훨씬 더 깊게 이해한다고 볼 수 있다. 이 글을 쓰는 순간에도 민주당이든 공화당이든 미국의 정치인들은 금융 부문의 거품을 제거하고 미국 모델을 정비하여 자본주의의 제일 역동적인 부분과 결합하려는 노력에 손을 놓고 있다. 새로운 자본 장비를 도입하거나 신상품을 제조하려는 노력을 하지 않는다.

돈이란 돈은 다 빨아들임으로써 미국 제조업을 고사시키고 있는 금융 부문의 수익을 줄이려고 노력하라는 말이 아니다. 또 쪼그라드는 중산층의 살림살이를 개선할 조치를 취하지 못했다고, 무역 적자를 줄이는 데 실패했다고 정치인들을 꾸짖고 싶은 마음 역시 없다. 다만 보험회사만 더 살찌게 하고 제품 원가를 늘리는 방향으로 의료보험이 개악되어서는 안 된다는 이야기이다. 나는 민간 보험회사가 폭리를 취하는 데 반대한다. 민주당 정치인은 유럽의 정치인과 달리 '괴물을 먹여 살리는 짓'을 언제까지 계속할 수 없다는 사실을 전혀 이해하지 못한다. 민간 시장을 통해 의료보험이라는 공공재를 분배함으로써 제품의 원가 상승을 부추기는 짓을 지속할 뿐이다. 유럽에서는 좌파는 물론 우파까지 강박적으로 신경 쓰는 일인데도 미국의 정치인에게는 안중에도 없다.

W, G와 긴 시간 많은 대화를 나누면서 내가 그들의 주장에 푹 빠져든 것인지도 모른다. 하지만 워싱턴 D.C.에서 한가하기로 소문난 부처인 도량형국의 차관보와 만난다 해도 그렇게 오래 시간 대화를 나눌 수 있을까? 빌리 브란트 하우스에서 만난 사민당 간부가 내 엉뚱한 질문에 답으로 들려준, 퉁명스럽지만 정확한 현실 인식이 담긴 말이 미국의 민주당 정치인의 입에 발린 말보다 훨씬 낫다고 생각한다. 바로 이런 차이가 두 나라 정치인 사이의 간격이 얼마나 벌어져 있는지를 보여 준다.

"복지제도를 제대로 관리해 나가려면 노동조합이 반드시 필요합니다." 라는 기민당 지지자 K의 말이 케네디 스쿨 졸업생 같은 민주당 정치인 입에서 튀어나올 날이 과연 올까? 사민당원뿐 아니라 기민당원조차 '평평한 세계'에서는 특히 노동자가 노동조합에 가입하는 게 사회의 시스템이 엉망이 되는 것을 막는 가장 쉬운 길이라고 인식하고 있다. 노동조합은 아무리 힘이 약하다 해도 생산성 증가분을 여가 확대와 스트레스 감소의 관점에서 노동자에게 분배하는 역할을 할 수 있다. 노동조합이라고 해서 반드시 소득분배의 관점만 고집하라는 법은 없다. 노동조합이 없다면 중산층의 생활수준을 끌어올릴 전략을 수립할 길이 묘연해지고 만다. 사민당은 바로 이 점을 중시하지만 미국의 민주당은 신경도 쓰지 않는다. 나는 불평등을 없애자는 이야기를 하는 게 아니다. 부자가 중산층보다 더 오래 일하는 데다 생산성까지 더 높다면 소득이 더 많은 게 당연하다. 다만 그 과정을 제대로 관리하자고 주장하는 것이다.

미국이 유럽식 모델을 채택해야 하는 이유가 여기 있다. 미국인은 생활수준의 향상을 이야기할 때에도 돈을 앞세운다. 그래서 돈을 적게 벌어도 스트레스가 줄어들면 생활수준이 향상된다는 평범한 진리를 모른다. 정부가 좀 더 적극적으로 나서면 일상생활에서 쌓이는 스트레스를 해소하는 데 도움이 된다는 사실을 생각하지 못한다. 미국인은 등에 무거운 짐을 짊어지고 갈 데까지 갔다. 이제는 그 짐을 내려놓을 방법을 유럽인에게서 배워야 한다.

독일 모델은 미국에서도 가능하다

혹시 이런 말을 할 독자는 없을까? "당신, 유럽에서는 거물로 통했던 모양이군. 유럽인이 서로 앞을 다투며 당신과 대화를 나누려고 했다니까 말이야." 뭐, 그렇게 본다면 할 수 없다. 실제로 유럽인에게 칭찬을 많이 들었다. 내가 '유럽식 사회민주주의 지지자'이기 때문이 아니라(사실 그렇지 않다) 노동 변호사라서 사고방식이 비슷하다고 여겼기 때문인 것 같다.

"아, 당신은 말이 통하는군요." 한마디로 이런 판단을 해서 나를 존중해 준 것이다.

하지만 유럽에 있으면 마음 한구석이 허전하다. 내 현실과는 너무 동떨어진 곳이라서 그럴 것이다. 시카고가 그리워서 그런 것은 절대 아니다. 앞에서 이미 시카고보다 워싱턴 D.C.를 더 좋아한다고 고백한 바 있다. 이제 나는 베를린에 질렸다. 2009년에 여행하면서 깨달았다.

아, 에스반에 탔을 때 어떤 술 취한 녀석이 싸우자며 다가오던 그 옛날의 베를린이 그립다. 그 녀석이 비틀비틀하며 내게 덤비는 광경을 그의 여자 친구가 키득거리며 지켜보고 있었는데.

2001년 두 달 동안 지냈던 과거의 베를린, 게스트 하우스에서 이웃처럼 지내던 학생들이 무척 보고 싶다. 내가 베를린의 여피족이 많이 사는 미테로 매일 발걸음을 돌리면 그들은 나를 놀려 대곤 했다. 잡지 『GQ』에 나오는 독일을 보고 싶다면 미테에 가지 말고 차라리 뮌헨에 가 보라면서 말이다.

좌파 베를린 시민인 웰프는 툭하면 미테를 비웃었다. 내가 그곳을 좋아하는 줄 뻔히 알면서도 말이다. "미테는 베를린이 아니에요. 베를린은 가난하다고요! 그래서 본에 있는 행정부가 여기로 옮겨 오지 않으려고 한 겁니다." 그의 말대로라면 히틀러만 베를린을 싫어했던 것이 아니다. 내로라하는 인물들은 모두 베를린을 싫어했다. "본에 있는 정계 거물들은 여기 베를린으로 오고 싶어 하지 않습니다. 왜 그러느냐고요? 베를린 사람들이 자기들을 떠받들지 않는 걸 알거든요. 고급 승용차를 몰고 다녀도 여기서는 아무도 신경을 쓰지 않아요. 베를린 사람들은 달라요. 여기는 노동계급이 살기 좋은 곳이에요."

부자가 베를린으로 이사 오자 베를린 사람들 중 몇몇이 부잣집 주변을 어슬렁거리며 돌아다니다가 포르셰에 불을 지르기도 한 모양이다. 2009년만 해도 정체가 밝혀지지 않은 사람들이 무리지어 다니며 200대 이상의 차량에 불을 지르는 연쇄 방화 사건이 6개월 동안 집중적으로 발생하기도 했다.

아, 옛날의 베를린이 그립다. 1997년에 우반 7호선을 타고서 종점까지 가서 사람들이 사는 모습을 둘러봤더라면. 그때 귀찮아하지 말고 가 봤다면 이렇게까지 그리워하지 않았을 텐데. 정말로 옛날의 베를린이 그립다. 한때 세계의 주요 수도 중에서 몸을 숨기기가 가장 좋던, 몬태나 주의 링컨과 비슷했던 그 베를린이 사무치게 그립다.

그러나 나는 베를린 사람이 아니다. 만약 거기 살고 있다면 빔 벤더스(Wim Wenders)의 영화 〈베를린 천사의 시(Wings of Desire)〉를 늘 머리에 떠올리며 지냈을 것이다. 이 영화에서 천사 다미엘은 천사 가서엘과 함께 베를린 거리 곳곳을 돌아다니며 그저 관찰만 한다. 천사는 인간의 일에 끼어들 수 없다. 나 역시 외국인으로서 독일을 그저 관찰만 한다. 영화 속의 천사들처럼 코트를 입고 다녀야 할까 보다. 독일 모델의 미래를 두고 설전이 벌어진다. 나도 '내 천사 날개를 벗기는 문제'에 대해서 한마디 하고 싶지만 누구의 관심도 끌지 못할 것 같다.

여기는 유럽이다. 사방이 사회민주주의이므로 나는 방어 역할만 해야 한다. 미국에 있다면 공격에 나서는 행운을 누릴 테지만.

2009년 미국으로 되돌아와서 연 365퍼센트의 고금리로 대출해 주는 페이데이론 광고를 보고 눈물이 났다. 하지만 천사 날개를 벗어 버릴 때가 왔음을 깨닫고 흥분을 느꼈다.

"뭐, 미국에 없는 게 유럽에 있을 수도 있잖아, 안 그래?" 이런 말을 하는 사람이 있었다. 맞는 말이다. 그럴 수 있다.

슈트렉의 뛰어난 논문 「독일 자본주의는 존재하는가? 살아남을 수 있을까?」를 밑줄 치며 다시 한 번 읽는 일은 다른 일에 밀려 중단한 지 벌써 오래이다. 그러나 직장평의회 등으로 대표되는 독일 모델은 복잡하고 까다롭기만 해서 다른 나라에 그대로 적용하기 어렵다는 다소 실망스러운 핵심 내용은 아직도 기억에 생생하다. 글로벌 자본주의가 좀 더 단순한 영미식의 하향 기업 모델을 강요한다는 말도 잊히지 않는다. 어찌 보면 그는 재러드 다이아몬드가 『총, 균, 쇠』에서 했던 것과 똑같은 이야기를 하는 것인지도 모른다. 다이아몬드는 인간의 문화 중 어떤 면이 '청사진'으로 제시될 수 있다면, 다시 말해서 어디서나 복제되고 활용될 수만 있다면 계속 살아남을 것이라고 주장했다. 슈트렉이 보기에 민주적인 독일 모델에는 그런 속성이 결여되었다. 독일 모델은 영미식 기업 모델과 달리 청사진으로 제시되기 힘들었다. 그 양대 축인 노사공동결정제도와 직장평의회제도는 너무 복잡했다.

그런데 최근 들어 독일 모델이 청사진이 될 수 있다는 사실이 드러나고 있다. 적어도 EU의 여러 나라는 직장평의회를 실험해 보려는 열의를 갖고 있다. "노사공동결정제도는 독일의 최대 수출품입니다."라는 G의 말은 사실이다. 독일 모델이 EU 전역으로 확산된다면 자본주의와 경쟁하는 체제라는 오해를 씻고 더욱 세련된 자본주의의 한 형태로서 미국인의 뇌리에 깊이 각인될 것이다. 더 민주적이고 더 경쟁력 있는 자본주의라는 주장에 공감하는 미국인 역시 늘어날 것이다.

독일 모델을 택하고 싶다면 여러 가지 손댈 필요가 없다. 법만 바꾸면 된다. 금융 부문도 몇 군데 뜯어고치면 독일 모델을 얼마든지 뒷받침할 수 있다. 2009년 초 부실 은행을 국유화하는 방안, 기존의 은행을 통폐합한 후 새로운 국영 은행을 만드는 방안 등을 놓고 고민한 적이 있지 않은가? 비록 뚜렷한 성과를 내지 못했지만 말이다. 그래도 나는 실망하지 않는다. 미국의 낡은 금융 시스템이 그대로 유지되다 위기가 한 번 더 닥친다면 슈파르카세와 같은 참신한 금융 시스템을 도입하는 방향으로 논의가 모이게 될 것이라는 일말의 기대를 포기하지 않았다.

미국에서도 독일 모델이 가능한가? 가능하다고 본다. 미국인은 본래 유럽과 미국, 두 대륙에서 동시에 태어났다고 할 수 있다. 미국이 아무리 독자성을 주장해도 이민자의 나라라는 숙명 탓에 유럽 중심의 세계에 편입될 수밖에 없다. 게다가 지금은 두 대륙에서 모두 영어를 사용하기 때문에 미국이 독일을 베끼는 게 영국을 베끼는 것만큼이나 쉬워질 것이다.

맞다. 미국인은 두 대륙에서 동시에 태어났다고 할 수 있다. 미국인은 유럽인에게 이민 와서 살 땅을 제공해 주었고 유럽인은 미국인에게 근대화 정신을 불어넣어 주었다. 미국인이 유럽의 모차르트 음악을 들을 때 유럽인은 미국의 로큰롤을 듣는다. 미국은 영국에서 경제의 청사진을 몰래 가져왔다. 그러나 아쉽게도 독일과는 주고받은 게 별로 없다. 독일이 미국에 빌리 와일더(Billy Wilder)*를 주었고 미국은 독일에 아이젠하워를 주었다는 정도만 생각할 수 있다.

개인의 스타일을 놓고 볼 때 유럽인은 아직도 더 부드러워질 필요가 있지만 확실히 예전보다는 인간관계의 예절과 격식을 덜 따지는 편이다. 다른 한편으로는 예의가 넘치는 인간관계를 맺기 위해 미국인이 그들에게 배울 점도 몇 가지 있다. 관용으로 서로를 대하는 게 그 대표적인 예이다.

유럽은 하나의 대륙이 아니라 유라시아의 일부이며, 유라시아는 어느 한 대륙을 나타내는 말이 아니라 정치적 관점에서 나온 말이다. 나는 미대륙에서 태어난 게 좋다. 우리의 선조는 어느 날 잠에서 깨어난 후 "헉, 내가 엉뚱한 대륙에 있다니!"라고 깨닫고는 미국으로 건너왔다. 미국인은 비록 지금은 엉망이지만 모든 대륙의 청사진을 확보하고, 스스로도 놀랄 만한 것을 창조하여 이 얽히고설킨 세상에서 더 잘해 나갈 수 있을 것이다.

---

* 미국의 영화감독. 오스트리아에서 태어나 독일 베를린에서 시나리오를 쓰기 시작했다. 1933년 나치의 유대인 탄압을 피해 미국으로 이주한 뒤 마릴린 먼로가 출연한 〈뜨거운 것이 좋아〉 〈7년 만의 외출〉 등의 영화를 만들었다.

후기

그들의 길이 우리의 길

　　　　　　　　　　　어쨌거나 휴가에 인색한 미국의 사정은 점점 더 나빠지고 있다. 누구를 탓해야 하는가? 내 동생은 이렇게 비아냥댄다. "형은 상관없잖아. 마음껏 휴가를 즐기니 말이야." 발에 채는 게 실직자인 터라 미국 노동자는 대부분 휴가 내기를 극도로 무서워한다. 옆자리의 동료보다 더 오래 일하지 않으면 저승사자 같은 '전기톱 앨'이 언제 달려올지 모른다고 생각하는 것이다. 작년에 나는 5월에만 일주일 쉬었을 뿐 죽어라 일했다. 쉬지 못하고 일한 주말까지 모두 포함시켜서 계산한다면 내 휴가 일수는 마이너스가 된다.

　이 와중에 휴가를 좋아하는 독일의 경제는 나날이 강해지고 있다. 얼마 전 한 독일 회사에 관리직으로 취직한 인디애나 주 출신의 미국인에게 이런 말을 들었다. "회사에 들어가니까 1년에 6주의 휴가를 누릴 수 있다는 고용계약서에 서명하라고 하더군요."

그렇다. 독일에서는 고용계약서상 6주의 휴가가 보장되어 있다. "게다가 6주 중 3주는 연속으로 휴가를 사용하라고 했어요. 3주 연속으로 휴가를 사용하지 않으면 몸이 '치유되지' 않는다고 생각하는 듯해요. 1년 내내 일만 하면 몸이 망가진다는 말을 들었어요."

아! 어쩌면 그것은 일을 더 많이 시키려는 술책일 수도 있다. 감사하게도 미국은 그런 구차한 술책을 쓰지 않는다.

그런데 최근 미국의 몇몇 경제학자는 독일을 비롯한 유럽 전역의 노동자도 미국 노동자만큼 오래 일한다는 사실을 '입증'하려고 시도했다. OECD나 ILO 등이 발표한 자료에 따르면 어떤 방법을 적용하든 미국과 유럽의 노동시간은 현격히 차이 난다는 점에 비춰 볼 때 놀라운 주장이 아닐 수 없다. 기업의 자금에 의존하는 미국의 싱크탱크는 어떻게 해서 미국과 유럽 노동자의 노동시간이 별 차이가 없다고 주장하는 것일까? 간단하다. 유럽인의 노동시간에 집에서 일하는 시간, 이를테면 저녁 식사 준비나 잠잘 준비를 하는 시간까지 포함시킨 것이다. 이렇게 되면 미국인이 직장에서 일하는 시간과 똑같아진다. 그리고 우리 모두 잘 알고 있듯이 미국인은 보통 밖에서 저녁 식사를 해결한다.

한 가지 예를 들어 보자. '다프네'와 '클로에'는 어느 토요일 내내 파리의 노천시장에서 치즈를 사서 성대한 식사를 차려먹으며 와인을 한잔 걸치고 음악을 듣는다.

유럽인은 이것을 노는 시간으로 생각한다. 그러나 미국의 경제학자는 노동시간으로 계산했다.

한편 미국의 싱글맘이자 회사의 중간 관리자인 '케이티'는 똑같은 토요일인데도 시내의 사무실에서 근무해야 한다. 저녁 늦게 일이 끝나면 서둘러 집으로 돌아와 어린애 둘을 SUV에 태우고 일단 주유소로 간다. 1

갤런(3.75리터)에 4.5달러 하는 기름을 넣은 다음 꽉 막힌 도로를 뚫고 교외 지역의 쇼핑몰로 간다. 그리고 칭얼대는 두 아이와 함께 맥도널드에서 늦은 저녁을 때운다.

다프네와 클로에가 '일한다'고 생각하는 경제학자는 케이티의 악몽 같은 토요일 저녁 시간을 '여가'로 간주한다. 교외로 나가 많은 여가 시간을 보내다니, 이 얼마나 행복한 일인가!

OECD나 ILO 등의 국제기관은 미국 기업의 자금 지원을 받지 않으므로 노동시간을 합리적인 방법으로 계산한다고 가정해 보자. 휴가라는 휴가는 다 누리는 유럽인은 그만큼 더 열심히 일하는가? 독일은 중국과 거의 대등한 수준에서 경쟁하고 미국을 한참 앞서나간다. 하지만 그렇다고 해서 독일인이 더 열심히 일하는 것 같지는 않다.

내 생각으로는 미국인만큼 일해야 한다면 독일인은 분통을 터뜨릴 것이다. 오래 전 노스웨스턴대학교 대학원에 진학한 독일 여성과 알고 지낸 적이 있다. 그녀는 도착하자마자 학사 과정 카탈로그를 펼치더니 방학 일수를 계산했다. "방학이 얼마 안 되네요." 거의 울먹일 것 같은 목소리로 말했다. 일이나 공부를 하려고 미국에 처음 온 유럽인에게 흔히 듣는 바로 그런 소리였다. 1년 후 다시 만났을 때 그녀는 피로하다 못해 기진맥진할 지경이라고 투덜댔다. 나는 그녀의 문제가 뭔지 한눈에 알아챘다. "이봐요, 앞으로 여기서 일자리를 얻어 일하려면 독일에서와 같은 효율성을 발휘하되 일하는 시간만큼은 미국식을 따라야 할 겁니다."

그녀는 기가 차서 할 말을 잊었다는 듯 나를 물끄러미 바라봤다.

"잠깐, 진정하세요. 괜히 분통 터뜨리지 말고."

이봐요, 아가씨. 미국에서 살아가려면 알아서 자기감정을 조절할 줄 알아야 한다고요.

그러나 내가 이제 하는 말을 들으면 분을 참지 못할 사람이 많을 것 같다. 2010년 한 해에 미국인이 자발적으로 포기한 유급 휴일은 4억 4800만 일에 달한다. 『시카고 트리뷴』 2011년 5월 25일자에 실린 Expedia.com의 조사 결과에 따르면 그렇다. 전기톱 앨이 너무 무서워서 그랬을까? 그렇지 않다. 『시카고 트리뷴』이 인용한 전문가 말을 빌면 "휴가를 가 봤자 괜히 돈만 쓰기 때문"이란다. 휴가를 가지 않고 집에 있으면? 유급 휴가에 받을 임금에 해당하는 670억 달러를 회사에 고스란히 되돌려 주게 된다. 이 돈은 CEO에게 더 많은 상여금을 지급하는 데 사용된다. 게다가 '정상적인' 퇴직 연령이 67세까지 늘어남에 따라 해가 갈수록 더 오래 일해야 한다.

"이런데도 분통을 삼키라고?" 말이 안 된다. 지금 우리 미국인은 폭발 일보직전이다.

특히 독일인은 '태어날 때부터' 더 능률적이어서 일을 덜 하면서도 생산성이 높다는 말을 들을 때면 더 화가 치민다. 겉으로는 '칭찬'이지만, 그 속에는 알 수 없는 우월감이나 깔보는 마음이 담겨 있다. 이 말이 사실인지 아닌지는 중요하지 않다.

독일인이 '태어날 때부터' 능률적이라고 하면 미국인은 독일인이 일하는 방법을 따라야 한다. 반대로 독일인이 '태어날 때부터' 능률적이지 않고 미국인처럼 갈팡질팡 헤맨다고 하면 미국인은 독일인이 일하는 방법을 더 열심히 따라 해야 한다.

어느 쪽이든 미국은 독일의 기업 모델을 도입해야 한다. 노동조합이 없고 권위주의적인 미국의 하향식 기업 모델보다는 노동자의 참여를 적당히 허용하는 독일식 기업 모델이 노동자의 숙련도를 최대한 활용하는 데 유리하다.

미국인이 한없이 일에만 매달리는 것이 거의 사회병리 현상에 가까운 지경에 도달했는데도 "미국적인 일"이라고 많은 우파 인사들이 예찬하는 것을 보면 기가 막힌다. 길이 꽉 막힐 때면 나는 차 안에서 칼 마르크스 강의 테이프를 들으며 청년 마르크스, 파리 시절의 마르크스, 다프네와 클로에를 알았을지도 모르는 마르크스 등을 상상한다. 마르크스는 '노동으로부터의 소외'에 관해서 이야기했다. 마르크스에 따르면 그러한 '소외'는 노동에 대한 혐오가 아니라 노동 중독을 낳는다.

유럽인조차 노동으로부터 소외되어 있다. 하지만 미국인은 이제 치유 불가능한 병이라고 할 정도로 소외되어 있다.

독일인이 휴가를 충분히 누리는 덕분에 더 열심히 일한다는 것을 증명할 수는 없지만, 그게 올바른 방향이라는 생각이 든다. 사실 이 책이 출간된 이후에도 독일 경제는 순항을 해 왔다. 이런! 내가 혹시 독일 모델을 너무 과소평가한 것은 아닐까? 앞날을 예측하려는 목적으로 이 책을 쓴 것은 아니었지만 미국식 자본주의의 붕괴 이후 독일은 별 어려움을 겪지 않는 것을 보고 정말 당혹스러웠다. 『파이낸셜 타임스』 2011년 4월 21일자 헤드라인을 보자. "제조업이 호황을 누리면서 독일의 기세는 하늘을 찌르는 듯하다." 이제는 미국의 중도우파 내에서도 조세 부담률이 높은 사회민주주의가 미국식 자본주의보다 우월하다는 목소리가 나오고 있다.(『뉴욕 타임스』 칼럼니스트 데이비드 브룩스가 그 대표적인 인물이다.)

물론 그들은 미국의 관점에서 설명하려고 애쓴다. 즉 독일은 '합의'를 강조하기 때문에 미국보다 앞서 나간다는 식으로 간단하게 설명할 뿐, 노동자가 감독이사회의 이사 중 절반을 차지하는 등 독일 모델의 사회민주주의 측면에서 비롯되는 '합의'는 일체 거론하지 않는 것이다. 그 중 몇 사람은 독일의 '규제 완화'가 부럽다는 말까지 한다.(이건 도무지 말이 안 된다.) 그렇다. 독일 모델이 정말 어떤 식으로 작동하는지에 관한 솔직한 목소리는 어디서도 들리지 않는다. 미국의 소위 '중도파'는 독일의 성공을 쭉 지켜보면서 중도주의 관점에서 보고 싶은 것만 볼 뿐이다. 그렇다면 내가 보는 것은 무엇일까?

나는 다음과 같은 세 가지를 주로 본다.

첫째, 독일은 민간 기업이 공공재의 분배에 관여하면서 폭리를 취하는 것을 허용하지 않는다. 예를 들어 독일의 의료보험은 90퍼센트가 비영리 부문에 속해 있다. 이와 대조적으로 미국에서는 겉으로는 비영리를 내세우면서 실제로는 영리 추구를 목적으로 한다. 시카고의 병원 CEO들은 보너스를 제외하고 순수 연봉만 300만 달러를 받기도 한다. 독일 병원 CEO들의 연봉은 미국 병원 CEO들의 연봉의 10퍼센트에 불과하다. 그런데도 독일은 병원 CEO를 비롯한 의사의 연봉을 억제하려고 애쓴다. 오죽하면 의사들이 파업을 벌이겠는가?

독일에는 개인 비행기를 소유한 의사를 찾아볼 수 없다. 민간 보험회사가 의료보험 영역에 진출해서 폭리를 취하는 일도 없다. 제약 회사가 공공의 이익을 침해한다는 것은 꿈조차 꿀 수 없다. 물론 독일에서도 의료비는 상승하고 있다. 하지만 미국에서처럼 의료비 부담 때문에 집안 살림이 거덜 나는 일은 없다.

달러화로 계산하든 유로화로 계산하든 독일인은 미국인보다 공공재의 혜택을 훨씬 더 많이 누린다. 미국 경제 모델과 달리 유럽의 사회민주주의 모델은 의료보험료 등의 공공재 가격을 억누르는 데 능숙하다.

둘째, 독일에서는 인적 자본이 금융 자본보다 우위에 있다. 이것은 직장평의회보다는 노사공동결정제도 덕분이다. 일부 독일인은 노동자 이사가 힘이 없다고 말하기도 한다. 나 역시 앞에서 독일 노동자가 아웃소싱을 무작정 반대하는 것은 아니라고 분명히 말했다. 이를테면 독일 노동자들은 경영자가 생산 시설 일부를 방글라데시나 미국 테네시 주의 채터누가로 이전하려고 할 때 무조건 반대하는 게 아니라 마인츠의 생산 설비에 투자를 더 하도록 경영자를 설득한다.

노사공동결정제도에서 눈여겨봐야 하는 것은 경영 이사와 주주 이사를 한 방에 몰아넣고 감시하는 효과를 발휘한다는 점이다. 독일의 경영자는 노동자의 감시의 눈길을 피할 수 없다는 사실을 너무나 잘 안다. 노동자들이 늘 눈을 크게 뜨고 지켜보고 있기 때문이다. 간단히 말해서 미국 기업에서 흔히 목격하는 경영자의 부당이득과 과다 배당에 대한 최소한의 견제 장치가 독일 기업에는 존재한다. 이것이 노동자와 주주가 테이블을 사이에 두고 서로 노려볼 때의 좋은 점이다.

마지막으로 독일에는 기민당, 사민당, 녹색당이라는 세 개의 주요 정당이 늘 노동자의 시선을 의식하면서 수출이 수입보다 많아야 한다는 일종의 '중상주의적' 규칙을 지키려고 노력한다. 미국에는 이런 관점을 견지하는 정당이 세 개는커녕 하나도 없다. 미국의 노동자가 처참하게 몰락하고 미국이 세계 최대의 채무국이 된 것은 이 때문이 아닐까?

물론 독일이라고 해서 아무 문제가 없는 것은 아니다. 그러나 유럽 사회민주주의의 특수한 형태인 독일 모델은 미국인이 세계화를 두고 떠들어 대는 어떤 그럴싸한 미사여구보다 더 설득력이 있다.

그렇다면 공항 서점에서 주로 팔리는, 세계화와 미국식 자본주의를 설파하는 경제·경영책에 어떤 오류가 있는지 세 가지 예를 통해 살펴보자.

세계는 평평하다(노동비용이 제일 낮은 나라가 경쟁에서 승리한다)

세계가 평평하다면 독일은 진작 망했어야 옳다.「미국의 노동현황 2008/

2009」에 실린 다음의 표를 보자. 미국과 독일의 구매력 기준으로 미국의 노동비용을 100으로 놓고 서로 비교했다.

	제조업 취업 노동력의 비율	시간당 보수
미국	11.3	100
독일	22.0	131

현재의 환율로 계산하면 노동비용의 차이는 더 커진다. 미국을 100으로 놓으면 독일은 153이나 된다. 153이든 131이든 독일은 파산했어야 한다. 지난 40년 동안 미국은 독일이 그렇게 되기만을 기대했다. 그러나 논란의 여지는 있지만 독일은 아직도 세계 제일의 경쟁력을 자랑하는 나라이다. 물론 수출액으로는 중국이 독일을 앞섰지만 중국 인구는 12억이고 독일 인구는 8000만이다. 비교가 안 된다!

시간당 보수가 높아서 독일의 경쟁력이 세계 제일이라는 사실에 대해 미국의 어느 누구도 군말을 하지 못한다. 시간당 보수가 높다는 데서 독일이라는 나라가 가진 재능이 어디로 향하는지 알 수 있다. 독일은 금융이 아닌 기술 쪽으로 재능을 쏟아붓기 때문에 독일의 제조업 부문은 지금도 여전히 미국보다 노동력을 훨씬 더 많이 고용할 수 있다. 미국의 전체 노동력 중 제조업 부문 취업 노동력의 비율은 11퍼센트이지만 독일은 그 두 배인 22퍼센트이다.

교육이 국가 경쟁력의 핵심이다

공항 서점에 널려 있는 경제·경영책에서 아이디어를 얻는 미국의 정치인은 예외 없이 교육 문제에 한마디씩 한다. 오바마와 매케인의 토론을 본 독일인 친구가 교육 문제에 대해 흥미로운 지적을 했다.

"오바마와 매케인은 늘 교육 문제를 이야기하는 것 같아요."

"그렇지요." 내가 대답했다.

"미국에서 교육은 각 주의 책임 아닌가요?"

"예, 그래요."

"그러면 왜 대통령 선거에서 툭하면 교육 문제를 주제로 토론을 하는 거지요?"

뭐라고 할 말이 없어 빙그레 미소만 지었다.

나는 오바마와 매케인이 대학 교육을 국가 경쟁력의 핵심으로 생각하고 진지하게 고민했으리라고 본다. 그러나 만약 교육이 국가 경쟁력을 이끄는 기관차 역할을 한다면 독일이라는 기차는 탈선을 했어도 한참 전에 했을 것이다. 미국과 독일의 성인 학사 학위 소유자 비율을 보라.

24~65세 성인 중 4년제 학사 학위 소유자 비율 (단위: 퍼센트)

미국	독일
27	15

준학사 학위 소유자 비율도 마찬가지이다.

24~65세 성인 중 2년제 준학사 학위 소유자 비율 (단위: 퍼센트)

미국	독일
37	22

소크라테스나 플라톤을 공부하는 게 얼마나 가치 있는 일인지 구구절절 설명하는 이메일은 사절하는 바이다. 물론 나는 독일이 대학 교육에 투자하지 않았다는 것은 인정한다. 보쉬(Bosch)처럼 기술로 세계를 제패

한 기업들도 전문대 졸업 이상 학력의 기술자가 담당해야 하는 일을 고등학교 졸업자가 하고 있다는 사실을 안다.

대학 진학률을 높이는 것은 미국의 국가 경쟁력을 높이기 위한 핵심적인 방법이 될 수 없다. 기존의 대학 졸업 인력을 제대로 활용하는 게 진짜 핵심이다. 경제학자 프리드리히 하이에크(Friedrich Hayek)는 시장 자본주의는 더 많은 사람을 의사 결정 과정에 끌어들인다는 점에서 소련의 중앙 계획 경제보다 효율적이라는 유명한 주장을 한 바 있다. 그의 관점을 따른다면 독일 모델은 더 많은 사람을 의사 결정 과정에 끌어들인다는 점에서 미국 모델보다 효율적이다.

미국인은 행복하다

마지막으로, 공항 서점에 많은 자기계발서는 기분 좋은 내용으로 채워져 있어 우리의 생각을 잘못된 방향으로 이끌기 십상이다. 예를 들어 "미국인이 더 행복하다."고 떠벌리는 여론조사 결과가 담긴 책이 부지기수이다. 한번 진지하게 생각해 보자. 기껏해야 하와이의 해변에서 며칠 동안 휴가를 즐기는 미국인과 마음만 먹으면 원시의 자연 속에서 여러 달을 보낼 수 있는 스웨덴인을 비교할 때 누가 더 행복하겠는가?

여론조사 결과가 사실일 수도 있다. 최소한 유럽인은 불행하다고 느낄 시간이라도 있지만 미국인은 그럴 시간도 없으니까. 19세기 경제학자 존 스튜어트 밀(John Stuart Mill)은 진정으로 행복한 사회는 더 높은 정신적 불행을 느끼도록 닦달하는 사회라고 주장했다.

신은 죽었다고 주장하던 차라투스트라(Zarathustra)가 광인으로 취급받으며 느꼈던 그런 고차원적 불행 말이다. 그런데 차라투스트라 역시 6주 간의 휴가가 있었기에 입산수도할 수 있었던 것 아닐까?

여기서 잠깐. 아일랜드, 그리스, 스페인, 포르투갈이 겪는 경제위기 이야기를 해야 하지 않겠는가? 특히 독일은 이들 나라에 구제금융을 지원해야 하는 처지이다. 이렇게 말할 사람이 있을 것이다. "당신 입에서 무슨 말이 나올지 뻔해. 1971년부터 『뉴욕 타임스』에서 유럽이 망한다고 떠들어 댔다고 하겠지. 하지만 이번엔 정말로 망하는 것 같은데?"

그중에 그리스를 제외한 다른 나라는 복지제도에 돈을 펑펑 쓰다가 경제 위기에 빠진 것이 아니다.(그리스는 특별한 경우이다. 관광업, 해운업을 빼곤 이렇다 할 산업 기반이 없는 경제 후진국이다. EU에 가입하지 말았어야 했다.) 아일랜드, 포르투갈, 스페인은 엄청난 규모의 재정 적자로 인해 경제가 휘청대거나 나라가 파산할 지경이었던 것이 아니다. 미국처럼 금융 부문의 위기 때문에 이 지경에 이르렀다. 다시 말해서 이들 나라의 은행은 미국의 서브프라임 채권을 과도하게 보유했거나 미국의 은행처럼 무분별하게 영업하다가 구제금융을 받아야 하는 처지에 몰렸다.

따라서 유럽의 몇몇 나라가 겪는 위기는 유럽식 '사회민주주의'에서 비롯된 것이 아니다. 미국 자본주의의 신용 사기극에 말려든 '사회민주주의자 유럽'에서 비롯된 것이다.

독자들이여, 2부 첫머리를 다시 읽어 보라. 돌이켜보면 1997년 나는 독일 모델이 소련 공산주의 붕괴의 충격을 딛고 일어서지 못할 것이라고 생각했다. 동독 경제를 살리려다가 독일 경제 전체가 침몰하는 게 아닐까 하고 걱정했다. 이제 나는 독일 모델이 과연 미국식 자본주의가 붕괴한 충격을 딛고 일어설 수 있을지 다시 걱정하는 상황이다. 아일랜드와 스페인을 구한다고 나섰다가 독일 경제도 침몰하는 것은 아닐까? 공산주의가 무너지든 자본주의가 무너지든 독일 모델이 그 대가를 치르는 것, 아니면 1989년이건 2011년이건 독일이 청소부 역할을 하는 것은 공평한 일이 아니다.

『뉴욕 타임스』에 글을 쓰는 경제학자 폴 크루그먼(Paul Krugman) 같은 사람들은 유럽의 사회민주주의가 살아남지 못할 것으로 보는데 그것은 사회민주주의 자체가 문제가 아니라 모두 유로화 때문이다. 크루그먼도 유로화와 사회민주주의 시스템이 무관하다는 것을 인정한 셈이다.

내 책은 유로화를 옹호하는 책이 아니다. 그러나 유럽 경제 전체를 흔드는 유로화가 어쩌면 전화위복의 계기가 될 수도 있다고 본다. 이 생각은 『파이낸셜 타임스』 마틴 울프(Martin Wolf)의 견해에 영향을 받았음을 부인하지 않겠다.

유로화만 아니라면 스페인이나 아일랜드 등 빚더미에 올라앉은 채무국은 구태여 금융 위기에 시달리지 않고도 원상회복이 가능하다. 두 나라가 이전처럼 페소화나 파운드화를 기본 통화로 사용한다고 가정해 보자. 페소화와 파운드화의 가치는 평가절하될 것이다. 스페인이나 아일랜드의 신용도를 높게 평가할 나라는 없기 때문이다. 그러면 이 두 나라의 수입품 가격은 올라가고 다른 나라의 통화가치로 평가되는 수출품 가격은 떨어져 해외에서 막강한 수출 경쟁력을 발휘할 수 있다. 지금까지 많은 나라가 이런 식으로 경제를 기사회생시켰다. 하지만 유로화라는 단일통화로 묶인 EU 국가로서는 사실상 불가능하다.

그런 의미에서는 동독도 서독과 통일 뒤 서독의 마르크화를 받아들였을 때 비슷한 문제를 겪었다. 물론 스페인과 아일랜드는 페소화와 파운드화를 버리고 유로화를 도입하면서 호황을 누렸다는 점에서 동독과는 다르다. 지금 두 나라는 비록 금융 위기에 몰려 신음하고 있지만 그 전보다 경제가 나아진 것만은 사실이다. 그리고 위기를 벗어나 경제가 회복 국면에 접어든다면 탄탄한 성장세를 지속할 가능성이 높다. 유로화를 도입하기 이전에는 불황의 터널을 벗어난 이후에도 환율 상황에 따라 경기가 자주 오르내렸다. 하지만 이번에 위기를 넘기고 나면 비록 그 속도는 더디겠지만 좀 더 생산성이 높은 경제구조를 갖추게 될 것이다. 당연히 임금이 삭감되겠지만 노동조합이 아직 그 힘을 잃지 않았기 때문에 그 폭은 제한될 것이다. 결국 '신유럽'은 독일이나 프랑스와 같은 '구유럽'만큼이나 생산성이 높아질 것이다. 또 한걸음 더 나아가 독일처럼 가격보다는 품질을 앞세워 경쟁하는 법을 배워 나갈 것이다. 이런 일이 현실화되는 정도에 따라 약간의 차이가 있을 테지만 구유럽과 신유럽을 망라한 EU 전체는 아무리 못해도 현재의 미국보다 훨씬 탄탄한 경쟁력을 확보할 것이 분명하다.

혹시 독일 모델이 곤경에 처하지는 않을까?

독일은 유로화를 도입한 덕을 많이 봤다. 무엇보다도 무역으로 먹고사는 나라에 해를 끼치는 환율 변동 위험을 피할 수 있게 되었고 경제 역시 순항을 지속하고 있다. 이뿐이 아니다. 더 근본적인 이유에서 독일 모델은 커다란 위기를 맞지 않을 것으로 보인다. 독일은 현재 미국이 부러워할 정도로 신유럽의 자금줄 노릇을 하고 있다. 그래서 다른 EU 회원국들이 독일 모델의 제도적 특징을 뒤흔드는 EU 차원의 법령을 제정할 처지가 아니다. 당분간은 직장평의회를 축소하고 노사공동결정제도의 근간을 뒤흔드는 법령이 제출될 가능성이 거의 없다.

설령 그런 법령이 제출된다 해도 유럽의회에서 통과될 가능성 역시 전혀 없다. 유럽 회사법의 형태를 둘러싸고 메이저 영국 총리와 콜 독일 총리가 한바탕 설전을 벌였다는 기사를 읽은 이후로 나는 미국식 기업 모델과 독일식 기업 모델 중 어느 것이 단일한 유럽 내에서 우세하게 될지가 무척 궁금했다. 하지만 이제는 (지나칠 정도로 그리) 궁금해하지 않는다.

앞으로 유럽이 명실상부한 하나의 국가가 된다 해도 독일이 각종 법령의 제정과 개정을 주도할 게 분명하므로 기업 내에서 노동자의 지위가 한층 개선될 가능성이 높기 때문이다. 아이로니컬하게도 현재 유럽을 덮친 위기 덕분에 독일 모델의 생존 가능성은 한층 더 커졌다. 예기치 못하게 콜의 관점이 메이저의 관점보다 우위에 설 게 확실해졌다. 이런 의미에서 이 책은 해피엔딩으로 마무리되는 셈이다.

앞날이 보이지 않는 암울함 속에서 헤매던 1997년 전후만 해도 나는 독일 모델이 이처럼 기사회생할 것이라고는 전혀 예상하지 못했다. 당시 동독이 골칫거리라는 사실을 잘 알고 있었다. 제3자여서 쉽게 볼 수 있었다. 실업률이 높다는 사실도 깨닫고 있었다. 하지만 유명한 독일 경제학자 한스-베르너 진(Hans-Werner Sinn)이 지적한 대로, 『파이낸셜 타임스』 2010

년 9월 7일), 독일이 자본에 '굶주려' 있다는 사실을 파악하기는 힘들었다. 뉴욕에서 파생 상품 거래를 통해 막대한 돈을 벌어들일 수 있는데 왜 슈투트가르트의 구닥다리 제조업에 투자하는가? 이런 논리로 미국 모델이 독일의 자본을 끌어들였기 때문이다. 독일 최대 은행인 도이체 방크는 물론 각 지역의 란데스방크도 독일 주식회사에 투자하는 대신 미국의 유독성 금융자산을 무분별하게 매입했다. 일각에서는 미국식 기업 모델을 택하지 않으면 투자자들이 독일에 투자하지 않을 것이라는 협박 비슷한 이야기까지 나왔다.

그러나 당연히 그런 일은 일어나지 않았다. 월스트리트는 무너져 버렸고 이제 독일로 자본이 되돌아오는 중이다. 독일 사회민주주의 모델은 적어도 당분간은 살아남을 것이라는 전망도 늘었다.

그러면 장기적으로 볼 때 독일 사회민주주의 모델이 살아남을 가능성은 충분한가? 일부 독자는 어서 빨리 답을 알고 싶을 것이다. 그러나 이 책은 공공 정책을 다루는 책이 아니다. 나 또한 예언가나 점쟁이가 아니다. 유럽식 모델이 장기적으로 살아남을지 알 수 없다. 언제 먹구름이 낄지 모른다. 프랑스의 원자로가 폭발할 수도 있다. 지금의 유로화 위기가 치명적인 위기로 번질지 누가 알겠는가? 나로서는 유럽식 모델이 살아남을뿐더러 새롭게 거듭날 것이라고 믿는 방법밖에는 없다. 철학자 리처드 로티(Richard Rorty)가 주장했던 대로, 미국인이 된다는 것은 미래를 확신한다는 것을 의미한다. 로티는 불가지론자였지만, 나는 신의 섭리를 믿는 쪽을 택하겠다. 경쟁을 유지하기 위해서라도 미국이 서로 격려하고 힘을 불어넣는 사회 모델로 향할 것이라고 믿는다는 말이다.

지난 십여 년 동안 독일과 프랑스에 가서 좌파 진영의 인물들이 무슨 이야기를 하는지, 무슨 행동을 하는지 기록한 덕분에 내 믿음은 더욱 강해졌다. 2010년 프랑스에서는 사르코지의 연금 개혁에 반대하는 가두시위가 벌어졌다. 현명하지 못하게 보일 수도 있지만, 적어도 프랑스인은 그럴 배짱과 용기를 가진 것만은 분명하다. 프랑스인은 우리가 어디로 나아가야 하는지를 보여 준다. 독일인은 우리가 경쟁력을 갖춰 나가려면 무엇을 해야 하는지를 보여 준다.

    그들의 길이 우리의 길이 되어야 한다. 무엇을 더 기다리는가?

2011년 5월 1일